Seychellen

Wolfgang Därr

Inhalt

Inselparadies im Indischen Ozean

Die Inseln des Überflusses	10
Landeskunde im Schnelldurchgang	14
Geographie	16
Lage und Größe	16
Die Granitinseln	16
Die Koralleninseln	18
Klima	20
Tip Richtige Kleidung	22
Flora und Fauna	24
Pflanzenwelt	25
Thema Der Garten Eden nach der Vorstellung des General Gordon	33
Tip Le Jardin du Roi	38
Tip Wo sind die tropischen Früchte?	44
Tierwelt	47
Die Unterwasserwelt	53

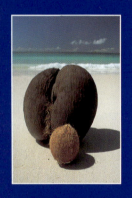

Bevölkerung	58
Die kreolische Sprache	58
Bevölkerungs- und Familienstruktur	61
Thema Festival Kreol – ein kreolisches ›Oktoberfest‹	62
Zauberei und Volksmedizin	63
Thema Gespenster im Paradies	66
Geschichte	69
Die vorkoloniale Zeit	69
Thema Jean François Hodoul	72
Die Herrschaft der Franzosen	74
Thema ›Louis XVII.‹	78
Die Herrschaft der Engländer	83

Thema	Das Ende des Sklavenhandels	84
Thema	Erzbischof Makarios im Exil	92
	Der Weg in die Unabhängigkeit	95
	Zeittafel	96

Die Seychellen heute 98

Von der Einparteiendiktatur zur
Mehrparteiendemokratie 98
Wirtschaft 100

Thema	Schleppnetz-Fischerei	102
	Umweltschutz	106
Thema	Kleine Inselstaaten und ihre gemeinsamen Probleme	108
	Lebensstandard	113
	Bildungswesen	113

Kunst und Kultur 114

Moderne Kunst der Seychellen 116

Thema	Christine Harter und Paul Turcotte	118
	Traditionelle Baukunst	119

Die kreolische Küche 122

Tip	Rezept für ein kreolisches Menü	124

Reiseziele auf den Seychellen

Mahé

Die Inselhauptstadt Victoria 132
Sehenswertes in Victoria 134

Thema	Das State House und seine Geschichte	138
Tip	Das ›King Wah Restaurant‹ – Chinesisch für Insider	143

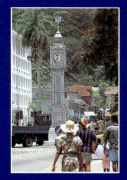

Der Norden von Mahé — 144
Von Victoria nach Beau Vallon — 145

Thema Der Piratenschatz bei Bel Ombre — 148

Wanderung vom Paß St Louis über
Le Niol nach Beau Vallon — 149
Wanderung von Danzil zur Anse Major — 150
Die Beau Vallon Bay — 151

Tip Nachtleben und Aktivurlaub — 152

Von Beau Vallon um die Nordspitze Mahés — 153
L'Îlot — 154
Wanderung von Anse Étoile über das
La Gogue Reservoir nach Glacis — 154
Wanderung von ›La Bastille‹ in die
Beau Vallon Bay — 154
Besteigung von Signal Hill — 155
Bergtour auf den Gipfel der Les Trois Frères — 156

Der Süden von Mahé — 157
Entlang der Ostküste — 157
Entlang der Westküste — 164

Tip Richtiges Verhalten bei Strömungen — 166

Wanderung auf den Brulée — 167

Thema Michael Adams – Der Gauguin des
Indischen Ozeans — 168

Die Strände im Norden — 169
Wanderung von Port Glaud zum
Sauzier-Wasserfall — 170
Île aux Vaches — 170
Thérèse Island und L'Islette — 170
Sans Souci Road — 170
Besteigung des Morne Blanc — 171
Besteigung des Morne Seychellois — 171
Wanderung auf den Mont Copolia — 172

Tip ›La Bagatelle‹ – Garten und Restaurant — 173

Der Sainte Anne Marine National Park — 174
Ste Anne — 175
Cerf Island — 175
Moyenne Island — 176
Round Island — 178
Tauchen im Ste Anne Marine National Park — 178

Andere Tauch- und Schnorchelgebiete um Mahé — 179
- Trompeuse Rocks — 179
- Mamelles — 179
- Das Wrack der ›Ennerdale‹ — 179
- Brissare Rocks — 179
- Recifs — 179

Die anderen Inseln der Inneren Seychellen

Silhouette — 182
- North Island — 184

Praslin — 185
- Grand' Anse — 185
- Wanderung von Grand' Anse zur Anse Lazio — 188
- Anse Lazio — 189
- Durchquerung von Zentral-Praslin — 189

Tip Anse Lazio und ›Bon Bon Plume Restaurant‹ — 192

- Vallée de Mai National Park — 194

Tip Anse La Blague – verstecktes Schnorchelparadies — 195

- Baie Ste Anne — 196

Tip Cote d'Or – Das ›St. Tropez der Seychellen‹ — 197

- Anse Volbert — 197
- Anse Petite Cour — 198
- Curieuse — 200

Cousin — 201
- Cousine — 202

Aride — 203
- Rundwanderung auf Aride — 205
- Tauchen rund um Aride — 206

La Digue — 207

Tip »Small is beautiful« — 208

Um die Südspitze von La Digue	211
Zur Grand' Anse und zur Anse Cocos	214
Anse Patates	214
Besteigung des Nid d'Aigles	215

Die Inseln bei La Digue — 218
- Les Sœurs — 218
- Félicité — 218
- Albatross-Felsen — 218
- Coco Island — 219
- Ave-Maria-Felsen — 219

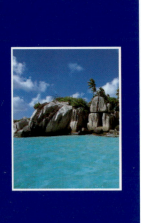

Frégate — 220
- Anse Parc — 221
- Grand' Anse — 222
- Anse Victorin — 223
- Anse Bambou — 223
- Chimney Rocks — 223

Bird Island und Denis Island — 224
- Bird Island — 224
- Denis Island — 226
- Schnorcheln und Tauchen um Bird und Denis Island — 226

Die Äußeren Seychellen

Die Amiranten — 230

Die Farquhar-Gruppe — 232

Die Aldabra-Gruppe — 232
- Das Aldabra-Atoll — 232
- Assomption — 235
- Cosmolédo- und Astove-Atoll — 235

Thema Die Riesenschildkröten von Aldabra — 236

Île Coëtivy und Île Plate — 237
- Île Coëtivy — 237
- Île Plate — 237

Serviceteil

Inhaltsübersicht	241
Abbildungsnachweis	299
Register	300

Verzeichnis der Karten und Pläne

Mahé

Mahé	131
Victoria	136/137
Der Norden von Mahé	146/147
Der Süden von Mahé	158/159
Der Sainte Anne Marine National Park	174

Die anderen Inseln der Inneren Seychellen

Silhouette	182
Praslin	186/187
Cousin	201
Aride	203
La Digue	207
Die Inseln bei La Digue	219
Frégate	221
Bird Island	224
Denis Island	226

Die Äußeren Seychellen

Die Amiranten	230
Die Farquhar-Gruppe	232
Das Aldabra-Atoll	232

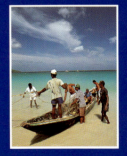

Inselparadies im Indischen Ozean

Die Inseln des Überflusses

Im Jahre 1834 beschrieb Gottlieb August Wimmer die drei wichtigsten Inseln der Seychellen in seinem Buch ›Neuestes Gemälde von Afrika und den dazugehörigen Inseln‹. An der Natur des Archipels, insbesondere der drei Inseln Mahé, Praslin und La Digue, hat sich seither einiges geändert. Doch es ist informativ und interessant, die Schilderung dieses Pioniers des Ferntourismus zu lesen:

»Setzen wir unsere Fahrt gegen Süden fort, so treffen wir, indem wir den Äquator durchschneiden, eine Sandbank und ungefähr etwas über einen halben Grad südlicher einen weitläufigen Archipel von mehreren Inselgruppen. Die ersten davon werden mit dem Namen Seychellen belegt und gehören jetzt England zu; die Engländer nennen sie auch Mahé-Inseln. Dieser Archipel besteht aus einem Haufen Granitklippen, auf welchen sich Kalk abgelagert hat. Von weitem gesehen gewähren sie einen schönen Anblick, da viele derselben mit Bäumen bedeckt sind; der Boden ist indes rauh, felsig, voll Schluchten und steiler Berge. Dagegen haben sie ein angenehmes und gesundes Klima und teilen nicht die Stürme, denen die südlichen Inseln ausgesetzt sind. Die größeren Inseln haben einige Bäche und Quellen, und man findet, was bei der bedeutenden Entfernung von dem Festlande eine gewiß merkwürdige Tatsache für die geographische Verbreitung der Tiere ist, eine Art Krokodil, das bis zu fünf Fuß lang wird. Fische und Schildkröten sind an den Küsten häufig. Die Wälder zeichnen sich besonders durch schön gefiederte Vögel aus. Ananas, Gurken, Pfeffer und der Venusapfel wachsen wild. Sehr wohltätig ist aber die maledivische oder Seekokosnuß. Die Blätter dieses Baumes dienen zu Dächern, die Fasern zu Stricken, die Schalen der Nüsse werden zu Tellern, Näpfen und dergleichen verarbeitet, die unter dem Namen Praslinische Töpferwaren bekannt sind. Viele dieser Nüsse werden jetzt nach Isle de France ausgeführt, wo man Öl aus ihnen preßt. Die Bewohner dieser Inseln sind teils Franzosen, teils schwarze Negersklaven, jetzt auch Engländer. Es werden eine Menge von Südfrüchten, besonders aber köstliche Gewürznelken erzeugt. Die bedeutendste Insel ist Mahé, das 4 Grad und 35 Minuten südlich des Äquators liegt. Mahé ist 16 Meilen lang, 5 Meilen breit und von ungefähr 2700 Seelen bewohnt, wovon jedoch die Negersklaven den größeren Teil ausmachen; die übrigen sind französische Ansiedler. Ebenen Boden gibt es nicht, aber die Täler lohnen den Ackerbau mit reicher Fülle aller Kolonialprodukte; die Berge nähren Schafe und Rinder, welche sehr gutes Fleisch geben. Die Stadt Mahé gewährt in diesem lieblichen Klima einen sehr romantischen Anblick. Die Häuser sind schön, oft sogar elegant gebaut, von tropischen Gärten umgeben, im Schatten der Bananen und Kokosbäume. Die zweitgrößte Insel Praslin ist bereits wesentlich kleiner und nur von 200 Franzosen und ihren Negern bewohnt, hat aber einen trefflichen Hafen und nährt ihre Bewohner reichlich. Die Insel La Digue hat nur 70 Einwohner, bringt aber das schönste Rotholz in den Handel. Mehrere kleine Inseln, wie die Fregatten-Inseln, die Seyco-Insel, die Flache Insel, Coétivy, Agalega, die Glorieusen usw., liegen teils bewohnt, teils unbewohnt zerstreut umher. Diese Inseln, indem sie dem Ko-

lonisten, der sich entschlossen hat, der Welt und ihren Händeln zu entsagen, einen wahren Aufenthalt des Friedens und ein bescheidenes Glück gewähren, dienen zugleich den Seefahrern als erquickende Erfrischungsörter.«

Heute leben etwa 75 000 Menschen auf den acht ständig bewohnten Inseln der Seychellen, 90 % davon auf der größten Insel Mahé, der Rest auf den kleineren Eilanden der Umgebung, wie Praslin, La Digue und Silhouette. Doch überall, auch auf dem stark bevölkerten Mahé, ist es keine Schwierigkeit, nahe beim Hotel einen Streifen weißen, weichen Strand zu finden, an dem Sie allein sind. Selbst der beliebteste Strand Mahés, der Beau Vallon Beach mit seinen drei mittelgroßen Hotels präsentiert sich so, wie man sich einen tropischen Strand vorstellt: eine weite blaue Bucht, von einem weißen Strand umgeben, strahlend blaues, klares Wasser, weicher, feiner, silbrig glänzender Sand und dahinter bis zu 900 m hoch aufragende, mit tropisch-grünen Wäldern bewachsene Berge. Der Strand ist so lang und die Bucht so groß, daß die Wasserski fahrenden und surfenden Touristen den einheimischen Fischerbooten nirgends im Weg sind. Kinder sitzen im Sand und sammeln Tec-Tec-Muscheln, aus denen die Mutter eine Suppe bereitet, während wenige Meter daneben Gäste aus Europa ihr Sonnenbad nehmen. Von der Hotelterrasse aus können Sie andere Kinder beobachten, wie sie, mit einem Stock bewaffnet, auf den Korallenriffen umhergehen, um einen Oktopus aus seinem Versteck zu holen, aus dem ein köstliches Curry gekocht wird. Die Gäste und die Seychellois wohnen und leben friedlich miteinander. Es gibt keine Bettler und keine aufdringlichen Strandhändler – eine der Besonderheiten, durch die sich die Seychellen angenehm von anderen tropischen Urlaubsgebieten unterscheiden.

Auf dem Weg vom Flughafen nach Victoria, der kleinsten Hauptstadt eines selbständigen Staates, bekommen Sie einen Eindruck vom Leben auf den Seychellen. Sie sehen kleine, meist von eingewanderten Indern geführte Läden, Frauen, die ihre Wäschebündel auf dem Kopf zur Waschstelle tragen, klare

Die üppige Vegetation auf den Seychellen droht manches Haus zu überwuchern

Bäche, die von den Bergen herunter ins Meer fließen, Bananenstauden und Kokospalmen rechts und links der Straße. Victoria verdient nach europäischen Maßstäben nicht die Bezeichnung ›Stadt‹; es ist eher ein beschauliches Dorf, das morgens zwischen 7 und 8 Uhr und abends zwischen 16 und 17 Uhr von den hereinströmenden und wieder hinausfahrenden Angestellten der Büros und Geschäfte überschwemmt wird. Man findet hier passabel ausgestattete Läden, einen am Samstagmorgen lebendigen Markt und als architektonische ›Attraktion‹ eine Miniaturnachbildung des Uhrenturms Big Ben in London (ein ähnliches Modell steht auch an der Vauxhall Bridge Road in London). Neben den Restaurants, die kreolisches Essen anbieten, finden Sie solche vieler anderer Nationalitäten. Chinesische und indische Küche können ohnehin als einheimisch gelten. Neuerdings haben auch italienische, französische und sogar japanische Restaurants eröffnet. Die Westküste von Mahé ist weit weniger bewohnt und von unglaublicher natürlicher Schönheit. Je weiter man in den Süden fährt, desto unberührter werden die Strände, von denen einige zu den schönsten der Erde zählen.

Alle Segnungen unserer Zivilisation können Sie hinter sich lassen, wenn Sie mit einem Segelschoner oder mit dem Flugzeug zu den Nachbarinseln Praslin und La Digue übersetzen. Diese Eilande wurden von frühen, bibelfesten Entdeckern für den Garten Eden gehalten. Es gibt dort auch heute kaum Autos, viele Häuser besitzen kein elektrisches Licht. Die wenigen Bungalow-Hotels verlieren sich an langen, weißen Stränden. Wem das noch nicht genug an Unberührtheit und Ruhe ist, der kann die ganze Insel Félicité (östlich von La Digue) mit ihrem 6 Zimmer-Luxushotel mieten. Bei Kerzenlicht wird das Essen in den stillen Bungalows oder am Strand serviert.

Schwerer erreichbar sind die vielen Inseln außerhalb der Seychellen-Hauptgruppe. Regelmäßige Verbindungen mit Air Seychelles gibt es nach Bird Island, Denis Island, Frégate und Desroches, mit dem Hubschrauber nach Silhouette. Auf diesen Inseln lebt jeweils nur eine Handvoll Seychellois, um die Gäste der Bungalow-Hotels zu versorgen, Gemüse anzubauen und Kokosnüsse zu ernten. Ansonsten gehören die Inseln und ihre unberührte Natur den wenigen Gästen allein.

Für einen Gast, der kulturelle Sensationen und ausgefallene Abwechslung sucht, sind die Seychellen allerdings nicht der richtige Platz. Außer ein paar Discos, ein paar Bands, die am Abend in den Hotelbars spielen, und drei Spielkasinos wird keine Abendunterhaltung geboten. Die Seychellen sind – Gott sei Dank – kein Ferienparadies wie die allseits bekannten und gefürchteten Badeorte rund um das Mittelmeer. Und es scheint, als ob sie dies auch so bald nicht werden würden.

Auf den Inseln gibt es keine Giftschlangen, keine giftigen Insekten, keine malariaübertragenden Moskitos und keine gefährlichen Raubtiere. Taucher schwören, daß hier sogar die Haie friedliebend sind. Das ganze Jahr herrscht die Witterung eines warmen mitteleuropäischen Sommertages und eine angenehme Brise, die für Kühlung sorgt. Selbst in der Regenzeit ist es ungewöhnlich, wenn die Sonne mehr als zwei Tage hinter den Wolken verborgen bleibt. Die Tauchgründe zählen zu den besten der Welt, die Fischbestände sind nicht von der Großfischerei dezimiert. Die wenigen einheimischen und die für ein paar Wochen angereisten Sportfischer halten eine Reihe von Weltrekorden.

Landeskunde im Schnelldurchgang

Fläche: 454 km² (Seefläche: 390 000 km²)
Einwohner: 75 000
Hauptstadt: Victoria (Mahé)
Amtssprachen: Kreolisch, Englisch, Französisch
Währung: Seychellen-Rupie (SR)
Zeit: MEZ + 3 Std.; MESZ + 2 Std.

Geographie: Der Archipel der Seychellen liegt etwa 1000 km östlich der Küste Kenias inmitten des westlichen Indischen Ozeans. Innerhalb der riesigen Seefläche, die zum Hoheitsgebiet gehört, befinden sich außer den gebirgigen Inseln der Inneren Seychellen etwa 100 flache Inseln korallinen Ursprungs, darunter mit Aldabra das größte Atoll der Erde. Wegen der Lage nur 5 Grad südlich des Äquators herrscht ganzjährig tropisches Klima mit wenig ausgeprägten Trocken- und Regenperioden.

Geschichte: Arabische Seefahrer hatten die zentrale Inselgruppe der Seychellen im 7. Jahrhundert entdeckt, in der Folge der portugiesischen Entdeckungsfahrten um 1500 wurde sie erstmals auf Karten verzeichnet. Wegen ihrer Lage abseits der damaligen Seewege wurden die Inseln aber nicht in Besitz genommen. Ende des 18. Jahrhunderts siedelten sich erstmals französische Kolonialisten an und bestellten die Plantagen mit Hilfe afrikanischer und madagassischer Sklaven. Nach der Übernahme der Inselgruppe durch England im 19. Jahrhundert endete die Sklaverei, und es entstand eine kreolische Mischbevölkerung. Anfang der 1970er Jahre entwickelten sich zwei politische Parteien – Seychelles Democratic Party (SDP) und Seychelles Peoples United Party (SPUP) –, die für die Unabhängigkeit kämpften und diese 1976 auch durchsetzten. Nach einem Jahr Koalitionsregierung gelang der SPUP ein unblutiger Putsch, und sie errichtete einen Einparteienstaat nach osteuropäischem Muster. Nach dem Zusammenbruch der sozialistischen Staaten in Osteuropa orientierte man sich wieder nach Westen und verabschiedete 1993 eine demokratische Verfassung.

Wirtschaft: In vergangenen Jahrhunderten lebten die Seychellen vom Export von Kopra (getrocknetes Fleisch der Kokosnuß) und Gewürzen wie Vanille, Zimt und Muskat. Nach dem Preisverfall dieser Produkte hat sich die Wirtschaft dem Tourismus und der Dienstleistung als Haupteinnahmequellen zugewandt. Daneben werden Devisen durch Export von Frischfisch erwirtschaftet. Bei insgesamt nur 20 000 Arbeitskräften und einer unzureichenden ebenen Anbaufläche ist der Aufbau einer für die eigene Bevölkerung und die Touristen ausreichenden Lebensmittelproduktion unmöglich. Eine konkurrenzfähige Industrieansiedlung scheitert am Mangel an Arbeitskräften, am fehlenden heimischen Absatzmarkt und an den Problemen des Einkaufs der erforderlichen Rohstoffe. Daher wird der Wert der einheimischen Währung durch staatliche Kontrolle der Wechselkurse hoch gehalten, so daß die Deviseneinnahmen aus dem Tourismus ausreichen, Importe aus Südafrika, Indien, Singapur und der EU zu bezahlen. 60 % der Deviseneinnahmen werden für Erdöl, weitere 20 % für den Import von Grundnahrungsmitteln (Reis, Zucker, Salz, Gemüse) ausgegeben.

Bevölkerung und Sprache: Im Laufe der knapp 200jährigen Besiedlung durch französischstämmige Kolonisten und deren Sklaven aus Afrika und Madagaskar hat sich eine kreolische Mischbevölkerung entwickelt. Etwa 80 % der Bevölkerung sind dunkelhäutig in verschiedensten Helligkeitsstufen. Die restlichen 20 % haben helle Haut und zum Teil blondes Haar. In den letzten 100 Jahren sind indische und chinesische Bewohner hinzugekommen, deren Bevölkerungsanteil bei 2 % liegt. Muttersprache aller Seychellois ist das Kreolische, eine Mischsprache auf der Basis des Französischen zur Zeit der ersten Besiedlung. In diese Sprache sind viele Worte aus dem afrikanischen Suaheli, dem Madagassischen, in den letzten Jahrzehnten auch aus dem Englischen eingeflossen. Englisch und Französisch sind neben dem Kreolischen gleichberechtigte Amtssprachen und werden schon in der Grundschule erlernt, zum Teil ist Englisch sogar Unterrichtssprache.

Religion: Die Seychellois sind überwiegend katholische Christen. Etwa 10 % gehören der anglikanischen Kirche an, und weitere 10 % bekennen sich zu kleineren christlichen Gruppierungen, wie den Zeugen Jehovas, den Bahai und den Adventisten. Die Wertvorstellungen entsprechen denen in Europa.

Klima und Reisezeit: Eine ›beste Reisezeit‹ gibt es nicht. Auf den Seychellen ist es das ganze Jahr über hochsommerlich warm, mit Tagestemperaturen zwischen 27 und 32°C und Nachttemperaturen von 24–27°C. Die Unterschiede der täglichen durchschnittlichen Regendauer sind gering. In den Monaten November bis Februar fällt statistisch mehr Regen als in den übrigen Monaten, was aber nicht an einer längeren Regendauer, sondern an der im gleichen Zeitraum größeren Regenmenge liegt. Regenschauer von einigen Minuten sind täglich möglich und nicht vorhersehbar. Andauernde Regenfälle von 2 bis 3 Tagen kommen etwa 3- bis 4mal pro Jahr vor. Von Juni bis September herrscht ein gleichmäßiger, manchmal lauer, manchmal auffrischender Wind aus Ost bis Süd (Südostpassat). Das Meer ist zu dieser Jahreszeit unruhiger, das Wasser weniger klar. In unseren Herbst- und Frühjahrsmonaten herrscht eine Periode der Windstille, wobei Ausnahmen die Regel bestätigen. Dezember bis Februar (Nordwestpassat) sind geprägt durch lange Sonnenperioden, die durch kurze, oft heftige tropische Gewitter unterbrochen werden.

Flora und Fauna: Aufgrund der Trennung der Inseln von allen Kontinenten seit Millionen von Jahren hat sich eine eigenständige endemische Flora und Fauna entwickelt. Am ehesten sind Ähnlichkeiten zur Tier- und Pflanzenwelt Madagaskars zu entdecken. Die Artenvielfalt ist im Vergleich zu ähnlich großen Naturlandschaften mit ähnlichen klimatischen Verhältnissen auf den großen Kontinenten sehr gering, da der Austausch mit der Außenwelt durch Tausende von Kilometern Ozean stark erschwert ist. Berühmtestes Beispiel für die Einmaligkeit der seychellischen Pflanzenwelt ist die Meereskokosnuß. Diese Palme ist ausschließlich auf den Inseln Praslin und Curieuse heimisch und kommt auf den übrigen Inseln vereinzelt vor. Sie ist mit der normalen Kokospalme entfernt verwandt, wesentlich höher als diese und trägt Früchte, die ein Gewicht von bis zu 20 kg erreichen. In der Tierwelt ist die Riesenschildkröte ein Überbleibsel aus den Urzeiten der Erde. Sie lebt auf Aldabra noch in ihrer ursprünglichen Umgebung in einigen hunderttausend Exemplaren.

Geographie

Lage und Größe

Das Staatsgebiet der Seychellen erstreckt sich über die gigantische Seefläche von 390 000 km², 1000 km östlich von Afrika und fast ebenso weit nördlich von Madagaskar. In diesem Hoheitsgebiet liegen allerdings nur knapp 100 Inseln, die diesen Namen verdienen, da sie mehr sind als nur ein aus dem Wasser herausragender Felsen. Die bewohnbare Landfläche aller Inseln zusammen beträgt lediglich 454 km². (Ein Quadrat mit dieser Fläche hätte eine Kantenlänge von gut 20 km!) Die Zentrale oder Innere Seychellengruppe, bestehend aus den Inseln Mahé, Praslin und La Digue, den etwas kleineren Eilanden Curieuse, Frégate, Cousin, Cousine, Silhouette und North sowie 33 weiteren Inselchen, liegt 4° südlich des Äquators und damit etwa auf gleicher Höhe wie das knapp 1600 km weiter westlich gelegene Mombasa an der Ostküste Kenias. Nach Madagaskar im Süden sind es über 900 km, bis Bombay an der Westküste Indiens gar 3500 km. Die übrigen 50 Inseln, die *Outer Islands,* sind alle korallinen Ursprungs; ihre Entfernung von der zentralen Gruppe beträgt über 1100 km (Amiranten). Viele von ihnen reichen kaum einen Meter über den Meeresspiegel hinaus. Geographisch werden die *Outer Islands* in zwei Gruppen eingeteilt: die Gruppe der Amiranten mit 24 Inseln rund um die zentralen Inseln African Banks, St Joseph, Poivre und Alphonse sowie die Farquhar- und Aldabra-Gruppe mit 22 Inseln um die Zentren Providence, Farquhar, Cosmolédo und Aldabra. Plate und Coëtivy sind einzeln gelegene Koralleninseln im Süden Mahés, die keiner der beiden Gruppen zuzuordnen sind. Ebenso nehmen die den Inneren Seychellen zugehörigen Inseln Bird und Denis eine Sonderstellung ein. Einerseits sind sie durch Korallenwachstum entstandene flache Inseln wie die Amiranten und Aldabra, andererseits befinden sie sich noch am Nordrand des Plateaus, das die Basis der Inneren Seychellen-Inseln bildet. Die größte koralline Insel ist Aldabra, die ›Königin der Koralleninseln‹, die ein 35 km langes und 13 km breites Atoll bildet. In ihrer vom Atollring eingeschlossenen Lagune hätten alle übrigen Seychellen-Inseln Platz.

Die Granitinseln

Mit ihren steil aufragenden Bergen, die bis zu 900 m Höhe erreichen, und den riesigen, rundgeschliffenen granitenen Felsen haben die Seychellen einen ganz eigenen landschaftlichen Charakter. Nirgendwo sonst auf der Welt gibt es mitten im Ozean Granitfelsen, die wie Mahé, Silhouette, La Digue oder Praslin hoch aus dem Meer herausragen. Alle anderen ›ozeanischen‹ Inseln sind entweder vulkanischen oder korallinen Ursprungs. Wie sind diese Granitfelsen entstanden? Als in uralten Zeiten die Erdteile Südamerika, Afrika und Asien aus dem Gondwanaland genannten Urkontinent herausbrachen, blieben an der ›Nahtstelle‹ zwischen dem heutigen Indien und der afrikanischen Ostküste zwei große und einige kleine ›Brocken‹ stehen. Die großen Reststücke heißen heute Madagaskar und Sri Lanka, während einige kleine ›Kiesel‹ in dem dazwischen entstandenen Meer die heutige Innere Seychellen-Gruppe bilden. Die

Granitformationen in der Anse Source à Jean auf La Digue (im Hintergrund Praslin)

weiteren Seychellen-Inseln, die Amiranten und Aldabra, sowie die Inselgruppen der Malediven tauchten erst später aus dem Meer auf und sind korallinen Ursprungs. Mauritius und La Réunion sind Vulkaninseln, die durch gigantische Eruptionen entstanden. Geologen haben berechnet, daß Gondwanaland vor etwa 200 Millionen Jahren auseinandergebrochen sein muß. Indien, Australien und die Antarktis trennten sich vom heutigen Afrika und begannen in Richtung Osten abzudriften, wodurch zwischen diesen Landplatten der Indische Ozean entstand. Erst später teilten sich die Seychellen von Indien ab, das weiter nach Norden abglitt und die Seychellen in der Mitte des Ozeans zurückließ.

Wenn Sie sich die rundgeschliffenen Granitfelsen auf den verschiedenen Inseln der Inneren Seychellen genauer ansehen, werden Sie verschiedenfarbige große, zusammengepreßte Kristalle erkennen. Diese entstanden, nachdem die im Erdinneren erhitzte und gepreßte Gesteinsmasse an die Erdoberfläche gehoben wurde und sich dort abkühlte. Im Laufe von 600 Millionen Jahren entstanden Kristalle, die für die unterschiedlichen Färbungen der Granitfelsen auf den Inseln Mahé, Praslin und La Digue verantwortlich sind. Die Inseln Silhouette und North Island haben lediglich ein Alter von etwa 40 Millionen Jahren. Die dortigen Felsen bestehen nur zum Teil aus Granit, der größere Teil aber ist Syenit, ein Stein, der dem Granit ähnelt, jedoch kein Quarz enthält und daher dunkler erscheint. Die Quarzkristalleinschlüsse lassen den Granit auf Mahé meist hellgrau erscheinen, manchmal in leicht rötlicher Farbe schimmern. Die Felsen auf den Nachbarinseln Praslin und La Digue sind heller und manchmal rötlich-orange gefärbt. Außergewöhnlich hell sind die großen Quarzkristalleinschlüsse im Granit der kleinen Insel Thérèse vor der Westküste Mahés.

Alle Granitinseln der Inneren Seychellen-Gruppe sind von einem geschlossenen Korallenring umgeben. Auffällig ist, daß die Korallenriffe an den Ostseiten der Inseln meist weit ausladend, die Riffe der Westküsten hingegen nur schmal sind. Grund hierfür ist der gleichmäßige Südostwind, der von Juni bis August warmes, planktonreiches Wasser an die Ostküsten der Inseln spült, das durch seinen Nährstoffgehalt das Korallenwachstum begünstigt.

Die Koralleninseln

Charles Darwin war der erste Wissenschaftler, der die Entstehung von Korallenriffen und von Atollen einleuchtend erklären konnte. Voraussetzung für die Entstehung eines Atolls ist nach Darwin, daß zunächst ein Vulkan über die Wasseroberfläche herausragt. An den Küstenlinien um den Vulkan bilden sich dann knapp unter der Wasseroberfläche ringsum Korallenstöcke. Diese Tiere gedeihen am besten in der warmen, oberflächennahen Wasserzone, wo sie viel Sonnenlicht erhalten. Wenn der Wasserspiegel – beispielsweise durch Abschmelzen der Polkappen – steigt oder der emporgewachsene Vulkan nach Jahrtausenden wieder in die Tiefe sinkt, wachsen gleichzeitig die Korallen knapp unter der Wasseroberfläche weiter – etwa in der gleichen Geschwindigkeit, mit der der Meeresspiegel steigt oder der Vulkan absinkt. Der an den ursprünglichen Außenrändern des Vulkans entstandene Korallenring wächst weiter senkrecht nach oben und entfernt sich so immer weiter von der nach innen verschwindenden Küstenlinie, bis eines Tages auch die Vulkanspitze wieder vom Meer überspült wird. Dann bleibt nurmehr ein mehr oder weniger breiter Ring von Korallenriffen übrig. Bei wieder sinkendem Meeresspiegel tauchen die oberen Korallenschichten aus dem Meer auf, Tiere und Pflanzen siedeln sich an, und es ist eine koralline Insel entstanden.

Diese über 150 Jahre alte Theorie Charles Darwins konnte nach dem Ende des Zweiten Weltkrieges auf wissenschaftlichen Expeditionen in die Riffregionen, insbesondere der Südsee, aber auch des Indischen Ozeans untermauert werden. Auf den Marshall-Inseln (Südsee) wurde in einer Tiefe von 1200 m der Rest vulkanischen Gesteins gefunden. Man stellte fest, daß ein etwa 3000 m hoher Vulkan, vor Urzeiten im Meer versunken, die Basis der Korallenriffe bil-

Blendend weiß ist der Sandstrand der Koralleninsel Bird im Norden der Inneren Seychellen

dete. Nahezu identische Ergebnisse brachten viele weitere geologische Untersuchungen auf pazifischen Koralleninseln. Außerdem stellte man fest, daß das durchschnittliche Wachstum der Korallen dort 2,3 m in 1000 Jahren ausmacht, was in etwa mit der Geschwindigkeit übereinstimmt, mit der die Vulkane ins Meer absanken. Verschiedene andere Untersuchungen lassen keinen Zweifel mehr daran, daß die Atolle dieser Erde so entstanden sind, wie Charles Darwin es schon 1835 vermutet hatte.

Warum aber entstehen am Rande von Inseln knapp unter dem Meeresspiegel Korallenriffe? Korallen sind kleine Polypen, die aus dem Meerwasser Kalk herausfiltern und sich damit eine Schutzhülle aufbauen. Um zu überleben, benötigen sie warmes Wasser und viel Sonnenlicht. Dieses wird vom Wasser schnell absorbiert, so daß es schon in 20–30 m Tiefe für das Wachstum von Korallen nicht mehr ausreicht. Wenn der Meeresspiegel konstant bleibt, breiten sich die Korallen horizontal unterhalb der Wasseroberfläche aus. Sinkt der Wasserspiegel später, sterben die Tiere ab, und das Kalkskelett ragt über die Wasseroberfläche. Nach einiger Zeit begrünt sich der Kalkstock, und eine flache, grüne Koralleninsel ist entstanden. Steigt der Wasserspiegel aber an, müssen die Korallen versuchen, durch möglichst gleichmäßiges vertikales Wachstum den für ihr Überleben idealen Abstand zur Wasseroberfläche zu halten. Bei kontinuierlichem Anstieg des Meeresspiegels (oder Absinken des Meeresgrundes) wächst dann der Kalkstock nach oben, und eine unterseeische Korallenwand entsteht. In den vergangenen Jahrzehnten hat die Wissenschaft einen Anstieg des Meeresspiegels um 1 cm in 10 Jahren festgestellt. Damit ist auch das vertikale Wachstum der Korallen auf 1 cm pro Jahrzehnt beschränkt. Da die Meere jedoch genug Nährstoffe für mehr Korallen bereitstellen, dehnen sich die Riffe nunmehr in horizontaler Richtung unter der Wasseroberfläche aus. Auch hier kann man der Darwinschen Theorie folgen, wonach sich jeweils diejenigen Tiere und Pflanzen durchsetzen, die den äußeren Umständen am besten angepaßt sind. In Phasen eines schnellen Anstiegs der Wasseroberfläche dürften diejenigen Korallenarten vorgeherrscht haben, die nur eine leichte und dünne Kalkunterlage benötigen und daher schneller nach oben, dem Licht entgegen, wachsen können. Seit die Meere nur noch langsam anstiegen, traten andere Korallenarten in den Vordergrund, die eine massive Kalkbasis aufbauen und sich von dieser Basis aus horizontal ausbreiten.

Während der letzten Eiszeit, vor etwa 15 000 Jahren, als an den Polkappen wesentlich mehr Wasser in Form von Eis gebunden war als heute, dürfte sich der Meeresspiegel weltweit um etwa 100 m abgesenkt haben. Vor 9000 Jahren begann der Meeresspiegel dann wieder anzusteigen, erreichte aber bisher nicht ganz den Stand, den er vor der Eiszeit hatte. Beweise hierfür sind die bis zu 10 m über der heutigen Meeresoberfläche zu findenden Korallenüberreste, die an Granitfelsen auf La Digue haften. Ein weiterer Beweis sind die Korallenpilze, die etwa 10 m über die Oberfläche der flachen Lagune innerhalb des Aldabra-Atolls hinausragen.

Die am leichtesten zugänglichen Koralleninseln der Seychellen sind die nördlich von Mahé gelegenen Inseln Bird und Denis. Insbesondere Denis Island verfügt über ein reichhaltiges Korallenatoll unmittelbar in Strandnähe, das Schnorchler bequem vom Strand aus erkunden können.

Klima

Die Nähe zum Äquator bestimmt das Klima der Seychellen. Sie ist auch dafür verantwortlich, daß die jahreszeitlichen Unterschiede nur sehr gering sind. Es ist nicht möglich, eine ›beste Reisezeit‹ festzulegen, da verläßliche Vorhersagen unmöglich sind – egal zu welcher Jahreszeit. Mit tropischen Niederschlägen, die in heftigen, meist kurz andauernden Güssen herunterkommen, muß immer gerechnet werden. Wegen der Abkühlung der Luft nach Sonnenuntergang fallen 70 % aller Niederschläge zwischen 18 Uhr abends und 6 Uhr morgens. Das Val Riche im Süden der Hauptinsel Mahé erhält mit 3000 mm Wassersäule pro Jahr die höchsten Niederschlagsmengen, die flachen Küstenrandgebiete haben etwa 2000 mm. Schon auf den flacheren Inseln Praslin und La Digue und den Inseln des Marine National Park (Moyenne, Long, Round, Cerf und Ste Anne) beträgt die Niederschlagsmenge etwa 1500 mm, obwohl sie nur 2–3 km von der Hauptinsel entfernt liegen. Auf den Koralleninseln Bird, Denis und Desroches wird jährlich lediglich ein Niederschlag von knapp über 1000 mm Wassersäule gemessen. Die relative Luftfeuchtigkeit liegt das ganze Jahr zwischen 75 und 85 %, während Regenschauern kann sie bis auf 100 % ansteigen. Die durchschnittliche Tageshöchsttemperatur (von 14 bis 16 Uhr) ist niedriger, als man annehmen würde, jedenfalls um einiges niedriger als in vielen tropischen Ländern oder gar in den Mittelmeerländern im Sommer. Sie schwankt im ganzen Jahr zwischen 24 und 32°C.

Wenn Sie die folgenden Erläuterungen lesen, seien Sie sich bitte dessen bewußt, daß Aussagen wie ›mehr Regen‹, ›stärkerer Wind‹, ›Wind aus Südosten‹ usw. lediglich statistisch richtig sind. Während der wenigen Wochen Ihrer Seychellen-Reise wird sich das Wetter vielleicht nach den Klimastatistiken der vergangenen Jahre richten – vielleicht aber auch nicht. Sicher ist nur, daß es auch nachts und bei Regen nicht kühler als 22°C wird, die Tageshöchsttemperaturen selten über 30°C steigen, daß im September, Oktober und November sowie im März, April und Mai in der Regel kein oder nur sanfter Wind weht, daß im Juni, Juli und August der Wind (wenn er weht) aus südlicher bis östlicher, im Dezember, Januar und Februar (wenn er weht) aus nördlicher bis westlicher Richtung kommt. Verschiebungen dieser schwach ausgeprägten Jahreszeiten von bis zu einem Monat sind nicht ungewöhnlich. Die jahreszeitlichen Wechsel können einen Monat ›zu früh‹, aber auch einen Monat ›zu spät‹ stattfinden.

Wesentliches Unterscheidungsmerkmal der Jahreszeiten sind die Schwankungen der vorherrschenden Windrichtungen, die dadurch hervorgerufen werden, daß die Sonne mittags drei Monate lang weit südlich (Dezember, Januar, Februar) und drei Monate (Juni, Juli, August) weit nördlich des Äquators steht. In den Monaten Juni, Juli, August, wenn die Sonne über den nördlichen Himmel wandert, heizt sie insbesondere die großen Landmassen Indiens, Südwestasiens und Nordafrikas auf. Dort entwickelt sich ein aufwärts gerichteter Strom heißer Luft, in dessen Sog kühlere Luft von den riesigen Meeresflächen des südlichen Indischen Ozeans herangezogen wird. Dieser Luftstrom, der abgekühlt ist, weil das Wasser des Meeres durch seine Verdunstung Wärme verbraucht, wird **Südostpassat** genannt und bringt gelegentliche, meist nächtliche Regenperioden mit sich. Die niedrigste je auf den Seychellen auf Meereshöhe gemessene Temperatur betrug 19,8°C und wurde im August, bei Regen und morgens kurz vor Sonnenaufgang gemessen.

Wenn Sie hohe Luftfeuchtigkeit und große Hitze belasten, sollten Sie für eine Seychellen-Reise die Monate des Südwinters bevorzugen. Die Luft ist trockener, die Tageshöchsttemperaturen sind niedriger, nachts kühlt es auf ca. 23°C ab, und ein stetiger, meist leichter Südostwind sorgt für Kühlung. In Hotelzimmern mit guter Durchlüftung (leider sind sie selten!) benötigen Sie in diesen Monaten weder eine Klimaanlage noch einen Ventilator.

Während der Monate Dezember, Januar und Februar steht die Sonne über der südlichen Hemisphäre. Im Sog des dort über dem Wasser entstehenden, nach oben gerichteten heißen Luftstroms führt der Nordwestwind über den trockenen Landflächen Somalias und Arabiens abgekühlte feuchte Luft heran, die sich in kurzen, heftigen Regengüssen entlädt. Ein großer Teil der Regenfälle entsteht durch thermische Wirkung, wenn der **Nordwestpassat** feuchtigkeitsgetränkte Luft die Berghänge hinauftreibt, sie sich dort abkühlt und dadurch in den Hochlagen Wolken entstehen. Wird die Luftfeuchtigkeit zu hoch, regnen die Wolken an den Bergkuppen ab. Die nun trockenere Luft erwärmt sich auf ihrem Weg von den Bergkuppen an die vom Wind abgewandte Küste, wo dann wieder die Sonne scheint. Wer im deutschen Voralpenland lebt, kennt das Phänomen unter dem Namen Föhn. Die Monate des Südsommers sind die niederschlagsreicheren des Jahres. In dieser, mißverständlich als ›Regenzeit‹ bezeichneten Periode verringert sich die durchschnittliche Sonnenscheindauer pro Tag nicht, auch

Das ganze Jahr über kann es zu heftigen, jedoch meist nur kurzen Regenschauern kommen

Richtige Kleidung

Vor Ihrer Abreise auf die Seychellen brauchen Sie sich beim Kofferpacken nicht viele Gedanken zu machen, denn die Frage, was man am besten anzieht, ist einfach zu beantworten. Es gibt keine Anlässe, bei denen man sich festlich kleiden müßte. Erst seit das Mehrparteiensystem wieder eingeführt wurde, hat es sich eingebürgert, daß in manchen Geschäftskreisen Krawatte getragen wird. Wie bei uns auch, haben die Versicherungsmakler eine Vorreiterrolle in mausgrauen Anzügen mit dunkelblauen Krawatten übernommen. Wenn Sie aber keine Versicherungen verkaufen wollen, genügt für die Frau eine Bluse und ein Rock oder eine Hose, für den Mann ein Hemd mit kurzen Ärmeln und eine saubere lange Hose – für festliche Anlässe ebenso wie für das Abendessen im Restaurant oder Hotel.

Am Strand werden Sie selten sehen, daß einheimische Mädchen oder Frauen einen Badeanzug ohne Oberteil tragen. Unter Touristinnen hat sich dies am Hauptstrand Beau Vallon eingebürgert und wird auch von den Einheimischen toleriert. Als äußerst befremdlich wird es jedoch empfunden, wenn Frauen ihr Oberteil auch dann nicht anziehen, wenn sie vom Strand in das Hotel oder gar in die Bar oder das Snackrestaurant zurückkehren. Frauen, die das tun, werden zwar nicht auf äußerlich erkennbare Ablehnung stoßen, Seychellois und das Bedienungspersonal werden aber untereinander verständnislose Blicke und inneres Kopfschütteln austauschen. Das gleiche gilt, wenn Touristen ungepflegt oder abgerissen, eventuell sogar barfuß durch Victoria spazieren. Ein Seychellois zieht bei seinem Spaziergang durch die Stadt oder zum Einkaufen saubere, frisch gebügelte Kleidung an und versucht, den bestmöglichen Eindruck zu hinterlassen. Die Angewohnheit von Touristen in europäischen Feriengebieten, in der Badehose einkaufen zu gehen, wird auf den Seychellen schlichtweg als völlig unmöglich betrachtet – wer es trotzdem tut, darf sich über lauten Spott der Seychellois nicht wundern.

Es wird Ihnen auffallen, wie sauber und modisch insbesondere die Frauen auf den Seychellen gekleidet sind. Internationale Modemagazine gehören zu den begehrtesten Artikeln und zur ständigen Lektüre der jungen Frauen auf den Seychellen, denn sie schneidern sich ihre Kleider nach den Vorbildern, die sie in den Magazinen als neueste Mode sehen. Als Gast machen Sie den Seychellois eine Freude, wenn Sie sich diesen Gepflogenheiten anpassen, sich leger, leicht und gepflegt kleiden.

die Niederschlagsdauer ändert sich nicht. Lediglich die Heftigkeit der Regenfälle ist größer als in den trockeneren Monaten. Trockene, windstille Perioden von mehreren Wochen, manchmal sogar einem Monat, wechseln ab mit Tagen heftigen Sturmes und sprichwörtlich ›tropischen‹ Regengüssen. Das für Tage und Wochen absolut ruhig und still liegende Meer verwandelt sich während solcher Gewitterstürme innerhalb weniger Stunden in ein tosendes Ungeheuer, das an manchen Stränden über Nacht den schönen weißen Sand wegspült. Aber keine Sorge – die Flut wird den Sand ebenso schnell wieder heranschaffen, sobald sich der Sturm gelegt hat. Diese Monate sind für Fotografen interessant, denn das Licht ändert sich ständig, und die Türme der Kumuluswolken bilden einen interessanten Kontrast zum tiefblauen Himmel und zum türkisgrünen Meer. Auch Taucher, Schnorchler und Fischer kommen auf ihre Kosten, da das Meer – wenn sich nicht gerade ein Gewitter entlädt – ruhig und klar ist.

Die dritte Jahreszeit findet zweimal statt. In den Monaten März, April und Mai sowie September, Oktober und November herrschen Zeiten geringer Luftbewegung, da die Sonne senkrecht über dem Äquator steht und die Nordhalbkugel und die Südhalbkugel der Erde etwa in gleicher Weise aufgeheizt werden. Das Meer ist ruhig und klar, der Himmel wolkenlos blau. Für Kühlung sorgen abendliche thermische Winde vom Meer aus hinauf in die Berge. Diese beiden sogenannten **Zwischenmonsunzeiten** eignen sich am besten für Spaziergänge in den Bergen, da die Fußwege trocken und leicht begehbar sind. Wenn sportliche Betätigungen wie Tauchen, Schnorcheln, Hochseefischen und Wandern wesentliche Elemente Ihres Urlaubs sind, sollten Sie einen dieser sechs Monate für Ihre Reise wählen. Obwohl auch in dieser Zeit die Tagestemperaturen nicht über 32°C ansteigen, empfindet man es als heiß, da kaum Wind weht und selten Wolken für Schatten sorgen.

Die in vielen subtropischen Ländern, also Ländern, die auf der Höhe des nördlichen oder südlichen Wendekreises liegen, gefürchteten **Zyklone** kommen auf den Inneren Seychellen nicht vor. Nur gelegentlich erreichen ihre Ausläufer weit im Süden liegende Inseln wie Aldabra und Cosmolédo. Bis Mahé dagegen wirken sich die Wirbelstürme nur als tropische Unwetter (Depressionen genannt) aus, die zwei oder drei Tage anhalten können. Die aus der Karibik, Südostasien oder von Madagaskar und Mauritius bekannten Zerstörungen können sie nicht anrichten.

Flora und Fauna

Nach dem Zweiten Weltkrieg begann die Wissenschaft, sich intensiv mit den Besonderheiten der Natur auf den Inseln des westlichen Indischen Ozeans zu befassen. Es handelte sich um wissenschaftliche Programme zur Erforschung des Tierlebens über und unter Wasser, aber auch um geologische Expeditionen zur Untersuchung des Meeresbodens und der Gesteinsformationen. Vor allem wollte man herausfinden, ob man Rückschlüsse auf die Lebewesen ziehen kann, die in früheren Zeiten den Globus bevölkerten. Es wurde deutlich, daß die Region die Möglichkeit bietet, viele neue Erkenntnisse über unsere Erde zu erhalten – insbesondere hinsichtlich der Natur, wie sie existiert hat, bevor der Urkontinent Gondwanaland sich in die heutigen Kontinente Afrika, Asien und Europa aufspaltete. Auf den Seychellen-Inseln änderte sich nach diesem Naturereignis wenig, während die großen Kontinentalmassen sich gegenseitig befruchteten, dadurch neue Arten hervorbrachten und alte Arten zum Aussterben verurteilten. Die Expeditionen machten klar, daß Schutzmaßnahmen ergriffen werden mußten, wenn man diese einmalige Chance, die Natur in vorgeschichtlichem Zustand zu beobachten und zu erforschen, nutzen wollte. Auf den Seychellen sind seither viele Naturschutzparks entstanden. Die wichtigsten von ihnen schützen ein großes, nahezu unberührtes Gebiet rund um den 905 m hohen Morne Seychellois und den etwas niedrigeren Le Niol auf Mahé, das Vallée de Mai auf Praslin und das Atoll Aldabra.

Die Zahl der auf den Seychellen heimischen Pflanzen und Tiere ist im Vergleich zu denen auf großen Kontinenten gering. So gibt es beispielsweise nur 21 Arten von Landvögeln, von denen manche erst nach 1945 eingeführt worden sein dürften. In Afrika findet man auf einem entsprechend großen Areal bis zu 100 Arten. Ähnlich sieht es bei Bäumen, Büschen und anderen Pflanzen aus. Ursache dieser für den Nichtbotaniker kaum erkennbaren Armut an Arten ist die geographische Lage, denn die meisten Tiere oder Pflanzen sind wohl auf dem Luftweg auf die Seychellen gelangt. Entsprechend kommen vor allem Vögel und Insekten mit besonders guter Flugfähigkeit vor sowie Pflanzen, deren Sporen durch den Wind leicht über weitere Entfernungen getragen werden können. Hierzu gehören beispielsweise die Farne und Orchideen. Pflanzen mit großen Samen hingegen (wie etwa Eichen und Koniferen) bleiben auf die Landmassen der großen Kontinente beschränkt. Einige Pflanzenarten dürften auch über die Exkremente der Vögel von Afrika oder Madagaskar herangetragen worden sein.

Den heutigen Süßwasserbewohnern der Seychellen gehören Arten an, die in bezug auf den Salzgehalt des Wassers sehr anpassungsfähig sind. Sie waren in der Lage, aus dem Salzwasser des Meeres in die Flußmündungen zu wandern und sich den dort vorherrschenden Süßwasserverhältnissen anzupassen. Geckos, Chamäleons und kleine Schlangen, die man in den Wäldern findet, wurden wahrscheinlich auf Kokosnüssen oder anderen über das Meer herangeschwemmten Pflanzen angetrieben. Neue Arten, die auf diese Weise den Boden der Seychellen-Inseln erreichten, mußten sich einer neuen Umgebung anpassen. Manchen gelang dies gut, andere konnten sich nicht behaupten und starben wieder aus.

Als dritter Importeur der Flora und Fauna betätigte sich schließlich seit 250 Jahren der Mensch. Viele neue Arten führte er absichtlich ein, andere wurden ohne oder sogar gegen seinen Willen mitgebracht. Jedes Schiff brachte nicht nur eine große Anzahl von Bakterien und Pflanzensamen ans Ufer, sondern auch Ratten, Mäuse, Kakerlaken, Termiten usw. Fliegen, Läuse und andere Parasiten werden von importierten lebenden Tieren eingeschleppt. Würmer und kleines Getier befinden sich in der Erde eingeführter Pflanzen. Glücklicherweise können nur wenige dieser Neuankömmlinge längere Zeit überleben, denn sie haben nicht die Kraft, sich gegen die bestehende Flora und Fauna durchzusetzen. Einige von ihnen werden jedoch zufällig auf eine Umgebung treffen, die ihren Bedürfnissen entspricht. Von solchen Neuankömmlingen geht eine große Gefahr für die bestehende Vegetation aus. Seien Sie deshalb nicht überrascht, wenn vor Ihrer Ankunft auf den Seychellen im Flugzeug ein Insektenvertilgungsmittel versprüht wird. Dies stellt eine von vielen Vorsichtsmaßnahmen dar, die auf kleinen Inseln wie den Seychellen unbedingt erforderlich sind. Strenge Quarantänebestimmungen bestehen beispielsweise auch für die Einfuhr von Haustieren!

Für den Fachmann ist es interessant zu beobachten, welche besonderen Entwicklungen die Tiere und Pflanzen im Laufe der Jahrmillionen auf abgelegenen Inseln durchgemacht haben. Das berühmteste Beispiel für eine von der übrigen Welt isolierte Entwicklung stellen wohl die Galapagos-Inseln vor Ecuador und Madagaskar dar. Aber auch die Riesenschildkröten von Aldabra kommen sonst nirgends auf dieser Erde in ihrer natürlichen Umgebung vor. Berühmtestes Beispiel für die Einmaligkeit der Natur der Seychellen im Bereich der Pflanzenwelt ist die Meereskokosnuß (Koko Dmer) von der Insel Praslin. Wie ein so gigantischer Baum mit der mit Abstand schwersten aller Früchte dieser Erde entstehen konnte, ist noch unklar. Es könnte auch sein, daß der Urkontinent Gondwanaland in weiten Bereichen von Koko-Dmer-Wäldern bedeckt war. Möglicherweise wurde jedoch durch neu entstehende Pflanzenarten und neu eintreffende Tiere der natürliche Lebensraum dieser Pflanze auf den Kontinenten im Laufe der Jahrmillionen eingeengt, was schließlich zu ihrem Aussterben führte. In den Regenwäldern Ostmadagaskars – also einem ähnlich abgelegenen Gebiet wie den Seychellen – soll eine Palme existieren, die der Meereskokosnuß ähnelt, aber deutlich kleiner als diese ist.

Pflanzenwelt

Als im 17. und 18. Jahrhundert die ersten Siedler auf den Seychellen an Land gingen, hinterließen sie lebendige Berichte von der Schönheit der Wälder, welche die Inseln bedeckten. Mahé wurde aus diesem Grunde auf den ersten französischen Seekarten auch ›Île d'Abondance‹ (Insel des Überflusses) genannt. Auch wer heute aus Europa auf Mahé ankommt, ist zunächst von der Dichte der Vegetation und den Formen und Farben der riesigen Blätter von Bäumen und Sträuchern überwältigt. Mit der Pflanzenwelt, wie sie von den Kolonisten beschrieben wurde, ist die heutige jedoch nicht mehr identisch. Viele später als Nutzpflanzen eingeführte Arten haben sich wild in den Wäldern verbreitet. Insbesondere die Zimtpflanze begegnet auch dem Wanderer in höher gelegenen Bergregionen auf Schritt und Tritt.

Die eigentlichen ›Urpflanzen‹ Mahés gehörten vier verschiedenen Gruppen an. Die Küsten waren um die Flußmündungen herum von dichten **Mangrovenwäldern** gesäumt. Heute findet man solche geschlossenen Mangrovensümpfe noch in Port Glaud an der Westküste. Neue Mangroven haben sich in dem schmalen Salzwasserstreifen zwischen der ursprünglichen Ostküste und der erst Ende der 80er Jahre südlich von Victoria aufgeschütteten Inselkette zwischen Victoria und dem Flughafen angesiedelt.

Hinter dem Mangrovengürtel findet sich rund um die Insel ein schmaler flacher Festlandstreifen, von dem aus sich ursprünglich bis auf 300 m Höhe ein **dichter Wald** erstreckte. Die Edelholzbäume waren bis zu 40 m hoch, hatten einen Umfang von über 5 m und bis zu einer Höhe von 20–30 m herrlich gerade, astlose, glatte Stämme. Der bekannteste davon war der Bois de Fer, das Eisenholz.

Über diesem Waldgürtel erstreckte sich bis zu einer Höhe von 600 m ein zweiter, in dem etwa 20 m hohe Bäume mit dichtem Blätterdach wuchsen. In diesem **Dschungel** fanden sich Bäume, Blumen, Sträucher, Büsche, Kräuter und Orchideen, darunter auch die Fleur Paye-en-Queue, eine endemische Orchideenart.

Die letzten 300 Höhenmeter darüber wurden von einem niedrigeren, **buschigeren Wald** bedeckt, dessen Blätterdach nicht mehr als 10 bis 15 m über dem Erdboden endete. Die dortigen Bäume hatten dicke, dunkelgrüne, lederartige Blätter. In dieser Region findet man heute noch die Pitcher Plant, die zu der Gruppe der fleischfressenden Pflanzen gehört.

Ein Teil dieser Wälder ist in den letzten 200 Jahren leider verschwunden. Sie wurden abgeholzt, um Rohstoffe für Schiff- und Hausbau zu liefern oder die Öfen zu heizen, in denen man das Zimtöl herstellte. Kokosplantagen und eine Mischung von kleineren Bäumen, wie Zimt- und Cashewbäume, haben Urwälder verdrängt und zum Teil ersetzt. Nur noch in den höheren Regionen von Mahé, Silhouette, Praslin und La Digue sowie auf der geschützten Insel Aride finden sich Reste der ursprünglichen Pflanzenwelt.

Mangrovenwald auf der Insel Curieuse

Die Kokospalme

An einer der einheimischen Pflanzen der Seychellen hat der Mensch bis heute größtes wirtschaftliches Interesse. Es ist die Kokospalme, die mit Vorliebe auf sandigen Böden entlang der tropischen

Faserhüllen von Kokosnüssen, aus deren Fleisch Kopra hergestellt wird

Küstenlinie, vor allem an den Küsten des Indischen und des Pazifischen Ozeans zu finden ist. Man nimmt an, daß die Kokospalme sich in ihrer heutigen Form auf den korallinen Inseln des westlichen Indischen Ozeans entwickelt hat. Sie war vorhanden, als die ersten Seeleute an Land gingen und Reisebeschreibungen anfertigten. Es gibt allerdings auch Theorien, welche besagen, daß die Kokospalme möglicherweise von arabischen Händlern eingeführt worden war, die schon Jahrhunderte früher Handel zwischen Asien und Afrika betrieben hatten.

Obwohl die Tourismusindustrie und der Fischfang die Kopraindustrie mit Abstand auf den dritten Platz der Einnahmequellen verdrängt haben, ist die Kokospalme nach wie vor einer der wichtigsten Arbeitgeber für die Bevölkerung der Seychellen. Kokospalmen stehen im Mittelpunkt der landwirtschaftlichen Tätigkeit, und ein großer Teil des flachen, landwirtschaftlich nutzbaren Landes ist mit Kokosplantagen bedeckt. Die Palmen benötigen viel Sonne und viel Feuchtigkeit, aber nahezu keine Pflege, abgesehen davon, daß die heruntergefallenen Nüsse gesammelt und weiterverarbeitet werden müssen. In allen Beschreibungen der Seychellen seit 1609 wird die Kokospalme und deren vielfältiger Nutzen für menschliche Ansiedlungen gelobt. Bereits der erste Bericht von Mahé charakterisiert die Insel als einen sehr guten, erfrischenden Platz, wo es klares Wasser, viel Holz, Kokosnüsse und Fische im Übermaß gibt. So mancher gestrandete Seemann wurde durch die Kokospalme gerettet.

Nahe dem ›Vilaz Artizanal‹, einem Dorf an der Ostküste Mahés, in dem in verschiedenen Werkstätten kreolisches Kunsthandwerk hergestellt und verkauft wird, wurde aus Anlaß des ›Festival Kreol‹ 1994 ein sogenanntes *Kas Koko*, ein Wohnhaus, errichtet, das ausschließlich aus dem Stamm, den Blättern und den Früchten der Kokospalme hergestellt ist. Dieses Haus ist ein Symbol für den vielfältigen Nutzen, den der Mensch in den vergangenen Jahrhunderten aus dieser Palme gezogen hat. Aus einem Schulwettbewerb, in dem die Kinder aus der Erfahrung mit ihren Eltern darstellen sollten, was alles im täglichen Leben der Seychellois aus der Kokospalme hergestellt wird, ergab sich folgende imposante Liste:

Der **Stamm** dient als Brücke über Bäche und Flüsse, als Material für Viehzäune, als Stößel zur Herstellung von Gewürzen, um Zuckerrohr zu reiben und hieraus das Nationalgetränk *Bacca* herzustellen, als zentrale Stütze für die Dächer der Häuser. Aus drei oder vier sehr geraden Teilen der Palme fertigt man Rollstege, um die Pirogen aus dem Wasser an Land zu ziehen; aus dem Holz geschälter Stämme werden Fußböden, Wände und Dachbalken, Tische und Stühle gezimmert. Das getrocknete Holz des Stammes ist äußerst hart, dadurch schwer zu verarbeiten, aber nahezu unendlich haltbar.

Aus dem grünen, zarten Teil des Stammes, knapp unterhalb des Blattansatzes, wird der sogenannte **Millionärssalat** zubereitet. Er erhielt diesen Namen, weil man eine ganze Palme fällen muß, um einen Salat für etwa zehn Personen zuzubereiten. Heute ist es verboten, nur zu diesem Zweck eine Palme zu schlagen. Den Millionärssalat kann man daher nur bekommen, wenn eine Palme alt ist und daher von selbst umstürzt.

Aus den getrockneten **Palmblättern** stellt man Dächer für Hütten und Überdachungen von Veranden her, früher nutzte man sie sogar als Segel für die Pirogen, von denen aus in den flachen Küstengewässern gefischt wurde. Früher wie heute werden die noch grünen Blätter als Dekoration für Hochzeitsfeiern oder andere Festlichkeiten verwendet. Wenn man die Blätter in der Mitte auseinanderreißt, kann man daraus *Makuti* fertigen – dünne Geflechte, die als Grundmaterial für Körbe, Hüte und Taschen dienen.

Aus der starken **mittleren Rippe der Kokosblätter**, dem *Zig*, wurden früher Pfeil und Bogen hergestellt und besonders haltbare Körbe, Handtaschen und Hüte. Zusammengebundene Rippen dienen als Besen oder als Fallen für den Krebsfang. Wenn ein Fischer seinen Fang ans Ufer gebracht hat, muß er ihn transportfähig machen. Dazu nimmt er ein Blatt der Kokospalme, reißt ein Stück der Rippe heraus und spießt seinen Fang der Reihe nach damit auf. Danach knotet er Anfang und Ende der Rippe zusammen und kann so das ganze Bündel

Durch das Auspressen des Kokosfleischs wird die ›Kokossahne‹ gewonnen

nach Hause tragen. Auf einen stärkeren Teil der Rippe aufgespießt, kann der Fisch im Ufersand schräg aufgestellt und an einem offenen Feuer gegart werden.

Selbst aus **jungen Kokosnüssen** *(Koko Tendre)*, die nicht reifen und deshalb zu früh herunterfallen, wird etwas sehr nützliches hergestellt. Sie dienen als Medizin bei Durchfall und Magenbeschwerden. Man muß die noch kleine Nuß von nur etwa 2 cm Durchmesser lediglich kurz kochen und essen. Der Magen ist danach in Kürze wieder aufgeräumt. Aus der *Koko Tendre* gewinnt man auch eine an Vitaminen und Nährstoffen reiche Kokosmilch. Ist die Nuß ein wenig älter, jedoch noch nicht reif, kann man sie vom Baum nehmen, an beiden Seiten aufschneiden und etwa einen halben Liter kalter, sauberer und süßer Milch herausfließen lassen – von den Einheimischen als Ersatz für die infolge von Durchfall verlorene Flüssigkeit empfohlen. Sie ist auch hervorragend geeignet, die durch die Sonne verbrannte Haut zu kühlen und zu heilen. Gemischt mit Wodka, Whisky, Gin und vor allem mit Rum dient sie als tropischer Cocktail. Im Inneren einer sehr jungen, unreifen Kokosnuß befindet sich außer der Milch noch ein weißes Gelee, das sich im Laufe des weiteren Reifungsprozesses in das harte Fruchtfleisch verwandelt. Nimmt man es heraus, süßt es ein wenig mit Zucker und verfeinert es mit Cointreau, hat man einen erfrischenden Nachtisch.

Reife Kokosnüsse werden zunächst geöffnet und von ihrer trockenen, braunen Hülle befreit. Auch diese **Hülle** erfüllt viele nützliche Zwecke. Man deckt damit frei an der Oberfläche liegende Wurzeln der Kokospalme oder anderer Nutzpflanzen ab. Durch die Verwesung bildet sich dann ein wertvoller Düngestoff. Die Hülle wird außerdem als Brennmaterial für die Öfen genutzt, in denen die Kopra später getrocknet wird. Auf den weit abseits gelegenen flachen Koralleninseln der Amiranten stellen noch heute die Koprabauern ihre Matratzen aus den feinen Fasern der Kokoshülle her. Die Hülle wird zunächst zerrissen und dann für einige Tage in frisches Wasser gelegt, bis sie sich vollgesogen hat. Dann nimmt man sie heraus und klopft sie mit einem Stock so lange weich, bis die einzelnen Fasern nur noch locker miteinander in Verbindung stehen. Legt man diese Fasern dann ein paar Stunden in die Sonne, erhält man ein lockeres und luftiges Gewebe, das, in Matratzenhüllen gesteckt, eine bequeme Schlafunterlage darstellt. Es kann auch zur Herstellung von Tauen, Teppichen und Matten benutzt werden.

Der Inhalt einer einzigen **Kokosnuß** hat so viel Protein wie ein viertel Pfund frisches Fleisch. Man kann nicht viel davon essen, aber es gibt eine Menge verschiedener Zubereitungsarten, um das Kokosfleisch genießbar zu machen. Die Seychellois essen es als *Koko Sek* mit Brot und mit gegrillter Brotfrucht. Das einheimische *Nougat*, das Sie in vielen kleinen Läden an der Straße kaufen können, wird aus dem geriebenen und dann zusammen mit Zucker gekochten Kokosfleisch hergestellt. Feingeriebenes Kokosfleisch wird durch ein Tuch gepreßt, wodurch man die ›Kokossahne‹ erhält. Diese wird in der kreolischen Küche auf vielerlei Arten genutzt. Beispielsweise kocht man reife Bananen darin und erhält auf diese Weise die süße Nachspeise *La dob banane*. Sehr beliebt ist es auch, ein Hühnercurry mit dieser Milch anzureichern und ihm damit den auf den Seychellen so typischen sanften Beigeschmack zu geben. Kocht man die ausgepreßte Kokosmilch, bis alles Wasser verdunstet ist, erhält man ein ausgezeichnetes Öl, das sowohl zum Kochen wie auch zum Einreiben der Haut geeignet ist. Beim Kochen bleibt neben dem Öl am Boden des Topfes ein süßer, dickflüssiger Rest übrig, den man wie Marmelade als Brotaufstrich ißt.

Kommerziell wird die Kokosnuß in erster Linie zu **Kopra** verarbeitet. Zunächst öffnet man die Nuß und teilt sie in zwei Hälften, die man dann in der Sonne trocknen läßt. Das so gewonnene harte Kokosfleisch wird in Mühlen zermahlen und das herausquellende Öl aufgefangen. Der trockene Rest dient als Viehfutter. Aus der exportierten Kopra werden Seife, Kosmetika, Kokosfett und Kokosraspeln hergestellt. Auf den Seychellen benutzt man sie als Medizin, Sonnenschutzöl und Desinfektionsmittel bei Verletzungen der Hautoberfläche.

Die halbierte harte **Nußschale** wird zu Gebrauchsgegenständen verarbeitet, wie Bechern, Tassen, Gefäßen zum Abmessen von Salz, Pfeffer oder Reis. Aus kleinen Splittern fertigt man Knöpfe, Ohrringe, Broschen, Löffel, Messergriffe und vieles andere. Eine wunderbare Art, einen festlichen Abend zu beleuchten, ist es, in halbierte Kokosschalen Kokosöl zu füllen und dieses dann abzubrennen.

Wenn eine Kokosnuß ein paar Monate auf dem Erdboden liegt, beginnt im Inneren eine neue Palme zu wachsen. Öffnet man die Nuß zu diesem Zeitpunkt, findet man einen etwa golfballgroßen Keim. Dieser **Koko Zerm** kann roh und gekocht gegessen werden und schmeckt wie ein luftiger, schaumig zubereiteter Kokoskuchen.

Sogar die **Wurzel** der Kokospalme wird genutzt. Die heimischen *Raspey* – die Pflanzenheiler – stellen daraus verschiedenste Medikamente her. Nach Aussagen der Einheimischen sollen sie sehr wirksam sein. Die Wurzel ist auch ein hervorragendes Brennmaterial, das eine ungeheuer große Hitze erzeugt. Die Asche wiederum wird im Garten als Dünge- und Insektenvertilgungsmittel genutzt.

Schließlich muß noch der **Calou** erwähnt werden, das Nationalgetränk der Seychellen. Er wird gewonnen, indem man einige frische Triebe in der Krone der Kokospalme zusammenbündelt, sie dann abschneidet und den daraus hervorquellenden Saft in einem Bambusrohr, neuerdings auch in einer Plastikflasche sammelt. Im Laufe eines Tages tropfen auf diese Weise etwa drei Liter Palmsaft ab, die bereits während des Tages zu gären beginnen. Wenn man ihn unmittelbar nach der ›Ernte‹ trinkt, hat der Calou nur eine leicht berauschende Wirkung, schmeckt prickelnd, süßlich und erfrischend. Läßt man ihn jedoch eine Nacht weiter fermentieren, wird daraus ein stark alkoholisches Getränk.

Die Meereskokosnuß (Seychellennuß, Koko Dmer)

In europäischen Schriften wird die Meereskokosnuß zum erstenmal in Magellans Bericht über seine erste Reise um die Welt erwähnt: »Unsere Führer teilten uns mit, daß nördlich von Java in Richtung des chinesischen Meeres ein riesiger Baum wachse, in dem Vögel, die Garuda genannt werden, leben sollen. Nur diese können den Menschen zu dem Ort tragen, an dem ein geheimnisvoller Baum wächst. Kein Boot und keine Dschunke kann näher als bis auf drei oder vier Meilen zu dem Platz hinkommen. Dort ist das Meer so rauh und die Stürme so heftig, daß jedes Boot sofort kentern würde. Der erste Bericht von

Deutlich größer als die Kokosnuß ist ihre bis zu 20 kg schwere Verwandte, die Meereskokosnuß (Koko Dmer)

diesem Baum soll von einem kleinen Jungen stammen, der als einziger den Untergang einer Dschunke überlebte, die dem Zentrum dieser Stürme und dem Nabel der Meere zu nahe gekommen war. Der Junge soll an einer Planke festgekrallt zu einer der Palmen hingetrieben worden sein. Er ergriff den Stamm, kletterte hinauf in die Krone und sei von dort von Garuda übers Meer zurück an Land getragen worden. Dort ließ ihn der Vogel fallen, fing einen Ochsen, den er dann zurücktrug in seine Heimat im Meer.«

Die Koko Dmer ist nicht nur eine biologische Sensation und das bekannteste Souvenir der Seychellen, sondern auch eine der schönsten und majestätischsten Pflanzen, die es auf der Erde gibt. Ihre Heimat liegt auf den kleinen Nachbarinseln von Mahé, Praslin und Curieuse. Bei der Meereskokosnuß handelt es sich um eine hohe, schlanke Palme mit einem extrem geraden und glatten Stamm, riesigen fächerförmigen Blättern und großen, schweren, herzförmigen Nüssen. Von diesem Baum gibt es männliche und weibliche Exemplare, die meist nebeneinander stehen. Die männlichen Bäume sind etwa fünf Meter höher als die weiblichen. Kurioserweise hat die männliche Palme ihre Pollen in einem Organ, das einem riesigen Phallus ähnelt, während die Frucht, welche man an den weiblichen Bäumen findet, auch ohne viel Phantasie einem weiblichen Becken gleicht. Auf den Seychellen geht daher die Legende um, daß die Koko-Dmer-Palmen sich in stürmischen Nächten vereinigten und so die Kinder und die neuen Kokosnüsse gezeugt würden. Wenn es ein Mensch wage, diese Begegnungen der Palmen zu beobachten, so müsse er sterben. Die wissenschaftliche Wahrheit der Vermehrung sieht etwas anders aus: Die Pollen der männlichen Palme werden durch den Wind zum weiblichen Baum hinübergetragen.

Die daraus entstehenden Früchte sind wie ein großes grünes Herz geformt. Sie wiegen 15–20 kg. Die größte bisher gefundene Meereskokosnuß war über 60 cm lang und wog sogar gute 23 kg. Damit ist die Koko Dmer der größte auf der Erde existierende Pflanzensamen. In reifem Zustand hat sie einen angenehmen, intensiv fruchtigen Geruch. Normalerweise entwickeln sich zwei bis drei dieser Nüsse an einem Fruchtstand, es gibt jedoch Einzelfälle, wo bis zu zehn Früchte gefunden werden, so daß ein Fruchtstand um 200 kg wiegen kann. Jede Palme produziert drei bis vier solcher Bündel pro Jahr. Das Fleisch der Koko Dmer ähnelt dem einer normalen Kokosnuß, hat jedoch einen fruchtigeren und intensiveren Geschmack. Im Inneren enthält die Nuß ein süßes, weiches Gelee, als Nachtisch eine Delikatesse. Im reifen Zustand ist der Kern elfenbeinähnlich und nussig; er soll potenzsteigernd wirken.

Die Entstehung einer Palme ist ein faszinierender Prozeß. Eine Nuß, die auf die Erde fällt, bleibt zunächst monatelang liegen, ohne daß äußerlich irgend etwas geschieht. Dann beginnt die dünne Außenhaut der Frucht zu verwittern und zu zerfallen, und danach bricht in der Mitte ein grüner Sprößling heraus, in dem an der leicht verdickten Spitze der Samen verborgen ist. Der Sprößling wächst aus der Nuß heraus und an der Erdoberfläche entlang aus dem Schatten der Mutterpflanze heraus. Dabei sucht er sich eine Stelle, an der die Erde weich ist und Licht einfällt. Wenn der Boden rund um die Mutterpflanze hart und schattig ist, kann der aus der Nuß herauswachsende Sproß eine Länge von bis zu 4 m erreichen. An einer ge-

Der Garten Eden nach der Vorstellung des General Gordon

Die phantasievollste und absurdeste, aber interessante Geschichte um die Meereskokosnuß schrieb 1881 General Charles George Gordon. Er war erfolgreicher Verwalter der englischen Krone in China und Indien gewesen und verbrachte seine späten Jahre auf den Seychellen. Eines der Originale seiner Schrift über die Meereskokosnuß befindet sich im Botanischen Garten von Pamplemousses auf Mauritius.

Gordon brachte die Entwicklungsgeschichte dieses Baumes in Zusammenhang mit der Entstehungsgeschichte der Erde und des Menschen, wobei er sich eng an die Darstellungen der Bibel hielt. Da die äußere Form der Frucht, bevor ihre weiche Schale entfernt ist, einem Herz ähnelt, hielt er die Palme für den ›Baum der Versuchung‹. Die Form der harten Schale, die an ein weibliches Becken erinnert, sei die Ursache dafür gewesen, daß Adam der Versuchung durch Eva erlag. Auf der Suche nach einem weiteren in der Bibel erwähnten Baum, dem ›Baum des Lebens‹, fand General Gordon den für die Seychellen sehr wichtigen Brotfruchtbaum, obwohl er wissen mußte, daß dieser erst mit den Kolonisten zur Ernährung der Sklavenbevölkerung auf den Seychellen eingeführt worden war.

Seine Theorie erweiternd, fertigte der General eine Karte an, in der die genaue Lage des biblischen Garten Eden verzeichnet war. Danach mündeten die in der Bibel wiederholt auftauchenden Flüsse Euphrat, Tigris, Nil und Jordan über den Persischen Golf und das Rote Meer in den Garten Eden. Dieser zog sich nach Vorstellung Gordons über den Indischen Ozean hinweg bis zu den Seychellen-Inseln. Zentrum des Garten Eden, das Paradies, waren seiner Ansicht nach die heutigen Zentralinseln der Seychellen, insbesondere Praslin und Curieuse, auf denen die Meereskokosnuß wächst.

eigneten Stelle dringt er 60 cm in die Erde ein und beginnt dann wieder an die Oberfläche hinaufzuwachsen. Ein sehr harter Schild an der Spitze dieses Sprosses ermöglicht es ihm, bis an die Oberfläche durchzustoßen, um oberhalb noch etwa 50 cm weiterzuwachsen. In der Zwischenzeit sind zwölf Monate vergangen, seit die Nuß vom Baum gefallen ist. Der Sproß ernährt sich bisher noch ausschließlich von den Nährstoffen, die in der ursprünglichen Frucht enthalten sind. Dies bleibt auch noch weitere zwei Jahre so, erst dann zerfällt die Nuß, und die junge Palme fängt an, Wurzeln zu schlagen, um sich selbst aus der Erde zu versorgen. Ebenso langsam wie diese Geburt der Kokosnüsse ist auch ihr späteres Wachstum. Es dauert schon 25 Jahre, bis der Baum erstmals Früchte tragen kann. Nach etwa 100 Jahren erreicht er seine volle Höhe von 30–40 m. Man nimmt an, daß die höchste Palme, die in Praslin gefunden wurde, ein Alter von über 800 Jahren aufweist.

Bis heute ist nicht bekannt, warum sich die Meereskokosnuß lediglich auf Praslin und Curieuse findet. Veränderte Umweltbedingungen haben sie wohl auf den Nachbarinseln und insbesondere auf den Kontinenten verdrängt. In den späteren Jahrtausenden blieb sie dann auf die beiden Inseln beschränkt, und es gelang ihr nicht, sich wieder weltweit zu verbreiten, wie es etwa ihre kleine Schwester, die Kokospalme, schaffte. Grund hierfür ist wohl das spezifische Gewicht der reifen Frucht, das weit über dem des Meerwassers liegt. Sollte eine reife Frucht ins Meer fallen und abgetrieben werden, so würde sie sofort versinken. Im Gegensatz dazu schwimmt die normale Kokosnuß an der Oberfläche und wird vom Wind weitergetrieben. Ein zweiter Grund dafür, daß die Weiterverbreitung auf dem Seeweg unmöglich ist, ist die Zweigeschlechtlichkeit der Bäume. Falls ein Samen das Ufer einer anderen Insel oder eines anderen Kontinents erreichen sollte, kann er nicht befruchtet werden, da hierzu wieder eine andersgeschlechtliche Palme erforderlich wäre.

Wie ist nun zu erklären, daß Meereskokosnüsse in früheren Jahrhunderten häufig an den Ufern Indiens, der Malediven und Ostafrikas angeschwemmt wurden? Wenn die Nuß noch nicht reif ist, liegt ihr spezifisches Gewicht unter dem des Wassers, und sie kann aufgrund ihrer widerstandsfähigen Oberfläche über Tausende von Kilometern an der Meeresoberfläche treiben. Am Ufer angelangt, kann jedoch kein neuer Baum aus ihr entstehen, da sie nicht zur vollen Reife gelangt war. Dennoch müssen es sehr eindrucksvolle Exemplare gewesen sein, die an fremden Küsten gefunden wurden, denn schon damals haben sie die Phantasie angeregt. In Japan soll die Frucht als heilig gegolten haben, auf den Malediven mußten alle Nüsse, die man an den Küsten fand, beim Sultan abgegeben werden. Auf Zuwiderhandlung gegen diesen Befehl stand die Todesstrafe, die auf Abhacken beider Hände reduziert werden konnte.

Nach Europa gelangte die Meereskokosnuß erstmals mit portugiesischen Seefahrern, die von ihren Reisen nach Indien, Ceylon und Indonesien zurückkehrten. Es wird berichtet, daß Rudolf II. von Habsburg für jede gefundene Nuß 4000 Goldflorin bot. Portugiesische Seefahrer berichteten noch im 16. Jahrhundert, daß die Frucht, die an den Küsten Indiens gefunden wurde, eine hervorragende Medizin enthalte. Sie sei wirksam gegen alle Vergiftungen und Koliken. Der holländische Seefahrer van Lischoten schrieb 1610, daß der Sultan der Malediven die wertvollen Nüsse aufbewahrte, um sie Herrschern anderer Länder bei besonderen Anlässen zum Geschenk machen zu können. Der holländische Arzt Augerius Klutius hat in einem medizinischen Werk von 1634 alleine 57 Seiten der Heilkraft der Meereskokosnuß gewidmet.

An praktischem Nutzen hat die Meereskokosnuß den Menschen auf Praslin und Curieuse bei weitem nicht so viel gebracht wie die Kokospalme. Einige Verwendungsmöglichkeiten verdienen aber erwähnt zu werden. Frauen benutzten die ausgehöhlte Schale früher, um damit Reis und Zucker abzumessen und aus den Säcken herauszuschöpfen (›Vaisselle de Praslin‹). In den Zuckerraffinerien kratzte man damit den Zucker aus den Zentrifugen heraus. Das Holz des Stammes wird bis heute als Rohstoff für Möbel und den Hausbau benutzt. Es hat eine schöne hellbraune Farbe und schwarze, ebenholzartige Flecken. Wenn es dem Regen ausgesetzt ist, soll es allerdings relativ schnell verrotten.

Die riesigen Blätter der Koko Dmer wurden früher als Dachabdeckung genutzt. Heute verwenden Hotels diese Blätter zur Innendekoration der Zimmer und Bungalows. Vereinzelt werden daraus auch attraktive Körbe, Matten und Hüte hergestellt. Der harte Nußkern der reifen Frucht ist zu holzig, als daß man ihn essen könnte. Lediglich die Pflanzenheilkundigen nutzen diesen harten Kern, um verschiedene Medikamente daraus herzustellen. Bis Anfang der 1980er Jahre exportierten die Seychellen etwa 100 Nüsse pro Jahr nach Indien, wo sie geöffnet und zur Herstellung von Medikamenten für die indische Naturheilkunde verwendet wurden. Inzwischen wurde der Export der Nuß jedoch endgültig eingestellt, und man hat die Zahl der Nüsse, die pro Jahr verkauft werden dürfen, gesetzlich limitiert. Ca. 3000 Stück werden jährlich – je nach Größe und Art der Bearbeitung – zu Preisen zwischen 1000 und 1500 Rupies (300–500 DM; mehr sollten Sie nicht bezahlen!) als Andenken an Touristen verkauft. Nüsse, die von ihrer Form her nicht ebenmäßig genug sind, als daß man sie als Souvenir anbieten könnte, werden weiterhin zu Salatschüsseln, Wassereimern, Tellern und Tassen verarbeitet. Nur einzelne werden für besondere Anlässe noch jung geerntet, damit man das darin befindliche Gelee als Nachtisch oder für Getränke benutzen kann.

Die Latanier-Palme

Vier verschiedene Palmenarten tragen den gemeinsamen Namen Latanier-Palme. Alle sind auf den Seychellen heimisch und in anderen Gebieten der Erde sehr selten. Der **Latanier Mille-Pattes** (Tausendfüßler-Latanier) ist eine mittelgroße Palme von etwa 15 m Höhe mit langen, schönen Blättern und langen Ästen, an denen gelbe Blüten und rote Früchte hängen. Der **Latanier Hauban,** kleinste der Latanier-Palmen, wird nur 8–9 m hoch. Normalerweise werden Sie dieser Palme nicht begegnen, da sie nur auf den höchsten Gipfeln von Mahé und Silhouette heimisch ist. Der **Latanier Feuille** (Blatt-Latanier) hat kleine weiße Blüten und rote Früchte und wächst auf den Hügeln oberhalb der Kokosplantagen. Seine Blätter werden als Dachabdeckung benutzt, daher auch der Name. Der **Latanier Latte** schließlich

Latanier-Palme

wird 30 m hoch, hat breite, dunkelgrüne, ungeteilte Blätter sowie Bündel von weißen Blüten und mittelgroßen roten Früchten. Er wächst an den steilen Berghängen in etwa 500 m Höhe.

Die Raffia-Palme

Diese Palme hat ihren Ursprung in Madagaskar und Ostafrika. Die entsprechende madagassische Art ist auf den Granitinseln der Seychellen weit verbreitet, und insbesondere auf Mahé kann man sie häufig finden. Sie liebt die feuchten Gebiete an der Küste, wo die Bergbäche ins Meer münden. Aus dem oberen Ende des etwa 8 m hohen Stammes wachsen riesige, bis zu 2 m lange, fiedrige Blätter heraus. Die Palme braucht einige Jahre, um sich bis zu ihrer vollen Größe zu entfalten; erst dann blüht sie ein einziges Mal und stirbt dann ab. Aus den großen Raffia-Blättern werden Seile, Matten und Körbe hergestellt.

Die fleischfressende Pitcher Plant

Insgesamt gibt es 70 verschiedene Arten von sogenannten fleischfressenden Pflanzen auf der Welt. Diese Pflanzen sind in der Lage, Insekten zu fangen und zu verdauen. Das mittlere Blütenblatt ist bei der Pitcher Plant wie ein Becher ausgeformt, der einen normalerweise offenstehenden Deckel hat. Im Inneren des Bechers befindet sich eine klebrige Flüssigkeit, die einen Duft verströmt, welcher die Insekten anlockt. Ist ein Insekt in den Becher hineingekrochen, bleibt es an dem Saft kleben, und der Deckel der Blüte schließt sich. Der süße Saft ist gleichzeitig die ›Magensäure‹, die das Insekt dann auflöst. Millionen Jahre der Evolution haben dazu geführt,

Die fleischfressende Pitcher Plant

daß es inzwischen eine Moskitoart gibt, die sich im ›Magensaft‹ der fleischfressenden Pflanze so wohl fühlt, daß sie ihn als Brutstätte für den eigenen Nachwuchs benutzt!

Giftige Pflanzen

Schwarzer Nachtschatten

In rohem Zustand sind die dünnen, hellgrünen Blätter des Schwarzen Nachtschattens, der auf kreolisch *Brede Marin* heißt, äußerst giftig. Gekocht dagegen sind sie völlig ungiftig und wohlschmeckend. In vielen seychellischen Gärten findet man die Pflanze, aus der eine Suppe mit einem interessanten spinatähnlichen Geschmack gekocht wird.

Dumb Cane

Das Dumb Cane, auch *Bois Tangue* genannt, stammt ursprünglich aus den heißen Gegenden im Süden der USA.

Die Blätter und Äste dieser niedrigen, buschigen Pflanze haben eine berauschende Wirkung, wenn man sie kaut. Auf Frauen sollen sie eine sterilisierende Wirkung haben.

Bois Jasmin
Ausschließlich auf den Seychellen gibt es das Bois Jasmin. Wenn man die Pflanze preßt, fließt ein milchiger, giftiger Saft heraus, der auf den Seychellen sehr gefürchtet ist. Es heißt, daß die ansässigen ›Zauberer‹ *(Tonton)* ein tödliches Gift daraus herstellen.

Fleur Poison
Die Fleur Poison ist eine dekorative, in den niedrigen und kultivierten Gebieten der Inseln wildwachsende Pflanze. Sowohl Blüten als auch Früchte sind äußerst giftig.

Reglisse
Auf den Seychellen findet man, ebenso wie in Indien, gelegentlich Kinder, die Ketten oder Armreifen mit dunkelrot gefärbten Kügelchen tragen. Die Kügelchen sind die Samen der Reglisse, einer aus Indien eingeführten Pflanze. Die Samen der Reglisse sind äußerst giftig und können, roh gegessen, tödliche Wirkung haben. Wie oft in solchen Fällen, wissen Pflanzenheilkundige, wie man mit dem Gift umgeht, und sie können durch richtige Dosierung oder Mischung mit anderen Naturprodukten verschiedene Arzneimittel daraus herstellen.

Tanguin
Die Samen dieser Pflanze dienten in vergangenen Jahrhunderten dazu, Todesurteile an Verbrechern zu vollstrecken. Wegen ihrer besonderen Giftigkeit ist es auf den Seychellen gesetzlich jedem Landbesitzer auferlegt, die Pflanze auszurotten, sobald er sie im Garten findet. Die Naturmediziner in Madagaskar allerdings nutzen sie zur Herstellung vielfältigster wirksamer Medikamente.

Stern von Bethlehem
Dieses niedrige, bis zu einem halben Meter hohe Gestrüpp – auf kreolisch *Herbe Poison* genannt – finden Sie in den Bergregionen sehr häufig. Oft wächst es im Schatten von Kokospalmen oder großen Felsen. Der aus dieser Pflanze ausgepreßte Saft ist giftig und kann bei Berührung mit den Augen zur Erblindung führen.

Strychninbaum
Der Strychninbaum enthält, wie schon sein Name sagt, das Gift Strychnin. Er wächst niedrig und hat dünne, horizontal über den Boden reichende Äste, die mit scharfen Stacheln ausgerüstet sind. Sehr häufig ist er auf der Westseite von Mahé zu finden.

Vacoa
Die Vacoa, eine Pinienart, auf deutsch auch Schraubenpinie genannt, gibt es auf den Seychellen in sechs verschiedenen Arten, die sich äußerlich kaum voneinander unterscheiden lassen. Ihre dünnen, stelzenartigen Wurzeln vereinigen sich erst oberhalb der Erdoberfläche zum Stamm. Dieser wird dann bis zu 2 m hoch. An seinem oberen Ende wachsen schraubenförmig dünne, dunkelgrüne, harte Blätter. Der Baum hat Früchte, die der Ananas ähneln, aber nicht genießbar sind.

Gewürzpflanzen

Vanille
In früheren Jahrzehnten war die Vanille noch vor der Kokosnuß die wichtigste Einnahmequelle der Seychellen. Auf-

Le Jardin du Roi

In den 70er Jahren des 18. Jahrhunderts hatte ein gewisser Monsieur Brayer du Barré auf der Insel Ste Anne bewiesen, daß die Erde, das Klima und das reichlich vorhandene Frischwasser die Seychellen zu einem geeigneten Ort machen, vielerlei Kulturpflanzen, darunter auch Reis, Kartoffeln und Weintrauben, anzubauen. Daher beschloß der damalige Gouverneur von Mauritius, Pierre Poivre, eine Expedition auszustatten, und bat mit Monsieur Gillot einen weiteren Kolonisten, sein Glück auf den Seychellen zu versuchen. Gillot wählte hierfür eine große Bucht im Südosten Mahés, und nannte sie Anse Royale – die königliche Bucht. Dort gab es ausreichend ebene Flächen, und die Erde war fruchtbarer als in den übrigen Abschnitten des schmalen Küstenstreifens rund um Mahé. Während Brayer du Barré mehr daran interessiert war, seinen Traum von einer neuen Kolonie auf der Insel Ste Anne zu verwirklichen, und dabei einen großen Teil seines Vermögens verbraucht hatte, hielt sich Gillot an klare Anweisungen des Gouverneurs. Er sollte Gewürzpflanzen aus dem Botanischen Garten von Mauritius in Pamplemousses mitnehmen und sie im großen Stil auf den Seychellen kultivieren. Pierre Poivre hatte die Gewürze heimlich und unter großen Gefahren aus den holländischen Kolonien in Südostasien herausgeschmuggelt. Die holländischen Herren über Indonesien hatten hierüber eifersüchtig gewacht, denn ihr Monopol auf Vanille, Muskat, Pfeffer, Gewürznelken und viele andere Gewürze brachte unermeßlichen Reichtum durch die in Europa dafür erzielten hohen Preise. Eben an diesem Reichtum wollte Pierre Poivre nun endlich auch den französischen König beteiligen. Den Botanischen Garten von Pamplemousses hatte er zur Baumschule ausgebaut, in der die aus Asien herausgeschmuggelten Pflanzen gepflegt und vermehrt wurden. An klimatisch noch besser geeigneten Orten sollten dann rentable Plantagen errichtet und von dort der Export nach Frankreich organisiert werden.

Nach heutigen Maßstäben war der Ertrag nicht groß, doch brachen die Ernten und deren Verkauf in Frankreich die holländischen Gewürzmonopole und waren daher für Frankreich von großer Bedeutung. Man war stolz darauf, das Geheimnis der Holländer gelüftet zu haben, war jedoch nicht daran interessiert, es den Engländern preiszugeben, die mehr und mehr Kriegsschiffe in den Indischen Ozean entsandten, um das dortige Piratenunwesen, aber auch die französischen Korsaren zu bekämpfen und ihre eigenen Schiffahrtslinien um das Kap der Guten Hoffnung nach Indien zu schützen. Daher hatte Pierre Poivre seinem Untergebenen, dem Gouverneur de Romainville, den Befehl erteilt, alle Gewürzplantagen sofort niederbrennen zu lassen, sobald sich ein englisches Kriegsschiff der Insel nähern sollte. Mahé war zu dieser Zeit völlig ohne Befestigungen und hatte keine Möglichkeit, sich gegen einen militärischen Angriff zur Wehr zu setzen. Im Jahr 1780 wurde de Romainville gemeldet, daß sich eine englische Fregatte nähere, und er führte den Befehl sofort aus. Als wenige Stunden später klar wurde, daß die vermeintliche englische Fregatte ein befreundetes französisches Schiff war, gab es nur noch ein rauchendes Feld. Keine Pflanze hatte überlebt, der Garten war zerstört.

Im August 1995 wurde in der Anse Royale ein neuer Jardin du Roi eröffnet. Er liegt zwar nicht exakt an der gleichen Stelle wie die historische Plantage, erhebt aber aus verschiedenen Gründen Anspruch, diesen für die Seychellen bedeutungsvollen Namen tragen zu dürfen. Einmal ist es Ziel, in dem Garten alle Gewürze anzupflanzen und zu kultivieren, die den ersten Reichtum der Seychellen ermöglicht hatten. Aus der hier geernteten Vanille, aus Muskat, Zitronengras, Gewürznelken, Bananen, Zuckerrohr, Tamarinde und vielen anderen mehr sollen wieder Produkte hergestellt werden, die in den vergangenen Jahrzehnten aus Indien oder Südafrika importiert werden mußten. Aus alten Dokumenten glaubt man außerdem beweisen zu können, daß der Stammvater der Familie, die seit über hundert Jahren das Gelände des neuen Jardin du Roi besitzt, jener geheimnisvolle Monsieur Poiret gewesen ist, der Anfang des 19. Jahrhunderts auf den Seychellen landete und von Queau de Quincy mit Sklaven, Land und großzügigem Startkapital ausgestattet wurde (s. S. 78 f.). Wenn dies richtig ist, flösse das Blut der französischen Königsfamilie in den Adern der heutigen Eigentümer.

Der Garten ist aber nicht nur aus historischen Gründen einen Besuch wert. Das Gelände am Berghang ist seit einem Jahrhundert in Besitz der Familie und wurde lange Zeit als Obst-, Gemüse- und Gewürzgarten genutzt. In den vergangenen Jahrzehnten jedoch war die Plantage nicht mehr gepflegt worden. Ein schönes Kolonialhaus war zerfallen, die Wirtschaftsgebäude verrotteten. Nun sind sie wieder hergerichtet, das Kolonialhaus dient wieder als Zuhause für ein Mitglied der Familie. In den Nebengebäuden befinden sich ein Laden, in dem die Gewürze und die daraus hergestellten Produkte verkauft werden, und ein Restaurant, in dem die Besucher Getränke und eine Kleinigkeit zu Essen erhalten können. Der Besucher bekommt einen Eindruck vom Leben auf den Seychellen, wie es war, als es noch keine Straßen, keine Autos und keine Möglichkeiten gab, andere Lebensmittel zu importieren. Es wird der Zimt zubereitet, aus der geernteten Kokosnuß wird die zur Verschiffung vorbereitete Kopra hergestellt, aus den verschiedenen Gewürzen werden traditionelle *Achards* (in Essig und Öl eingelegte Mischung kleingeschnittener Gewürze) hergestellt. Der die Plantage umgebende Wald ist eine weitere Attraktion des Jardin du Roi. Hier finden sich gigantische gelbe Bambusstauden, alte Koko-Dmer-Palmen und viele Kilometer gepflegter schmaler Fußwege durch den teilweise dichten Urwald.

Anfahrt: Von Victoria auf der Küstenstraße nach Süden, vorbei am Flughafen in die Anse Royale. Dort zweigen Sie etwa 300 m hinter der Tankstelle nach rechts in die Les Canelles Road ein. Nach etwa einem weiteren Kilometer zweigt links die Sweet Escot Road ab, der Sie 200 m folgen und schließlich rechts in einen steilen Fahrweg bergan einbiegen. Er endet nach etwa 2 km im Jardin du Roi.

grund einer Krankheit, deren Ursache bisher nicht festgestellt werden konnte, starben die meisten Plantagen jedoch ab. Die kultivierte Vanille ist eine Orchideenart, die aus Zentralamerika in viele tropische Länder eingeführt wurde. Heute ist Madagaskar der größte Vanilleproduzent der Erde. Außerdem gibt es viele Vanilleplantagen auf der Insel La Réunion. Von den Seychellen kann dagegen nur noch ganz wenig exportiert werden. Über alle Granitinseln verstreut finden Sie dagegen die einzigartige Wilde Vanille der Seychellen, eine hier heimische Orchidee, die es nirgends sonst auf der Welt gibt. Sie hat keine Blätter und rankt sich an Büschen und Felsen nach oben. Ihre großen weißen Blüten, die im Inneren leuchtend lachsfarben sind, halten nur einen Tag. Sie öffnen sich am Morgen und fallen abends wieder ab. Diese Vanille-Orchidee ist eine ganz besonders attraktive Zierpflanze, die sich auch an Häusern hochranken kann.

Zimt

Der Zimtbaum wurde auf den Seychellen erst 1772 aus Ceylon eingeführt. Pierre Poivre, der damalige französische Gouverneur, war Liebhaber tropischer Pflanzen und bemühte sich um den Anbau von Gewürzen auf den Seychellen. Auf seine Initiative geht auch die Einführung von Muskat, Gewürznelken und Schwarzem Pfeffer zurück. Der Zimtbaum ist ein kleiner immergrüner Baum mit mittelgroßen, dunkelgrünen Blättern, Büscheln kleiner grüner Blüten und schwarzen, beerenartigen Früchten. Wenn der Baum unbeschnitten nach oben wächst, kann er eine Höhe von bis zu 15 m erreichen. Da er jedoch abgeerntet werden soll, wird er normalerweise niedriggehalten. Die jungen Blätter leuchten hellrot und bilden einen schönen Kontrast zu dem vollen dunklen Grün der ausgewachsenen Blätter. Aus den Blättern gewinnt man ein Öl, das zur Herstellung des synthetischen Vanillin dient. So hat der Anbau des Ge-

Zur Gewinnung des Gewürzes wird die Rinde des Zimtbaumes in der Sonne getrocknet

würzes Zimt zum Wertverlust der Vanille als Kulturpflanze beigetragen.

Das bei uns bekannte Zimtgewürz wird aus den Blättern und aus der Rinde des Baumes hergestellt. Die Blätter werden abgeflückt, die Rinde wird mit dem Hammer vom Stamm heruntergeschlagen. Anschließend trocknet man die Rinde in der Sonne; erst in Übersee wird sie dann fein gerieben und als das bei uns bekannte Zimtgewürz verkauft. Nachdem aufgrund der Weltmarktlage in den vergangenen 20 Jahren Zimt kaum rentabel angebaut und verkauft werden konnte, hat sich dies Anfang der 90er Jahre wieder verändert. Inzwischen gibt es auf den Seychellen wieder einige neue kleine Zimtpflanzungen, die profitabel arbeiten und Zimt in alle Welt verkaufen.

Der Zimtbaum war von großem Nutzen für die Seychellen, denn er verbreitete sich schnell über die vorher abgeholzten Berghänge und verhinderte auf diese Weise die Erosion, nachdem die Harthölzer geschlagen waren. Inzwischen ist der ursprüngliche Regenwald jedoch so weit nachgewachsen, daß die Regierung sich entschlossen hat, den im Unterholz weiterwuchernden Zimtbäumen zu Leibe zu rücken. Auf diese Weise wird weiter Licht und Lebensraum für die endemische Vegetation geschaffen. Wenn man durch die Berge Mahés, Praslins und La Digues wandert, wird man vertrocknete Zimtbäume rechts und links der Wege liegen sehen.

Gewürznelke

Besonders in Sansibar und auf Madagaskar wird die Gewürznelke in großen Mengen angebaut. Die auf den Seychellen vorkommende Art wächst in höheren Bergregionen. Ihre Blätter werden gemeinsam mit den Zimtblättern zu einem wertvollen Öl verarbeitet.

Zitronelle

Die Zitronelle ist ein Gras, das einen zitronenartigen Geruch ausströmt (daher auch Zitronengras genannt). Es wächst überall auf den Inseln, in der Nähe der Häuser oft auch auf Fußpfaden, wo es meistens mit einem Küchenmesser geerntet wird. In einem Topf mit kochend heißem Wasser aufgegossen, ergibt es einen köstlichen Tee, der den Magen beruhigt und ein angenehmes Gefühl der Ruhe und der abendlichen Müdigkeit hervorruft.

Patschuli

Patschuli ist überall in der Welt als ein angenehm riechendes Parfum bekannt, aus dem in Indien in erster Linie Räucherstäbchen hergestellt werden. Mitte des 19. Jahrhunderts war das Patschuli an den Höfen Europas ein sehr gebräuchliches Parfum. Im Laufe der Jahrzehnte begannen allerdings auch normale Bürgerinnen, sich dieses Parfum zu besorgen, und es verlor an den Höfen an Ansehen. Bald darauf galt es als das Parfum der ›liederlichen Frauen‹. Während des Zweiten Weltkrieges machten die Seychellen einen guten Gewinn mit Patschuli, als Indonesien und Malaysia während der japanischen Besetzung den Anbau einstellten. Als man jedoch dort nach dem Kriege wieder begann, Patschuli in riesigen Plantagen anzubauen, mußte man die kleinen Plantagen der Seychellen schließen.

Zierpflanzen

Hibiskus und Bougainvillea

Wo immer Sie sich auf den Seychellen befinden, Sie werden irgendwo einen blühenden Hibiskusstrauch oder eine Bougainvillea sehen. Beide blühen das ganze Jahr über, und insbesondere der Hibiskus überrascht durch die Vielfalt

Häufig trifft man auf den Seychellen auf Flamboyants mit ihren feuerroten Blüten

seiner verschiedenfarbigen Blüten – neben den bei uns am weitesten verbreiteten dunkelroten Blüten findet man hier solche in Gelb, Orange, Blau und sogar Lila.

Flamboyant

Der bis zu 20 m hohe Baum verdankt seinen Namen der feuerroten Farbe, die er zeigt, wenn er im November und Dezember über und über von Blüten bedeckt ist.

Tropische Früchte

Passionsfrucht

Von dieser Frucht gibt es auf den Seychellen zwei Arten. Die eine hat, wenn sie reif ist, eine dunkelrote, fast auberginefarbene harte Schale, die andere wird in diesem Stadium leuchtend gelb. Die Passionsfrucht wächst und reift das ganze Jahr über in Gärten und an Gartenzäunen. Sie ist eine Kletterpflanze, die auch hohe Bäume umrankt und an Hauswänden hochklettert. Man schneidet die harte Schale der nahezu kugelförmigen Frucht mit einem scharfen Messer in der Mitte durch und löffelt dann das geleeartige, mit kleinen schwarzen Kernen durchsetzte Fruchtfleisch heraus. Wem der herb-säuerliche Geschmack der gelben Passionsfrucht nicht süß genug ist, der sollte etwas Zucker daraufstreuen. Die roten Früchte sind in reifem Zustand in der Regel süß genug.

Carambol und Bilimbi (Karanbol, Bilenbi)

Die ursprünglich aus Malaysia stammende Carambol ist bei uns als Sternfrucht und in erster Linie als Dekoration zu Gerichten in vornehmeren Restaurants bekannt. Man schneidet aus der länglich-ovalen, mit fünf Kanten versehenen Frucht eine Scheibe heraus und erhält so den Stern, der ihr den deutschen Namen verliehen hat. An Cocktailgläsern oder auf Nachtischtellern sieht er sehr dekorativ aus. Die Carambol entwickelt ihren spezifischen Geschmack jedoch erst in der letzten Reifephase am Baum. Reif geerntet, hat sie einen intensiv-süßen, erfrischenden Geschmack. Wenn wir sie in Europa bekommen, wurde sie aber unreif geerntet und hat kaum Aroma. Der Bilimbibaum ist kleiner als sein Verwandter, der Carambol, seine Früchte wachsen direkt am Stamm. Sie sind grün, saurer als die Carambol und werden nicht pur gegessen, sondern man bereitet Salat daraus.

Zat

Die Zat ist etwa tennisballgroß, rund und hat hellgrüne Schuppen. Entfernt man diese, stößt man auf ein weißes, leicht cremiges und sehr intensiv fruchtig schmeckendes Fleisch, das man am besten mit dem Löffel herausnimmt. Durch seine weiche Konsistenz eignet es sich hervorragend zur Herstellung verschiedener Desserts.

Corosol (Korsol)

Der Geschmack der Corosol ähnelt dem der Zat, ist jedoch wesentlich intensiver, auch ist das Fruchtfleisch gallertartig. Die Schale der Frucht ist leuchtend dunkelgrün und mit vielen scharfen Spitzen versehen. Die Seychellois essen die Frucht grundsätzlich nicht am Abend, da sie in dem Ruf steht, den Magen stark zu belasten. Aufgrund ihres sehr intensiven Geschmacks eignet sie sich ausgezeichnet zur Herstellung von Fruchteis. Wenn Sie auf der Speisekarte eines Restaurants ein Corosol-Eis entdecken, sollten Sie es unbedingt versuchen!

Litschi (Letzis)

Im Gegensatz zu den oben beschriebenen Corosol, Zat und Carambol eignet sich die Litschi ausgezeichnet zum Export oder als Dosenfrucht und ist daher in den vergangenen Jahren in Europa sehr bekannt geworden. Die kleinen runden Früchte mit einer sehr harten Schale erinnern in ihrem Geschmack an Corosol und Zat. Ihr Fruchtfleisch ist jedoch wesentlich fester und ihr Kern wesentlich größer als jene der beiden vorher genannten Früchte.

Banane

Die bekannteste tropische Frucht ist die Banane, von der es in der ganzen Welt etwa 125 verschiedene Sorten gibt. Nicht weniger als 25 davon wachsen auf den Seychellen, wo die Banane zu den wichtigsten Nahrungsmitteln zählt. Die

Auf den Seychellen keine Seltenheit: rote Bananen

gebräuchlichste Sorte auf den Seychellen ist die *Mille* (›Tausend‹), so genannt, weil ungeheuer viele kleine Bananen an einer Staude wachsen. Eine andere weit verbreitete Art ist die *Gabou,* von der es drei Typen gibt: *Gabou Naine, Gabou de Maurice* und *Gabou Géante.* Als die besten Bananen gelten die Arten *Mignonne* und *Tahiti.* Die *Mignonne* erkennen Sie an ihrer dunkelroten Schale und

Wo sind die tropischen Früchte?

Wer in die Tropen reist, freut sich darauf, viele tropische Früchte genießen zu können, die man erst seit wenigen Jahren in unseren europäischen Delikatessenläden für viel Geld kaufen kann. Auf den Seychellen, so stellt man sich vor, sind diese Früchte im Überfluß vorhanden und stehen jedermann fast gratis zur Verfügung. Leider ist das nicht so, jedenfalls nicht für uns Gäste. Wer sich die Mühe macht, sehr früh auf den Markt in Victoria zu fahren, oder wer in einem der vielen kleinen Läden auf Mahé, Praslin oder La Digue eigens danach fragt, wird frische heimische Früchte bekommen. Die Schwierigkeit, das Obst zu erhalten, liegt aber nicht darin, daß es nicht wachsen würde – ganz im Gegenteil! Nahezu jeder Seychellois hat in seinem Garten Obstbäume, die Früchte im Überfluß tragen. Wer gerade keine eigenen reifen Früchte im Garten hat, fragt beim Nachbarn nach und bekommt sie über den Zaun gereicht. Aufgrund dieser Nachbarschaftshilfe besteht auf den Märkten nur eine geringe Nachfrage nach frischem Obst, was wiederum dazu führt, daß wenig angeboten wird. In sozialistischen Zeiten hatte die Regierung versucht, die Situation dadurch zu verbessern, daß man gesetzlich festlegte, daß Obst und Gemüse nur über eine staatliche Handelsgesellschaft verkauft werden durfte. Als der damalige Landwirtschaftsminister stolz die Wirkung dieses Gesetzes auf einem Spaziergang über den Markt von Victoria begutachten wollte, erlebte er eine unangenehme Überraschung: Die erbosten Bauern nahmen ihr Obst und Gemüse von den Marktständen und bewarfen den Minister damit, bis er die Flucht ergriff. Das Gesetz wurde daraufhin zwar nicht aufgehoben, doch es versuchte auch niemand mehr, es durchzusetzen.

Neuerdings aber haben ›Heimgärtner‹ eine neue – steuerfreie Einnahmequelle entdeckt. An den Straßen auf Mahé und Praslin finden Sie nun kleine Stände, an denen frisch im Hausgarten geerntetes Obst oder Gemüse angeboten wird. Halten Sie an und nutzen Sie die Chance, frische Bananen, Mangos, Litschis, Passionsfrüchte, Carambol, Corosol oder viele andere Früchte zu kaufen! Obwohl auf den Seychellen in der Regel nicht oder kaum um Preise gefeilscht wird, sollten Sie auch als Ausländer mal versuchen, den Preis um 20 % nach unten zu handeln.

ihrem süßen, besonders reizvollen Geschmack. Die Tahiti-Banane ist winzig klein, ihr Fruchtfleisch fast weiß. Auf dem Markt sollten Sie nicht einfach nach ›Bananen‹ fragen! Suchen Sie sich die heraus, die Ihnen am besten schmeckt – Sie werden überrascht sein, wie groß die Unterschiede sind!

Brotfrucht

Auch die Brotfrucht stellt ein Grundnahrungsmittel für die einfachen Seychellois dar. Nahezu in jedem Garten und entlang der meisten Straßen sehen Sie Brotfruchtbäume, meist behangen mit den dicken, runden, hellgrünen Früchten. Der Baum wird über 20 m hoch, hat dichtes, volles Laub und wunderschöne weiße Blüten. Aus den Früchten wird ein wohlschmeckendes Curry zubereitet, man kann sie aber auch grillen, in Fett ausbraten oder kochen. Die Brotfrucht wurde zu Kolonialzeiten als Grundnahrungsmittel für die Sklaven importiert. Auf Silhouette hat der frühere Eigentümer neben jeder Hütte einen Brotfruchtbaum pflanzen lassen, um auf diese Weise die Ernährung seiner Arbeiterfamilien sicherzustellen.

Cashew-Baum

Früher wurde der Cashew-Baum wegen seiner Samen angebaut, die in geröstetem Zustand einen angenehmen nussigen Geschmack haben. Heute pflanzt man ihn nicht mehr an, er findet sich wildwachsend in weiten Teilen von Praslin, insbesondere in den kargen Hochebenen dieser Insel.

Golden Apple

Diesen ursprünglich von Tahiti eingeführten Baum finden Sie in vielen Gärten der Häuser auf Mahé. Die grünen, apfelartigen Früchte können roh gegessen werden, normalerweise macht man daraus jedoch eine Art Salat, indem man sie fein reibt und mit Essig und Öl anmacht.

Jackfruit

Die Jackfruit ist eine nahe Verwandte des Brotfruchtbaums. Sie hat einen etwa 10 m hohen, geraden Stamm, an dem unmittelbar die schweren grünen, an ihrer Außenhaut stark genoppten Früchte wachsen. Große Exemplare können bis zu 20 kg wiegen. Wenn man die Außenhaut öffnet, schlägt einem ein intensiver, unangenehmer Geruch entgegen, der eigentlich von dem Genuß abschreckt. Nimmt man jedoch eine der Fruchtfleischfasern heraus, wird man feststellen, daß sie hervorragend schmecken. Im Inneren der Fasern befindet sich ein haselnußgroßer Kern, der geröstet auch im Geschmack der Haselnuß ähnelt.

Jackfruit

Mango

Die Mango wurde aus Indien eingeführt, wo man sie als ›Königin der Früchte‹ bezeichnet. Einem Europäer, der erstmals diese Frucht probiert, wird dieser Moment unvergessen bleiben. Der Geschmack ist mit keiner anderen Frucht vergleichbar. Der riesengroße Mangobaum besitzt ein dichtes, weit ausladendes Blätterdach. Die Früchte selbst sind etwa 10 cm lang und oval, das Fruchtfleisch ist weich, orange und schmeckt süßlich-herb. Auf den Seychellen gibt es viele verschiedene Arten dieser Frucht. Die schönste ist wohl die *Figette* mit ihren großen, dunkelroten Früchten. Die *Maison Rouge* und die *Perroche* gelten als die geschmacklich besten Mangos der Seychellen; beide sind relativ klein und äußerst süß. Grüne, unreife Mangos werden zu Salaten verarbeitet, oft bestreut man sie auch mit Salz und ißt sie roh.

Papaya
Die Papaya ist ein kleiner, schlanker Baum, an dessen oberem Ende sich fächerartig ein kleines Dach dünner, großer Blätter ausbreitet. Unter diesem Blätterdach wachsen direkt am Stamm schwere Früchte, die bis zu 30 cm lang werden. Ihre Haut ist in reifem Zustand hellgelb und ihr Fruchtfleisch orange und sehr süß. Normalerweise bekommen Sie in Hotels oder auch in den Guesthouses frische Papayas zum Frühstück gereicht.

Ananas
Wenn Sie in den Bergen wandern, werden Sie rechts und links der Wege immer wieder kleine, dunkelrote, leuchtende Ananas sehen. Dies sind Früchte, die leider nicht eßbar sind, dafür aber um so schöner aussehen. Die eßbaren Ananas werden in reifem Zustand gelb bis orange. Die Pflanze ist eine kleine Staude, die etwa einen halben Meter hoch wird. Zunächst wachsen harte, dunkelgrüne Blätter aus der Erde hervor, aus deren Mitte dann ein kleiner Stamm herausprießt, an dessen oberem Ende sich die Frucht entwickelt. Einmal im Jahr, etwa zur Weihnachtszeit, werden die Ananas reif.

Guave (Gujav)
Diese Frucht hat eine ovale Form und wird etwa so groß wie ein Apfel. Unter einer dicken gelben Schale befindet sich ein kernreiches, weiches Fruchtfleisch, das extrem vitaminreich (vor allem Vitamin C) ist. Ihr Geschmack ähnelt dem einer Quitte.

Heimische Hölzer
Bois de Fer
Bis zum Beginn des 20. Jahrhunderts wurden von den Seychellen wertvolle Harthölzer exportiert. Leider dachte man damals nicht daran, welchen Schaden dieses Abholzen der Natur zufügte. Der

Die Frucht der wilden Ananas ist – im Gegensatz zu ihrer kultivierten Schwester – leuchtend rot

schönste und bekannteste dieser Bäume war der Bois de Fer (Eisenholz), den es lediglich auf Mahé gegeben haben soll. Seinen Namen verdankte er seinem unglaublich harten Holz, das große Ähnlichkeit mit dem Teak aus Thailand hatte. Er war mit mehr als 40 m der höchste Baum, den es auf den Seychellen gab. Man nimmt an, daß es heute höchstens noch ein Dutzend Exemplare des Baumes gibt.

Albisia
Heute wegen seines schnellen Wachstums weit verbreitet ist der Albisiabaum. Innerhalb von zwei bis drei Jahren kann er eine Höhe von nahezu 30 m erreichen. Seine Rinde ist hellgrau und weich; die Äste breiten sich oben weit und flach in horizontaler Richtung aus.

Bois Noir
Etwas seltener ist der mit der Albisia verwandte, etwas niedrigere Bois Noir. Seinen Namen erhielt der Baum wegen des schwarzen und gut zu verarbeitenden Holzes – das wichtigste Holz der Inselgruppe zur Herstellung von Einrichtungsgegenständen. Weitere häufig anzutreffende Baumarten sind der Rosenholzbaum und der neu eingeführte Mahagonibaum, mit dem man die gerodeten Regionen aufzuforsten versucht.

Banyan-Baum
An der Straße nördlich von Victoria finden Sie einige Exemplare des Banyanbaums, einen besonders herrlichen auch vor dem Pflanzerhaus auf der Insel Frégate. Der Banyan-Baum ist ein Schmarotzer, dessen Samen von Vögeln fortgetragen werden. Wenn ein Samen auf eine Pflanze fällt, beginnt er, sich von dieser zu ernähren. Er wächst mit seinem Wirt zusammen und beginnt dünne Luftwurzeln zur Erde zu schicken. Diese umwachsen alle Hindernisse, die ihnen auf dem Weg hinunter zum Boden begegnen. Haben sie sich einmal im Boden verwurzelt, werden sie schnell dicker und stärker und bilden bald einen selbständigen Stamm, der so mächtig wird, daß er die Pflanzen erdrückt, die er umschlungen hat. Schließlich saugt der Banyan seinem Wirt alle Lebenskraft aus, mehr und mehr Luftwurzeln verwandeln sich zu neuen Stämmen, bis sie so dick werden, daß sie zusammenstoßen und dann einen neuen, gewaltigen Stamm bilden.

Tierwelt

Vögel

Zu Beginn der Kolonisierung gab es auf den Seychellen 16 einheimische Landvögel, die ansonsten auf der Erde nicht vorkommen. Zwei davon, der grüne Seychellen-Sittich und der Serin, sind inzwischen ausgestorben. Der **Seychellen-Sittich** scheint wegen des Schadens, den er bei der Maisernte anrichtete, einer systematischen Verfolgung zum Opfer gefallen zu sein. Das letzte Exemplar wurde nach zeitgenössischen Berichten 1867 getötet. Dem **Serin,** der nur auf Marianne lebte, wurde die Lebensgrundlage entzogen, als man den dortigen Wald abholzte, um Kokospalmen anzupflanzen. Ein naher Verwandter des Serin, der **Maso Banane** wird noch vereinzelt in hohen Lagen Mahés angetroffen.

In etwa 40 Exemplaren dürfte auf Praslin noch der **Black Parrot** (Wasa-Papagei, Cateau Noire) existieren. Er ernährt sich von Beeren und kleinen Früchten, insbesondere Guaven. Dieser Papagei hat seinen Nistplatz vorwiegend in hohlen Palmenstämmen, wo das Weibchen pro Jahr zwei bis drei Eier ablegt. Um die Zahl der Vögel wieder zu erhöhen, wird seit einigen Jahren versucht, ihnen künstlich Brutstätten zu schaffen, indem man alte, gestürzte Palmen zersägt, aushöhlt und im Vallée de Mai auslegt. Inwieweit diese Maßnahme erfolgreich war, wurde bisher noch nicht wissenschaftlich festgestellt.

Heute ist auch die **Veuve** (›Witwe‹; deutsche Bezeichnung: Paradiesfliegenschnäpper) vom Aussterben bedroht. Das Weibchen hat einen schwarzblauen Kopf und einen braun gefärbten Rücken. Das Männchen ist blauschwarz mit langen, schleppenden Schwanzfedern. Der Vogel kam im 19. Jahrhundert noch auf mehreren Inseln vor, heute kann man ihn nur noch auf La Digue finden. Ein etwas hinter dem Küstenstreifen gelegener Wald, den man zum Naturschutzgebiet erklärt hat, bildet dort die letzte Heimat der Veuve.

Der Engländer Newton berichtete im 19. Jahrhundert von einem Vogel, der auf Mahé ausgestorben sei, jedoch auf einigen kleinen Inseln rundum noch existiere. Es handelte sich um die **Pie Chanteuse** (Magpie Robin) aus der Familie der Drosseln. Ihren kreolischen Namen verdankt sie ihrem schönen Gesang. Auf Praslin hörte man ihn nur selten, häufiger auf Marianne. Da diese Insel jedoch inzwischen vollständig mit Palmenkulturen bepflanzt ist, fehlen natürliche Nistplätze, so daß der Vogel nur in einzelnen Exemplaren überleben konnte. Man trifft ihn noch häufiger auf Frégate an, da dort noch eine weitgehend ursprüngliche Umgebung vorhanden ist.

Häufig sieht man auf Mahé und Praslin den **Kuhreiher** – insbesondere beim Markt von Victoria, wo es viele Abfälle zu durchwühlen gibt. In Afrika ist der

Graubraune Seychellen-Webervögel und leuchtendrote Madagaskar Fodies

Vogel als Begleiter von Großwildherden in den Savannen bekannt, wo er die Haut der großen Tiere reinigt. Hier auf Mahé hat er sich zum ›Reinigungspersonal‹ der Marktplätze entwickelt.

Ein nicht von der Ausrottung bedrohter Vogel ist der einheimische **Colibri** (Sunbird, Nektarvogel), ein schönes kleines Tier mit einem langgezogenen, scharfen Schnabel, einem metallischblaugrün glänzenden Brustlätzchen und blaugrau gefärbter Oberseite. Er nicht mit den Kolibris der Karibischen Inseln und Südamerikas verwandt.

Schnell breitete sich ein naher Verwandter des unscheinbar graubraunen, spatzengroßen **Seychellen-Webervogels** (Toc-Toc) aus, der 1879 erstmals aus Madagaskar eingeführte **Madagaskar Fody.** Wegen seiner schönen roten Färbung nennen ihn die Einheimischen *Cardinal*. Nach seiner Einführung fürchtete man, er werde den einheimischen Toc-Toc durch Kreuzung verdrängen. Beide Arten leben jedoch heute friedlich nebeneinander, ohne sich vermischt zu haben. Der seychellische Toc-Toc hat seine Brutgewohnheiten darauf eingestellt, daß es keinerlei jahreszeitliche Klimaschwankungen gibt, so daß er das ganze Jahr über brütet. Der Fody dagegen brütet nur in den Monaten November bis März, also den heißen madagassischen Sommermonaten. Diese unterschiedlichen Brutgewohnheiten führten wohl dazu, daß sich beide Vögel nicht kreuzten.

Ein attraktiver Vogel ist die **Holländische Taube** (Pigeon hollandais, Blue Pigeon). Sie hat ein nachtblau schimmerndes Gefieder mit weißem Nacken und rotem Kopf. Man kann sie gelegentlich auf der Insel Frégate finden.

Seevögel

Während der europäischen Sommermonate brütet eine gigantische Kolonie von **Rußseeschwalben** auf Bird Island. Lediglich auf der südlichsten Insel des Amiranten-Atolls, der Insel Desnœufs, siedelt eine noch größere Rußseeschwalbenkolonie – mit knapp zwei Millionen Exemplaren! Morgens bei Sonnenaufgang verlassen die Vögel den Brutplatz in gigantischen Wolken und kehren abends kurz vor Sonnenuntergang in ebensolchen Schwaden zurück, um die Nacht an Land zu verbringen. Außerhalb der Brutzeiten halten sie sich über dem offenen Meer in tropischen und subtropischen Regionen auf.

Ebenfalls auf Bird Island, aber auch auf Cousin, Aride und anderen Inseln finden sich die zutraulichen weißen **Feenseeschwalben.** Die Seeschwalben legen ihre Eier in Astgabeln auf etwas breitere Blätter, ohne sie durch ein Nest zu schützen oder abzusichern. Der brütende Vogel – alle drei Tage etwa wechseln sich das weibliche und das männliche Tier ab – muß beim Auffliegen sehr vorsichtig sein, da sonst die Gefahr besteht, daß das Ei herunterfällt. Wenn der Jungvogel nach zwei bis drei Wochen ausgeschlüpft ist, klammert er sich mit unverhältnismäßig stark ausgebildeten Füßen an seinem Ast fest und bleibt hier für zwei bis drei Monate zu Hause. Auch er muß nahezu regungslos sitzenbleiben, um nicht abzustürzen.

Der auffälligste der Vögel auf den Seychellen ist der auch für Laien leicht zu erkennende **Fregattvogel.** Gelegentlich ist er rund um die Inseln Cousin

Feenseeschwalben: Elternvogel mit reicher Beute und Jungvogel

und Cousine vor der Westküste Praslins zu sehen; die Berggipfel und Abhänge der geschützten Insel Aride umkreist er regelmäßig. In großer Zahl sind die Fregattvögel auf einigen Amiranteninseln und auf Aldabra heimisch. Sie sind auch einer der Gründe, warum es auf Aldabra untersagt ist, das kleine Gebiet um die Forschungsstation zu verlassen. Sie reagieren nämlich äußerst empfindlich auf alle Störungen ihrer gewohnten Lebensweise. Wenn sie von ihren Brutplätzen aufgescheucht werden, verlassen sie diese endgültig, und andere Vögel holen sich Eier und Jungtiere. Es sind nicht etwa Vögel anderer Arten, die die verlassenen Nachkommen rauben, sondern in erster Linie Fregattvögel selbst. Diese äußerst aggressiven Tiere attackieren auch Ruß- und Feenseeschwalben in der Luft, denen sie flugtechnisch weit überlegen sind. Im Flug ergreifen sie mit ihrem Hakenschnabel Fliegende Fische oder knapp unter der Wasseroberfläche schwimmende andere Fische. Tauchen oder schwimmen können sie nicht, und sie sind auch nicht sehr gut zu Fuß.

Die Riesenschildkröten von Aldabra

Vor einigen Jahrmillionen dürfte die Erde über und über mit Schildkröten bevölkert gewesen sein. Wie die Krokodile hatten sie das Massensterben der Riesensaurier und anderer großer Kriechtiere überlebt. Auf den Landmassen Afrikas, Europas und Asiens konnten sie sich jedoch nicht mehr über längere Zeit behaupten; ihr letztes größeres Zufluchtsgebiet war Madagaskar, wo sie spätestens nach dem Eintreffen der Siedler aus Südostasien und Afrika ausgerottet wurden. So kam es, daß lediglich auf einigen abgelegenen und nicht von Menschen bewohnten Inseln noch die großen Schildkröten existieren. Am bekanntesten sind wohl die Tiere von den Galapagos-Inseln vor Südamerika, wesentlich weiter verbreitet waren sie jedoch einst auf den Inseln des westlichen Indischen Ozeans, wie aus Berichten der Siedler auf Mauritius, La Réunion und den Seychellen hervorgeht. Wer die Riesenschildkröten heute in ihrer natürlichen Umgebung erleben will, der muß sich auf das entlegene Aldabra begeben. Dieses Atoll ist so schwer zugänglich, daß die Tiere dort bis heute unbehelligt leben können. Zu Beginn des 20. Jahrhunderts begann man, Maßnahmen zu ihrem Schutz zu ergreifen, Anfang der 60er Jahre setzte die wissenschaftliche Untersuchung ein. Dabei stellte man fest, daß allein auf Aldabra ca. 180 000 Exemplare leben (s. S. 236).

Nicht nur den Siedlern auf den Inseln dienten die Schildkröten früher als Fleischlieferant, auch die Besatzungen der Schiffe auf dem Weg nach Indien betrachteten es als ihr Gewohnheitsrecht, ein halbes Hundert als lebenden Proviant an Bord zu nehmen: Das behäbige Tier war einfach zu fangen und konnte, auf den Rücken gedreht, auch nicht wieder davonlaufen. Im Lagerraum der Schiffe brauchte es nicht einmal Pflege, denn es überlebt wochenlang, ohne Nahrung oder Wasser zu sich zu nehmen. Kann man sich einen idealeren Proviant vorstellen, der obendrein noch ausgesprochen wohlschmeckendes Fleisch liefert? Diese Alternative zum Fisch war zu gut, um von den Seeleuten ignoriert zu werden; alle Versuche, die letzten Exemplare auf den zentralen Granitinseln zu retten, blieben erfolglos. Die Tiere, die man dort in einzelnen privaten Gärten findet, wurden von Aldabra eingeführt. Lediglich

Auf einigen Seychellen-Inseln wurden Riesenschildkröten aus Aldabra angesiedelt

bei den vier Schildkröten auf Cousin, die wohl ein Alter von über hundert Jahren haben, soll es sich um letzte Exemplare der ursprünglichen heimischen Kolonie handeln. Die kleinen Schildkrötengruppen auf Frégate, Bird und Denis stammen dagegen mit Sicherheit von Aldabra.

Lange Zeit war unklar, wie sich die Schildkröten über die weit verstreuten Inseln des Indischen Ozeans hatten verbreiten können. Man hielt es für möglich, daß die Tiere über den Ozean schwimmen konnten. Zufällig fand man heraus, daß die Tiere auf dem Rücken liegend wie Boote auf den Wellen treiben können. Sie halten den Kopf wie ein Periskop nach oben aus den Wellen heraus, und ihre Zähigkeit, mit der sie monatelang ohne Essen und Trinken auskommen können, sichert ihr Überleben, wenn sie mit der Strömung in abgelegene Gebiete des Ozeans treiben.

Andere Reptilien

Auf La Digue findet man in sumpfigen Gebieten noch Exemplare der nur 20 cm langen **Sumpfschildkröte.** Sie ist – trotz Naturschutz – selten geworden, denn sie wird von den Einheimischen mit Vorliebe zu Curry verarbeitet. Früher, als es noch mehr davon gab, fing man diese *Soupap* – so der kreolische Name – auch, um sie auszustopfen und als Andenken an Touristen zu verkaufen. Mit Beginn des Jahres 1967 wurde der Handel verboten und damit das Tier vor der damals sicher erscheinenden Ausrottung gerettet. Die Heimat dieser Schildkröte sind die flachen Seegrastümpel an der Ostküste Madagaskars, von wo sie über das Meer zu den Inseln des Indischen Ozeans und nach Ostafrika auswanderte.

Bei Wanderungen über die Inseln wird Sie das stetige Rascheln des trockenen Laubes begleiten. Überall gibt es verschiedene Arten von kleinen Eidechsen, die schnell vom Weg verschwinden, wenn sie Menschen herannahen hören. Weniger scheu zeigen sich dagegen die kleinen **Geckos,** die Sie insbesondere abends, bei elektrischem Licht, an den Wänden und Decken der Häuser finden. Diese lebhaften Tiere, die eine Länge von bis zu 10 cm erreichen, sind nicht nur lustig zu beobachten, sondern auch ausgesprochen nützlich. Manchmal sitzen sie still, als ob sie zur Verzierung der Wand angebracht worden seien, doch auf einmal schießen sie behend und schnell vorwärts, um ein Insekt zu verschlingen. Sie können ohne weiteres an senkrechten Wänden auf und ab laufen, und sogar an Decken bewegen sie sich wie auf dem Fußboden. Lange Zeit wußte man nicht, wie sich die Tiere an ihrem Untergrund festhalten. Man vermutete, sie hätten kleine Saugnäpfe an den Zehen. Doch fand man nun heraus, daß sie an den Füßen mikroskopisch kleine Härchen besitzen, mit denen sie sich nach Art des Klettverschlusses festkrallen können. Diese Härchen sind so fein, daß ihnen sogar die Oberfläche von Glas noch genügend Unebenheiten als Halt bietet! Auf Mahé haben die Geckos meist eine weißlichgraue Farbe, auf La Digue jedoch finden Sie prächtig hellgrün leuchtende Tiere. Es kommt immer darauf an, auf welchem Untergrund sie jagen. Ist er grün, so werden die Geckos darauf auch grün oder braun sein. Andersfarbige würden in kürzester Zeit von Vögeln und Katzen erkannt und gefressen.

Neben Eidechsen und Geckos gibt es auf den Seychellen noch einige andere Reptilien, wie etwa eine **Chamäleon**-Art und einige **Schlangen.** Vor den Schlangen brauchen Sie keine Angst zu haben, sie sind harmlos, ungiftig und zudem so scheu, daß man sie selten zu sehen bekommt, es sei denn auf einem einsamen Wanderweg weitab von jeglicher menschlicher Siedlung.

Insekten und Spinnentiere

Die Insektenwelt der Seychellen ist für die Wissenschaft von großem Interesse. Untersuchungen in den letzten Jahrzehnten haben ergeben, daß etwa 65 % aller bisher hier aufgefundenen Insekten-Arten in der übrigen Welt unbekannt sind. Viele von ihnen benötigen als Lebensraum den Seychellen eigene, endemische Pflanzen. Der hohe Anteil absolut einmaliger Insekten-Arten ist einer der vielen Beweise dafür, daß sich die Inselwelt der Seychellen über einen sehr langen Zeitraum unabhängig von Einflüssen der Kontinente entwickeln konnte. Anhand der Insekten läßt sich auch beweisen, daß zwischen den Inseln des Seychellen-Archipels einmal eine Landverbindung bestanden haben muß. Es scheint festzustehen, daß sich die Insektenfauna auf allen Inseln des westlichen Indischen Ozeans – von einigen wenigen Ausnahmen abgesehen – weitgehend gleichartig entwickelt hat, was darauf hindeutet, daß die Inseln erst spät voneinander getrennt wurden. Experten vermuten, daß zur letzten Eiszeit, vor

Seidenspinne

etwa 15 000 Jahren, der Meeresspiegel des Indischen Ozeans um gut 100 m unter dem heutigen lag. Sollte dies richtig sein, so ragte damals das gesamte Seychellen-Plateau über die Wasseroberfläche hinaus. Da in einem Umkreis von knapp 400 km um Mahé das Meer nirgends eine Tiefe von mehr als 75 m hat, lag also dieser Sockel oberhalb des Meeresspiegels. Erst außerhalb dieses Gebirgsstocks fällt der Meeresgrund jäh bis in eine Tiefe von knapp 400 m ab. Man darf also annehmen, daß hier für einige Jahrtausende eine große Insel von etwa 50 000 km² Fläche existierte, auf der sich eine eigene Flora und Fauna herausbilden konnte.

Wer Glück hat, begegnet einer der beiden auf den Seychellen vorkommenden **Skorpion**-Arten. Sie sind selten und – anders als etwa ihre Artgenossen in Nordafrika – ungefährlich, wenngleich ihr Stich schmerzhaft sein kann.

Ebenso harmlos und am Menschen uninteressiert sind die **Spinnen,** deren Netze Sie in der Stadt zwischen elektrischen Leitungen und auf dem Lande zwischen den Blättern der Palmen sehen.

Die Unterwasserwelt

Mangels technisierter Fangmethoden wurde die Unterwasserwelt der Seychellen im Vergleich zu anderen Regionen der Erde kaum verändert. Zudem erklärte die Regierung 1973 ein großes Unterwassergebiet vor dem Hafen von Victoria, das sich bis zu den vorgelagerten Inseln Ste Anne, Cerf, Round und Moyenne erstreckt, zum Naturschutzgebiet. Weitere Unterwasserschutzgebiete befinden sich an der Ostküste Mahés, zwischen der Anse Royale und der Südspitze Mahés, und an der Westspitze

Wimpelfisch

Mahés, um Port Launay. In diesen Gebieten hat man nicht nur den Fischfang, sondern jeden wie auch immer gearteten Einfluß des Menschen auf die Natur untersagt. Es ist sogar verboten, an den Strand gespülte Muscheln zu sammeln. Aber es wurden nicht nur diese auf der Welt einmaligen Schutzmaßnahmen für die Naturschutzgebiete ergriffen. Grundsätzlich scheint man sich der Gefahr bewußt zu sein, die durch die modernen Methoden des Fischfangs droht. So ist es verboten, Fische zu harpunieren oder mit Hilfe von explosiven Stoffen zu jagen. Wenn Sie Fische ›schießen‹ wollen, besorgen Sie sich keine Harpune, sondern eine gute Unterwasserkamera und ein Blitzlicht. Für diese ›Waffen‹ gibt es aufgrund der Schutzmaßnahmen der Seychellen ganz hervorragende Jagdgründe!

Wer weder taucht noch schnorchelt, kann die Unterwasserwelt der Seychellen von Mahé aus in einem Glasbodenboot kennenlernen. Die örtlichen Agenturen stellen mehrmals pro Woche Gruppen zusammen, die in diesen Booten Tagesausflüge in den Ste Anne Marine National Park unternehmen. An festgelegten Plätzen innerhalb dieses Naturschutzgebiets dürfen die Boote anhalten (nicht ankern!) und den Touristen einen Blick durch die Glasscheiben auf das bunte Treiben bieten. Was man hier zu sehen bekommt, ist allerdings nur ein kleiner Ausschnitt aus der Vielfalt und der Farbenpracht der Korallenbänke an den Tauchplätzen, die per Tauchboot rund um die Inseln angefahren werden. Zudem hat dieses Naturschutzgebiet unter dem Bau der ›Schnellstraße‹ von Victoria zum Flughafen stark gelitten. Durch die Aufschüttung von Land sind sich Mahé und Cerf Island wesentlich nähergekommen, was zu einer starken Veränderung der Strömungsverhältnisse geführt hat. An Stellen nahe der Insel Cerf, die früher ein blühender Korallengarten waren, liegen nun von starkem Seegang und Strömung zerstörte Korallenteile am Meeresgrund. Die veränderten Verhältnisse führten dazu, daß an diesen schmalsten Stellen neues Korallenwachstum nicht mehr möglich ist.

Reiches Rffleben findet sich nach wie vor rund um die Inseln Round, Moyenne, Ste Anne, Long und auf der Ostseite der Insel Cerf.

Der größte Artenreichtum herrscht in und um die Korallenstöcke, von denen sich eine Vielzahl von Fischarten ernähren und in denen sie ihren Lebensraum

Schön, aber gefährlich: der Rotfeuerfisch

haben. An vielen Stellen kann man **Korallenstöcke** schon vom Ufer aus bequem erreichen (›Northolme Hotel‹, ›Sunset Beach Hotel‹, Danzil in Nord-Mahé; Anse Royal, Petite Anse in Süd-Mahé; ›La Réserve‹ auf Praslin), weit besser allerdings ist die Sicht und größer die Vielfalt, wenn Sie über das den Küsten vorgelagerte Korallenriff hinausschwimmen und es dann von der Meerseite aus bewundern. In den Riffen der Seychellen finden sich über 1000 verschiedene Arten von Knochenfischen und einige Dutzend Knorpelfische (Haie, Rochen). Die meisten davon sind ihren Artgenossen in anderen Gegenden des Indischen Ozeans ähnlich, Kenner können jedoch beispielsweise einen Rotfeuerfisch von den Seychellen sofort von denjenigen unterscheiden, die man im

Roten Meer oder auf den Malediven findet.

Einige auffällige Fischarten sind schon bei ufernahen Schnorchelausflügen zu sehen. Schwarz, weiß und gelb gestreifte Clownfische, leuchtend gelbe, manchmal braun gepunktete, manchmal bläulich längs gestreifte Anglerfische finden sich in jedem Riff. In kleinen Schulen umschwirren Meeres-Goldlinge die Korallenstöcke, ebenso wie der Kofferfisch, der sich mit Wasser vollpumpt, um imponierender auszusehen, wenn er sich bedroht fühlt. Unter den Raubfischen finden sich der Zackenbarsch (Vye) und der kleine, buntgefärbte Anemonenfisch (ebenfalls ein Barsch), der sich in Seeanemonen versteckt. Der zweiflügelige Fliegende Fisch kann gelegentlich bei der Überfahrt von Praslin nach La Digue beobachtet werden.

Die strahlend weißen Strände der Seychellen sind den bunten **Papageienfischen** zu verdanken, die mit ihren zangenartigen Kiefern Korallenstücke losbrechen, diese zermalmen und dabei die darauf wachsenden Algen abweiden. Beim Schnorcheln kann man sie beobachten, und man hört das Knakken und Reiben ihrer Kiefer, bevor der feine weiße Sand herunterrieselt, der in Jahrmillionen den Meeresboden rund um die Korallenriffe weiß gefärbt hat.

Der Schlammspringer

An vielen Stränden und in Mangrovengebieten kann man kleine graue Fische außerhalb des Wassers beobachten, die sich regelmäßig von Wellen überspülen lassen: Schlammspringer. Nähert man sich ihnen, springen sie gewandt durch eine harten Schlag ihres Schwanzes ins Meer zurück.

Diese etwa 5–10 cm langen Fische haben sich im Laufe der Evolution an ein Leben sowohl im Wasser als auch an Land angepaßt. Sie können den benötigten Sauerstoff zum größten Teil über die Haut aufnehmen. Einen Teil entnehmen sie mit ihren Kiemen dem Wasser. Wenn sie sich für längere Zeit auf einem Felsen oder an einem Mangrovenstamm aufhalten, nehmen sie sich im Mundsack einen Wasservorrat mit, den sie durch die Kiemen spülen, bis der Sauerstoff verbraucht ist. Der Schlammspringer ernährt sich von kleinen Krabben und von Insekten, die er sowohl innerhalb als auch außerhalb des Wassers jagt.

Die Seekuh (Dugong)

Für die Seekuh kamen die Schutzmaßnahmen zu spät. Diese plumpen Meeressäugetiere, die sich in seichten Küstengewässern aufhalten, ernähren sich von den unter Wasser wachsenden Algen. Wie bei den Walen handelt es sich um Nachfolger landbewohnender Tiere, die sich vor Millionen von Jahren an das Leben im Wasser angepaßt haben. Das ihnen am nächsten verwandte lebende Tier ist der Elefant (!), wie man durch den Vergleich der Skelette herausgefunden hat.

Noch vor einigen Jahrzehnten lebten die Dugongs, wie sie auch genannt werden, in großer Zahl überall dort, wo sie in Küstennähe gute ›Weidegründe‹ fanden. Reiseberichte europäischer Seeleute schildern, daß oft Herden von mehreren hundert Dugongs beobachtet wurden. Sie waren zutraulich, so daß man sich in aller Ruhe das dickste Tier heraussuchen und es mit einem Strick am Schwanz aus dem Wasser ziehen konnte. Ihr Fleisch soll in Aussehen und Geschmack dem Rindfleisch gleichen.

Auf den Seychellen sind die Seekühe heute ausgestorben. Nur noch die Namen zweier Inseln erinnern an sie. Die Île aux Vaches (heute Bird Island) im Norden der Inneren Seychellen wurde nach den Seekühen (*La Vache* = die Kuh) benannt, ebenso wie die kleine, steinige Île aux Vaches Marines in Sichtweite vor der Grand' Anse an der Westküste von Mahé. In anderen Gebieten des Indischen Ozeans konnten die Dugongs überleben, und man findet sie häufig in Küstengebieten vor den Komoren und Madagaskar. Auf den Komoren gibt es die Sage, es habe einmal ein Geschwisterpaar miteinander verkehrt, woraufhin Allah beide zur Strafe in Wesen verwandelte, die halb Fisch und halb Mensch waren – die Seekühe. Die Sage hindert die Komorer jedoch nicht daran, das Dugongfleisch zu verzehren. Vielleicht kommt einmal eine internationale Organisation mit den entsprechenden finanziellen Möglichkeiten auf die Idee, Dugongs wieder in den Gewässern um die Seychellen anzusiedeln. Dies wäre eine Möglichkeit, die Fleischproduktion zu erhöhen, ohne das knappe nutzbare Land zwischen Meer und Bergen in Anspruch nehmen zu müssen.

Wale

Bis zur Mitte des 19. Jahrhunderts wurden in den Gewässern der Seychellen Wale gefangen. Es gab viele davon, doch man war nicht darauf eingestellt, die riesigen Tiere mit professioneller Ausrüstung zu jagen. Da keine Not an Nahrungsmitteln bestand, wurde bis zum Beginn des 20. Jahrhunderts kein Wal mehr erlegt, bis sich gut ausgerüstete Walfänger ansiedelten, die in den südlicheren Gebieten des Indischen Ozeans keine Beute mehr fanden. Sie richteten auf der Victoria vorgelagerten Insel Ste Anne eine Station ein. Das Geschäft florierte jedoch nicht so, wie man es sich erhofft hatte, und nachdem 120 Pottwale gefangen waren, gab man das Unternehmen schon 1915 wieder auf.

Meeresschildkröten

Zu den Meeresbewohnern, die nicht ganz ausgerottet wurden, gehören die Meeresschildkröten. Sie sind für den Menschen nicht nur wegen ihres hervorragenden Fleisches interessant, sondern wurden schon vor Jahrtausenden auch als Lieferant des Schildpatts gefangen, aus dem bereits die alten Ägypter Kämme und andere Gebrauchsgegenstände herstellten. Auf den Seychellen kamen Meeresschildkröten so häufig vor, daß sie nicht nur den heimischen Bedarf deckten, sondern sogar in großem Umfang nach Mauritius, La Réunion und Indien exportiert wurden. Um 1800 erkannte die Verwaltung, daß die Tiere von der Ausrottung bedroht waren, und verfügte Einschränkungen bei den Fangquoten. Für die Tiere in den Gewässern rund um die zentralen Seychellen-Inseln war es allerdings zu spät; in großen Mengen lebten sie nur noch im Aldabra-Atoll. Zeitgenössischen Berichten läßt sich entnehmen, daß vor der Festlegung der Fangquoten an die 10 000 Meeresschildkröten pro Jahr gefangen wurden. Der Fang war kinderleicht, denn viele hundert weibliche Tiere kamen jede Nacht auf die ungeschützten Sandstrände, um im warmen Sand ihre Eier abzulegen. Von der nahegelegenen Insel Assomption wird berichtet, daß das Rekordergebnis einer nächtlichen Jagd auf die weiblichen Tiere bei 400 Exemplaren gelegen haben soll! Man kann sich vorstellen, daß nach einigen Jahren oder Jahrzehnten nicht mehr viele übrig geblieben waren. Als die Fangergebnisse in den 30er Jahren immer stärker nachließen,

Auch heute noch kommen Meeresschildkröten an einige Strände der Seychellen, um dort ihre Eier abzulegen (hier an der Anse Intendance auf Mahé)

versuchte man auf Assomption und Aldabra, die von den wenigen verbliebenen Weibchen noch abgelegten Eier an geschützten Orten künstlich auszubrüten und die ausgeschlüpften Jungen dann so ins Meerwasser zu setzen, daß sie nicht sofort von Fregattvögeln gefressen werden konnten.

Heute findet keine Jagd auf die Tiere mehr statt, sie sind staatlich geschützt. Auf Aldabra, der wichtigsten Eiablagestelle im ganzen Indischen Ozean, gehen jährlich mehr als tausend Weibchen unbehelligt an Land. Dadurch scheint die Erhaltung der Art zumindest auf Aldabra gesichert zu sein.

Bevölkerung

Die kreolische Sprache

Weltweit wird Kreolisch von etwa 10 Millionen Menschen gesprochen. 1,5 Millionen davon leben auf Mauritius, La Réunion und den Seychellen, 2–3 Millionen auf den Karibik-Inseln Haiti, Martinique, Guadeloupe und Marie Galante, fast 5 Millionen in den Südstaaten der USA. Lange Zeit beschäftigte sich die Sprachwissenschaft nicht mit dem Kreolischen. Es wurde als eine entartete Form des Französischen, bestenfalls als ein Dialekt abgetan. Inzwischen hat sich die Wissenschaft jedoch intensiv damit befaßt und ist zu dem Ergebnis gekommen, daß es sich um eine vollwertige Sprachfamilie handelt, deren Grammatik allerdings noch nicht erforscht und in Schulbüchern festgehalten ist.

Die auf dem Französischen basierenden Sprachen im westlichen Indischen Ozean, in der Karibik und in den Südstaaten der USA ähneln sich stark. Kreolen von den Seychellen können sich mit Mauritiern und Réunionais unterhalten, obgleich die Sprachen nicht identisch sind. Weit mehr aber überrascht, daß sich Kreolen weltweit untereinander verständigen können, beispielsweise auch Mauritier mit Kreolen aus Louisiana, Seychellois mit Haitianern oder Réunionais mit Franzosen von Guadeloupe und Martinique. Sprachwissenschaftler haben Vergleiche von Wortbedeutungen und deren Stämmen durchgeführt und so die Unterschiede der verschiedenen kreolischen Sprachen besser definiert. Es wird erkennbar, daß etwa die Hälfte aller kreolischen Wörter in allen kreolischen Sprachen nahezu identisch klingen. Diese Wörter entstammen der französischen Sprache und werden heute noch in Frankreich

Das Institut Kreol – Symbol für das Erstarken der kreolischen Identität

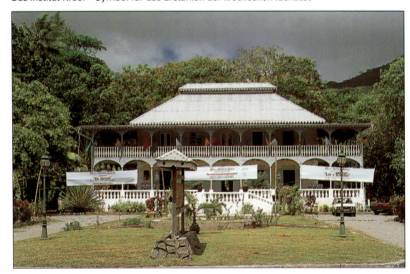

benutzt. Etwa 10 % davon allerdings haben je nach Region eine nicht vollkommen identische Bedeutung. Das Wort *kaban* (frz. *caban* = Stall) beispielsweise bezeichnet auf Haiti ein Bett, auf den Seychellen einen Stall.

Die andere Hälfte der Wörter macht die Unterhaltung zwischen Kreolen aus Haiti und von den Seychellen etwas schwieriger. 10 % davon entstammen zwar wiederum der französischen Sprache, haben jedoch in haitianischem Kreol und seychellischem Kreol entweder eine völlig unterschiedliche Bedeutung, oder sie haben zusätzlich zur ursprünglichen Bedeutung eine weitere hinzugewonnen, die in der anderen Sprache unbekannt ist. Beispielsweise bedeutet das Wort *kont* (Konto, kontieren) in Haitianisch und Seychellisch ›Rechnung‹, auf Haiti hat es aber zusätzlich die Bedeutung von ›genug‹, ›ausreichend‹ angenommen. Das Wort *kasé* (frz. *casser* = zerbrechen, zerschlagen) bedeutet in beiden Sprachen ›zerschlagen‹, im seychellischen Kreol zusätzlich aber auch ›nähen‹. Das Wort *kabarett* meint auf Haiti jede Fläche, egal wozu sie genutzt wird. Auf den Seychellen ist damit nur eine Tanzfläche angesprochen. Neben den Wörtern mit französischer Wurzel gibt es in den kreolischen Sprachen etwa 20 % von Wörtern, die dem Französisch des 17. und 18. Jahrhunderts entstammen, in Frankreich heute aber nicht mehr benutzt werden. Schließlich haben die Sprachen einen Wortschatz von etwa 20 %, der dritten Sprachen entstammt. Auf Haiti sind dies Wörter vornehmlich aus Bantusprachen Westafrikas und aus karibisch-indianischen Sprachen sowie einige spanischstämmige Wörter. Auf den Seychellen setzen sich diese 20 % aus spät aufgenommenen englischen Vokabeln, aus Wörtern aus Indien (Hindi, Urdu), aus dem Suaheli Ostafrikas und insbesondere aus dem Madagassischen zusammen. Überraschenderweise entstammen etliche Wörter auch portugiesischen Quellen, was darauf hindeutet, daß unter den ersten Siedlern einige Portugiesen gewesen sein müssen.

Der geschichtliche Hintergrund: Französische Kolonisten nahmen im Lauf des 17. und 18. Jahrhunderts Inseln in der Karibik und im Indischen Ozean sowie Teile der heutigen südlichen USA in Besitz. Als Arbeitskräfte für ihre Plantagen importierten sie Sklaven aus verschiedenen Regionen Afrikas. Die Grundbesitzer waren daran interessiert, daß unter den afrikanischen Sklaven so wenig Kommunikation wie möglich stattfand. Hierfür wurde gesorgt, indem man Frauen von ihren Männern und Kinder von ihren Familien getrennt auf weit auseinanderliegenden Plantagen arbeiten ließ. Die Kommunikation unter den auf einer Plantage arbeitenden Sklaven wurde zusätzlich dadurch erschwert, daß die Besitzer sich jeweils Sklaven aus verschiedenen Sprachregionen Afrikas kauften. Die Herren sprachen mit den Sklaven Französisch, und so mußten diese ebenfalls Französisch lernen – so gut es ging –, um die Anweisungen zu verstehen und die Fragen zu beantworten.

Zunächst entwickelten sich dadurch viele Dialekte und verschiedene Arten von ›Mischsprachen‹, die sich jedoch im Laufe der Zeit einander anglichen. Grundlage blieb Französisch, doch mußte es sich den Denkformen und grammatikalischen Gewohnheiten der afrikanischen Sprachen anpassen. Worte, die im Französischen fehlten, wurden aus den Heimatsprachen hinzugefügt, andere, die in der Welt der Sklaven keine Bedeutung hatten, wurden gestrichen. Außerdem entwickelte sich eine besondere Form der Aussprache aller Vokabeln aus verschiedenen Sprachen. So entstand die ›kreolische Sprache‹, die im Süden der Vereinigten Staaten, auf Haiti, Martinique und auf den viele tausend Kilometer entfernten Seychellen, Mauritius und La Réunion so ähnlich ist, daß die Bewohner der Regionen sich untereinander verständigen können.

Nachdem die Regierung der Seychellen 1981 beschlossen hatte, Kreolisch zur **ersten Staatssprache** zu machen (vor Englisch und Französisch), verstärkten sich die Bemühungen, die Grammatik zu erforschen und eine einheitliche Schreibweise zu entwickeln. Die Linguistin Annegret Bolée von der Universität Bamberg hat sich mit diesem Problem intensiv auseinandergesetzt und in Zusammenarbeit mit zwei Seychellois, Guy Lionnet und Danielle d'Offay, ein Wörterbuch Seychellisch-Französisch herausgegeben. Die Regierung der Seychellen bietet Kurse an, in denen Seychellois lernen können, ihre Sprache den neuen Regeln entsprechend zu schreiben. Es werden regelmäßige Konferenzen abgehalten, an denen alle Staaten teilnehmen, in denen Kreolisch gesprochen wird, um eine einheitliche Schreibweise zu entwickeln. In einem renovierten Kolonialhaus, dem Maison St Joseph, an der Ostküste Mahés, befindet sich das Institut Kreol, eine Einrichtung der Regierung der Seychellen, die dazu dient, die kreolische Sprache weiter zu erforschen. Interessenten finden erforderliche Grundlagenliteratur in diesem schönen, erst vor ein paar Jahren renovierten Kolonialhaus.

Die Bevölkerung der Seychellen weist alle Schattierungen der Haut- und Haarfarben auf

Bevölkerungs- und Familienstruktur

Wer ist Kreole?

Ursprünglich wurden auf den Seychellen all diejenigen Bewohner Kreolen genannt, die unmittelbar von einer aus Frankreich eingewanderten – also rein weißen – Familie abstammten. Im Laufe der Jahrzehnte hat sich der Gebrauch dieses Begriffes jedoch verändert. Er wurde bald für solche Einwohner der französischen Kolonien benutzt, die afrikanischer, europäischer oder gemischt europäisch-afrikanischer Abstammung sind. Seychellois indischer oder chinesischer Herkunft gelten bis heute nicht als Kreolen, selbst wenn ihre Vorfahren schon mehrere Generationen hier wohnen und Kreolisch ihre Muttersprache ist.

Der größte Teil der Bevölkerung der Seychellen stammt aus Afrika, allerdings ist der Einfluß von europäischem, indischem, madagassischem und chinesischem Blut unverkennbar. Von ganz weiß bis ganz schwarz findet man alle Schattierungen der Hautfarbe. Es besteht keine strenge Grenze in der sozialen Schichtung. Es gibt schwarze Seychellois in hohen Positionen der Regierung genauso, wie es Weiße gibt, die in ärmlichen Hütten in den Bergen wohnen. Lediglich die spät eingewanderten Inder und – weniger ausgeprägt – Chinesen bilden eigene Volksgruppen, die sich absondern. Die Inder sind oft Inhaber von Lebensmittel- und Stoffgeschäften in Victoria. Ihre Religion und ihre Tradition erlauben es ihnen nicht, sich mit der kreolischen Bevölkerung zu vermischen. Anders verhält es sich bei den Chinesen, die man nur selten unvermischt findet. Seychellois mit chinesischem Namen haben meist eine kreolische Mutter oder Großmutter in ihrer Familie, und sie fühlen sich nicht als Chinesen, sondern als Seychellois. Die Inder hingegen bewahren ihre Identität und schicken ihre Söhne nach Indien, um dort eine Frau zu suchen. Die Hochzeit eines Inders mit einer Kreolin ist noch heute ein Skandal.

Keine Rassenprobleme?

Die Seychellen sind eines der wenigen Länder dieser Erde, in denen verschiedene ethnische Gruppen problemlos miteinander leben und sich untereinander mischen. Man darf aber nicht dem Trugschluß erliegen, es handle sich um ein Paradies ohne Rassenvorurteile, denn das Ansehen eines Seychellois ist höher, je heller seine Hautfarbe ist. Mütter hellhäutiger Töchter und Söhne achten darauf, daß diese nicht etwa dunkelhäutige Freundinnen oder gar Freunde nach Hause bringen. Für ein weißes Mädchen schickt es sich nicht, mit einem dunklen Jungen zum Tanz zu gehen. Von offizieller Seite, bei den Behörden und bei privaten Firmen gibt es allerdings keine Rassenunterschiede. Ob jemand einen begehrten Arbeitsplatz bekommt, entscheidet sich aufgrund seiner Beziehungen, manchmal seiner Zeugnisse – die Hautfarbe spielt kaum eine Rolle.

Familienstruktur

Nach statistischen Angaben werden über 40 % aller Kinder auf den Seychellen außerehelich geboren. Dies liegt nur zum Teil daran, daß sich manche jungen Paare die Hochzeitsfeier nicht leisten können oder wollen. Ein wichtigerer Grund ist, daß afrikanische Traditionen weiterleben – wenn auch in leicht veränderter Form. Man könnte es fast als üb-

Festival Kreol
Ein kreolisches ›Oktoberfest‹

Auf den Seychellen ist – wie bei anderen kolonisierten Völkern – eine Tendenz zu spüren, die eigenen Wurzeln zu verleugnen oder sich ihrer gar zu schämen. Statt dessen wird das, was fremd ist, was von den Kolonialherren oder den ›Ausländern‹ ganz allgemein stammt und was importiert wird, von vornherein als überlegen und nachahmenswert betrachtet. Die afrikanischen Wurzeln der Musik, der mündlichen Überlieferungen und Sagen, die traditionelle Kleidung und Kunst aber gerieten dadurch immer stärker in Vergessenheit – insbesondere seit in den 50er und 60er Jahren mit dem elektrischen Strom zunächst das Radio und später das Fernsehen Einzug hielten.

1979 ergriff das seychellische Kultusministerium die Initiative und organisierte erstmals ein ›Festival Kreol‹, um die kulturellen Wurzeln der Bevölkerung zu pflegen und sie ins Bewußtsein der Seychellois zurückzuführen. Seither findet dieses Fest in der letzten Oktoberwoche jedes Jahres statt. Die Initiative des Ministeriums ist inzwischen eine feste Einrichtung im Festkalender der Seychellen geworden. Das ›Festival Kreol‹ hat sich zu einem Ereignis entwickelt, das von der gesamten kreolischen Welt – besonders auf den Nachbarinseln Mauritius und La Réunion – aufmerksam und auch ein wenig neidisch verfolgt wird. Noch wehren sich die seychellischen Behörden gegen den Vorschlag, das Fest in Zukunft abwechselnd auf jeweils einer der drei kreolischen Inseln des westlichen Indischen Ozeans zu feiern. Nur ungern läßt man sich diese gute Idee wegnehmen, insbesondere nachdem sich die Festwoche zu einer Institution entwickelt hat, die anfängt, sogar Touristen anzulocken. Es gibt allerdings auch Stimmen von einflußreichen Persönlichkeiten, die sich unter dem Druck des steigenden Anspruchs an die Darbietungen und der damit verbundenen Kosten für eine regionale Zusammenarbeit bei der Organisation und Durchführung des Festivals aussprechen.

Meist während der letzten Oktoberwoche finden allabendlich Musikveranstaltungen am Strand und in Hotels statt. Es wird eine kreolische Schönheitskönigin gewählt, in Ausstellungen werden Fotos und Gemälde der schönsten Kolonialhäuser gezeigt, Theatergruppen spielen im Freien, es werden kleine Volksfeste mit Musik, Tanz, viel Bier, Calou und *Junglejuice* veranstaltet. Jedes Jahr kommen Musikgruppen von Mauritius, La Réunion, Martinique oder Guadeloupe. Was fehlt, ist eine Koordination der Aufführungen und eine professionelle Werbung, aus der ersichtlich wird, wann wo was stattfindet. Das Ereignis ist (noch) sympathisch amateurhaft und weit davon entfernt, eine Touristenattraktion nach dem Beispiel des Münchner Oktoberfests werden zu können.

lich bezeichnen, daß ein Ehemann neben seiner Frau eine Freundin oder zwei hat. Wenn Sie Familien mit vielen Kindern besuchen, werden Sie mit Erstaunen feststellen, wie unterschiedlich die Geschwister aussehen. Es kommt vor, daß drei Söhne einer Mutter aussehen, als stammten sie von drei verschiedenen Kontinenten. Einer scheint aus Mitteleuropa zu kommen, der zweite hat einen unverwechselbar indischen Ausdruck, während der dritte ein Mischling kreolischer und chinesischer Abstammung ist.

gleich eine Gruppe von Kindern – meist von verschiedenen Vätern – heiratet. In vielen Familien werden Sie auch sogenannte *Zanfan soigne* (versorgte Kinder) finden. Es kommt nicht selten vor, daß eine junge Mutter nicht in der Lage oder nicht willens ist, ihr Kind selbst zu ernähren. Es findet sich dann eine Nach-

Die Schönheitskönigin zum Anfassen – Miss Seychelles als Vorbild der Jugend

Die Struktur der Familie kann, abgesehen von den rein europäischen und den rein indischen Familien, als matriarchalisch bezeichnet werden. Die Mutter ist das Familienoberhaupt und verantwortlich für die Kinder, während die Väter häufiger wechseln können. Für einen Mann ist es normal, daß er mit der Frau, mit der er zusammenleben will, auch

barsfrau oder eine Freundin, die sich bereit zeigt, das Kind in ihre Familie aufzunehmen und großzuziehen.

Zauberei und Volksmedizin

Vor über 150 Jahren wurden in England zum letzten Mal eine Mutter und ihre neun Jahre alte Tochter wegen Zauberei gehängt. Danach war in England die Zeit der Hexenprozesse vorbei – in seinen Kolonien aber noch lange nicht! Noch 1969 ging ein auf den Seychellen wegen

Zauberei Verurteilter in die Berufung vor dem Obersten Gericht im Londoner Justizpalast, wo er freigesprochen wurde. Bis heute gibt es auf den Seychellen *Bonhommes du Bois,* volkstümlicher auch *Tonton* (›Onkel‹) genannt, die mit dem Wissen und den Mysterien des Voodoo-Kults, den ihre Vorfahren aus Ostafrika mitgebracht hatten, umzugehen verstehen. Sie benutzen magische Amulette, Puder, Puppen und Zeichnungen. Diese Künste blieben bei den formell christlichen Bewohnern der Seychellen erhalten, denn Priester, die dagegen angehen konnten, kamen nur selten auf die Inseln. Ihre Tätigkeit während kurzer Aufenthalte auf der Durchreise beschränkte sich darauf, den wenigen weißen Siedlern ihren Segen zu geben. Die Sklaven wurden getauft, damit der Teufel ausgetrieben war, danach kümmerte sich niemand mehr um ihr Seelenheil. Sie lebten weiter nach ihren Traditionen, pflegten ihre eigene Medizin und Zauberei.

Wenn Sie heute einen Seychellois fragen, ob er gelegentlich zum *Tonton* geht, wird er lachen und behaupten, niemals mit solch einem Aberglauben zu tun gehabt zu haben. Fast genauso sicher ist es aber, daß dies nicht stimmt, denn man glaubt an die Fähigkeiten der Zauberer, man ist sogar bestens über die ›Spezialitäten‹ der verschiedenen *Tontons* der Nachbarschaft informiert. Die aufgeklärten Europäer sind überzeugt, daß es sich bei den *Tontons* um Scharlatane handelt und führen ihren Erfolg darauf zurück, daß die Seychellois über Hunderte von Jahren in großer sozialer Unsicherheit gelebt haben. In dieser Situation suche sich der Mensch ›Scheinsicherheiten‹, an die er sich klammern könne.

Eine einleuchtende Erklärung für den Glauben der Seychellois an die Fähigkeiten der *Tontons* findet sich in dem Buch zweier amerikanischer Soziologen, die sich intensiv mit den Verhältnissen auf den Seychellen befaßt haben. Sie meinen, die Seychellois weigerten sich, den Grund für Mißerfolge bei sich selbst zu suchen. Wenn im Beruf, in der Ehe, bei den Freundinnen oder in der Schule etwas nicht so klappt, wie sie es sich wünschen, dann muß das auf den Einfluß von mißgünstigen Neidern, Nebenbuhlern oder Zauberern zurückzuführen sein. Und gegen Zauber kann man sich eben nur wieder mit Zauber wehren. Außerdem meinen die Soziologen, daß die Zauberei den rechtlosen Sklaven dazu gedient habe, sich selbst vorzugaukeln, sie könnten gegen die übermächtigen Herren etwas unternehmen. So täuschten sie sich über ihre Machtlosigkeit und die Ausweglosigkeit ihrer Situation hinweg. Die angestauten Aggressionen, Feindseligkeiten und der Wunsch nach Rache an ihren Herren seien auf diese Weise ein wenig gemildert worden.

Ob diese Erklärungen ausreichen, mag dahingestellt bleiben. Sicher ist jedoch, daß die Zauberer eine ganz zentrale Position im sozialen Leben der Seychellois innehaben. Als Gast für ein paar Wochen werden Sie das kaum bemerken, doch sobald Sie intensiver mit der Gesellschaft in Verbindung kommen, werden Sie spüren, daß viele Entscheidungen rational nicht nachvollzogen werden können, es spielen für uns Europäer undurchschaubare Beweggründe eine Rolle. Oft steckt dahinter der Ratschlag eines *Tonton* oder sogar nur die Angst, ein anderer könnte die Hilfe eines Zauberers in Anspruch nehmen.

Wird ein Zauberer von Klienten befragt, wer ein Unglück verschuldet habe, so gibt er keine direkte Antwort. Er hört sich die Klage seines Klienten an, konsultiert seine Karten, schlägt in seinen Büchern nach und wird dann eine vage Antwort geben, wie etwa: »Ich sehe einen hellhäutigen Mann, der böse Gedanken über dich hegt.« Der Klient läßt seine Bekannten und Freunde vor seinem geistigen Auge Revue passieren, bis er einen findet, auf den diese Beschreibung paßt. Dessen Verhalten erschien ihm vielleicht in letzter Zeit merkwürdig, und schon ist alles sonnenklar – er hat einen Zauber veranlaßt! Wenn er diesen Bekannten trifft, wird er seinen Gruß nicht mehr erwidern, was wiederum das Mißtrauen des anderen hervorruft. Eine Aussprache zwischen den beiden findet nicht statt. So entstehen Systeme des Mißtrauens und der Angst, die nicht durch Erfahrung und Kommunikation abgebaut werden. Es sind übrigens nicht nur die Armen, die zu den Zauberern gehen. Eine große Zahl angesehener und reicher Leute besucht heimlich in der Nacht ihre *Tontons*.

Überall in der Welt ist bekannt, daß Krankheiten mit Kräutertees geheilt werden können. Auch auf den Seychellen behandeln viele Patienten ihre Krankheiten mit Hilfe von Kräutern. Naturheilkundler des Archipels versichern, daß viele einheimische Pflanzen eine medizinische Wirkung besitzen. Mehr als 250 verschiedene Arten solcher Pflanzen waren bis 1980 in einer ständigen Ausstellung in der Hauptstadt Victoria zu sehen; ein Botaniker, der im 19. Jahrhundert auf den Seychellen arbeitete, listete sogar über 500 auf. Pflanzenheilkundige berichten, daß sie die verlorene Stimme wiederfanden, nachdem sie den Saft der *Prun du pei* tranken. Eukalyptus soll gut gegen Rheumatismus sein, *Gayac* macht einen müden Körper lebendig, *Voloutier* heilt Entzündungen, und *Kapiler* soll sowohl Hühnerpest als auch Masern heilen. Pflanzenheilkundige der Seychellen sammeln die Pflanzen und Hölzer, aus denen sie die heilenden Medikamente herstellen, selbst und sind überzeugt, daß sie nahezu alle Krankheiten heilen können, angefangen beim Keuchhusten von Kindern bis hin zur Impotenz. Wenn die Patienten rechtzeitig kämen, könnten neun von zehn mit Sicherheit geheilt werden. Der Vorteil dieser Medizin liege darin, daß sie im Vergleich zu synthetischen Substanzen nur sehr geringe Nebenwirkungen habe.

Wir Europäer neigen dazu, die Kunst der Pflanzenkenner zu belächeln und in den Bereich der Scharlatanerie einzuordnen. Dabei vergessen wir, daß viele Erfolge der westlichen Medizin ohne das Wissen der Heilkundler nicht möglich gewesen wären. Eindrucksvolle Beispiele für den Zusammenhang zwischen der traditionellen Pflanzenmedizin und unserer modernen Pharmakologie sind die Wirkungen der *Rauvolfia serpentina* und der *Vinca rosea*. Die *Rauvolfia serpentina*, die man in fast allen tropischen Gebieten der Erde findet, dient schon seit vielen tausend Jahren als Heilmittel gegen Schlangenbisse, Nervenzusammenbrüche, Cholera und Fieberanfälle. Indische Gurus hielten sie für besonders wirksam bei allen Arten von Nervenerkrankungen. Erst 1953 entdeckten westliche Wissenschaftler, daß diese Pflanze Bluthochdruck und Schizophrenie zu heilen vermag. Ihr wesentlicher chemischer Extrakt, genannt Reserpin, ist seitdem Grundbestandteil moderner Tranquilizer. In der *Vinca rosea* wurden 75 Alkaloide gefunden, die als hochwirksam bei der Behandlung von Krebs gelten. Zwei andere Alkaloide aus dieser Pflanze haben der westlichen Medizin zum Durchbruch bei ihren Bemühungen um die Behandlung der Hotchkinschen Krankheit und der Leukämie verholfen.

Gespenster im Paradies

Auf Aldabra ging einst ein Untier mit Hörnern, einer roten Fratze und schweren Eisenketten an den Armen um. Weil seine Arbeiter aus Angst vor diesem unheimlichen Wesen die Tage und Nächte versteckt in ihren Hütten verbrachten, konnte der Inselverwalter seine Aufgaben nicht mehr erfüllen. Als er eines Tages eine weit abgelegene Insel des Atolls besuchen mußte, fand er niemanden, der mitkommen wollte, denn dort hätten die Männer in einfachen Zelten übernachten müssen. Der Inselverwalter riß daraufhin sein Hemd auf und zeigte seinen Arbeitern eine lange verheilte Wunde auf seiner Brust. Er sagte ihnen, daß er diese Wunde im Kampf mit einem Geist davongetragen habe. Da er diesen Kampf siegreich bestanden habe, sei er nun unverwundbar. Daraufhin meldeten sich sechs Arbeiter, die bereit waren mitzukommen. Schon in der ersten Nacht wurden der Aufseher und die Arbeiter um Mitternacht von einem schrecklichen Heulen und dem Rasseln schwerer Ketten geweckt. Erschreckt versteckten sich die Arbeiter in ihren Zelten. Noch mehr erschraken sie aber, als sie den Verwalter aufspringen und auf den Unhold zulaufen sahen. Er stieß das Ungeheuer mit dem Fuß um, erhob ein großes Messer und forderte das Untier auf, sich zu ergeben – andernfalls werde er es töten. Auf einmal verwandelte sich das tierische Geheul in eine ängstliche menschliche Stimme – und der Geist bat um Gnade. Als er aus seiner Verkleidung herausgeschlüpft war, mußte er gestehen, daß er schon

Diese und andere Pflanzenextrakte brachten so viele Fortschritte bei der Krebs-Bekämpfung, daß das amerikanische National Cancer Institute (NCI) ein Programm entwickelt hat, das insbesondere in den Tropen neue wirksame Pflanzen erproben soll. Dort weisen die Pflanzen prozentual einen höheren Alkaloidgehalt auf als die in gemäßigteren Klimazonen. Das NCI registrierte in den vergangenen 20 Jahren 3000 Pflanzenarten, die möglicherweise Wirkstoffe enthalten, die gegen Krebs eingesetzt werden können. In der pharmakologischen Industrie hält man die Naturmedizin heute für eine wichtige ›Hilfswissenschaft‹, die ungeheure Wachstumschancen besitzt.

Auf den Seychellen wurde die Naturheilkunde von den sogenannten *Raspail* – den Pflanzendoktoren – ausgeübt und an Schüler weitergegeben. Das Kultusministerium hat es sich hier vor einigen Jahren zur Aufgabe gemacht, Informationen von den noch lebenden Heilkundigen zu sammeln, niederzuschreiben und deren Rezepte mit entsprechenden Aufzeichnungen aus anderen tropischen Ländern zu vergleichen. Dabei haben sich weitgehende Übereinstimmungen

die letzten Wochen gespukt hatte, um sich im Lager und in den Wohnungen der Kollegen deren Geld und den besten Proviant zu stehlen.

Nicht immer finden sich solche Erklärungen für die prominenten Geister der Seychellen. Der Riese auf dem Friedhof von Bel Air beispielsweise – dem ältesten Friedhof der Seychellen – ist nicht nur als Geist bekannt, sondern man kennt ihn auch noch aus seinen Lebzeiten. Er soll fast 3 m groß gewesen sein, einen Sack Reis mit dem kleinen Finger gehoben und alleine eine Piroge aus dem Meer an Land getragen haben. Die Nachbarn sollen so beeindruckt und verängstigt von seiner Größe und Stärke gewesen sein, daß sie einen ›Zauberer‹ um Hilfe baten. Eines Morgens lag der Riese vergiftet in seinem Bett und wurde auf dem Friedhof von Bel Air begraben. Noch heute – der Friedhof wird längst nicht mehr gepflegt und die Grabsteine von Wäscherinnen als Waschbretter benutzt – soll er sein Unwesen treiben. Die Wäscherinnen jedenfalls meiden seinen Grabstein, und erst vor wenigen Jahren kam ein Tourist nachts völlig erschöpft in sein Hotel, die ›Pension Bel Air‹, die einige hundert Meter oberhalb des Friedhofs liegt, und rief verzweifelt, er werde von einem riesigen schwarzen Mann verfolgt, der einem Grab neben der Straße entstiegen sei. Den Hoteleigentümern, die die Geschichte des Grabes unterhalb des Hotels kannten, lief ein Schauer über den Rücken, der Verfolger aber konnte nicht mehr gefunden werden.

Das Maison St Joseph an der Straße südlich des Flughafens wird vom Geist seines früheren Eigentümers heimgesucht, der angeblich einen Pakt mit dem Teufel geschlossen hatte. Dieser hatte ihm die freie Wahl seines Todestages überlassen und dafür seine Seele zu ewigem nächtlichem Wandern in den Räumen seines Hauses verurteilt. Der Eigentümer wählte seinen Tag – und starb exakt an diesem! Viele Jahrzehnte stand seither der Prachtbau leer, denn niemand wagte darin zu übernachten. Das Kolonialhaus blieb unverkäuflich, bis der Staat es erwarb und darin das Institut Kreol einrichtete.

in der Nutzung vieler Pflanzen ergeben, in anderen Fällen sind die Heilwirkungen der Pflanzen in den verschiedenen Ländern unterschiedlich beurteilt worden oder sind in einem Land bekannt, im anderen unbekannt. Wenn man die Liste der Krankheiten durchsieht, bei denen Pflanzen der Seychellen Heilung versprechen, so kann man erkennen, daß mancher Hausarzt damit einen großen Teil seiner Patienten behandeln könnte, ohne auch nur eine Tablette oder eine Spritze zu verabreichen.

Auf der Insel La Réunion behandelte man Malariakranke – als es diese Krankheit dort noch gab –, indem man die Blätter des Gingkobaumes zerrieb, kochte und den Kranken zu trinken gab. Der gleiche Aufguß wird auf den Seychellen angewandt, um Hautinfektionen einzureiben und zu heilen. Eine breite Palette von medizinischen Anwendungsmöglichkeiten bietet die Bananenstaude. Durchfall wird auf den Seychellen behandelt, indem man eine grüne Frucht in der Schale kocht und ißt. Sehr wirksam sollen gekochte Bananenblätter gegen den Stich des Steinfisches sein. Auf La Réunion werden die Blätter auf die Stirn gelegt, um Migräne zu lindern.

Geschichte

Die vorkoloniale Zeit

Die ersten Seefahrer

Man nimmt an, daß persische und arabische Seefahrer die Küsten Asiens, des Persischen Golfes, des Roten Meeres und des nordöstlichen Afrika schon vor etwa 3000 Jahren kannten und Phönizier und Griechen in den späteren Jahrhunderten Erkundungsfahrten in den Indischen Ozean unternahmen. Schon damals wurden Erzeugnisse Indiens, wie Parfum, Edelsteine und Gold, entlang der Küsten nach Persien und Europa gebracht. Die Seychellen dürften jedoch damals zu weit abseits der sicheren Schiffahrtswege gelegen haben, als daß sie von den Seefahrern erreicht worden wären.

Erst nachdem der Islam sich durchgesetzt hatte und nach Verbreitung strebte (im 7. Jahrhundert), fuhren **arabische Schiffe** weiter nach Süden und auch tiefer in den Indischen Ozean hinein. Neben der Verbreitung ihres Glaubens beabsichtigten die Araber natürlich auch, ihren politischen Einflußbereich auszuweiten und Handel zu betreiben. Es ist sicher, daß sie auf ihren Fahrten die ostafrikanische Küste bis zum heutigen Tansania erreichten und im Osten bis an die Küste Indiens vordrangen. Arabischen Handschriften verdanken wir die ersten Informationen über die Seychellen. Der Händler Al Mas'eudi, der ebenso wie Ibn Battuta im 14. Jahrhundert regelmäßig die islamisierten Malediven besuchte, erwähnte in einer historischen Schrift die ›hohen Inseln‹, die sich auf dem Seeweg dorthin befänden.

Ein sensationeller Fund im Jahre 1910 bestätigte die Anwesenheit arabischer Seefahrer auf den Seychellen schon lange vor der Entdeckung durch die Europäer. In der Anse Lascars auf der Insel Silhouette fand man 30 alte Gräber, die vom Meer schon sehr ausgewaschen und kaum noch erkennbar waren, aber zweifellos die Grabstätte der Besatzung eines arabischen Schiffes gewesen sein müssen. Ein anderes Indiz für die Anwesenheit der Araber ist der Name der Insel Aldabra. Er stammt von dem alten arabischen Namen *Al-khadra* ab, was ›die Grüne‹ bedeutet. In Schriften der Araber aus dem 14. und 15. Jahrhundert werden die Inseln der Seychellen übrigens *Zarin* – ›die Schwestern‹ – genannt.

Die Portugiesen

Die Portugiesen, kühne Seefahrer mit einem ausgeprägten Forscherdrang, waren die ersten Europäer, die in den fernen Indischen Ozean vordrangen. Sie kannten die Westküste Afrikas seit langem und waren auch bis an die Ostküste Südamerikas gelangt, hatten aber noch nicht herausfinden können, woher die Araber all die Schätze bekamen, die sie so teuer nach Europa verkauften. Europäische Geographen vertraten die Theorie, daß Europa, Afrika und Asien von einem großen Ozean umgeben seien, und so versuchten die Portugiesen, auf dem Seeweg um Afrika in eine neue Welt vorzustoßen. Ein etwa 30 m langes Segelschiff, das stark genug war, die schwere See im Süden Afrikas heil zu überstehen und das auch gegen stürmischen Wind ankreuzen konnte, gelangte tatsächlich in den Indischen Ozean. Sein

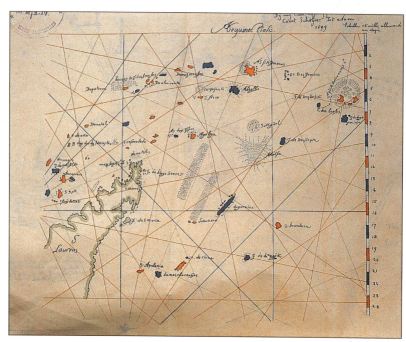

Holländische Seekarte von 1699, rechts oben die Seychellen (›As sete Irmãs‹)

Kapitän war Vasco da Gama, der 1498 mit der Hilfe des arabischen Navigators Ibn Madjid Südindien erreichte. Ein anderer portugiesischer Seefahrer namens **João de Nova** entdeckte im Jahre 1501 mehrere kleine Inseln, die im Gebiet der Seychellen lagen. Er gab ihnen seinen eigenen Namen, doch wurde die Inselgruppe 1824 nach dem ehemaligen Gouverneur von Mauritius, S. Y. Robert Townsend Farquhar, umbenannt.

Im Jahre 1502 erreichte **Vasco da Gama** auf seiner zweiten Reise nach Indien eine andere Inselgruppe, die heute zu den Seychellen zählt. Er nannte sie nach dem Titel, den ihm der König nach seiner ersten Reise verliehen hatte, die ›Admirals-Inseln‹ – die heutigen Amiranten. Ab 1506 erschienen die Seychellen immer häufiger auf portugiesischen Seekarten; es hatte sich allerdings noch kein einheitlicher Name für sie durchgesetzt. Manchmal tauchen sie unter der Bezeichnung ›As sete Irmãs‹ (›die sieben Schwestern‹) oder als ›Os Irmãos‹ (›die Brüder‹) auf. Man kann also davon ausgehen, daß die Portugiesen häufiger vorbeisegelten und möglicherweise auch für kurze Zeit an Land gingen. Ansiedlungen errichteten sie jedoch nicht; die Inseln dienten ihnen lediglich als Zwischenstation, auf der sie sich mit frischem Süßwasser und vielleicht auch mit Proviant in Form von Riesenschildkröten versorgten. Unter der sachkundigen Führung arabischer Navigatoren erkundeten die Portugiesen die gesamte Region des Indischen Ozeans. Sie kannten Madagaskar, das sie ›São Lourenco‹ nannten, die Komoren (›Ilhas do Comoro‹), La Réunion (›Santa Polonia‹) und Mauritius.

Händler und Piraten

Ab Anfang des 17. Jahrhunderts erschienen die Engländer im Indischen Ozean, auch sie angelockt von den Reichtümern Indiens. Auf ihrer vierten Expedition traf die **East India Company** unter dem Kommando von Alexander Sharpeigh am 19. Januar 1609 auf die Inseln, die heute die Namen Mahé, Ste Anne, North, Silhouette und Praslin tragen. Drei der Seefahrer, die auf dem Schiff ›Ascension‹ mitfuhren, hinterließen schriftliche Aufzeichnungen. John Jourdain schrieb:

»... wir fanden viele Kokosnüsse, schön reif und grün, aller verschiedenen Sorten, viele Vögel und Schildkröten (aber unsere Männer wollten sie nicht essen, obwohl wir die Schildkröten ohne weiteres mit unseren Stöcken erschlagen konnten) und viele Rochen und andere Fische. Und obendrein gab es in den Süßwasserflüssen viele Krokodile. Unsere Männer fingen eines der Krokodile ein und zogen es lebend mit einem Strick um den Hals an Land. Auf einer dieser Inseln, weniger als zwei Meilen von dort entfernt, wo wir an Land gegangen waren, fanden wir später eines der besten Hölzer, die ich jemals gesehen habe. Der Baum ist hoch und dick und wirklich sehr hart. Man findet viele Bäume, die bis zu einer Höhe von 20 bis 25 m keine Äste aufweisen, sehr dick sind und gerade wie ein Pfeil. Dies ist ein sehr guter Ort, um sich zu erfrischen und zu erholen, mit dem schönen Holz, dem Wasser, den Kokosnüssen, den Fischen und den Vögeln, wo man keine Gefahr außer den Krokodilen zu fürchten hat ...«

Dies ist – neben den Beschreibungen von anderen Besatzungsmitgliedern desselben Schiffes – die erste ausführliche Schilderung des Landlebens auf den zentralen Granitinseln der Seychellen. Die Mannschaft blieb eine ganze Woche, überzeugt, daß vor ihnen noch niemand auf diesen Inseln an Land gegangen war. Im 17. und 18. Jahrhundert begannen dann auch Holländer und Franzosen, sich für die Region des Indischen Ozeans zu interessieren. Ihre eigentlichen Ziele waren die weiter im Osten gelegenen Gewürzinseln Sumatra, Java, Borneo und die Molukken, doch brauchten sie auf dem langen Weg dorthin Zwischenstationen. Die Franzosen schufen sich mit Fort Dauphin an der Südspitze Madagaskars ihre erste befestigte Niederlassung, die zweite errichteten sie auf der Île Bourbon, die heute La Réunion heißt.

Engländer, Franzosen und Holländer begannen einen regen Handel zwischen Europa und Südostasien, mit Reichtümern beladene Schiffe durchquerten regelmäßig den Indischen Ozean. Das zog natürlich **Piraten** an, die die Karibischen Inseln verließen und sich in den nunmehr lukrativeren Gewässern zwischen Afrika und Asien betätigten. Ab 1685 wird häufig von ihnen berichtet; sie stellten offensichtlich eine ernsthafte Bedrohung für die Seefahrt dar. Die berüchtigten englischen Piraten hießen Read, Williams, Avery, White, Bowen, Howard und – allen voran – Captain Kid. Von den französischen Piraten erlangten vor allem Misson und Le Vasseur (genannt La Buse) Berühmtheit. Von den aus Amerika stammenden Seeräubern verdienen vor allem North, Tue, Burgess und Horsay Erwähnung. Doch die große Zeit der Piraten war nur kurz: Schon 50 Jahre später, um 1730, werden sie nicht mehr erwähnt.

Was haben die Piraten mit den Schätzen gemacht, die sie den Handelsschiffen geraubt haben? Auf der Insel Frégate finden sich Beweise für den Aufent-

Jean François Hodoul
Der Korsar des Königs

In der Fußgängerzone des französischen Städtchens La Ciotat bei Marseille findet man im Parterre eines zweistöckigen Hauses eine traditionsreiche Metzgerei. Zu Beginn des 18. Jahrhunderts wurde sie bereits an derselben Stelle von einer Familie Hodoul betrieben. Doch der kleine Jean François Hodoul, am 11. April 1765 geboren, entschied als 15jähriger, die Familientradition zu brechen und die Karriere eines Seemannes einzuschlagen. Jean François wollte Kapitän der französischen Marine werden und die neuen Kolonien im westlichen Indischen Ozean kennenlernen. Er erreichte sein Ziel wenige Jahre später und wurde zum berühmtesten Korsaren des französischen Königs, obwohl er nur vier Jahre auf die Jagd nach englischen Schiffen im Indischen Ozean gegangen war. Der Hodoul Pass auf der Insel Desroches, die Pointe Hodoul auf Aldabra, das kleine Inselchen Hodoul Island vor Victoria, ein Fluß und eine Felseninsel nahe Mahé tragen noch den Namen dieses Mannes, der die Geschichte der Inseln der Region mitgeprägt hat. Bevor Jean François Hodoul seine Karriere als Korsar begonnen hatte, befand er sich als knapp 30jähriger junger Kapitän mit seiner Fregatte ›Olivette‹ im Hafen von Mahé, als überraschend ein englisches Geschwader einlief. Den vier gut ausgerüsteten englischen Kriegsschiffen hatte Queau de Quincy, der damalige französische Verwalter der Seychellen, nur ein kleines Kriegsschiff und ein paar Handelsschiffe entgegenzusetzen. Queau de Quincy zog es vor, sich – zum ersten, aber nicht zum letzten Mal – zu ergeben. Die Engländer waren auch nicht besonders an den kleinen Inseln interessiert, sie wollten lediglich einen Schlupfwinkel der Korsaren, Seeräuber und Sklavenhändler in ihre Gewalt bringen. Sie begnügten sich daher damit, die englische Flagge zu hissen, die Inseln auf den Seekarten als englischen Besitz einzutragen und Queau de Quincy das Versprechen abzunehmen, in seinem Zuständigkeitsbereich keine englandfeindlichen Aktivitäten mehr zu dulden. Ganz mit leeren Händen wollten sie aber dennoch nicht abziehen und nahmen daher die auffallend seetüchtig aussehende Fregatte Jean François Hodouls mit.

Unfreiwillig beschloß Hodoul daher, sich auf der Insel Mahé niederzulassen. Er heiratete die 16jährige Corrantine Jorre de St Jorre und begann erfolgreiche Plantagenprojekte auf Mahé. Seine Frau war die Tochter einer aus Frankreich über Madagaskar und La Réunion eingewanderten Familie, die – wie die Hodouls – noch heute zu den angesehensten der Seychellen zählt. Eine Ururururenkelin von Corrantines Bruder ist heute Außenministerin der Seychellen, deren Schwester vertritt die Interessen der Bundesrepublik Deutschland als Honorarkonsulin.

1796 konnte Hodoul sich wieder ein Schiff – die ›Uni‹ – kaufen. Das spießige Leben als Farmer und Familienvater war ihm zu langweilig, und er wollte sich wohl auch an den Engländern rächen, die ihm sein erstes Schiff genommen hatten. So beschloß er, als Korsar im Auftrag des französischen Königs Jagd auf englische Handels- und Kriegsschiffe zu machen. Er kreuzte in sämtlichen Gewässern des Indischen Ozeans, von den Komoren über Madagaskar, bis nach Indien und Java und machte reiche Beute, die er gelegentlich nach Hause brachte. Am 5. August 1800 wurde er allerdings von der englischen Fregatte ›Arrogant‹ gestellt und besiegt. Er mußte, zusammen mit seiner Mannschaft, die folgenden Jahre in einem ungemütlichen Gefängnis in Kalkutta verbringen. Einige Jahre später kam er mit viel Glück wieder frei, denn England und Frankreich schlossen in Amiens einen Friedensvertrag, der auch den Austausch von Gefangenen vorsah.

Hodoul kehrte zunächst nach Frankreich und von dort über Mauritius zu seiner Familie auf die Seychellen zurück, wo er wieder an seine erfolgreiche Pflanzerkarriere anknüpfte. Zusätzlich begann er auch, mit Baumwolle, Kopra und Sklaven zu handeln, und wurde zum obersten Gerichtsherrn auf der Insel ernannt. Viele Seychellois vermuten, daß die Grundlage seiner erfolgreichen Handelsunternehmungen die Schätze waren, die er während seiner Zeit als Korsar auf Mahé an Land gebracht und dort versteckt habe. Denn schon nach wenigen Jahren zählte die Familie Hodoul zu den reichsten der Insel mit Plantagen im Süden und Norden Mahés, auf der Insel Silhouette und auf La Digue. Vielleicht ist auch der heutige Reichtum der Familie noch auf einige versteckte Schatztruhen zurückzuführen? Der Sage nach soll Jean François Hodoul von seinem Haus aus einen unterirdischen Tunnel bis zur Insel Ste Anne gegraben und dort ein geheimes Sklavenlager unterhalten haben. Dort sollen auch die Schätze versteckt gewesen sein, die er von seinen Raubzügen gegen englische Fregatten mitgebracht hatte. Einer allerdings muß in der Nähe seines Hauses, dem ›Château Mamelles‹ versteckt sein, denn Hodouls Geist beschützt ihn, indem er um Mitternacht mit einem weißen, langärmeligen Hemd und mit einer über die Schulter geworfenen Tasche durch das schöne und älteste noch existierende Haus der Seychellen wandert!

Noch heute begegnet man den Nachfahren Jean François Hodouls auf Schritt und Tritt. Der wohl prominenteste darunter ist Rechtsanwalt Jacques Hodoul. Bis vor wenigen Jahren war er Landwirtschafts-, Außen- und Tourismusminister im Kabinett des Präsidenten France-Albert René. Schwestern von Jacques Hodoul sind Eigentümer luxuriöser Hotels, großer Ländereien und eines Reisebüros, ein Bruder – Paul Hodoul – kommandiert die seychellische Marine.

halt von Piraten, ebenso auf Mahé in Grand' Anse, wo man drei Grabmale und andere Ruinen fand. Ihre Reichtümer hat man noch nicht entdeckt, aber in Geschichten, die auf den Seychellen erzählt werden, ist immer wieder von Schätzen die Rede, die versteckt in verschiedenen Buchten liegen sollen. Man sagt, daß der Reichtum bekannter Familien auf den Seychellen auf dem Fund von Schatztruhen beruhe, die auf ihren Grundstücken vergraben waren. Aufgrund von Überlieferungen vermutet man in Bel Ombre am Westende der Beau Vallon Bay den größten verbliebenen Schatz, den der bekannte Pirat La Buse dort versteckt haben soll (s. S. 148). In den 60er Jahren fand dort eine kostspielige, wenngleich erfolglose Suchaktion statt. Der einzige mit Sicherheit verbürgte Schatzfund wurde 1911 auf der Insel Astove gemacht, wo man 700 Silberstücke zutage förderte.

Die Herrschaft der Franzosen

Die ersten französischen Expeditionen

1735 hatten die Franzosen beschlossen, die von ihnen besetzten Inseln La Réunion und Mauritius zu befestigten Zwischenstationen ihrer Kriegsschiffe auf dem Weg nach Indien zu machen. Zu diesem Zweck wurde 1735 **Mahé de Labourdonnais** als Gouverneur nach Mauritius geschickt. Er brachte sowohl La Réunion als auch Mauritius in den elf Jahren seiner Amtszeit großen Fortschritt: Er ließ Straßen bauen, die Häfen von St Denis und Port Louis befestigen und die ersten Kaffeeplantagen auf Mauritius anlegen. Der ehemalige Marineoffizier wollte auch Genaueres über die Inseln wissen, die auf den Karten im Norden von Madagaskar eingezeichnet waren – nicht nur aus reiner Neugier, sondern vor allem aus strategischen Gründen. Es bestand nämlich die Gefahr eines englischen Angriffs auf die französischen Besitzungen in Indien, die nur dann wirksam verteidigt werden konnten, wenn die Versorgung der auf Mauritius und La Réunion stationierten Kriegsschiffe gesichert war. Als Zwischenstation auf dem Weg von Mauritius nach Indien sollten nun die Inseln im Norden Madagaskars dienen.

1742 sandte de Labourdonnais den Kommandanten **Lazare Picault** mit den Schiffen ›Elisabeth‹ und ›Charles‹ aus, um den Archipel zu erkunden. Die Expedition passierte die Inseln Agalega, Farquhar und Astove und erreichte am 19. November 1742 die Ufer einer ›bemerkenswerten Insel‹. Am 21. November ging man an Land, und Lazare Picault notierte in seinem Tagebuch: »Wir sind wie gewöhnlich bewaffnet an Land gegangen, haben niemanden angetroffen, nichts deutete darauf hin, daß jemals jemand hier gelandet wäre. Man könnte diese Insel die Insel des Überflusses nennen. Viele Kokospalmen, die Früchte tragen. Überall an der Küste gibt es Holz und frisches Wasser im Überfluß.«

Die Bucht, in der Picault damals landete, war nicht diejenige im Südwesten von Mahé, die heute den Namen Baie Lazare trägt. Aus den Beschreibungen läßt sich eher vermuten, daß es die heutige Anse Boileau weiter nördlich war, aus der er schon nach wenigen Tagen nach Mauritius zurückkehrte. Was er dort seinem Vorgesetzten, dem Inselgouverneur de Labourdonnais berichtete, weckte dessen Interesse so sehr, daß er Picault sofort zurückschickte, um mehr und genauere Informationen zu sammeln. Er hatte in seinem Tagebuch notiert, daß er es für möglich halte, an der erwähnten Bucht 300 Häuser zu bauen. Die Bäume seien von hervorragender Härte, der Boden von so guter Qualität, daß jede Art von Kulturen angelegt werden könne. Sogar der Anbau von Reis und von Zuckerrohr sei sehr gut möglich. Der Schiffskartograph nahm den ganzen Archipel auf, nannte ihn ›Îles de Labourdonnais‹ und der größten Insel, die bisher ›Île d'Abondance‹ geheißen hatte, gab er den Vornamen des Gouverneurs: ›Île de Mahé‹.

Es dauerte dann aber trotz der positiven und optimistischen Auskünfte, die Picault auch nach seiner zweiten Reise dem Gouverneur in Mauritius überbringen konnte, zwölf Jahre, bis sich die Franzosen ernsthaft für die Inseln interessierten. 1756 griff der neue Generalgouverneur die Idee seines Vorgängers de Labourdonnais auf und schickte eine Expedition zu den Labourdonnais-Inseln, um sie zu besiedeln und vor allem, um sie gegen die Engländer zu verteidigen, die im Begriff waren, dort an Land zu gehen. Die Inseln wechselten nochmals ihren Namen: Man benannte sie nun nach dem Finanzminister des Königs Louis XV., Jean Moreau de Séchelles. Der Kommandant der Expedition, **Nicolas Morphais,** wählte den 1. November 1756, um die Inbesitznahme der Inseln feierlich zu begehen: Auf einem Felsen innerhalb des Hafens stellte er mit seinen Matrosen einen Stein auf, in den das französische Wappen eingemeißelt war – heute befindet sich dieser ›Pierre de Possession‹ in den Räumen des Nationalmuseums in Victoria. Danach überließ Morphais die Inseln wieder ihren bisherigen Bewohnern, nämlich den Krokodilen, Schildkröten und Vögeln.

Jean Moreau de Séchelles, Finanzminister des französischen Königs Louis XV. und Namengeber der Inselgruppe

Weitere zwölf Jahre vergingen, ohne daß sich eine Ansiedlung auf den Inseln gebildet hätte. Die Franzosen und Engländer führten ihren Seekrieg um die Schätze Indiens, und es blieb keine Zeit, die Pläne von de Labourdonnais zu verwirklichen. Erst 1768 landeten **Marion du Fraisnais** mit dem Schiff ›La Digue‹ und **Duchemin** mit der ›La Curieuse‹ auf der Insel Praslin (benannt nach einem damaligen Minister) und ergriffen offiziell Besitz von ihr. Die Expedition hatte die Aufgabe, Flora und Fauna der Seychellen zu studieren. Während dieser Arbeit fand ein Ingenieur namens **Brayer du Barré** heraus, daß es sich bei der schon von anderen vorher entdeckten einzigartigen Palme auf Praslin um die aus vielen Sagen bekannte Meereskokosnuß handelte. Von nun an folgte fast jedes Jahr eine erneute Expedition von Mauritius oder La Réunion aus zu den Seychellen. Man kartographierte die genaue Lage der Inseln, zeichnete auch die kleinen Eilande in die Karten ein, studierte den Archipel in allen Details. Die Zeit der Entdecker war vorbei; ab dem 27. August 1770 gab es eine ständige Ansiedlung.

Die Besiedlung der Seychellen

Nach der Rückkehr von seiner ersten Reise nach Praslin hatte Brayer du Barré sich um die Erlaubnis bemüht, auf den Seychellen eine kleine **Ansiedlung** zu gründen. Er führte sein Vorhaben schnell aus. Schon 14 Tage nach Erhalt der Genehmigung im Jahre 1770 landeten 26 Männer und Frauen auf der Insel Ste Anne. Einige Monate später, im April 1771, waren die notwendigen Häuser errichtet, gab es kleine Geschäfte, Reis, Mais und Maniok wurden erfolgreich angebaut. Die verschiedenen Sorten Gemüse gediehen besser als auf Mauritius, von wo sie mitgebracht worden waren, die Ernten übertrafen die optimistischsten Vorstellungen.

Damit war der Beweis erbracht, daß die Inseln erfolgreich besiedelt werden konnten. **Pierre Poivre** entsandte daher 1771 den Kolonisten **Antoine Gillot** mit 40 Arbeitern, um die besten Plätze für zukünftige Plantagen und für einen Botanischen Garten (›Jardin du Roi‹) zu erkunden. Gillot wählte die Anse Royale auf Mahé aus, deren Boden er für hervorragend geeignet hielt. Unglücklicherweise vertrugen sich die Kommandeure der älteren Ansiedlung auf Ste Anne und der neuen Ansiedlung in der Anse Royale nicht miteinander. Es gab ständig Streit zwischen den beiden Gruppen, und beide beschwerten sich beim Gouverneur auf Mauritius über die jeweils andere. Die Gewürzkulturen, die zunächst hervorragend gediehen, wurden mehr und mehr vernachlässigt, da die von Gillot schlecht behandelten Sklaven in die Berge flüchteten. Am Ende blieben nur noch die 40 Arbeiter übrig, die nicht mehr in der Lage waren, den Boden sorgfältig zu pflegen.

Die Siedler auf Ste Anne und in der Anse Royale waren noch keine ›echten‹ Seychellois, da sie lediglich aufgrund der Unterstützung, die sie von Mauritius bekamen, leben konnten. Sie hatten auch nicht die Absicht, auf den Seychellen zu bleiben, sondern waren Vertragsarbeiter, die nach Ablauf ihrer Verträge nach Mauritius zurückkehren wollten. Anders war es bei Monsieur **Hangard,** der 1772 an Land ging. Er war der erste Siedler, der sich nicht nach Mauritius zurücksehnte. Auch er wählte Ste Anne als neue Heimat. Der französische Entdeckungsreisende La Perouse schreibt über ihn: »Mit fünf schwarzen Männern und Frauen hat er in einem Jahr fünfmal mehr Land kultiviert als all die weißen Angestellten des Monsieur Brayer seit drei Jahren. Ohne diesen arbeitsamen Menschen wären sie inzwischen alle Hungers gestorben. Er hat genug Mais geerntet, um die ganze Kolonie zu ernähren. Außerdem besitzt er ein wunderschönes Maniokfeld, Zuckerrohr, Kartoffeln und alles andere, was man in einer gut geführten Ansiedlung finden kann.«

Verdienste erwarb sich auch Madame Larue, die, begleitet von ihrem Sohn Pierre Lemoinne, nördlich von Anse Royale begann, eine Siedlung zu errichten. Alle anderen damaligen Siedler der Seychellen überließen die Kulturen sehr bald sich selbst und lebten nur noch von dem, was wild wuchs, sowie davon, Tausende von Schildkröten zu töten, um sie den vorbeikommenden Schiffen als Proviant für ihre Reise nach Indien zu verkaufen. Als man in Mauritius von diesen Mißständen erfuhr, beschloß man, einzugreifen. 1778 wurde der Leutnant **de Romainville** mit 15 Soldaten ausgeschickt, um für Ordnung zu sorgen. Im Oktober 1778 ging die Korvette ›Hélène‹ in Mahé vor Anker. Die Soldaten, die zugleich auch Handwerker waren, bauten zunächst ein Haus für den Kommandanten, einen Laden, ein kleines Hospital, eine Kaserne, eine Küche, ein Gefängnis und ein Gästehaus an dem Ort wo heute Victoria liegt. De Romainville war erfolgreich in seinen Bemühungen, die ›Ordnung des Königs‹ wiederherzustellen, und bis 1780 entwickelte sich eine friedliche und florierende kleine Kolonie. Doch dann beging er einen folgenschweren Irrtum: Er hatte den Befehl, beim Auftauchen englischer Kriegsschiffe sämtliche wertvollen Plantagen, insbesondere die in der Anse Royale, abzubrennen. Als eine französische Fregatte am Horizont erschien, hielt er sie irrtümlich für ein feindliches englisches Kriegsschiff. Sofort ließ er die Anpflanzungen in der Anse Royal anzünden, die vollkommen niederbrannten. Alle Pflanzen, aber schlimmer noch, alle Samen waren zerstört und hätten für einen neuen Anbau aus dem Botanischen Garten von Mauritius hergebracht werden müssen. Enttäuscht und gebrochen ließ de Romainville sich 1781 durch Berthelot de la Coste ersetzen, der ebenso wie sein Nachfolger Gillot wenig Neues auf den Seychellen hinterließ.

Zu dieser Zeit waren die Verhältnisse noch einfach und klar. Der Kommandant auf den Seychellen repräsentierte den Generalgouverneur auf Mauritius, dieser wiederum den König in Versailles. Die wenigen Soldaten hatten nicht viel zu tun. Sie beschäftigten sich mit dem Anbau von Nahrungsmitteln und errichteten Häuser. Die ›Einwohner‹ – es waren 1788 etwa 30 – versuchten normal zu leben, das Land zu kultivieren

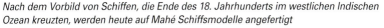

Nach dem Vorbild von Schiffen, die Ende des 18. Jahrhunderts im westlichen Indischen Ozean kreuzten, werden heute auf Mahé Schiffsmodelle angefertigt

›Louis XVII.‹

Im Jahre 1802 tauchte ein geheimnisvoller junger Mann in Begleitung eines gewissen Herrn Dangreville auf der Insel Mahé auf. Der 20jährige Mann nannte sich ›Monsieur Poiret‹ und wollte sich auf Mahé niederlassen. Monsieur Dangreville dagegen verschwand schon nach wenigen Wochen ebenso spurlos, wie er zusammen mit seinem jungen Begleiter gekommen war. Obgleich die Inselverwaltung normalerweise peinlich genau alle Ankünfte und Abreisen schriftlich festhielt, ist weder bekannt, auf welchem Schiff beide eintrafen, noch mit welchem Schiff Dangreville wieder abgereist war.

Der Gouverneur Queau de Quincy teilte ›Monsieur Poiret‹ kostenlos ein beachtliches Stück Land zu, gab ihm Geld und Sklaven und half ihm, sich ein Haus zu bauen. Der junge Mann lebte zurückgezogen und hielt sich auffällig von anderen französischen Kolonialfamilien fern, obwohl ihn die meisten mit allerhöchstem Respekt behandelten. ›Monsieur Poirets‹ Sklaven pflanzten Baumwolle und Reis, und er lebte bald mit der Tochter eines älteren Siedlers zusammen. Seine erste Tochter nannte er Marie Lisette Dauphine, die zweite Marie Elise Dauphine – Namen, die traditionell den Kindern aus dem französischen Königshaus gegeben wurden. Als ›Monsieur Poiret‹ alt war, erzählte er seine Geschichte. Ob sie wahr ist, ist bis heute nicht bekannt.

Als Kind sei er, so erzählte ›Monsieur Poiret‹, als Thronfolger von den Revolutionären in Paris eingesperrt worden. Von Freunden seines Vaters, des Kö-

und einen Handel aufzubauen. Die 200 Sklaven mußten gehorchen und taten dies offenbar auch. Abgesehen von der Sklaverei scheint das Leben damals friedvoll und einfach gewesen zu sein. Die Ankunft eines Schiffes war jedesmal ein Fest. Man tauschte Lebensmittel aus, gab Holz und Schildkröten an die Matrosen und erhielt als Gegengabe Werkzeuge, Räder und natürlich aus Mauritius den Rum. Während der Anwesenheit von Kriegsschiffen wurden Hochzeiten gefeiert, denn die Schiffe hatten immer einen Geistlichen an Bord. Der Anbau von Lebensmitteln weitete sich aus, Mais, Maniok, Reis und alle Sorten von Gemüse, ebenso Baumwolle, Kaffee und Indigo wurden wieder erfolgreich angepflanzt.

Weit weg in Europa kündigte sich inzwischen die **Französische Revolution** an. Die Neuigkeiten aus der Hauptstadt drangen auf den Schiffen auch bis auf die Seychellen vor. Am 19. Juni 1790 versammelte der Repräsentant des Königs die Einwohner der Inseln und bat sie, ihre Wünsche nach Änderungen in der Inselverfassung bekanntzugeben. Tatsächlich formulierten sie einige Forderungen nach Abänderung der Verfas-

nigs, und dessen Frau Marie Antoinette sei er 1793 aus seinem Gefängnis befreit worden, indem man ihn heimlich und unter großen Gefahren gegen einen gleichaltrigen fremden Jungen austauschte. Er sei in Kirchen versteckt und viele Jahre später auf die Seychellen gebracht worden.

Als ›Monsieur Poiret‹ 1856 im Alter von 74 Jahren starb, wurden interessante Aufzeichnungen bei ihm gefunden, die darauf hindeuten, daß etwas Wahres an der Geschichte sein könnte. Zum Beispiel fand man Abschriften von Briefen aus dem Jahre 1800 – also aus einer Zeit, zu der ›Poiret‹ noch nicht auf den Seychellen lebte –, in denen der Thronfolger des guillotinierten Louis XVI. europäische Herrscherhäuser um Hilfe bat. Wie konnten diese Abschriften auf die Seychellen gelangt sein, wenn nicht im Gepäck des ›Monsieur Poiret‹? In seinem Nachlaß befanden sich Silbergegenstände, die das Wappen der französischen Könige trugen. Sie sind noch immer im Besitz jener einheimischen Familie, deren Stammbaum bis auf den mysteriösen Überlebenden der Französischen Revolution zurückzuführen ist. Diese angesehene und gebildete seychellische Familie ist bis heute überzeugt, daß ihr Vorfahre ›Monsieur Poiret‹ in Wirklichkeit der rechtmäßige Thronfolger König Louis' XVI. war, der in der Französischen Revolution sein Leben unter der Guillotine verloren hatte.

1995 lud die Familie mit Unterstützung des seychellischen Kultusministeriums eine Gruppe französischer Historiker und Louis-XVII.-Spezialisten zu einem Seminar nach Mahé, auf dem das Schicksal des Thronfolgers diskutiert wurde. Wie sich herausstellte, gibt es etwa 120 verschiedene Theorien über den Verbleib des *Dauphin,* doch nur wenige sind ohne unauflösliche Widersprüche. Eine dieser Theorien – und wohl nicht die unwahrscheinlichste – ist die, welche ›Monsieur Poiret‹ kurz vor seinem Tod erzählt hatte.

Besuchen Sie einmal das Restaurant ›Auberge Louis XVII‹ und den Jardin du Roi (s. S. 38 f.) in der Anse Royale auf Mahé – beides sind Unternehmen der Erben von ›Monsieur Poiret‹!

sung vom 30. Juli 1787. Zum ersten Mal versuchten Bewohner der Seychellen, sich unabhängig von Beschlüssen der Verwaltung in Mauritius zu machen, die **Idee der Autonomie** wurde geboren, Seychellois wollten erstmals ihr Schicksal selbst in die Hand nehmen. In regelmäßigen Abständen fanden nun Versammlungen statt, in denen die Ideen immer genauer formuliert wurden. Selbst die Forderung nach Unabhängigkeit tauchte schon damals auf. Alle Hoffnungen auf Selbständigkeit mußten aber aufgegeben werden, als am 30. Juli 1791 die beiden Kommissare des Königs, Gaultier und Yvon an Land gingen, in einer feierlichen Zeremonie eine Nationalflagge hißten und fünfmal »Vive la Nation, Vive la Loi, Vive le Roi« ausrufen ließen. Damit war klargestellt, daß der König von Frankreich nicht die Absicht hatte, die Seychellen sich selbst zu überlassen. Im Gegenteil, es wurde ein neuer Gouverneur, **Jean Baptiste Queau de Quincy,** auf die Inseln entsandt, der eine starke, am Königshaus in Frankreich orientierte Verwaltung aufbaute. Dies war das Ende der kleinen, friedlichen ›Seychellischen Revolution‹.

Der Krieg zwischen Frankreich und England

Der neue Gouverneur **Jean Baptiste Queau de Quincy** mußte, obwohl er ein Anhänger des Königs gewesen war, ab dem 21. September 1793 der in Frankreich ausgerufenen Republik dienen. Dort wurde beschlossen, die Seychellen zum Fluchthafen der *Corsaires* zu machen – der ›Piraten‹, die im Auftrag Frankreichs fremde Handelsschiffe überfielen und ausraubten. Die auf den Seychellen stationierten **Korsaren** erhielten ihre Befehle vom Generalgouverneur auf Mauritius, wo sie insgesamt nahezu 200 Schiffe besaßen, mit denen sie versuchten, die englische Handelsflotte zu zerstören. Der berühmteste Freibeuter war Robert Surcouf, der ›König der Korsaren‹, der 43 feindliche Schiffe ausgeraubt haben soll. Andere bekannte Namen waren Lemène, Dutertre, Hodoul (s. S. 72 f.), Ripaud und de Montaudevert. Der friedliebende Queau de Quincy mußte sie beraten, ihnen Unterkunft gewähren und sie so weit wie möglich unterstützen.

Lange konnten die Engländer diese Attacken natürlich nicht tolerieren. Mehrere Jahre lang hatten sie, wie zuvor die Franzosen, den Archipel studiert. Nun, nachdem sich der größte Teil der Reichtümer Indiens in ihrer Hand befand, wurde es notwendig, den Seeweg nach Südasien auch sicher zu machen. Am 16. Mai 1794 fand der erste Angriff auf die Seychellen statt. Vier Kriegsschiffe unter Kommandant Newcome brachten 1200 Soldaten und 166 Kanonen mit. Gegen eine solche Übermacht war Queau de Quincy machtlos. Er verfügte lediglich über einige alte Soldaten, ein paar junge Männer, die zu schießen gelernt hatten, ganze acht Kanonen und etwa 60 Gewehre mit viel zu wenig Munition.

Schon am Morgen nach dem Angriff der Engländer unterschrieb er die **Kapitulationsurkunde.** Da Queau de Quincy jedoch ein guter Diplomat war, hatte er sie hervorragend formuliert: Das Eigentum der französischen Siedler blieb unangetastet, die französische Verwaltungsform erhalten. Die englischen Soldaten hielten sich nur kurze Zeit auf, und Queau de Quincy regierte die Inseln auf seine eigene Art weiter. Offiziell hatte er kapituliert, inoffiziell aber ließ er nach wie vor die französischen Korsaren in seinen Hafen einlaufen. Erst nachdem Napoleon Bonaparte in Frankreich die

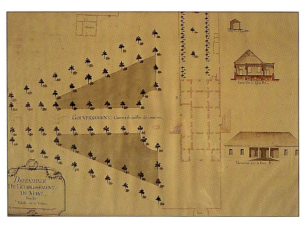

Plan des ersten State House auf Mahé

Macht übernommen hatte und die Republik wieder zerfallen war, brachten englische Kriegsschiffe am 21. April 1811 die Seychellen tatsächlich in ihren Besitz.

Die Regierungszeit von Queau de Quincy

In den Jahren zwischen 1800 und etwa 1810 stieg die Zahl der Bewohner der Seychellen von 2000 auf 4000 an. Der rapide Zuwachs resultierte zum Teil aus Neugeburten, vor allem aber aus Zuwanderern, die als **Sklaven** deportiert worden waren oder von Indien, Europa und Madagaskar immigrierten. Der größte und wichtigste Bevölkerungsanteil kam, überwiegend mit Gewalt auf die Seychellen gebracht, aus Afrika. Die meisten der Sklaven machten auf Mahé nur Zwischenstation auf dem Weg nach Mauritius und La Réunion, nur einige hundert blieben hier. Die Anzahl der Inder und der Madagassen war noch geringer als die der Afrikaner. In dieser Zeit kamen auch einige Familien aus Frankreich, um ihr Glück zu versuchen.

Das Ende der französischen Herrschaft und die Übergangszeit zur Ära der Engländer fielen mit einer Zeit der sehr erfolgreichen wirtschaftlichen Entwicklung zusammen. Der Reisanbau war über das Versuchsstadium hinausgekommen, und man produzierte reiche Erträge, die für die Ernährung der Bevölkerung ausreichten. Auch Mais gab es mehr, als benötigt wurde. Maniok, Kartoffeln und Kaffee gediehen gut und reichlich, Zucker und Rum wurden aus heimischer Produktion gewonnen. Zum Exportschlager dieser Jahre avancierte jedoch die **Baumwolle.** Sie soll besonders schön, weich und sehr weiß gewesen sein und war auf den internationalen Märkten sehr begehrt, weswegen die Anbaufläche zwischen 1803 und 1810 auf das Vierfache wuchs. Neben Baumwolle wurden auch Gewürznelken, Kokosöl und Bauholz exportiert. Die Seychellois besaßen neun Schiffe, die den Handel betrieben, aber auch Schiffe von Mauritius, La Réunion, aus Frankreich, Dänemark und den Vereinigten Staaten legten in Victoria an, um die ›Kolonialwaren‹ zu laden. Den Transport von den Außeninseln nach Mahé besorgten über 50 große Pirogen. Die Seychellen-Gruppe war in diesen Jahren von einem ungeheuren Unternehmergeist beseelt, denn man hatte festgestellt, daß die Produkte der Inseln sich gut verkaufen ließen. Sowohl der Ackerbau als auch der Fischfang und der Handel florierten. Der ins Land strömende Reichtum sammelte sich in den Händen der wenigen freien Familien, während die große Zahl der Sklaven nach wie vor ohne Besitz war.

In diesen Jahren war es Sitte geworden, politisch unerwünschte Personen auf die Seychellen zu verbannen. Die ersten dieser Deportierten kamen von La Réunion und wurden auf La Digue angesiedelt. Später folgte eine große Gruppe Franzosen, die beschuldigt worden waren, das Attentat auf Napoleon Bonaparte vom 24. Dezember 1800 durchgeführt zu haben. Napoleon, damals Erster Konsul, nutzte die Gelegenheit, sich seiner politischen Gegner zu entledigen, indem er sie, wie es damals hieß, in die »besondere Aufsicht außerhalb des europäischen Territoriums der Republik« verschickte. 1801 gingen diese 70 ›Terroristen‹ aus Frankreich auf Mahé an Land. Den Berichten der Zeitgenossen kann man entnehmen, daß sie schon bald Aufruhr unter der Bevölkerung stifteten. Ein Teil von ihnen wurde daraufhin nach Mauritius weitergeschickt, einige we-

Grab des ehemaligen Gouverneurs Queau de Quincy im Garten des State House

nige blieben auf den Seychellen (1810 sollen es nur noch vier gewesen sein), lediglich einer gründete eine Familie. 1804 schrieb Queau de Quincy: »Die Kolonie ist wieder absolut ruhig, es herrschen Ordnung und Einigkeit.«

Aufgrund des starken Bevölkerungswachstums mußte die Verwaltungsstruktur verändert werden. 1803 hatte Queau de Quincy einen zivilen Verwalter eingesetzt, dem einige Beamte zur Seite standen. Ab 1807 gab es sogar ein Zivilgericht, das kleinere Streitigkeiten schlichtete. Auf Praslin vertrat ein Delegierter die Regierung der Insel Mahé. Um die Interessen der Seychellen auf Mauritius zu wahren, wurde ein früherer Kommandant entsandt. Geschäfte und Geldhandel unter den Bewohnern der Seychellen gab es noch nicht, der Austausch fand unmittelbar zwischen den Produzenten und den Kapitänen der einlaufenden Schiffe statt. In Victoria wurden ein Kaffeehaus und ein Billardsaal eingerichtet. Ein englischer Offizier namens James Prayer lieferte folgendes Stimmungsbild der kleinen Ansiedlung auf den Seychellen:

»Das kleine Dorf zeigt sich so hübsch, daß ein Bewunderer in Versuchung kommt auszurufen: ›Hier möchte ich mich niederlassen, hier berühren mich alle Sorgen und alle Hast dieser unruhigen Welt nicht.‹ Das Dorf liegt in einem kleinen schattigen Tal, geschützt von Bergen, die sich auf beiden Seiten erheben, auf der Seite fließt ein kleiner Bach herunter, über den sich Bäume und Äste neigen, die Blüten und Früchte tragen. Die Häuser sind in Einklang mit der sie umgebenden Natur, viele von ihnen sehr hübsch anzusehen und gut gebaut. Andere sind allerdings so einfach und grob gebaut, daß man sieht, wie wenig sich ihre Besitzer um die äußere Erscheinung kümmern. Einige von ihnen haben sich damit begnügt, aus verschiedensten Baumaterialien schiefe und krumme zusammengewürfelte Unterkünfte zu bauen. Um die meisten dieser Hütten herum ist ein kleiner Garten angelegt, in dem ein Tamarindenbaum steht, Bananenstauden und Kokospalmen spenden Schatten über den Türen und Fenstern. Ich bin begeistert von diesem Bild des ländlichen Lebens, denn das erinnert an eine der traumhaften Inseln der Ruhe und des Glücks, wie sie in Romanen beschrieben sind, die die Phantasie der Jugend so sehr beflügeln.«

Die Herrschaft der Engländer

Beginn der englischen Besatzung und Ende des Sklavenhandels

Am 21. April 1811 ging **Barthelemy Sullivan** auf Mahé an Land. Er brachte eine Schriftrolle mit, die ihn im Auftrag Seiner Majestät, des englischen Königs, zum rechtmäßigen Gouverneur der Seychellen erklärte. Die Ära von Queau de Quincy war damit zu Ende, doch er durfte als Korrespondent eines Handelshauses aus Mauritius bleiben. Die Seychellois akzeptierten die Machtübernahme durch die Briten ungern, da sie mit der Regierung von Queau de Quincy ausgesprochen zufrieden gewesen waren. Der neue Gouverneur hatte es daher nicht leicht: »Schon bei den ersten Gelegenheiten, in denen ich mit diesen Leuten zusammenkam, gewann ich die Überzeugung, daß sie nicht den geringsten Sinn für Ehre, Aufrichtigkeit und Stolz besitzen. Sie scheuen sich nicht, die Engländer zu betrügen, wo immer es nur geht, und sie scheinen zu glauben, daß wir ein Volk sind, das man leicht übertölpeln könnte.«

Jeder Bewohner der Seychellen mußte feierlich geloben: »Ich verspreche und schwöre feierlich Gehorsam, Unterwerfung und Treue gegenüber Seiner Majestät George III., König des Vereinigten Königreichs Großbritannien und Irland.« Die Seychellois dürften diesen Passus wohl damals in der Hoffnung auf einen Friedensvertrag zwischen Frankreich und England unterschrieben haben, der ihnen die französische Staatsbürgerschaft zurückgeben würde. Ihre Enttäuschung war groß, als sie erfuhren, daß der neue König von Frankreich, Louis XVIII., Mauritius und die Seychellen am 30. Mai 1814 formell an die Engländer übergeben hatte.

Die wichtigste Neuerung der Engländer war das **Verbot des Sklavenhandels.** Ab 1812 ließ Gouverneur Sullivan alle Sklaven, die von Händlern auf die Seychellen gebracht wurden, sofort befreien. Die Inseln Praslin, Frégate und die Amiranten dienten allerdings weiterhin als Umschlagplätze und Verstecke für Sklavenhändler, und erst 1830 konnte der Handel tatsächlich beendet werden.

Irgendwie mußten Handel und Landwirtschaft auch nach der Befreiung der Sklaven weitergehen. Ohne eine Übergangslösung wäre dies jedoch kaum möglich gewesen, denn die bisherigen Sklaven waren es nicht gewohnt, in eigener Verantwortung zu arbeiten, und man konnte sie nicht mit einem Schlag sich selbst überlassen. Immerhin waren zu jener Zeit (1818) von den 7500 Bewohnern der Seychellen über 6600 Sklaven (davon 2200 Mischlinge, 4000 Afrikaner, 300 Madagassen, 40 Inder und etwa 40 mit unbekannter Herkunft), auf jeden Freien kamen also über sieben Sklaven. Die bisherigen Eigentümer wurden für den Verlust ihres Eigentums

Das Ende des Sklavenhandels

Sklaverei ist keine Erfindung europäischer Kolonialherren, aber sie haben ausgiebig von dieser weltweit seit Jahrtausenden bekannten Tradition Gebrauch gemacht. Sklaverei hat es in China ebenso gegeben wie im alten Rom, in Madagaskar unternehmen Volksgruppen Beutezüge in benachbarte Stammesgebiete, um sich mit ›frischen‹ Sklaven zu versorgen, arabische Händler kauften Sklaven in Westafrika und trieben mit ihnen lebhaften, lukrativen und weltweiten Handel. Sklaverei war in früheren Zeiten eine anerkannte Methode, sich mit Arbeitskräften zu versorgen.

Die Folge der Versklavung von Menschen war immer – sei es als Strafe für begangene Verbrechen, sei es einfach aufgrund eines verlorenen Krieges oder als Handelsobjekt –, daß die Sklaven rechtlos wurden und ›Eigentum‹ ihres Herrn. Der Begriff des Eigentums wurde gegenüber diesen Menschen ebenso streng und eindeutig definiert, wie er heute in bezug auf Waren und Tiere gehandhabt wird. Der Eigentümer durfte frei und unumschränkt über seine Sklaven verfügen. Er konnte sie zur Mehrung des eigenen Vermögens nutzen (oder ausnutzen), er konnte sie ge- oder mißbrauchen (auch zu sexuellen und kriminellen Handlungen), sie verkaufen oder gar vernichten.

Auf den Seychellen besorgte man sich Sklaven in den ersten Jahren der Besiedlung von Händlern wie dem Korsaren Jean François Hodoul (s. S. 72 f.), die ihre Ware auf Schiffen gelagert hatten und sie im Hafen von Victoria feilboten. Um die nötigen Arbeitskräfte für Baumwoll-, Kokos-, Zimt- und andere Plantagen zu rekrutieren, wurde großzügig eingekauft. Die weißen Siedler sahen sich selbst nicht als Bauern, die mit ihrer Hände Arbeit das Land bestellten. Sie sahen sich vielmehr als Entwickler, die das Know-how einbrachten und die Absatzmärkte kannten. Die eigentliche Feldarbeit wollten sie nicht erledigen.

Als erste große Gesellschaft hatte sich die holländische Ostindien-Gesellschaft kommerziell mit dem Sklavenhandel im westlichen Indischen Ozean befaßt und speziell für diesen Zweck eingerichtete Sklavenschiffe auf die Reise geschickt. ›Lieferländer‹ waren Madagaskar und die ostafrikanischen Küstenländer. Die Sklaven wurden zusammengepfercht, gefesselt, in den Lagerräumen der Schiffe entsprechend detailliert ausgearbeiteten Plänen ›gestapelt‹. Bevor man sie an Land brachte, ritzte man ihre Fußsohlen mit Rasierklingen auf, damit sie nicht davonlaufen konnten – was unter den miserablen hygienischen Verhältnissen an Bord regelmäßig zu schweren Entzündungen und oft zu Blutvergiftungen führte.

1812 verboten die Engländer den Sklavenhandel und unternahmen erste Anstrengungen, die Sklavenschiffe im Indischen Ozean aufzugreifen. Die

Sklaverei selbst wurde erst zwei Jahrzehnte später verboten, als diese Form des Eigentums im Jahre 1833 per Gesetz abgeschafft wurde. In den Jahren zwischen dem Verbot des Sklavenhandels und dem Verbot der Sklaverei hatte eine Periode des illegalen Erwerbs von Sklaven, aber auch der legalen Vermehrung des Eigentums an Sklaven gelegen. Es war nämlich nicht verboten gewesen, Sklaven selbst zu ›züchten‹. Kinder von bereits im Besitz eines Kolonisten befindlichen Sklaven waren automatisch an den Eigentümer der Eltern übergegangen. Es war auch weiterhin gestattet geblieben, bereits erworbene oder selbst aufgezogene Sklaven weiterzuverkaufen. Lediglich die Jagd auf Sklaven in deren Heimatländern, der Kauf bei ›Produzenten‹ oder ›Großhändlern‹ und der Transport in Abnehmerländer waren verboten gewesen.

Aufgrund neuer gesetzlicher Regelungen entstand seit 1807 eine Bevölkerungsschicht zwischen den weißen Herren und den schwarzen Sklaven: die Gruppe der freien Schwarzen. Jeder Sklavenhalter über 25 Jahre hatte das Recht, bei der Kolonialbehörde die Freilassung eines oder mehrerer seiner Sklaven zu beantragen. Unter bestimmten Voraussetzungen, und vor allem verbunden mit der strengen Auflage, einem solchen befreiten Sklaven kein Land zu vererben oder zu schenken, wurde ihm dies auch gelegentlich gestattet. Der freie Schwarze sollte darauf beschränkt bleiben, Land zu pachten und mit seiner eigenen Hände Arbeit den Pachtzins zu erarbeiten. Nur wenige freie Schwarze schafften es, so viel anzubauen, daß sie mit dem verdienten Geld eigenes Land kaufen konnten. Von der Inanspruchnahme der Gerichte allerdings waren freie Schwarze weiterhin ausgeschlossen.

Im Laufe der Jahre kam eine zweite Gruppe hinzu: die der freien Farbigen. Da es den Männern aus Kolonialfamilien strikt verboten war, schwarze Frauen zu heiraten oder mit ihnen Kinder zu haben, fanden Liebesaffären heimlich statt. Es kam natürlich auch vor, daß die weißen Eigentümer einer schönen Sklavin diese auch sexuell ›gebrauchten‹. Die von solchen Paaren abstammenden ›farbigen‹ Kinder konnten von den weißen Vätern wegen des Verbotes nicht als eigene Kinder anerkannt werden. Um ihnen etwas Gutes zu tun, stellten die Sklavenhalter in der Regel den Antrag, diese Kinder aus dem Sklavendasein entlassen zu dürfen, und ermöglichten es ihnen, auf einem Stück Land ihren Lebensunterhalt zu verdienen. Aus der bisherigen Zweiteilung der Gesellschaft war somit eine Vierteilung geworden: Herren, freie Schwarze, freie Farbige und Sklaven. Große Plantagen gerieten in eine Krise, als der Sklavenhandel nachließ und die Arbeitskräfte rar wurden. In Mauritius wurde diese Lücke durch Vertragsarbeiter aus Indien geschlossen, auf den Seychellen hingegen beschlossen viele der reichen Familien, ihren Besitz zu verkaufen, nach Mauritius überzusiedeln und sich dort am Zuckerboom zu beteiligen. Die wenigen verbliebenen Plantagenbesitzer profitierten davon, daß die englische Kriegsmarine die auf Patrouillenfahrten aufgebrachten Sklavenschiffe in den Hafen von Mahé brachte und die Sklaven dort freiließ. Was blieb den Gefangenen, die oft nicht älter als 12 Jahre waren, anderes übrig, als sich zu den diktierten Konditionen für die Arbeit auf den Plantagen zur Verfügung zu stellen?

entschädigt, die ehemaligen Sklaven erhielten den neuen Titel ›Lehrlinge‹ und mußten gegen geringe Bezahlung weiter für ihre bisherigen Herren arbeiten.

Schon bald stellte sich heraus, daß sie lieber für sich selbst tätig sein wollten, und so beschloß die englische Verwaltung, die ›Lehrzeit‹ zu verkürzen. Am 11. Februar 1839 wurde es den ›Lehrlingen‹ freigestellt, sich selbst neue Arbeitgeber zu suchen oder in eigener Regie zu arbeiten. Langsam, aber sicher verfielen nun die großen Plantagen, denn die ehemaligen Sklaven zogen es vor, rund um ihre Hütten das Lebensnotwendigste anzubauen. Die ehemaligen Herren aber hatten so hohe Entschädigungen erhalten, daß viele von ihnen es vorzogen, überhaupt nicht mehr zu arbeiten oder nach Mauritius zurückzukehren, um sich dort mit Hilfe der Entschädigung am beginnenden Zuckerboom zu beteiligen.

Ein Anhänger der guten alten Sklavenzeit schrieb: »Die Befreiten sind faul, sie vagabundieren und sie stehlen. Die Felder liegen brach, die Ernten haben sich auf die Hälfte verringert, da keine Arbeitskräfte mehr vorhanden sind. Einige Inseln des Archipels sind der Unterschlupf von Banden geworden, die auf Kosten der Landeigentümer leben, die keine Möglichkeit haben, sich von ihnen zu befreien.« Andere Quellen berichten, daß viele der ehemaligen Sklaven ihre Situation durch ehrliche Arbeit erheblich verbesserten, daß sie nun bessere Unterkünfte besaßen und ihre wichtigsten Bedürfnisse besser befriedigen konnten als vorher. Sie lebten von dem Fisch, den sie fingen, und von dem Gemüse, das auf ihren Parzellen rund um die Häuser wuchs, verkauften sogar einige dieser Produkte, wodurch manche zu bescheidenem Wohlstand gelangten. Es bildete sich eine neue Gesellschaft aus Fischern, Handwerkern und kleinen Bauern. Wer Land besaß, aber keine Arbeitskräfte, verpachtete es an landlose befreite Sklaven.

Nach der Machtübernahme durch die Engländer hatte die Kolonie zunächst weiter floriert. Die Einwohnerzahl war von 4000 im Jahre 1810 auf 7500 im

Kranke Sklaven wurden von den Sklavenhändlern unter Zeugen lebendig über Bord geworfen, damit die Versicherungen eine Prämie für ihren ›Verlust‹ bezahlten (historische Darstellung)

Jahre 1818 angewachsen. Im Januar 1818 befahl dann die englische Verwaltung, daß alle Ausfuhren von den Seychellen zunächst nach Mauritius gehen müßten. Mit dieser Maßnahme wollte man den Sklavenhandel kontrollieren und endgültig unterbinden, doch hatte sie auch eine Einschränkung des freien Handels zur Folge, die sich katastrophal auswirkte. Hinzu kam, daß der Boden, auf dem die Baumwolle bislang so hervorragend gewachsen war, ausgelaugt zu sein schien und die neue Konkurrenz aus Amerika den Weltmarktpreis drückte. Seit Amerika Baumwolle nach Europa lieferte, fiel innerhalb kürzester Zeit der Preis pro Ballen von 80 auf 30 Dollar.

Die beunruhigten Pflanzer auf den Seychellen hörten, daß Zuckerrohr aus Mauritius in England immer besser zu verkaufen war, und viele von ihnen beschlossen auszuwandern. Ende 1818 hatte die Bevölkerung bereits von 7500 auf 6000 abgenommen. Die verbliebenen Seychellois versuchten sich anzupassen. Sie begannen Kokosplantagen anzulegen, interessierten sich für Tabakanbau, verstärkten die Kultivierung von Gewürznelken und von Zuckerrohr. Außerdem baute man weiter die kleinen Schiffe, genannt Goelettes, die sich auf Mauritius großer Beliebtheit erfreuten. Aber die Wirtschaft erholte sich dennoch nicht.

Die Epoche des Reichtums war endgültig beendet, und eine neue Entwicklung nahm ihren Anfang. Um die großen Pflanzungen retten zu können, baten die Grundbesitzer die englischen Behörden um die Erlaubnis, wie auf Mauritius indische und madagassische Arbeiter einführen zu dürfen. Die Bitten wurden jedoch zurückgewiesen. Der Gouverneur von Mauritius – wo der Handel mit indischen Arbeitern für die Zuckerrohrfelder blühte – kannte die damit verbundenen Probleme und verwies die Seychellois darauf, daß sie sich mit den verbliebenen befreiten Sklaven begnügen müßten. So blühte der Zweig der Landwirtschaft auf, der nahezu ohne Arbeitskräfte auskam: die **Kokosplantagen.** Bislang wuchsen die Kokospalmen wild in abgelegenen und schwer zugänglichen kleinen Buchten, in denen ein plantagenartiger Anbau von Zuckerrohr oder Baumwolle nicht möglich war. Nun aber kam man auf die Idee, daß man die Kopra und das Kokosöl, mit dem man die Öllampen betrieb, in großen Mengen herstellen könnte, um sie zu exportieren. Die Plantagen brauchten keinerlei Pflege, man mußte nur warten, bis die reifen Kokosnüsse herunterfielen, und sie dann auflesen. Auch die flachen Areale nahe der Küste wurden mit Kokospalmen bepflanzt, und die Ernte wuchs rasch. 1850 produzierten die Seychellen über 200 000 l Öl pro Jahr.

Die Kokospalme hatte damit die Baumwolle als wichtigstes Exportgut überholt. Weit dahinter folgten Reis, Mais, Tabak, Kaffee und einige Gewürze. Diese Produkte wurden auf kleinen Schiffen nach Mauritius und nach Indien exportiert. Trotzdem versichern alle Zeitgenossen, daß im Vergleich zum Jahrzehnt zuvor der Zustand der Kolonie miserabel war. Der einzige Trost, den der englische Historiker Preetham 1846 aussprechen konnte, war der, daß man mit Sicherheit nicht mehr tiefer fallen könne. Im Vergleich zu Mauritius, dessen Zuckerproduktion einen ersten Höhepunkt erreichte und auf dem Weltmarkt Höchstpreise erzielte, standen die Seychellen als armselige kleine Kolonie da. Die Bevölkerungszahl hatte den Tiefstand von 5500 erreicht. Es lief nur noch wenig auf der kleinen Dependance der Mutterkolonie Mauritius, die im Reichtum schwelgte.

Kampf der Konfessionen

Während der französischen Kolonialzeit hatten katholische Priester, die von Zeit zu Zeit an Land gingen, religiöse Zeremonien wie Hochzeiten und Taufen abgehalten. Es gab aber keinen Priester, der auf Dauer auf den Seychellen lebte. Ein Reisender schrieb 1820: »Die Seychellois, die sich Katholiken nennen, praktizieren im Grunde keine Religion. Sie besitzen keine Kirche und keinen Priester. Die meisten von ihnen werden geboren, leben und sterben, ohne jemals ein Sakrament erhalten zu haben.«

1832 wurde erstmals ein Priester auf die Seychellen entsandt, der Anglikaner Moltan. 1833 ließ er eine Kapelle und eine Schule in Victoria errichten. Der protestantische Glaube wurde von der katholischen Bevölkerung aber nur widerwillig angenommen. Man dachte und fühlte weiterhin französisch und katholisch. Familien von den Seychellen baten in Mauritius immer wieder darum, einen katholischen Priester gesandt zu bekommen. Nach einem zweijährigen Kampf des Kapuzinerpaters Léon des Avanchers, der, von der Bevölkerung enthusiastisch empfangen, erstmals am 1. März 1851 von Afrika aus die Seychellen besucht hatte, gegen den damaligen englischen Gouverneur Keat, war es am 20. September 1853 soweit: Die beiden Kapuzinerpater Jeremy und Theophil durften eine katholische Mission gründen. Bis Februar 1854 hatten sie bereits 5000 Seychellois getauft, an verschiedenen Küstenabschnitten gab es Kirchen.

Inzwischen war Keat durch einen neuen Gouverneur ersetzt worden, der in der katholischen Kirche keine so große Gefahr wie sein Vorgänger sah, und die Gemüter beruhigten sich wieder. Von nun an hielten die anglikanische und die katholische Kirche ihre Gottesdienste friedlich nebeneinander ab, beide Kirchen bauten Schulen und organisierten Besuche auf den abgelegenen Inseln.

Der große Erdrutsch und neue Einwanderer

Am 12. Oktober 1862 wurden die Seychellen von der einzigen bekannten großen Naturkatastrophe ihrer Geschichte betroffen. Den Tag über hatte ein Sturm getobt, beinahe so stark und verheerend wie die Zyklone auf Mauritius und La Réunion. Sintflutartige Regenfälle gingen auf Mahé nieder. Um 10 Uhr nachts geriet oberhalb von Victoria plötzlich die Erde ins Rutschen: Felsen, Schlamm und entwurzelte Bäume begannen den Berg herunterzugleiten. Der anfangs kleine Erdrutsch wuchs zu einer riesigen Lawine an. Ein Beobachter notierte: »Nahe beim Statehouse ergoß sich die Haupttrasse des Erdrutsches hinunter, riß Häuser, Männer, Frauen und Kinder mit sich. Bäume waren zerbrochen und durch den Sturm entwurzelt. Schiffe im Hafen wurden von Felsen zertrümmert, die vom Berg herunterrollten, und sanken. Fünfzig Menschen verloren ihr Leben und etwa fünfzig andere verschwanden spurlos. 30 000 Kokospalmen waren verloren.« Welch große Bedeutung diese Naturkatastrophe für die Seychellois hatte, läßt sich daraus entnehmen, daß der 12. Oktober 1862 der Beginn einer neuen Zeitrechnung wurde. Lange Zeit war es üblich, seinen Geburtstag am Jahr 1862 zu orientieren: »Ich wurde drei Jahre nach dem großen Erdrutsch geboren«, war eine übliche Art, sein Alter anzugeben.

In die ersten Jahre nach dieser Katastrophe, die auf den Seychellen als ›La grande Avalasse‹ (kreolisch: *Lavalas*)

Ein katholischer Missionar landet auf Mahé (historische Darstellung)

bekannt ist, fiel die letzte der großen Einwanderungswellen. Die englische Verwaltung hatte, ähnlich wie vorher die Franzosen, nun Korsaren mit der Aufgabe entsandt, arabische und europäische Sklavenhändler zu jagen. Die aufgegriffenen Schiffe wurden in den Hafen von Victoria gebracht, wo man die Sklaven befreite und ihnen eigenes Land auf den Seychellen zuwies. Zwischen 1860 und 1874 dürften so etwa 3000 neue Einwohner gekommen sein.

Am 17. November 1869 wurde der Suez-Kanal eröffnet, was den Seeweg zwischen Europa und dem Indischen Ozean erheblich verkürzte. Die Seychellen, auf dieser neuen Route von Europa nach Indien gelegen, profitierten davon, denn der Export ihrer Waren war nun wesentlich einfacher geworden. Als einige Gebiete Mahés von einer Palmenkrankheit befallen wurden, pflanzte man erstmals Vanille an. Die nächsten 20 Jahre hielten Kokosnuß und Vanille die Seychellen über Wasser, wobei die Einnahmen aus der Vanilleproduktion zeitweise sogar die aus Produkten der Kokospalme übertrafen. Daneben wurden noch Kakao, Kaffee und Gewürznelken erfolgreich angebaut.

Die Seychellen als Verbannungsort

Der Stamm der Ashanti, der in dem Gebiet des heutigen Staates Ghana lebt, leistete im 19. Jahrhundert lange Zeit Widerstand gegen den ›Schutz‹, den ihm die Kolonialmacht England bieten wollte. Anführer des Stammes war **König Prempe,** der schließlich 1896 vor den überlegenen englischen Waffen kapitulieren mußte und mit mehreren ihm ergebenen Häuptlingen gefangengenommen wurde. Der Widerstand seines Volkes ließ aber selbst nach der Festnahme des Königs nicht nach. Die englischen Kolonialherren beschlossen daher, ihn und seine Gefolgschaft auf die Seychellen zu verbannen. Am 11. September 1900 trafen die Deportierten dort ein. König Prempe war wie ein echter afrikanischer Potentat in Leopardenfelle gekleidet. Sein Gefolge bestand aus seiner Mutter, drei seiner Frauen und 55 weiteren Begleitern. Ein Jahr später kamen nochmals 21 Gefangene seines Stammes hinzu, was die Bevölkerung der Seychellen um drei Könige, 17 Häuptlinge, eine große Anzahl von Königinnen und Häuptlingsfrauen, Prinzen und Prinzessinnen bereicherte. An seinem Verbannungsort außerhalb Victorias hielt König Prempe Hof wie zu Hause; seinen Harem ergänzte er durch Mädchen von den Seychellen. Nur schwer war ihm klarzumachen, daß er keine Gerichtsbarkeit mehr über seine Untertanen ausüben durfte. So mußten die Gouverneure unterbinden, daß er die Todesstrafe an einem ungehorsamen Untertanen vollstrecken ließ.

Doch König Prempe machte sich schnell mit den europäischen Sitten vertraut. Er lernte Englisch und ließ seine Kinder in der Lagerschule mit der europäischen Kultur bekannt werden. Um seine Würde nicht ganz zu verlieren und trotzdem nicht gegen die Gesetzgebung der Engländer zu verstoßen, erarbeitete er eine eigene neue Gesetzgebung. Sie besagte in der Hauptsache, daß Untertanen, die gegen seinen Willen verstießen, eine mehr oder weniger große Anzahl von Rumflaschen an ihn abzuliefern hatten.

Zu dieser Zeit hatten gerade die anglikanische und die katholische Kirche begonnen, um die Seelen der Seychellois zu werben. König Prempe soll zunächst etwas irritiert gewesen sein, daß zwei verschiedene Priester ihm die gleiche Religion anbieten wollten. Außerdem gefiel ihm überhaupt nicht, daß ihm die Christen erklärten, er dürfe nur eine Frau haben. Als er jedoch erfuhr, daß sein unmittelbarer Vorgesetzter, König Edward VII. von England, Mitglied der anglikanischen Kirche war, beschloß er, dieser beizutreten. Und er war auch konsequent: Sofort schickte er seine überzähligen Frauen fort. Anschließend ließ er sich auf den Namen Edward taufen und ging, wie ein Engländer, mit Zylinder, Jackett, Lackschuhen und Gamaschen bekleidet, regelmäßig in die anglikanische Kirche. Wiederholt schickte er Gnadengesuche nach London, und die Gouverneure der Seychellen bestätigten stets, daß er sich in seinem Exil mustergültig führte. Dennoch dauerte sein Exil insgesamt 24 Jahre.

Erst im September 1924 durfte er die Heimreise an die Goldküste antreten. Von seinen ursprünglich 80 Gefolgsleuten lebten inzwischen nur noch zwölf, dafür waren viele neue Kinder hinzugekommen. Einige Söhne des Königs, die sich mit einheimischen Frauen verheiratet hatten, blieben auf den Seychellen. In Ghana soll es noch heute Familien geben, in denen Kreolisch gesprochen wird. Es handelt sich um Nachfahren der Ashanti, die bereits auf den Seychellen geboren und hier zur Schule gegangen waren.

Kurz nach seiner Ankunft hatte König Prempe Gesellschaft von anderen Königen und Häuptlingen aus Afrika bekommen. König Unvanga von Buganda, König John Bunjoro und weitere neun Häuptlinge von Stämmen in Uganda mußten ihm unfreiwillig folgen, da sie so unvorsichtig gewesen waren, sich über die Besetzung ihrer Länder durch England zu beschweren. König Unvanga überlebte die Schande der Deportation nur ein Jahr lang, König Kabarega blieb, bis er 1923 die Erlaubnis zur Rückkehr in die Heimat bekam.

Ab 1915 trafen noch mehr afrikanische Herrscher mit ihrem Gefolge ein. Zunächst kam **Sultan Mahmud Ali** aus Somalia. Er hatte allen somalischen Stämmen, die mit den Engländern kollaborierten, das Vieh gestohlen und war für seine Rauflust bekannt. Man steckte ihn deshalb 1920 in ein Haus gleich neben der Polizeistation von Anse Étoile auf Mahé. Ihm ging es schlecht, denn er konnte sich nicht an die europäischen Sitten gewöhnen. Besonders die Ablehnung seines Gesuchs, seine vier Frauen und 14 Kinder nachkommen zu lassen, machte ihm schwer zu schaffen. 1928 entschloß er sich schließlich, eine Seychelloise zu heiraten, was aber sein englischer Aufpasser ebenfalls nicht erlauben wollte. Schließlich sahen die Kolonialbehörden ein, daß er sterben würde, wenn man ihm das Leben nicht erleichterte, und man gestattete ihm, nach Somalia zurückzukehren.

1922 brachte man sechs ägyptische Politiker nach Mahé, darunter auch den Premierminister **Saad Saghlul Pascha**. Mit vier anderen arabischen Führern traf 1937 der Großmufti von Jerusalem, **Amin al Huseini,** ein. Ihm wurde vorgeworfen, der Kopf der Aufständischen gewesen zu sein, die sich gegen den Plan der Teilung Palästinas in einen jüdischen und einen arabischen Staat wehrten. Nachdem die Engländer die italienische Kolonialmacht aus Äthiopien vertrieben hatten, mußte der Bruder des Gottkönigs Haile Selassie mehrere Jahre auf Mahé verbringen, da er mit den Italienern kollaboriert hatte. Danach verzichtete man für einige Jahre darauf, Oppositionelle aus den Kolonien nach Mahé zu verbannen. Winston Churchills Plan, 1922, nach schweren Unruhen in Irland, 5000 irische Nationalisten auf die Seychellen zu verschicken, wurde nicht verwirklicht.

Erst 1956 deportierten die Engländer wiederum einen Prominenten, den zypriotischen **Erzbischof Makarios** (s. S. 92 f.). Dessen Einfluß auf Zypern war so groß, daß man ernste Unruhen befürchtete. Daher brachte man ihn im März 1956 gemeinsam mit einigen Begleitern auf den Landsitz Sans Souci auf Mahé. Makarios hatte mehr Glück als sein Vorgänger bei der Polizeistation von Anse Étoile: Sans Souci gehört zu den schönsten und luxuriösesten Kolonialbauten der Seychellen, es liegt in einem tropischen Garten, in dem Banyanbäume, Flamboyants, Hibiskus und Orchideen Schatten spenden. Makarios durfte sich auf Mahé frei bewegen und traf häufig mit gläubigen Katholiken zusammen. Bevor er die Seychellen 1957 wieder verließ, schrieb er der Zeitung ›Le Seychellois‹ einen Brief, in dem er sagte, Mahé sei ein Ort, wo man in Ruhe und Frieden meditieren könne. Er merkte auch an, daß er zwar nicht glaube, daß Mahé der biblische Ort des Paradieses gewesen sei, doch der Friede und die Schönheit der Natur berechtigten die Inseln dazu, wenigstens diesen Namen zu führen.

Wirtschaftliches Auf und Ab im 20. Jahrhundert

In wirtschaftlicher Hinsicht hatte kurz vor der Jahrhundertwende eine neue Blütezeit begonnen. Ab 1893 konnte man sogar über Sansibar nach London telegraphieren, das erste Krankenhaus war entstanden, der Long Pier in Victoria wurde gebaut und das erste Hotel auf den Seychellen mit Namen ›L'Équateur‹ in Victoria eröffnet.

Der Kommandant eines französischen Schiffes schrieb: »Ich habe die Seychellen seit fünfzehn Jahren nicht mehr gesehen, und im Gegensatz zu un-

Erzbischof Makarios im Exil

Eines Morgens im Jahre 1956 beschloß der zypriotische Erzbischof Makarios, mit seiner schwerkranken Schwester nach London zu fliegen, um sie dort behandeln zu lassen. In einem Wagen, der von Makarios Bruder gesteuert wurde, verließen beide ihr Haus, um zum Flughafen zu fahren. Als Makarios hinter sich schaute, bemerkte er einen Polizeiwagen, der ihnen folgte. Als Hauptfeind der damaligen englischen Kolonialverwaltung Zyperns machte ihn das mißtrauisch, und er bat seinen Bruder anzuhalten, um den Polizeiwagen passieren zu lassen, was dieser auch tat. Als Makarios aber am Flughafen eintraf, wartete eine Gruppe von Polizisten am Eingangstor auf ihn. Einer der Polizisten forderte Makarios auf, auszusteigen und ihm zu folgen. Sie fuhren innerhalb des Flughafengeländes zu einer weit entfernt gelegenen Landebahn und hielten vor einem großen Propellerflugzeug. Makarios wurde höflich aufgefordert, in das Flugzeug einzusteigen und dort zu warten. Bald darauf las ihm ein Offizier den Deportationsbefehl vor.

Ein weiterer Wagen hielt wenig später vor dem Flugzeug, und der Priester Papastavros wurde die Flugzeugtreppe hinaufgeleitet. Makarios freute sich, denn er dachte, man habe diesen von seiner Deportation informiert, und er sei gekommen, um sich zu verabschieden. Doch auch Papastavros wurde aufgefordert, sich zu setzen, und auch ihm verlas man den Deportationsbefehl. Zwei weiteren Wagen entstiegen Bischof Kypreanos und Polykarpos Joannides. Nachdem auch diesen der Deportationsbefehl vorgelesen worden war, startete das Flugzeug, ohne daß ein Zielflughafen bekanntgegeben worden war.

Makarios erkannte, daß man nach Süden, den Nil entlang, über Ägypten flog. Nach einer Zwischenlandung in Aden ging es weiter in südlicher Richtung, und spät in der Nacht erreichte man einen Flughafen außerhalb der kenianischen Hafenstadt Mombasa. Noch immer wußte keiner der vier Gefangenen, was das Ziel der Reise war. Im Flughafen wies man den Gefangenen einen gepflegten Raum zu, ließ sie duschen und anschließend ein Abendessen einnehmen. Die Gefangenen wurden höflich darauf hingewiesen, daß die Reise noch nicht zu Ende sei. Als die Gruppe sich am folgenden Morgen im Hafen von Mombasa auf einem englischen Kriegsschiff wiederfand, erinnerte sich Makarios, daß früher politische Gefangene Englands zu den Seychellen deportiert worden waren. Er fragte einen Offizier an Bord, wie lange die Reise zu den Seychellen dauern werde. Als dieser antwortete, daß man in etwa drei bis vier Tagen dort sein werde, wußten die vier, wo sie die nächsten Monate oder Jahre verbringen würden.

In Mahé angekommen, brachte man sie in ein vornehmes Kolonialhaus, die

Sans Souci Lodge, hoch über dem Meer, das von einem 5000 m² großen tropischen Garten umgeben war. Am 14. März 1956 wurde Makarios und seinen Mitgefangenen der folgende Brief des Staatssekretärs der Kolonialregierung ausgehändigt: »Ich habe die Ehre, Sie zu informieren, daß Ihre Unterbringung auf den Seychellen auf den §§ 5, 9, 11 und 13 der *Political Prisoners Detention Order* beruht. Wenn keine spezielle Genehmigung vorliegt, ist es Ihnen nicht gestattet, mit anderen Menschen als Ihren Mitgefangenen, den Polizisten und den Angestellten der Sans Souci Lodge, in der Sie wohnen werden, Kontakt aufzunehmen. Alle Fragen, Beschwerden und Vorschläge, die Sie machen möchten, müssen über Captain P. S. Le Geyt weitergereicht werden. Captain Le Geyt wurde zum Kontrolleur des Haushaltes und der Sans Souci Lodge ernannt. Wenn Sie irgendwelche schriftlichen Nachrichten weitergeben möchten, müssen Sie diese an ihn aushändigen. Es ist der Wunsch der Regierung der Königin des Vereinigten Königreiches, der Regierung von Zypern und der Regierung der Seychellen, daß Ihre Gefangenschaft auf den Seychellen so angenehm und so komfortabel wie möglich sein wird. Hierfür wurden uns angemessene finanzielle Mittel zur Verfügung gestellt. Innerhalb vernünftiger Grenzen und soweit es die Sicherheitsvorschriften erlauben, wird jede Anstrengung unternommen werden, alle Ihre Wünsche zu erfüllen. Auf Ihren Wunsch hin können Sie tagsüber andere Teile der Insel besuchen. Während solcher Ausflüge haben Sie auch das Recht, auf Kosten der Regierung einzukaufen. Zwischen 6 Uhr abends und 6 Uhr morgens werden Sie gebeten, sich innerhalb der Lodge und ihres Gartens aufzuhalten. Ferner bittet Sie der Gouverneur von Zypern, ihm mitzuteilen, welche Verpflichtungen Ihnen auf Zypern obliegen, und ob und in welcher Form diese von der Regierung von Zypern übernommen werden sollen und können. Ich soll Sie weiter davon informieren, daß Ihnen zusätzliche Kleidung sowie religiöse Utensilien aus Zypern übersandt werden können.«

Die Sans Souci Lodge hatte bis dahin als Wochenendhaus für den englischen Gouverneur der Seychellen gedient und war in den Tagen vor der Ankunft von Erzbischof Makarios für ihn und seine Mitgefangenen komplett neu ausgestattet worden. In dieser paradiesischen Umgebung mußten die vier Zyprioten die folgenden 13 Monate zusammen mit einem Diener, zwei Köchen, einer Wäscherin, einem Hausmädchen, drei Gärtnern und sechs Wachmännern verbringen. Allabendlich saßen sie gemeinsam auf der großen Wiese und sangen orthodoxe Kirchenlieder. Die Tage verbrachten sie damit, Briefe zu schreiben, einzukaufen, sich mit ihren Bewachern und ihren Angestellten zu unterhalten und darüber zu spekulieren, wann sie wieder die Freiheit erlangen würden.

Als sie sich kurz vor ihrer Abreise auf einem griechischen Frachtschiff zunächst von den politischen Führern der Seychellen, an einem zweiten Abend von den Plantagenbesitzern und den führenden Familien der Inseln (den *Grands Blancs*) und an einem dritten Abend von den Familien ihrer Angestellten verabschiedeten, bedankten sich Makarios und seine Mitgefangenen für die Höflichkeit und Freundlichkeit, mit der sie behandelt worden waren. Sie meinten, daß sie die 13 Monate sicherlich genossen hätten, wenn sie sie freiwillig hier hätten verbringen dürfen.

seren französischen Kolonien habe ich dort einen bemerkenswerten Fortschritt feststellen können. Die immer noch hübsche Stadt hat sich um vieles vergrößert, und die Einkünfte haben sich verdoppelt.«

Im Jahre 1900 war die Bevölkerungszahl bereits auf 20 000 angewachsen – auch dies ein Anzeichen dafür, wie sehr die Wirtschaft florierte. Den nächsten Einbruch brachte jedoch der Erste Weltkrieg, denn die kriegführenden Nationen rüsteten nun ihre Handelsflotten für militärische Zwecke um. Dadurch waren die Seychellen von der Umwelt abgeschnitten, Exporte waren nicht mehr möglich. Überall breitete sich Armut aus, viele Bewohner stahlen, um sich am Leben erhalten zu können. Von 24 000 Einwohnern wurden 2500 ins Gefängnis gesteckt, das ganze Land glich einem Straflager. Ab 1919 normalisierte sich die Lage wieder, zur Zeit der Weltwirtschaftskrise 1929 brach aber erneut alles zusammen. Kopra, Kokosöl und Guano waren nicht mehr zu verkaufen. Als ab 1936 die Preise für Kopra anzogen und auch die anderen Produkte wieder besser veräußert werden konnten, ging es den Seychellois für kurze Zeit wieder gut. Doch schon mit dem Ausbruch des Krieges 1939 war die Zeit des Aufschwungs vorbei. Ab 1942 mußten die Lebensmittel rationiert werden, 900 junge Seychellois mußten als Pioniere der englischen Armee in Nordafrika gegen Rommel kämpfen.

Nach dem Zweiten Weltkrieg wurde **Sir Selwyn Clark** zum neuen Gouverneur der Seychellen ernannt. Er arbeitete ein **Zehnjahresprogramm** zur Wiederbelebung der Wirtschaft aus. Aus England kam Geld, um Bewässerungsprojekte durchzuführen, um die Fischereiwirtschaft aufzubauen, Wälder aufzuforsten und neue Wohnungen zu errichten. Bis 1956 hatte das Programm einigen Fortschritt gebracht. Allerdings lagen die Löhne für die Arbeiter noch immer zu niedrig, um davon eine Fami-

Mit dem Zusammenbruch der Kopraproduktion erlebte der Fischfang einen Aufschwung

lie ernähren zu können. Die Preise für Rohstoffe waren weltweit gesunken, während die für Fertigprodukte, die die Seychellen auch heute noch importieren müssen, immer weiter stiegen. Da man in London sah, daß die Kolonie alleine noch nicht überleben konnte, wurde sie subventioniert. Man entsandte englische Experten, um Landwirtschaft und Fischerei zu fördern, und schon bald verbesserte sich die Lage erheblich. 1964 finanzierte England den Bau von Wohnungen und Häusern für die Armen, und die neue amerikanische Satellitenstation in La Misère brachte viel Geld ins Land. Die wirtschaftliche Situation der Seychellen sah nun besser aus, doch basierte sie weiterhin auf Unterstützung von außen.

Der Weg in die Unabhängigkeit

1964 wurden zwei politische Parteien gegründet, die **Seychelles Democratic Party** (SDP) und die **Seychelles Peoples United Party** (SPUP). Wichtigstes Ziel der SDP war es ursprünglich, die Seychellen völlig in das britische Königreich zu integrieren und jedem Seychellois die vollen englischen Staatsbürgerrechte zu erkämpfen, während die SPUP, ganz im Gegensatz dazu, für die politische Unabhängigkeit von England eintrat. Präsident der SDP war **James Mancham,** der heutige Oppositionsführer, Präsident der SPUP **France-Albert René,** der heutige Präsident. Diese beiden Parteien kämpften um die Sitze in einem nach dem Krieg eingerichteten Parlament, das Mitspracherechte bei den Entscheidungen des Gouverneurs besaß. Im November 1970 fanden Wahlen statt, bei denen die SDP 53,5 % der Stimmen erhielt und die SPUP 44,2 %. Die Sitzverteilung bevorzugte jedoch – Folge des englischen Mehrheitswahlrechts – eindeutig die SDP. Sie erhielt zehn Sitze, die SPUP nur fünf. James Mancham wurde vom Gouverneur zum Premierminister ernannt. Die nächsten Wahlen 1974 brachten ein ähnliches Ergebnis: 52,4 % für die SDP, 47,6 % für die SPUP. Die Sitzverteilung allerdings fiel noch ungleicher aus: 13 Sitze erhielt die SDP und nur drei die SPUP.

1975 erhielten die Seychellen den **Status einer ›autonomen‹ Kolonie,** die sich in internen Angelegenheiten selbst regieren durfte. Die beiden Parteien gingen eine Koalition ein; James Mancham wurde Premierminister, sein politischer Gegner France-Albert René Minister für öffentliche Arbeiten und Entwicklung der Landwirtschaft. Im Januar 1976 wurden die Seychellen dann endgültig in die Unabhängigkeit entlassen; ab dem 29. Juni desselben Jahres gab es eine autonome Koalitionsregierung mit Mancham als Präsident der Republik und René als Premierminister. Entgegen ihrer ursprünglichen Absicht, die Seychellen zu einem Bestandteil Großbritanniens zu machen, hatte die SDP inzwischen ihr Programm geändert und gemeinsam mit der SPUP die Unabhängigkeit erkämpft.

Schon ein Jahr später, am 5. Juni 1977, kam das Ende der Koalitionsregierung. Präsident Mancham befand sich auf einer Auslandsreise, als um 6 Uhr morgens die Bevölkerung über den Rundfunk aufgefordert wurde, zu Hause zu bleiben und Ruhe zu bewahren. Man gab bekannt, daß eine wichtige Veränderung im Lande vorgegangen sei. Eine Gruppe von Seychellois habe alle strategisch wichtigen Punkte auf Mahé besetzt und die Regierung von James Mancham abgesetzt. Der **Staatsstreich**

France-Albert René, seit 1977 Präsident der Seychellen

verlief erfolgreich und unblutig. Zum neuen Präsidenten ernannte sich **France-Albert René,** der bisherige Premierminister. Er führte nach und nach ein sozialistisches System ein, in dem keine Opposition zugelassen war, die Presse zunächst zensiert, dann gleichgeschaltet wurde und der Staat die Kontrolle über die Wirtschaft übernahm.

Wie in vielen Staaten Afrikas kam nach dem Zusammenbruch des sozialistischen Systems in Osteuropa auch auf den Seychellen die Wende. Hier wurde sie allerdings von oben und gegen heftigen Widerstand vieler Bürger ›verordnet‹. Der Staatspräsident selbst setzte eine Volksabstimmung durch, in der sich erwartungsgemäß die Mehrheit für die Erarbeitung einer neuen, pluralistischen Verfassung aussprach. Ganz nebenbei ermöglichte dieser Schritt es dem Präsidenten, sich unter der neuen Verfassung ein viertes Mal als Präsidentschaftskandidat aufstellen zu lassen. Nach der bisherigen Verfassung wären drei Wahlperioden das Maximum gewesen, und die hatte René bereits hinter sich. Im Jahr 1992 kehrten einige Exilpolitiker, darunter als prominentester der durch den Putsch von 1977 entmachtete Ex-Präsident Mancham, zurück und formierten Oppositionsparteien. Dennoch gelang es René, eine Verfassung durchzusetzen, die seinen eigenen Vorstellungen sehr nahe kam. 1993 wurde er in freien Wahlen als Präsident wiedergewählt (s. S. 99).

Zeittafel

ab 7. Jahrhundert	Arabische Seefahrer besuchen die Seychellen.
1501	Der portugiesische Seefahrer João de Nova entdeckt die Farquhar-Inseln.
1502	Vasco da Gama erreicht die Amiranten.
1506	Die Seychellen werden erstmals auf portugiesischen Seekarten verzeichnet.
1609	Ein Schiff der East India Company besucht die zentralen Seychellen-Inseln.
1685–1730	Piraten kreuzen in den Gewässern der Seychellen.
1742	Forschungsexpedition des Franzosen Lazare Picault.

1. November 1756	Offizielle Inbesitznahme der Seychellen für die französische Krone durch Nicolas Morphais.
1770	Die ersten Siedler lassen sich auf Ste Anne nieder.
1778	Gründung des heutigen Victoria durch Leutnant de Romainville.
1791–1811	Regierungszeit des Gouverneurs Jean Baptiste Queau de Quincy.
1794	Britische Besetzung der Seychellen; die französische Verwaltung unter Queau de Quincy bleibt jedoch im Amt.
21. April 1811	Die Seychellen gehen in britischen Besitz über.
1812	Verbot des Sklavenhandels auf den Seychellen.
1832	Der erste anglikanische Priester läßt sich dauerhaft auf den Seychellen nieder.
1833	Verbot der Sklaverei auf den Seychellen.
1853	Zwei Kapuzinerpater gründen eine katholische Mission auf den Seychellen.
12. Oktober 1862	Durch den großen Erdrutsch *(Lavalas)* wird ein Teil von Victoria verwüstet.
1893	Eine telegraphische Verbindung von den Seychellen nach London wird eingerichtet.
1946–1956	Durch ein Zehnjahresprogramm des britischen Gouverneurs Sir Selwyn Clark soll die Wirtschaft der Seychellen wiederbelebt werden.
1964	Gründung der Seychelles Democratic Party (SDP) und der Seychelles Peoples United Party (SPUP).
1970 und 1974	Aus den Parlamentswahlen geht jeweils die SDP als Sieger hervor.
1971	Mit der Eröffnung des internationalen Flughafens auf Mahé beginnt der moderne Tourismus auf den Seychellen.
1975	Die Seychellen erhalten die innere Autonomie.
29. Juni 1976	Offizielle Unabhängigkeitserklärung der Seychellen; erster Staatspräsident wird James Mancham.
5. Juli 1977	Staatsstreich; neuer Präsident wird France-Albert René.
1979	Verabschiedung einer neuen Verfassung, die eine ›sozialistische Demokratie‹ anstrebt.
1992	Die Bevölkerung entscheidet sich in einem Referendum für eine parlamentarische Demokratie.
1993	Die neue Verfassung wird angenommen und France-Albert René zum Präsidenten wiedergewählt. Ex-Präsident James Mancham wird Oppositionsführer.
1998	Auch die zweiten Parlaments- und Präsidialwahlen gewinnt René. Diesmal wird die neue Seychelles National Party zweitstärkste Fraktion. Expräsident Mancham muß das Amt des Oppositionsführers an den Parteiführer der SNP und ehemaligen Priester Wawel Ramkalawan abgeben.

Die Seychellen heute

Von der Einparteiendiktatur zur Mehrparteiendemokratie

In den letzten Jahren der englischen Kolonialherrschaft hatten sich zwei starke politische Gruppen gebildet, die um die künftige politische Macht rivalisierten. Die eine war die **Seychelles Democratic Party** (SDP) unter der Führung von **James Mancham,** die zunächst keinerlei Wert darauf legte, die Seychellen in die Unabhängigkeit zu führen. Man strebte eher einen Sonderstatus innerhalb Großbritanniens an. Auf der anderen Seite stand die aus einer Gewerkschaftsbewegung hervorgegangene **Seychelles Peoples United Party** (SPUP) unter der Führung von **France-Albert René.**

Mit einigem Herzklopfen und in der Hoffnung auf eine friedliche Zukunft entließen die Engländer 1976 die Seychellen in die Unabhängigkeit und waren heilfroh, als die danach abgehaltenen Wahlen eine knappe Mehrheit der Stimmen für James Mancham erbrachten. Entsprechend dem englischen Mehrheitswahlrecht führte die knappe Stimmenmehrheit jedoch zu einer nahezu 100 %igen Mehrheit in der parlamentarischen Vertretung (13 von 15 Sitzen), da die oppositionelle SPUP nur in zwei Wahlkreisen mehr Stimmen erhalten hatte als die SDP. Dieses auch in der Bevölkerung als ungerecht empfundene Ergebnis der ersten demokratischen Wahl dürfte die Opposition ermuntert haben, schon ein Jahr später – als Präsident Mancham auf einer Commonwealth-Konferenz in London weilte – die Regierung abzusetzen und die Macht alleine zu übernehmen.

Mit massiver Unterstützung der damaligen Sowjetunion, aber auch mit Hilfe des sozialistischen Tansania, Nordkoreas und der Deutschen Demokratischen Republik entwickelte sich in den folgenden Jahren ein kleines sozialistisches Paradies, in dem mancher Traum verwirklicht werden konnte, der in den großen sozialistischen Nationen an Vetternwirtschaft, Mißmanagement, Machtmißbrauch und bürokratischen Hindernissen scheiterte. Fast alles, wovon ein anständiger sozialistischer ›68er‹ träumte, wurde auf den Seychellen verwirklicht – bis auf die Freiheit, die eigene (abweichende) Meinung zu äußern, ohne mit massiven Nachteilen für sich und seine Verwandtschaft rechnen zu müssen.

Die schon zu Kolonialzeiten vorhandene **soziale Sicherheit** mit Renten, freier Gesundheitsvorsorge, kostenloser Schulspeisung wurde aufrechterhalten und ausgebaut. Hinzu kamen wachsender Wohlstand und gleichmäßige Verteilung der Güter durch sozialistisch inspirierte Steuergesetzgebung und ein Lizenzierungssystem, das dafür sorgte, daß nun auch bisher unterprivilegierte Schichten – jedenfalls soweit sie der ›richtigen‹ Partei angehörten – eigene Unternehmungen aufbauen konnten und die Reichen – soweit sie der ›falschen‹ Partei angehört hatten – nicht noch reicher wurden.

Als Anfang der 90er Jahre das kommunistische System in Osteuropa zusammenbrach und klar wurde, daß die bisher so wertvolle Unterstützung in Form von Beratern und von Dollars zurückgehen würde, entschloß sich Präsident France-Albert René, das sozialistische Paradies in eine **Mehrparteiendemokratie** umzuwandeln. Zunächst lud er im Exil lebende Politiker ein, auf die Seychellen zurückzukehren und sich politisch zu betätigen. Als einer der ersten folgte sein alter Rivale James Mancham der Einladung. Kaum zurückgekehrt, belebte er die Democratic Party wieder und versuchte eine Wahlkampagne zu starten. Gegen den Rat vieler seiner Anhänger, die sich ›Revanche‹ wünschten, machte es sich der ehemalige Präsident jedoch zum Prinzip, englisch-demokratische Fairneß auch gegenüber seinem Erzfeind France-Albert René walten zu lassen. Mit René war er sich darin einig, daß es Ziel einer verantwortungsvollen Politik sein mußte, den Übergang vom Einparteiensystem zur Mehrparteiendemokratie friedlich zu realisieren und eine nationale Aussöhnung der verfeindeten Gruppen herbeizuführen.

In den Wahlen von 1993 gelang es René, zur Überraschung vieler, mit 56,5 % der Stimmen die absolute Mehrheit für sich zu gewinnen. Im Unterschied zu den führenden Politikern vieler anderer sozialistischer Staaten hatte er die Seychellen nicht zugrunde gewirtschaftet, sondern eine hohe soziale Sicherheit mit relativem Wohlstand zu vereinen verstanden. Das wurde ihm von der Mehrheit der Bevölkerung in diesen Wahlen gedankt. Die Mehrheit der aktiven und gebildeten Seychellois allerdings mußte das für sie überraschende und enttäuschende Ergebnis zähneknirschend hinnehmen. Die vielen bei den Wahlen anwesenden internationalen Beobachter bestätigten, daß es betrügerische Maßnahmen, wie sie in vielen anderen afrikanischen Ländern an der Tagesordnung sind, auf den Seychellen nicht – oder nur am Rande – gegeben hat. Zweifellos hatte die Regierungspartei allerdings die ihr zur Verfügung stehenden Staatsmittel genutzt, um massive Wahlpropaganda zu betreiben. Dem hatte die machtlose und auch relativ vermögenslose Democratic Party von James Mancham nur wenig entgegenzusetzen. Die Enttäuschung der unterlegenen Opposition und der Jubel der siegreichen Regierungspartei führte während nächtlicher Siegesfeiern zu ein paar blauen Augen und gebrochenen Nasenbeinen, echte gewaltsame Auseinandersetzungen aber blieben aus.

Im Anschluß an die Wahlen wurde eine Versammlung von Regierungs- und Oppositionspolitikern entsprechend dem Wahlergebnis zusammengestellt, die eine neue **demokratische Verfassung** erarbeitete. Diese macht die Einhaltung der Menschenrechte, wie freie Meinungsäußerung, Versammlungsfreiheit und Schutz privaten Eigentums, sowie den Umweltschutz zur Grundlage der neu entstehenden Republik.

Die neu gewählte ›alte‹ Regierung hob viele in den vorangegangenen zehn Jahren eingeführte Monopole auf, erlaubte private Arztpraxen, Privatschulen und – was wohl am schmerzhaftesten gewesen sein muß – erklärte sich bereit, einen Großteil der ›im öffentlichen Interesse‹ verstaatlichten Grundstücke an die ursprünglichen Eigentümer zurückzugeben. Anfang der 90er Jahre waren 70–80 % aller Unternehmen auf den Seychellen in der Hand des Staates. Eine konsequente Privatisierung führte dazu, daß der Staatsanteil inzwischen auf unter 40 % gesenkt werden konnte. Es läßt sich nicht leugnen, daß viele der Unternehmen nun von den gleichen Leuten geführt werden wie vorher – nur im eigenen Interesse und nicht mehr im Interesse des Staates. Kurzfristig muß dies natürlich als ungerecht empfunden werden. Mittelfristig jedoch wird sich zeigen, welche dieser ehemals sozialistischen ›Neuunternehmer‹ sich ohne staatliche Unterstützung im Wettbewerb behaupten können. Die ersten Konkurse zeichnen sich bereits ab.

Den beiden echten Staatsmännern France-Albert René und James Mancham ist es zu verdanken, daß die Seychellen Mitte der 90er Jahre eine Demokratie geworden sind, die ihre Probleme friedlich und demokratisch ausdiskutiert. France-Albert René hat auf manche Privilegien – wenn auch nicht auf alle –, die ihm die Einparteiendiktatur an die Hand gegeben hatte, verzichtet. James Mancham hat darauf verzichtet, die Macht um jeden Preis an sich zu reißen, und das Entstehen eines demokratischen Staates und die Aussöhnung zwischen den verfeindeten politischen Lagern an die erste Stelle seines politischen Wirkens gestellt. Ergebnis dieser sich ergänzenden Bemühungen ist ein Staat, der vielleicht den hohen Ansprüchen eines Rechtsstaats westeuropäischer Prägung noch nicht gerecht wird. Die Veränderungen hin zu einem wirklich unabhängigen Rechtssystem, einer Presse, die keine ›innere Zensur‹ mehr nötig hat, und zu einer Verwaltung ohne Vetternwirtschaft sind tagtäglich sichtbar und werden auch von der parlamentarischen und der außerparlamentarischen Opposition immer wieder eingefordert.

Wirtschaft

Bis 1975 basierte die Wirtschaft der Seychellen in erster Linie auf dem Export von **Kopra** nach Pakistan. Daneben wurden in bescheidenem Umfang Zimt, Zimtöl, Kokosnüsse, Tee und gefrorener Fisch exportiert. Seit 1971 der internationale Flughafen auf Mahé eröffnet wurde, hat der Strom der Touristen aus Westeuropa, Japan und Südafrika eine zentrale Bedeutung bekommen. Jährlich besuchen etwa 100 000 Ausländer die Seychellen, vor allem Briten, Italiener, Franzosen und Deutsche. Inzwischen stammen über 70 % der Devisen des Landes direkt oder indirekt aus der **Tourismusindustrie.** Das enorme Außenhandelsdefizit können aber auch die Einnahmen aus dem Tourismus nicht decken.

In Zeiten des Gegensatzes zwischen Ost und West und des starken Interesses beider Weltmächte an den Seychellen wegen deren strategischer Lage gelang es dem Inselstaat, aufgrund einer ge-

schickten Außenpolitik die Lücken im Staatshaushalt durch die Entgegennahme von Entwicklungshilfegeldern zu stopfen. Die Geberländer waren gegenüber den Seychellen auch relativ großzügig, da Erfolge von Entwicklungsprojekten auf diesen kleinen Inseln relativ schnell sichtbar waren. Die Seychellen haben auch den Ruf, die als **Entwicklungshilfe** bereitgestellten Gelder weit effektiver in die vorgesehenen Projekte zu leiten, als dies in vielen anderen afrikanischen oder asiatischen Ländern der Fall ist. In diesen Jahren konnten die Seychellen daher riesige Fortschritte machen und zählen heute nach den Kriterien der Vereinten Nationen nicht mehr zu den Entwicklungsländern.

Nach dem Zusammenbruch des ›Ostblocks‹ organisierten 1992 die Geberländer eine große Konferenz, zu der auch die Repräsentanten der Empfängerländer eingeladen waren. Dort wurde deutlich gemacht, daß ab sofort Entwicklungshilfe nur noch an solche Staaten fließen werde, die eine demokratische Verfassung und ein Mehrparteiensystem besitzen. Die Wende von 1993 vom sozialistischen Einparteienstaat zur parlamentarischen Demokratie hat im Hinblick auf Entwicklungshilfe aus westlichen Ländern leider dennoch nicht die versprochenen Gelder gebracht, denn der Lebensstandard des durchschnittlichen Seychellois ist so hoch geworden, daß viele Entwicklungsprojekte schon

Schleppnetz-Fischerei

Jede Nacht werden in den Ozeanen dieser Erde gigantische Vorhänge von Schleppnetzen ausgehängt. Schätzungen sprechen von einer Gesamtlänge von 5000 bis 10 000 km. Manche der Netze sind so eng geknüpft, daß auch Kleintiere sich darin verfangen, sich verletzen und so zur leichten Beute ihrer Feinde werden. Die Weltmeere werden von diesen riesigen ›Staubsaugern‹ leergefegt, so daß für Fischereiflotten, die weniger zerstörerische Methoden anwenden, nur noch wenig bleibt. Ein Teil der japanischen Tintenfischflotte zog 1990 mit Schleppnetzen 106 Millionen Tintenfische aus dem Nordpazifik und verarbeitete sie sofort an Bord. Als unerwünschter Zusatzfang gingen 39 Millionen kleiner Fische, 7 Millionen Haie, 270 000 Seevögel, 140 000 Lachse und viele hundert Meeresschildkröten in die Schleppnetze. Da die Schiffe zur Verarbeitung dieses Beifangs nicht ausgerüstet sind, bleiben nur einige davon im Tiefkühlschrank des Schiffskochs, der Rest wird tot oder schwer verletzt ins Meer zurückgeworfen. Die Netze werden in der Regel bei Sonnenuntergang ausgelegt und acht bis zehn Stunden durch die Meere gezogen. Das Einholen dauert etwa doppelt so lange, da die unerwünschten Tiere aus den Schlingen gezogen und zurückgeworfen werden müssen.

Als die amerikanische Regierung Ende der 80er Jahre feststellte, daß die Versorgung der indianischen Bevölkerung Alaskas mit Eiweiß gefährdet war, da diese sich vorwiegend vom Lachs ernährt, versuchte sie, ein internationales Verbot dieser zerstörerischen Art des Fischfangs durchzusetzen. Heftige Proteste, insbesondere der japanischen, koreanischen, französischen und norwegischen Flotten verhinderten dieses Vorhaben. Man sprach den Vereinigten Staaten das Recht ab, die freie Nutzung der Weltmeere einzuschränken, um die Versorgung der Bevölkerung und die Lebensgrundlage ihrer küstennahen Fischereiindustrie zu sichern. Die USA beschränkten sich schließlich darauf, jeden Fischfang mit Schleppnetzen innerhalb einer 200-Meilen-Hoheitszone entlang der Westküste Alaskas zu verbieten. Die Lachsbestände haben sich seither einigermaßen erholt, erreichen jedoch nicht mehr das Niveau früherer Jahre.

Im Mittelmeer jagen ungehindert etwa 700 italienische Fischerboote mit Schleppnetzen einer Länge von 2–40 km und bringen jährlich 5000 t Schwertfisch und 1000 t Thunfisch an Land. Die dabei verletzten und getöteten Delphine, Haie, Schildkröten usw. werden von Haien gefressen oder an den Küsten des Mittelmeers angeschwemmt. Im Indischen Ozean sollen 150 taiwanesische, koreanische und französische Schiffe dieser Art operieren.

Japan, das bis vor einigen Jahren mit Schleppnetzen aktiv war, hat die Schleppnetzfischerei in der Region des Indischen Ozeans verboten. Allerdings hat dieses Verbot kaum zu einer Einschränkung der Schleppnetzfischerei geführt. Das japanische Unternehmen Kaigai Gyogyo Kabushi Kaisha, eine Tochter des Industriegiganten Mitsubishi, soll Eigentümer eines erheblichen Teiles der wachsenden taiwanesischen Fangflotte sein. Außerdem gehören diesem Unternehmen die Mehrheitsanteile an der Mauritius Tuna Fishing and Canning Enterprises mit Sitz in Port Louis auf Mauritius. Dieser Hafen wurde in den vergangenen Jahren mit massiver japanischer Entwicklungshilfe zum größten Fischereihafen im westlichen Indischen Ozean ausgebaut. Es ist sicher kein Zufall, daß dort die taiwanesische Flotte regelmäßig ihren Fang entlädt. Als philippinische Matrosen dieser Flotte nach dreimonatigem Schleppnetzfischen auf einem ihrer Schiffe in Mauritius an Land gingen, berichteten sie von schrecklichen Massakern an den unerwünscht gefangenen kleineren Walen und Delphinen. Ihnen sollen die Genitalien abgeschnitten worden sein, bevor man sie den Haien im Meer zum Fraß vorwarf. In Taiwan gelten diese Organe als wirkungsvolle und begehrte Aphrodisiaka.

Obwohl das internationale Seerecht alle Staaten verpflichtet, die Ökosysteme der Weltmeere vor Zerstörung zu bewahren, konnte die ›Piraterie‹ mit Schleppnetzen bis heute nicht gestoppt werden, da das kommerzielle Interesse der großen Fischfangnationen zu stark ist. Die Verpflichtungen in den Artikeln 116 ff. der Internationalen Seerechtskonvention zum Erhalt der Arten und zur Wiederaufzucht bereits gefährdeter Arten stehen hinter dem finanziellen Interesse am Fang des wertvollen Fisches zurück. Nur einige Nationen konnten sich bisher dazu durchringen, in ihren eigenen Hoheitsgewässern die Schleppnetzfischerei zu verbieten. Die Seychellen, die selbst keine Schleppnetzfischerei betreiben, sondern einige sogenannte *Longliners* besitzen, gehören zu den wenigen Staaten, die Schleppnetzfischerei in ihren Hoheitsgewässern grundsätzlich verboten haben. Es ist den Seychellen jedoch nicht möglich, das Verbot zu überwachen und gegebenenfalls mit Waffengewalt durchzusetzen. Mit einem einzigen Marineschiff ist die gigantische Seefläche von ca. 1500 km Länge und 1000 km Breite nicht zu kontrollieren. Man nimmt jedoch an, daß augenblicklich keine Schleppnetzfischerei in den Gewässern der Seychellen praktiziert wird, da die eigene kleine Flotte solchen Netzen innerhalb des seychellischen Hoheitsgebietes bisher nicht begegnet ist.

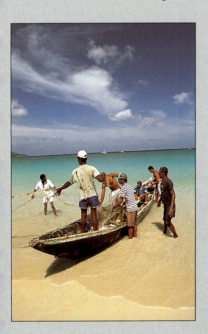

Auf den Seychellen fahren die Fischer noch mit ihren kleinen Booten auf das Meer hinaus

deshalb nicht mehr von außen finanziert werden. Auch haben inzwischen insbesondere die westeuropäischen Staaten weite Teile ihres Entwicklungshilfebudgets für Unterstützungsmaßnahmen im osteuropäischen Raum verplant. Die Folgen werden nun auf den Seychellen sichtbar.

Bis 1994 konnte jeder Seychellois mit seinen erarbeiteten Rupien zur Bank gehen und sich dafür Dollars, DM oder jede andere Währung kaufen. Der Import von Kühlschränken, Autos, Fernsehgeräten usw. war kein Problem, da genug Devisen zur Verfügung standen. Dies hat sich im Laufe der Jahre 1994 und 1995 verändert. Theoretisch besteht zwar nach wie vor die Freiheit, Geld in beliebiger Menge zu tauschen. Doch bei den Banken sind diese Devisen nicht mehr vorhanden.

Wenn es auch für die Bevölkerung der Seychellen traurig ist, daß sie nicht mehr so leicht nach Mauritius, nach Kenia, Südafrika, Singapur oder Europa reisen kann und importierte Waren im Preis steigen, so hat diese Entwicklung auch ihre guten Seiten. Da in den vergangenen 15–20 Jahren der Import von Lebensmitteln, insbesondere von Gemüse, Obst und tiefgefrorenem Fleisch extrem billig war, wurde die landwirtschaftliche Tätigkeit unrentabel. Ein auf den Seychellen gezogener Salat mußte wegen der aufgewandten Lohnkosten teurer verkauft werden als ein aus Kenia eingeflogener. Inzwischen aber hat hier eine Wende eingesetzt, und man sieht mehr und mehr Bauern, die kleine und große Farmen anlegen und ihr Gemüse auf dem Markt von Victoria verkaufen. Auf diese Weise hat die entstandene **Devisenknappheit** einen schon nahezu totgeglaubten Wirtschaftszweig wiederbelebt und auch Arbeitsplätze geschaffen.

Wegen des Anstiegs der Weltmarktpreise, aber auch des gesunkenen Wertes der Seychellen-Rupie wird neuerdings der Verkauf von Zimt auf dem Weltmarkt finanziell wieder interessant. Seit langem aufgegebene Zimtplantagen sind dabei, ihre Produktion wieder aufzunehmen. Von einer Zuchtanstalt für Krabben auf der Insel Coëtivy erhofft man sich in den kommenden Jahren interessante Deviseneinnahmen. Bereits jetzt versorgt diese Farm den lokalen Markt, insbesondere die Restaurants, Hotels und Guesthouses, mit ausgezeichneten Krabben. Von der **Reprivatisierung des Wirtschaftssystems,** das bis vor wenigen Jahren zu über 80 % in staatlicher Hand war, erhofft man sich eine effektivere Arbeitsweise, damit günstigere Preise und bessere Exportchancen.

Die ›La Digue Lodge‹ – Beispiel für die neue Generation der Luxushotels auf den Seychellen

Als Einnahmequelle der Zukunft neben Tourismus, Landwirtschaft und Fischerei setzen die Seychellen auf den Sektor der Finanzdienstleistungen und einen **Freihafen,** der seit 1994 mit großem Aufwand international propagiert wird. Die Bedingungen für die Gründung von sogenannten **Offshore-Unternehmen** (Unternehmen ohne eigentliche Geschäftstätigkeit im Land) wurden verbessert, für ausländische Unternehmensgründungen wurden Steuerbefreiungen und Zollerleichterungen eingeführt.

Wichtigster Industriezweig und damit auch der Zweig, in den der Staat in Zukunft am meisten investieren will, bleibt der Tourismus – und hier die Variante des **Ökotourismus.** Einmal will man versuchen, kleine exklusive und gut ausgestattete Hotels auf den *Outer Islands* zu entwickeln, die ökologische Gesichtspunkte wie Solarenergienutzung, sparsamen Umgang mit Süßwasser, biologische Klärung von Abwässern und ähnliches in den Vordergrund stellen. Geplant sind Projekte auf den Inseln Alphonse, Poivre, North Island und Ste Anne. Außerdem will man auf der Insel Assomption, die etwa drei Stunden Bootsfahrt von Aldabra entfernt liegt, eine kleine, aber luxuriöse Bungalow-Anlage schaffen, die als Ausgangspunkt für Exkursionen ökologisch interessierter Gäste nach Aldabra dienen wird. Doch wird es sicher noch viele Jahre dauern, bis diese und ähnliche Projekte auf weitab gelegenen Inseln realisiert sein werden.

Realistischer sind die Bemühungen, den (Umwelt-)Standard der bestehenden Hotels auf den Inseln Mahé, Praslin und La Digue zu heben und damit ein anspruchsvolleres und (noch) zahlungskräftigeres Publikum als bisher anzulocken. Ein umfangreiches Renovierungsprogramm läuft derzeit auf der Insel Desroches. Auf Bird Island wurde die ›Bird Island Lodge‹ mit großem Aufwand modernisiert und im Standard internationalen Anforderungen angepaßt, und auf La Digue präsentiert sich die gleichnamige Lodge äußerst nobel. Auf der Insel Frégate entstand 1998 ein luxuriöses 6-Sterne-Hotel mit nur 16 Villen, und renomierte kleine Hotels wie ›La Réserve‹, ›L'Archipel‹, ›Paradise Sun‹ und ›Chateau de Feuilles‹ auf Praslin wurden renoviert. Bei hohem Preis und einmalig schöner Lage haben die Häuser nun auch einen Servicestandard erreicht, der mit dem in Asien oder auf der Nachbarinsel Mauritius konkurrieren kann.

Umweltschutz

Daß man die natürliche Umwelt der Seychellen schützen muß, war den ersten Siedlern nicht bewußt, und so rotteten sie die Krokodile aus, dezimierten die wildlebenden Riesenschildkröten und schlugen einen großen Teil des wertvollen Hartholzes für den Export. Erstmals 1960 – noch unter englischer Kolonialherrschaft – fanden sich seychellische Umweltschützer mit internationalen Wissenschaftlern zusammen, um gegen den Plan der englischen Regierung zu protestieren, Aldabra, der Welt größtes Korallenatoll und Heimat der einzigen noch existierenden großen Kolonie von Riesenschildkröten, in eine Militärbasis zu verwandeln. Die Kampagne war erfolgreich, Engländer und Amerikaner wichen weiter nach Osten auf die Inselgruppe Diego Garcia aus, und die Seychellen hatten auf die lukrativen Pachteinnahmen von der amerikanischen und englischen Armee zugunsten des Umweltschutzes verzichtet. Anstatt zur Militärbasis wurde Aldabra zum vollständig geschützten ›Naturerbe der Welt‹ erklärt und dem Schutz der Vereinten Nationen unterstellt.

In den darauffolgenden Jahren erklärte die Regierung der Seychellen weite Teile der Meeresfläche nahe den Hauptinseln Mahé, Praslin und Silhouette (Ste Anne Marine National Park, Silhouette Marine National Park, Curieuse Marine National Park) und große Teile der Landfläche der Inneren Seychellen (Morne Seychellois National Park) – insgesamt 40 % der Fläche – zu **Naturschutzgebieten,** in denen nicht gebaut werden darf, in denen Fischerei auf ein Minimum reduziert bleiben muß und in die in keiner Weise von Menschenhand eingegriffen werden darf. Inseln wie Aldabra, Aride und Cousin wurden zu Vogelschutzinseln erklärt, auf die Menschen nur unter Führung von Wissenschaftlern ihren Fuß setzen dürfen. Sie sind im Laufe der vergangenen Jahrzehnte zu wertvollen Biotopen mit weltweiter Anerkennung herangewachsen.

Mitte der 80er Jahre richteten die Seychellen ein Ministerium ein, das sich mit dem Umweltschutz zu befassen hatte. Man hatte erkannt, daß eine intakte Umwelt nicht nur Voraussetzung für eine weiter florierende Tourismusindustrie ist, sondern auch für die Erhaltung der kleinen Inseln als gesunder Lebensraum der eigenen Bevölkerung. Verschmutzung des Trinkwassers führt zur Verschlechterung des allgemeinen Gesundheitszustands, und die umliegenden Küstengewässer werden vergiftet. Dies wiederum würde den küstennahen Fischfang und damit eine der wesentlichen wirtschaftlichen Grundlagen der Bevölkerung gefährden.

Es stellte sich aber nach einigen Jahren heraus, daß ein unabhängiges Umweltministerium nur wenig ausrichten konnte, da es seine Interessen gegen die Interessen anderer Ministerien selten durchsetzen konnte – auch in unseren europäischen Ländern ein nicht unbekanntes Problem. Daher wurde der Umweltschutz 1993 in die Verantwortung eines ›Superministeriums‹ mit dem Namen ›Ministerium für Umweltschutz, Landesplanung und außenpolitische Angelegenheiten‹ gegeben. Seither genießt er höchste Priorität bei Entscheidungen dieses Ministeriums, das auch im Ministerrat nach dem Präsidenten die gewichtigste Stimme besitzt.

1990 veröffentlichte die Regierung der Seychellen als erstes Land der Welt einen ›Umweltmanagementplan‹, und die neue Verfassung von 1993 hat den Erhalt der natürlichen Umwelt für die Gegenwart und zukünftige Generationen zu einer der wichtigsten Aufgaben seychellischer Politik erklärt. Seither genießt Aldabra (s. S. 232 ff.) den dringend benötigten Schutz für rund 200 000 Landschildkröten, 300 bekannte einzigartige Pflanzenarten, nur dort vorkommende Flughunde, Krabben mit einem Durchmesser von 60 cm und Millionen von Seevögeln. Der nach Aldabra zweitwichtigste Nationalpark befindet sich im Herzen der Insel Praslin. Das Vallée de Mai (s. S. 194 ff.) ist ein ursprünglich erhalten gebliebener Regenwald, in dem die einzigartige Koko Dmer wild wächst. Die Pflege des Vallée de Mai – aber auch die Kontrolle, um wildes Ernten der so seltenen Koko Dmer zu verhindern – erfordert den Einsatz erheblicher finanzieller Mittel, die erst erwirtschaftet werden müssen. Daher hat das Tourismusministerium in Zusammenarbeit mit dem Umweltministerium Wege angelegt, auf denen Touristen das Gelände durchwandern und endemische Pflanzen bewundern können. Trotz strenger Kontrolle ließ es sich nicht vermeiden, daß vor einigen Jahren eine achtlos weggeworfene Zigarette etwa 10 % der geschützten Landfläche in Brand setzte und zerstörte.

Um den Druck von 100 000 Gästen pro Jahr auf die Umwelt der drei Hauptinseln Mahé, Praslin und La Digue zu reduzieren, versucht man, weiter entfernt liegende Inseln korallinen Ursprungs (Remire, D'Arros, Alphonse, Desroches, Poivre u. a.) für den Tourismus zu erschließen, dafür die weitere Entwicklung auf den Hauptinseln abzuschwächen. Auf jeden Fall aber muß die Kontrolle wilder Entwicklungen beim Bau von Häusern und von Straßen verstärkt werden.

Auf den Seychellen ist es seit langem verboten, Bäume ohne ausdrückliche schriftliche Genehmigung zu fällen, Fi-

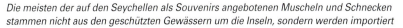
Die meisten der auf den Seychellen als Souvenirs angebotenen Muscheln und Schnecken stammen nicht aus den geschützten Gewässern um die Inseln, sondern werden importiert

Kleine Inselstaaten und ihre gemeinsamen Probleme

Mit dem Ende der Kolonialzeit ist eine Gruppe von kleinen Inselstaaten entstanden, zu denen neben den Seychellen die Insel Mauritius, die Komoren, die Malediven sowie viele Inselstaaten im Pazifischen Ozean und in der Karibik zählen. Diesen Ländern gemeinsame Probleme ergeben sich aus ihrer Grundsituation: ihrer Lage weitab von den Kontinenten, ohne die Möglichkeit, eigene Industrieprodukte zu fertigen. Dies macht sie von Importen abhängig, die wegen der Entfernungen gigantische Transport- und Kommunikationskosten verursachen. Exporte sind nahezu unmöglich, da Bodenschätze entweder fehlen oder in ihrer Menge so gering sind, daß eine kommerzielle Ausbeutung nicht rentabel ist. Da nur wenige Arbeitskräfte zur Verfügung stehen, kann auch keine rentable Produktion für Exportgüter aufgebaut werden wie in anderen, großen Entwicklungsländern, die Textil- oder Elektronikproduktionen ins Land holten.

Diese immer schwerer zu lösenden Probleme werden in manchen Inselstaaten noch dadurch verstärkt, daß sie sich aus vielen kleinen, wiederum weit voneinander entfernten Inseln zusammensetzen. Zu dieser wirtschaftlich am stärksten benachteiligten Gruppe gehören die Seychellen, ebenso wie die Malediven und einige pazifische Inselstaaten (z. B. Tonga, Fidschi, Vanuatu). Deviseneinnahmen sind nur durch den Export von Fischen, tropischen Früchten, Kopra, Zucker und Gewürzen zu erzielen. Nachdem sich der Fischfang jedoch in den vergangenen Jahrzehnten zu einer Industrie entwickelt hat, Kopra weltweit nur noch sehr wenig gebraucht wird, Vanille durch Vanillin ersetzt wurde und Zuckerrohr und Gewürze in Kuba, Madagaskar, Indonesien und anderen großen Inselstaaten weit rentabler in großen Plantagen und gegen Hungerlöhne angebaut werden, bleibt den kleinen Inselstaaten nur noch der Tourismus – also der Export ihrer landschaftlichen Schönheit der Strände, der Sonne und der Dienstleistung ihrer Bevölkerung.

Gleichzeitig birgt aber die Entwicklung des Tourismus und die dadurch ermöglichte modernere Lebensweise die Gefahr, daß die natürlichen Grundlagen des Tourismus in Mitleidenschaft gezogen werden. Der Tourismus zerstört seine eigene Basis, wie sich in vielen Mittelmeerländern, aber inzwischen auch bei einigen Fernreisezielen zeigt. In den vergangenen Jahrzehnten endeten die Versuche einiger kleiner Inselstaaten (z. B. Haiti), die natürlichen Lebensgrundlagen zu nutzen, um einen höheren Lebensstandard zu erzielen, darin, daß die natürliche Vegetation verschwand. Solche Entwicklungen bedrohen nicht nur das Leben der Bevölkerung kleiner Inselstaaten, sondern auch die Inseln selbst. Hinzu kommen die Folgen der Klimaerwärmung und der dadurch steigende Meeresspiegel, der an einigen Koralleninseln des Seychellen-Archipels heftig zu nagen beginnt.

Ein weiteres Problem stellt die Versorgung von kleinen Inseln mit frischem Wasser dar. Nur wenige verfügen wie die Seychellen über Flüsse, Bäche oder gar Seen. Selbst auf den Inseln, die mit reichlich Regenfall gesegnet sind, kann das Wasser nur schwer aufgefangen und an die Haushalte und Hotels weitergeleitet werden. Ein modernes Wassersystem ist so teuer, daß es von den wenigen Einwohnern kleiner Inselstaaten nicht finanziert werden kann. Durch den Bevölkerungsdruck wächst außerdem die Gefahr, daß die häufig beschränkten Wasserreserven verschmutzt werden. Besonders negativ wirken sich Schweine- und Hühnerzuchtanstalten aus, die aber benötigt werden, um die Bevölkerung zu ernähren. Da es kleinen Inseln nicht möglich ist, ihren Abfall an weit entfernte, wenig bevölkerte Lagerstellen zu bringen oder in Behältern zu verstecken, erscheinen sie häufig schmutziger als große Staaten, obwohl die Gesamtmenge des Abfalls pro Kopf der Bevölkerung weitaus geringer ist.

Kleine Inselstaaten, denen es gelungen ist, durch den Aufbau einer erfolgreichen Industrie einen hohen Lebensstandard zu schaffen (z. B. Nauru durch den Abbau des dort gefundenen Phosphates, Mauritius durch den Anbau von Zuckerrohr) müssen ständig mit der Gefahr leben, daß die Nachfrage nach ihrem Produkt auf dem Weltmarkt nachläßt, daß es sich erschöpft oder eine Naturkatastrophe die Industrie zerstört. Um eine diversifizierte Industrie aufzubauen, sind die Länder wiederum zu klein. Manche Staaten haben versucht, ihr Risiko zu vermindern, indem sie bei internationalen Gesellschaften Versicherungen abgeschlossen haben – mit der Folge, daß ein großer Teil der Profite an die Versicherungsgesellschaft weitergegeben werden muß.

Die Erwärmung der Erdatmosphäre und das damit verbundene Abschmelzen der Polkappen stellt für kleine Inselstaaten eine dreifache Bedrohung dar. Der Anstieg der Meeresoberfläche führt zur Erosion der Küstenstreifen, häufig den einzigen flachen Landesteilen, auf denen erfolgreich Landwirtschaft betrieben werden kann. Im Falle der Malediven droht sogar der komplette Untergang eines Staates, da keine Insel mehr als 2 m über die Wasseroberfläche hinausragt. Die Tourismusindustrie könnte geschädigt werden, da steigende Tagestemperaturen Gäste vom Besuch der Inseln abhalten oder die Stranderosion diese weniger attraktiv macht. Diesen und vielen anderen Gefahren stehen die kleinen Inselstaaten hilflos gegenüber. Nicht sie, sondern die großen Industriestaaten haben sie geschaffen – und auch nur sie können sie beseitigen.

Eine weitere ernsthafte Gefahr stellt für alle kleinen Inselstaaten der wachsende internationale Verkehr, nicht nur durch den Tourismus, sondern auch in Form von Geschäftsreisenden, dar. Ebenso wie in früheren Jahrhunderten die Handelsschiffe Rattenplagen über die Welt brachten, können heute neu eingeführte Insekten, andere Tiere und auch Pflanzen das sehr empfindliche Ökosystem von kleinen Inseln zerstören. Das Gleichgewicht der Natur auf Inseln ist weniger stabil als das auf den Kontinenten, auf denen auf gleicher Landfläche eine etwa hundertfach größere Artenvielfalt existiert. Je geringer jedoch die Artenvielfalt ist, desto größer ist die Gefahr, daß eine neu auftauchende Art ohne natürliche Feinde das Gleichgewicht ins Wanken bringt. Auf den Seychellen mußte man beispielsweise damit beginnen, die Berge und Wälder überwuchernden Zimtpflanzen mit Macheten abzuschlagen. Diese eingeführte Kulturpflanze hat sich aus den Plantagen heraus selbständig gemacht und ist aufgrund ihres schnellen Wachstums und anderer Faktoren in der Lage, die endemische Vegetation in den Bergen zu verdrängen.

Ein weiteres für kleine Inselstaaten schwer zu lösendes Problem ist das Fehlen qualifizierter Arbeitskräfte. Wer eine gute Ausbildung besitzt, ehrgeizig ist und etwas erreichen will, sieht in der Regel in kleinen Inselstaaten hierfür wenig Aussichten. Häufig kehren daher im Ausland studierende Nachwuchskräfte nicht zurück, oder sie entschließen sich nach einigen Jahren der Berufspraxis, in die Länder zurückzukehren, in denen sie ihre berufliche Ausbildung erhalten haben. Mit wenigen, meist idealistisch denkenden qualifizierten Kräften, die im Ausland weit besser Karriere machen könnten, müssen die Verwaltung des Staates, aber auch die Industrie, der Handel und das Dienstleistungsgewerbe aufrechterhalten werden. Ergebnis ist der häufig zu beobachtende wenig professionelle Umgang mit Problemen. Die Bürokratie nimmt überhand, da schlecht oder gar nicht qualifizierte Mitarbeiter mangels eigener Qualifikation und mangels des erforderlichen Selbstbewußtseins lieber den langwierigen Dienstweg gehen, als Entscheidungen zu treffen. Diejenigen jedoch, die Entscheidungen treffen müssen, sind überlastet und verlieren angesichts der geringen Unterstützung, die sie von ihren Mitarbeitern erhalten, die Motivation.

Der Tourismus ist und bleibt eine der wenigen Möglichkeiten, kleine Inselstaaten zu entwickeln und den Lebensstandard ihrer Bevölkerung zu heben. Der Tourismus zeigt aber auch, wie wichtig es ist, mit den Einnahmen vorsichtig umzugehen, damit nicht die ›Industrie‹, die den neuen Wohlstand geschaffen hat, am Wohlstand selbst wieder erstickt. Welcher Tourist, der 10 000 km auf eine kleine Insel fliegt, möchte dort von tosendem Straßenverkehr umgeben sein? Kann man andererseits von der Bevölkerung verlangen, auf die Annehmlichkeiten zu verzichten, die auf den Kontinenten inzwischen zur Selbstverständlichkeit geworden sind?

Es dürfte den führenden Politikern auf kleinen Inseln schwerfallen, der eigenen Bevölkerung zu erklären, daß sie zwar Wohlstand erwerben könne, wenn sie sich gut um die Touristen kümmere; sie solle sich jedoch keine Waschmaschine anschaffen, da die einheimische Wäscherin an der Flußmündung ein beliebtes Fotomotiv für Mitteleuropäer ist... Man kann auch nicht erwarten, daß die Einheimischen weiterhin den gefangenen Fisch auf einem Holzkohlenfeuer grillen, anstatt sich einen bequemen und modernen Herd anzuschaffen... Es wird der Bevölkerung nicht klar gemacht werden können, daß sie mit den Wasserreserven sparsam umgehen muß, damit die Touristen im Swimmingpool planschen oder sich unter der Dusche abkühlen können... Wofür soll man sich anstrengen und eine Tourismusindustrie aufbauen, wenn man das damit verdiente Geld nicht so einsetzen darf, wie man es gerne möchte?

sche zu harpunieren oder gar mit Sprengstoff zu töten. Diese Art der Fischerei hat nicht nur im Mittelmeer, sondern auch auf den Philippinen, in Malaysia und Indonesien dazu geführt, daß küstennahe Fischreserven auf ein Minimum dezimiert worden sind. Auf den Seychellen sind die umliegenden Korallenriffe gesund und voller wohlschmekkender eßbarer Fische.

Was jedoch den Schutz der Süßwasserreserven und den Umgang mit Abfall angeht, bleibt viel zu tun. Augenblicklich muß jeder Haushalt über einen *Septic Tank*, eine Art Sickergrube mit vorgeschaltetem Dreikammersetzbecken verfügen. Die großen Hotels haben hauseigene Kläranlagen oder sind dabei, diese zu bauen. Eine Ringkanalisation mit gemeinsamer großer Kläranlage wird im dichten Siedlungsgebiet von Victoria momentan errichtet, für die touristisch besonders stark genutzte Region in Nord-Mahé ist sie geplant. Mit Unterstützung des zuständigen Ministeriums sowie deutscher und schweizerischer Entwicklungshelfer haben ein Hotel und ein Guesthouse eigene Kläranlagen gebaut, in denen die Abwässer ohne Einsatz von Chemikalien oder elektrischer Energie durch Ableiten in speziell für die Tropen konzipierte Klärbecken gereinigt werden. Vom Erfolg dieser Musteranlagen hängt es ab, ob die Seychellen in den kommenden Jahren eine Vorbildfunktion bei der Entsorgung der Abwässer übernehmen können.

Besonders wichtig aber ist es, schon die Entstehung neuer Umweltprobleme zu verhindern. So muß darauf geachtet werden, daß neue Wohnhäuser oder Wohngebiete dort errichtet werden, wo genügend Wasser vorhanden ist, daß keine Zersiedlung stattfindet, daß intakte Ökosysteme erhalten bleiben. Zu diesem Zweck ist man dabei, mit Hilfe

Im Port Launay Marine National Park im Westen Mahés

des Bayerischen Umweltministeriums, deutscher Geldgeber und dem Knowhow einer spezialisierten Firma ein computerisiertes Informationssystem aufzubauen. In Datenbanken werden sämtliche planungsrelevanten Informationen eingegeben, es werden aus Infrarot-Luftaufnahmen Daten über Temperaturverhältnisse, Verdunstung, Wasserqualität usw. gesammelt und digital zur Verfügung gestellt. Dieses System wird die Verwaltung in die Lage versetzen, ohne bürokratischen Aufwand wie Ortsbesichtigungen und Gutachten, schnell richtige Entscheidungen für die weitere Landesplanung und deren Einfluß auf die Umwelt zu treffen.

Wie stark das Umweltbewußtsein innerhalb der Elite des Landes bereits ist, zeigt ein Blick in die Tages- und Wochenzeitungen. Es gibt nahezu keine, in der nicht ein umweltrelevantes Thema in ausführlichen Kommentaren abgehandelt wird, in der nicht der Bevölkerung Hinweise gegeben werden und in denen nicht versucht wird, auch das Bewußtsein der einfachen Leute zu schärfen. Ein 1995 verabschiedetes Gesetz regelt den Einsatz aller denkbaren Chemikalien sowohl in der Landwirtschaft als auch in Produktionszweigen, wie bei der Herstellung von Farben, Lacken, Seifen und Parfums. Die Verarbeitung von Schildkrötenpanzern zu Gebrauchsgegenständen (Aschenbecher, Kämme usw.) oder Souvenirs wurde 1994 endgültig verboten, obwohl damit die Lebensgrundlage einiger Familien zerstört wurde, die seit Generationen von diesem Handwerk lebten.

Das Ministerium hat ein Handbuch über den Umgang mit Hausabfall und die Herstellung von Kompost herausgegeben, das kostenlos jedem Haushalt zur Verfügung steht. Sowohl im Fernsehen als auch in den Zeitungen wurde ausführlich erläutert, wie wichtig die Kompostierung ist, wo doch die Erde insbesondere in den küstennahen Gebieten der Inseln sehr wenig fruchtbar ist. Innerhalb weniger Monate konnte man beobachten, daß in Gärten wieder Gemüse und Obst angebaut wird, obwohl deren Eigentümer bis vor kurzem überzeugt waren, daß die Erde nicht fruchtbar genug sei.

Ein neu gegründetes Staatsunternehmen hat die Aufgabe übernommen, sich um die Entsorgung von festem Abfall zu bemühen. Dieser wird in Gefahrengruppen aufgeteilt und soll entsprechend sachgerecht entsorgt werden. Um die bereits bestehenden Mülldeponien und die davon ausgehenden Gefahren zu beseitigen, wird eine Firma beauftragt, die in Singapur eine entsprechende Aufgabe seit Jahren erfolgreich durchführt. Als erster Schritt werden die alten Abfälle zusammengetragen und sollen mit einem Schiff in Deponien gebracht werden.

All diese Aktivitäten sind wichtig, wenn auch vielleicht nicht ausreichend. Einem aufmerksamen Beobachter bleibt nicht verborgen, daß Umweltprobleme existieren. Es sollte jedoch nicht vergessen werden, daß all die oben geschilderten Maßnahmen von einem Staat mit nur 75 000 Einwohnern (also der Größe einer kleinen deutschen Stadt) inmitten des Indischen Ozeans ergriffen wurden und werden. Gleichzeitig aber werden in Deutschland weitere Atomkraftwerke geplant, 30–40 % unserer Wälder sind krank oder stehen kurz vor dem Absterben, Autos dürfen weiterhin mit unbegrenzter Geschwindigkeit über Autobahnen rasen und die für die globale Erwärmung verantwortlichen Abgase ausstoßen. Das große Industriegebiet im Norden Italiens mit Weltstädten wie Mailand und Bologna bedient sich wie vor 100 Jahren der Flüsse und der Adria als ›biologische Kläranlage‹. Der Rhein, die Elbe, die Oder und der Main sind so vergiftet, daß es lebensgefährlich ist, in ihnen zu baden…

Lebensstandard

Der Lebensstandard der durchschnittlichen Seychellenfamilie ist der höchste in Afrika und liegt über dem der meisten süd- oder osteuropäischen Länder. Zwar beträgt das durchschnittliche Monatsgehalt nur etwa 2500 Rupien (800 DM, im Vergleich zu 300–1000 DM in süd- und osteuropäischen Ländern), und das Preisniveau für Lebensmittel und Gebrauchsgegenstände ist so hoch wie bei uns. Das Gehalt der Seychellois aber ist netto, denn die stark progressiven Steuern und Sozialabgaben werden alleine vom Arbeitgeber entrichtet. Zudem sind die Hauptnahrungsmittel Reis und Fisch sowie die öffentlichen Verkehrsmittel billig, Kleidung wird nur wenig benötigt, Heizkosten entfallen. Es muß kaum Vorsorge getroffen werden, denn es gibt eine allgemeine Altersrente, Arbeitslosenunterstützung, kostenlose Gesundheitsversorgung usw.

Um einen sinnvollen Vergleich anstellen zu können, muß man das Gehalt des Seychellois mit dem frei verfügbaren Gehaltsanteil eines europäischen Arbeitnehmers vergleichen. So gesehen schneiden Seychellois auch im Vergleich zu Mitteleuropa nicht schlecht ab. Die große Mehrheit verfügt über ein eigenes, wenn auch meist kleines Haus oder lebt mietfrei bei den Eltern oder Verwandten. Probleme haben Familien ohne Grundbesitz, da die Mieten hoch sind. Ein einfaches Haus mit Küche, Bad und zwei Schlafzimmern kostet eine Monatsmiete von etwa 1000 DM. Daher

haben Seychellois ohne Wohnungseigentum Anspruch auf eine vom Staat vorfinanzierte Wohnung oder ein vom Staat gebautes kleines Haus. Die Rückzahlung errechnet sich anhand der finanziellen Möglichkeiten des Käufers und überschreitet nicht ein Viertel des Monatslohns. Im Falle der Arbeitslosigkeit wird die monatliche Rückzahlungsverpflichtung ausgesetzt – was ein Grund sein könnte, warum viele Seychellois lieber ›arbeitslos‹ sind, und es dennoch fast unmöglich ist, Arbeitskräfte für eine freie Stelle zu finden! Man bleibt lieber arbeitslos und verdient nebenher durch Annahme von ›Jobs‹ gutes Geld.

Die manchmal anzutreffende Unzufriedenheit der Seychellois mit ihrer wirtschaftlichen Situation rührt von der Unkenntnis der wirklichen finanziellen Möglichkeiten eines durchschnittlichen ›Ausländers‹ her. Die Lebensbedingungen in Afrika und weiten Teilen Asiens, Süd- und Osteuropa sowie Südamerika kennen die Seychellois nicht. Sie sehen europäische und japanische Gäste, die weit über dem Durchschnitt liegende finanzielle Möglichkeiten haben und es sich im Urlaub obendrein besser gehen lassen, als sie es im Alltag tun. Durch das vorbildliche Sozialsystem gibt es auf den Seychellen nicht mehr wirtschaftliche Not als in hoch entwickelten Industriestaaten. Dafür gibt es aber auch nur wenige wirklich reiche Seychellois, die mit Motorjachten, Luxusvillen oder Privatflugzeugen ausgestattet sind.

Bildungswesen

Die Regierung der Seychellen ist sich bewußt, daß es katastrophale Folgen hätte, wenn man das gesamte Schulsystem allein auf die kreolische Sprache umstellen würde. Ein kleines Land wie die Seychellen kann es sich nicht leisten, sämtliche Schulbücher und insbesondere wissenschaftliche Werke für den Unterricht ins Kreolische übersetzen zu lassen. Außerdem besitzt es noch lange nicht genügend ausgebildete Lehrer, die in Kreolisch unterrichten könnten. Daher ist es erste Aufgabe aller Lehrer an den Grundschulen, den Kindern Englisch in Wort und Schrift so gut beizubringen, daß sie dem Unterricht in englischer Sprache folgen können. Von der sechsten Klasse an soll jedes Schulkind in der Lage sein, aus englischen Schulbüchern zu lernen, und der Unterricht soll in englischer Sprache stattfinden.

Hauptziel des Erziehungssystems ist die Chancengleichheit für alle Kinder. Es wurde eine Schulpflicht von neun Jahren eingeführt. Es gibt kein Schulgeld, so daß auch die Kinder armer Eltern die Grundschule besuchen können. Alle Kinder, die die Grundschule beenden, sollen einen einjährigen Dienst im National Youth Service (NYS) absolvieren. Sie werden in drei Lagern zusammengefaßt, wo neben theoretischem Unterricht auch praktische Arbeit in Landwirtschaft und Viehzucht geleistet wird. Nach dem NYS haben die Kinder die Wahl, wieder auf die Schule zu gehen und ein englisches Abitur zu machen oder eine handwerkliche Ausbildung zu beginnen. Qualifizierte Schulabgänger erhalten Stipendien für Studien in Europa oder Nordafrika.

Kunst und Kultur

In einem Land mit nur 250jähriger Geschichte und einer Bevölkerung von 75 000 Einwohnern darf man von der Qualität kultureller und künstlerischer Darbietungen nicht allzuviel erwarten. Wichtigstes kulturelles Erbe sind Musik und Tanz. Beide haben ihre Ursprünge hauptsächlich in französischen Traditionen, die stark durch die Tänze und die Musik beeinflußt wurden, die die Sklaven aus Afrika und Madagaskar mitbrachten.

Auf französische Überlieferungen sind beispielsweise die *Romances* zurückzuführen. Dies sind alte französische Lieder, die meist traurige, unglückliche Liebesgeschichten erzählen und bei Hochzeitsfeiern oder anderen Familienfesten in den Abendstunden gesungen werden. Noch vor 20 Jahren, als elektrischer Strom und damit Radio und Fernsehen in den meisten Häusern der Seychellen noch unbekannt waren, saßen die Familien abends nach Sonnenuntergang auf ihren Terrassen und erzählten alte Geschichten oder sangen von den Eltern an die Kinder überlieferte Lieder. Bei Feierlichkeiten, aber auch an Unterhaltungsabenden in den Hotels, werden *Kamtole* und *Contredanse* vorgeführt – Tänze, die ebenfalls aus dem alten Frankreich stammen. Sie ähneln den amerikanischen *Square Dances.* Ein *Komander* ruft den Tänzern zur jeweiligen Musik zu, welche Figuren sie bilden sollen. Als wichtigstes Instrument dient die Geige, die von Banjo, Akkordeon und den einheimischen Rhythmusinstrumenten *Grosse Caisse* und *Caisse Claire* sowie der Triangel begleitet wird. Letztere hatte früher nur den Zweck, dem *Komander* Gehör zu verschaffen.

Heute schlägt sie einen scharfen Rhythmus, so daß auch diese höfischen Tänze von afrikanischem Rhythmusgefühl und Freude an der Bewegung beeinflußt wurden.

Aus Afrika stammen die Nationaltänze **Sega** und **Moutia.** Beide werden in den Abendstunden, meist an einem Feuer am Strand getanzt. Einst lieferten die Trommeln *Bonm* und *Tamtam* die rhythmische Untermalung, während die Melodie von den Tänzern gesungen wurde. Diese alte Form findet man auf Mahé allerdings nicht mehr häufig. Auf abgelegeneren Inseln, wie Silhouette, ist sie allerdings noch sehr lebendig. Auf

Mahé entstand, wie auf Mauritius und La Réunion, eine moderne ›Disco-Form‹ der Sega. Wann immer Sie zum Tanzen gehen, sei es in einer der Discotheken oder im Hotel, werden Sie nicht darum herumkommen, die Sega zu lernen, denn auch bei der Jugend auf den Seychellen ist die Sega weitaus beliebter als die internationalen Hits aus England und Amerika.

In fast originalgetreuer Form, allerdings auf die Urlaubsbedürfnisse der Gäste zugeschnitten, erleben Sie die Musik und die Tänze der Seychellen auf ›Sunset Cruises‹ oder speziellen Abendveranstaltungen, die von den Reisebüros und den Hotels organisiert werden. Meist beginnen sie kurz vor Sonnenuntergang und dauern dann bis in die späte Nacht an.

Moderne Kunst der Seychellen

Christine Harter (s. S. 118 f.) und **Michael Adams** (s. S. 168 f.) haben in den vergangenen 10 bis 20 Jahren die Malerei als kulturelle Ausdrucksform auf den Seychellen populär gemacht. Beide unterrichteten zum Teil privat, zum Teil auf Kosten des Staates am Seychelles College Malerei, bevor sie aus den Einnahmen ihrer Bilder leben konnten und unabhängige freischaffende Künstler wurden. Auf den Inseln haben es Maler wie **Devoud** und **Radegonde** zu einiger Bekanntheit gebracht, obwohl man ihrem Stil deutlich die Schule von Michael Adams ansieht.

Zwei junge Künstler machen seit einigen Jahren besonders von sich Reden, da sie sich zwar von Christine Harter und Michael Adams inspirieren ließen, aber dennoch einen eigenständigen, unverwechselbaren Stil gefunden haben.

Der 1970 geborene **Denis Chang Seng** hatte 1995 seine erste, äußerst erfolgreiche Ausstellung in der National Gallery in Victoria. Ähnlich wie Michael Adams befaßt er sich mit der Landschaft und den Menschen auf den Seychellen, seine Bilder sind jedoch plastischer und rein äußerlich realitätsnäher als die abstrakten und in den Farben überhöhten Bilder von Michael Adams. **Golbert Nourice** dagegen malt in einem eher grafischen Stil aus der Landschaft herausgelöste Figuren und überzeugt durch Formen und leuchtende Farben. Er versucht, mit seinen Bildern Stimmungen und Bewegungen zum Ausdruck zu bringen und reale Lebenssituationen, die ihn selbst stark beschäftigen, darzustellen. Das nebenstehend abgebildete Werk ›Forbidden Pride‹ (›Verbotener Stolz‹) entstand aus einer entscheidenden Lebenssituation heraus. Bis 1993 hatte Golbert Nourice im National Youth Service (NYS) Kunst und Malerei unterrichtet. Als er sein Haar ein wenig länger wachsen ließ und zu einem Knoten am Hinterkopf band, gefiel das seinen Vorgesetzten überhaupt nicht. Eines Tages wurde er von der Schulbehörde aufgefordert, sich zu entscheiden. Entweder sollte er den Schuldienst verlassen oder sein Haar wieder kurz schneiden. Vor diese für ihn sehr bittere Alternative gestellt, verließ er den National Youth Service und begann eine Karriere als unabhängiger Künstler und Grafiker. Die Bilder beider Maler finden Sie in den Kunstgalerien sowohl in Victoria auf Mahé als auch in der ›Galerie des Arts‹ auf Praslin und auf La Digue. Eine ständige Ausstellung neuer Werke befindet sich in dem Restaurant ›La Bagatelle‹, oberhalb Victorias (s. S. 173).

Ganz hervorragendes Kunsthandwerk, geradezu kleine Kunstwerke, wird in der Fabrik ›**La Marine**‹ in Anse aux Pins hergestellt. Mit einfachsten Mitteln werden hier Nachbildungen von Segelschiffen aus der Zeit der Besiedlung der Seychellen maßstabsgetreu gefertigt. Die Schiffe sind nicht billig, ihre Qualität jedoch weitaus besser als die jener, die man auf Mauritius bekommt, wo die Herstellung dieser Modelle zu einer Industrie herangewachsen ist.

In einem Freilichtstudio in der Anse à la Mouche hat sich Ende der 80er Jahre der Londoner Fotograf und Bildhauer **Tom Bowers** niedergelassen. Aus Kunststoff schafft er feingliedrige Skulpturen aus dem täglichen Leben der Seychellen. Nachdem verschiedene Hotels seine Skulpturen als Dekorationsstücke nutzen, sind auch sie, ähnlich wie die Bilder von Michael Adams, zu einem der Charakteristika dieser Inseln geworden. Seine Werke kann man in seinem Studio, manchen großen Hotels und in den Kunstgalerien in Victoria erwerben.

Golbert Nourice mit seinem Kunstwerk ›Forbidden Pride‹

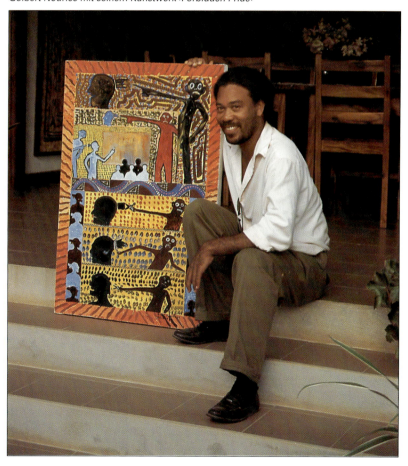

Christine Harter und Paul Turcotte
Malerin und Fotograf

Ein paar Namen hört man gelegentlich, manche häufiger, wenn man auf den Seychellen die Ohren offenhält. Zu denen, die einem auf Schritt und Tritt begegnen, gehören die Hodouls (s. S. 72 f.), Präsident René, Michael Adams, Christine Harter und ihr Mann, Paul Turcotte. Christine wurde 1951 auf Mahé geboren und ging dort – unterbrochen durch kurze Aufenthalte in Uganda und England – zur Schule. Nach Abschluß ihrer Schulzeit wanderte sie nach Südafrika aus, besuchte eine Wirtschaftsschule und fand anschließend eine Arbeitsstelle, die es ihr erlaubte, in Südafrika und in Europa weit herumzukommen. Die Arbeit gefiel ihr, doch ließ sie ihr zu wenig Zeit für ihr Hobby, die Malerei. Mitte der 70er Jahre beschloß Christine Harter daher, nach England zu gehen und am West Surrey College of Art and Design ein Kunststudium anzuhängen.

Anfang 1980 kehrte sie auf die Seychellen zurück und half jungen Seychellois, sich auf ihre Abschlußprüfung in den Fächern Kunst und Design vorzubereiten. Nun hatte sie Zeit, sich nebenher ihrer Malerei zu widmen, und es gelang ihr, schon innerhalb kürzester Zeit auf der Insel die wichtigste Künstlerin mit einheimischem Paß zu werden. Ihre zarten Aquarelle, die das Leben der Seychellois wiedergeben, machten sie bald von den Einnahmen im Schuldienst unabhängig, so daß sie beschloß, sich nur noch der Malerei zu widmen. Als sie ein vom ›Beau Vallon Bay Hotel‹ in Auftrag gegebenes Wandgemälde so erfolgreich gestalten konnte, daß viele Seychellois das Hotel besuchten, nur um das von ihrer Lands-

Eigens für einen ›Bacardi‹-Werbespot wurde in der Anse Lazio auf Praslin dieses Holzhaus errichtet

männin gemalte Bild vom Vallée de Mai anschauen zu können, hatte sie endgültig den Durchbruch geschafft.

Zu dieser Zeit lebte Christine Harter noch zusammen mit ihrem Mann in Nord-Mahé. Das sollte sich aber bald ändern. Paul Turcotte, ein Kanadier, der in seiner Heimat mit mäßigem Erfolg Filme gemacht hatte, setzte sich auf die Spur von Roman Polanski, als dieser auf Mahé war, um einen Drehort für seinen Film ›Piraten‹ zu finden. Paul war sicher, daß das eine Chance für ihn war. Es gelang ihm, ein ›zufälliges‹ Treffen mit dem berühmten Filmregisseur zu arrangieren, das wohl zur richtigen Zeit am richtigen Ort stattfand. Roman Polanski folgte dem Vorschlag Pauls, sich einige potentielle Drehorte auf der Nachbarinsel Praslin anzusehen – und engagierte ihn vom Fleck weg. Auf Praslin drehte Polanski erfolgreich die Szenen des Films ›Piraten‹, für die er in der Karibik keine geeigneten Plätze gefunden hatte – und Paul hatte einen neuen Beruf. Er war von nun an ein in der Filmindustrie gesuchter *Location Scout* für Film- und Werbeproduktionen – und konnte sich von dem verdienten Geld nur ein paar hundert Meter vom Drehort entfernt ein Haus unmittelbar am Strand der Anse Volbert kaufen. ›Robinson Crusoe‹ und ›Castaway‹ wurden seine nächsten Aufgaben im Spielfilmgeschäft. Auch Werbefotografen nutzen seither seine Kenntnisse, denn Paul weiß, wo man den Traum vom Paradies der schönen, reichen und glücklichen Menschen am besten in Szene setzen kann. Haben Sie schon mal die ›Bacardi‹-Werbung genauer angeschaut? Die drei letzten Spots wurden nacheinander in der Anse Lazio (Nord-Praslin), Anse Sévère und Anse Source à Jean (beide La Digue) aufgenommen!

Traditionelle Baukunst

Die traditionelle Baukunst der Seychellen hat niemals den hohen Standard erreicht, wie man ihn beispielsweise in den Zuckerplantagen von Mauritius und La Réunion oder den Baumwollplantagen in den Südstaaten der USA findet. Der Reichtum, der in diesen Ländern imposante und in ihren Proportionen harmonische Edelholzvillen ermöglichte, fehlte auf den Seychellen. Hierzu waren die bebaubaren Flächen zu klein und die Erde nicht fruchtbar genug. Anders als in vielen Ländern mit französischer Kolonialvergangenheit spiegelt sich der koloniale Baustil jedoch in vergleichsweise bescheidenen Villen wider, die sich die Familien der *Grands Blancs* errichtet haben, ja sogar in den Häusern einfacher Angestellter und Händler. Erst seit Anfang der 80er Jahre ist bei Neubauten die Mode eingekehrt, die Zimmer mit gläsernen Schiebetüren zu verschließen, nur kleine Terrassen anzubauen, die Dächer nicht mehr weit über das eigentliche Wohngebäude hinauszuziehen. Wie bei uns erscheint auch den Seychellois das als erstrebenswert, was sie im Fernsehen und im Kino aus der fremden Welt Europas und Amerikas zu sehen bekommen.

Für die Augen des Europäers, der sich, eingeengt in den lärmenden Großstädten und von der Kälte der Winter bedroht, daran gewöhnt hat, in engen, gegen Lärm und Kälte geschützten Räumen zu leben, sind die verbliebenen Exemplare der Kolonialarchitektur jedoch ein Genuß. Einzelne fortschrittlicher denkende Bauherren haben inzwischen die Fehler der 80er Jahre erkannt und sind dazu übergegangen, die Vorteile des tropischen Bauens vergangener Jahrhunderte wieder in die Architektur moderner Gebäude aufzunehmen

Altes Kolonialhaus auf La Digue (›Yellow House‹)

und sie mit neuen Baumaterialien zu verwirklichen. Eines der herausragenden Beispiele neuer tropengeeigneter Architektur ist das weiße Gebäude des Ministeriums für Umweltschutz, Landesentwicklung und Außenpolitik an der südlich aus Victoria herausführenden Straße, gegenüber dem Eingang zum Botanischen Garten. Ein weit über die Terrasse und den Balkon hinausreichendes Dach spendet Schatten, Eingangshalle und Verbindungsgänge sind unverschlossen, und eine laue Brise weht durch sie hindurch. Lediglich die reinen Verwaltungsräume, in denen an Computern Schreibarbeit geleistet werden muß, in denen Konferenzen und Besprechungen stattfinden, liegen im Inneren des Gebäudes und werden durch Klimaanlagen auf ›Arbeitstemperatur‹ gekühlt. Heftige Kritik vieler Seychellois ziehen hingegen das 1994 fertiggestellte Gebäude der Nationalgalerie und der schon 1985 fertiggestellte Bau der Nationalbank in der Independence Avenue auf sich. Beides sind monumentale Aluminium-, Glas- und Steingebäude, in die kein Lufthauch eindringt, deren Fensterscheiben die Strahlung der Sonne wie europäische Wintergärten aufnehmen, so daß die Luft innen durch gigantische Klimaanlagen wieder heruntergekühlt werden muß.

Man findet aber auch noch viele Exemplare der alten Kolonialarchitektur aus Hartholz und mit palmblattgedeckten Dächern. Ursprünglich diente die Palmblattdeckung lediglich als Regenschutz und Schmuck für die aus Hartholzschindeln zusammengesetzten Dächer. Als das Hartholz aber knapp wurde, entwickelte sich die noch heute bei manchen Hotels zu sehende Kunst, aus einer dicken Schicht von Blättern der Latanier-Palme luftige, regendichte und hitzeisolierende Dachkonstruktionen zu fertigen. Schon zu Beginn des 20. Jahrhunderts setzte sich dann mehr und mehr das Wellblech als billigere, weniger arbeitsaufwendige, langlebigere und einfacher zu verarbeitende Alternative durch.

Ein kleines Hotel bietet die Möglichkeit, in einem echten Kolonialhaus seinen Urlaub zu verbringen. Die ›Résidence Bougainville‹ im Südosten Mahés wird von den Urenkeln der ursprünglichen Erbauer, einer Pflanzerfamilie aus dem Süden der Insel, als einfaches und preiswertes Guesthouse geführt. Auf modernen Luxus wie Swimmingpool, Air-conditioning und schallgeschützte Trennung der Zimmer muß man verzichten. Dafür hat man jedoch das herrschaftliche Gefühl, das sich sofort einstellt, wenn man die weiten Terrassen aus Edelholz entlanggeht, die hohen und schweren Zimmertüren betrachtet und es sich auf den noch vorhandenen Edelholzstühlen und -bänken gemütlich macht. Ein weiteres prachtvolles Exemplar aus dem 19. Jahrhundert ist die ›Villa Sans Souci‹ oberhalb der Hauptstadt Victoria, in der sich momentan die Privatresidenz des amerikanischen Botschafters befindet. Kleine Kopien dieser Vorbilder finden sich in den engen Gassen rund um den Markt von Victoria und entlang der ehemaligen Uferpromenade, den heutigen Francis Rachel Street und Albert Street. Hier sind die Häuser jedoch bereits in einem so schlechten Zustand, daß mit ihrem Verschwinden in den nächsten Jahren gerechnet werden muß. Es bleibt zu hoffen, daß sich die Eigentümer der Qualität und des Charmes dieser alten Gebäude bewußt sind und ihre Neubauten an den Gegebenheiten und Notwendigkeiten des tropischen Klimas orientieren.

Gelungenes Beispiel der modernen seychellischen Architektur: Maison Queau de Quincy

Die kreolische Küche

›Kreolische Küche‹ gibt es auf Mauritius, La Réunion und den Seychellen. Die Art zu kochen zeigt auf all diesen Inseln zwar einige Gemeinsamkeiten, die Eigenarten der jeweiligen Region sind aber so stark ausgeprägt, daß die folgenden Aussagen nur für die Seychellen zutreffen. Differenzen ergeben sich aus den zur Verfügung stehenden Lebensmitteln, dem verschieden starken Einfluß der Küche der Kolonialherren und aus der unterschiedlichen Zusammensetzung der Bevölkerung. So ist die kreolische Küche von La Réunion wesentlich weniger auf Fisch spezialisiert als etwa die auf Mauritius und den Seychellen, denn La Réunion hat wegen seiner sehr schwer zugänglichen Häfen den Fischfang nur wenig entwickelt. Auf Mauritius dagegen macht sich der Einfluß der indischen Gerichte wesentlich stärker bemerkbar, da der indische Anteil an der Bevölkerung weit überwiegt. Auch auf den Seychellen hat sich die indische Küche als Basis durchgesetzt, obwohl Inder nur eine kleine Minderheit bilden.

Die Gewürzmischung *Masale,* bei uns als *Curry* zu kaufen, wird für die Curry-Gerichte verwendet, die häufig auf dem Speiseplan stehen. Curry ist aber nicht gleich Curry! Ein Gemüse-Curry wird beispielsweise ganz anders gewürzt und zubereitet als ein Hühner-, Fisch- oder Rindfleisch-Curry. Auf den Seychellen sind Einflüsse anderer Nationalitäten auf die Kochkunst nicht zu verkennen. An die englische Kolonialzeit erinnert das *Stew*, ein Eintopfgericht. Französischer Herkunft sind die herrlichen Fischsuppen *(Bouillons),* die man aber nicht in einem tiefen Suppenteller serviert, sondern über einen Berg weißen Reis gießt und dann mit dem Löffel ißt. Aus Afrika dürfte die Nachspeise *Kat-kat* stammen: Grüne Bananen werden kleingeschnitten und in süßer Kokosmilch gekocht.

Das wichtigste Nahrungsmittel neben Reis ist der Fisch. Und davon gibt es so viele Sorten, Größen und Geschmacksrichtungen, daß er nie langweilig wird, auch nicht, wenn man ihn jeden Tag ißt. Die bekanntesten Speisefische sind Thunfisch, Bonito, Bourgeois, Karange, Kordonier, Bekin und Makrelen. Daneben gibt es noch viele andere, wie etwa kleine Haifische, Dorade, Kingfish, Kakatoi, Vyée, Baksu usw. Um die Fische perfekt zuzubereiten, muß man wissen, welcher am besten gegrillt, welcher gekocht oder gebacken wird. Dann gehören natürlich die richtigen Gewürze und die entsprechenden Beilagen dazu. In den meisten Hotels erhalten

Auch in den Hotelrestaurants wird teilweise die kreolische Kochkunst sehr gut gepflegt

Sie neben europäischer Küche immer auch eine Auswahl kreolischer Gerichte. Nach meiner Erfahrung sollten Sie unbedingt diese Gerichte wählen, denn damit kennt sich der Koch besser aus als mit Schnitzel und Kartoffelsalat!

Die ›Haute Cuisine Créole‹

Es gibt sie auch, doch bitte erwarten Sie kein Fünf-Sterne-Restaurant! Es wird ausgezeichnet kreolisch gekocht und dem ganzen durch französische, indische und sonstige internationale Einflüsse der besondere ›Touch‹ verliehen. Mit etwas Glück hält das Restaurant sogar den genau passenden französischen, italienischen oder deutschen Wein bereit. Repräsentanten dieser besonderen Küchenvariante sind das Restaurant im ›Northolme Hotel‹ (Nord-Mahé) und das in einem großen Garten gelegene Restaurant ›La Bagatelle‹ an der Sans Souci Road (s. S. 173). Auch das ›Pomme Cannelle‹ in einem luftigen Holzhaus im Kolonialstil an der Küstenstraße südlich des Flughafens (auf dem Gelände des ›Vilaz Artizanal‹) bemüht

Rezept für ein kreolisches Menü

Ein kreolisches Menü, das Sie auch mit den Zutaten kochen können, die es in Deutschland zu kaufen gibt (Mengenangaben für 6 Personen):

Vorspeise: Oktopus-Salat
Zutaten:
  500 g Seepolyp (nicht Tintenfisch oder Sepia!)
  ½ Kopfsalat
  200 g Tomaten
  1 Zitrone
  1 Kaffeelöffel Essig
  1–2 Eßlöffel Öl
  2 Zwiebeln
  Salz, Pfeffer
  Petersilie

Oktopus in Salzwasser kochen, bis er weich ist (im normalen Topf bis zu zwei Stunden, im Schnellkochtopf etwa eine Stunde); abkühlen lassen (unter fließendem kaltem Wasser), kleinschneiden und beiseite stellen. Während der Oktopus gart, würfeln Sie die Zwiebeln, waschen den halben Kopfsalat und nehmen die Blätter herunter. Tomaten vierteln und Petersilie hacken. Noch nicht in eine Schüssel zusammen geben! Salz, Zitronensaft, Essig, Öl und Pfeffer vermischen. Nun gießen Sie diese Soße über den abgekühlten, kleingeschnittenen Oktopus und die Zwiebeln. Die Salatblätter als unterstes in eine Schüssel legen, den Oktopus mit Zwie-

sich um besonderen Stil, der dem Ambiente des Kolonialhauses angemessen ist.

Diese Restaurants sind nicht billig, aber aufgrund der angebotenen Speisen und vor allem aufgrund ihrer besonderen Lage ihr Geld wert. Voranmeldung ist nur für Gruppen erforderlich.

Familien-Restaurants in kreolischen Häusern

›Bel Air Guesthouse‹ und ›Marie-Antoinette‹ sind zwei Restaurants, die jeden Abend (nur) ein komplettes kreolisches Menü anbieten. Bei beiden ist es ratsam, sich möglichst schon am Vortag anzumelden, denn die Zahl der vorhandenen Tische ist begrenzt, und der Koch muß sich schon beim Einkauf auf dem Markt auf die Gästezahl einstellen. Im ›Bel Air‹ steht um 19.30 Uhr das Menü auf der Anrichte, und die Gäste werden gebeten, sich selbst zu bedienen. Bei ›Marie-Antoinette‹ wird am Tisch serviert. Beide bieten zu relativ günstigem Preis typisch kreolische Küche in einfachem, originellem Rahmen. Beide liegen am Rande der Hauptstadt Victoria, etwas oberhalb der Straße Richtung Beau Vallon Bay.

Was gibt es zu trinken?

In den meisten Haushalten auf Mahé gibt es keinen Wein. Der ›normale‹ Seychellois bevorzugt die traditionellen Al-

beln und Soße daraufgeben, die geviertelten Tomaten obenauf legen und mit Petersilie bestreuen.

Hauptgericht: Kari-Koko Poul (Curryhühnchen mit Kokosmilch)
Zutaten:
- 2 Poularden (ca. 3 kg)
- 100 g Zwiebeln
- 50 g Currypulver (Achtung: muß frisch vom Markt sein!)
- 20 g Kurkuma (Turmeric)
- 20 g Knoblauch (kein Pulver)
- 10 g Ingwer (kein Pulver)
- Öl
- Kokosmilch ($1/2$ l; darf nicht gesüßt sein!)
- Salz, Pfeffer, Thymian, Zimtstange (1 Zentimeter)

Poularden in jeweils acht Teile schneiden, Zwiebel würfeln, Ingwer und Knoblauch reiben. Öl im Topf erhitzen und Hühnerteile darin anbraten, bis sie braun sind. Dann Zwiebeln, Currypulver und Kurkuma dazugeben. Alles zusammen 5 Minuten anbraten, Kokosmilch dazugeben. Alle übrigen Zutaten anschließend einrühren. Topf schließen und alles 30–45 Minuten garen lassen. Mit ungesalzen gekochtem weißem Reis servieren.

Nachspeise: Banane mit Kokosmilch
Zutaten:
- 6 reife Bananen
- 2 Vanilleschoten
- 250 g Zucker
- $1/4$ Liter Wasser
- $1/2$ Tasse ungesüßte Dosenkokosmilch

Bananen schälen und längs halbieren. Alle Zutaten, außer der Kokosmilch, über die Bananen gießen und 20 Minuten auf kleiner Flamme kochen. Herausnehmen und in sechs Schalen geben. Mit Kokosmilch übergießen und servieren.

Guten Appetit!

---

koholika, die er entweder selber herstellt oder billig und heimlich irgendwo hinter einem Haus kauft. Es muß heimlich sein, denn die Regierung sieht es nicht gern, daß die Tradition des **Bakka**-Brauens noch immer weit verbreitet ist. Meist handelt es sich dabei um billigen, giftigen Fusel, der aus Kartoffeln und Zucker hergestellt wird. Es gibt aber Spezialisten, die aus Obst, insbesondere Ananas oder Mango einen ganz hervorragenden Bakka herstellen können. Dieser erinnert dann im Geschmack an einen erstklassigen Federweißen. Der Rausch kommt rasch, aber man muß ihn nicht mit Kopfschmerzen bezahlen! Außerdem ist dieser Bakka schon beim Trinken ein Genuß. Wenn Sie nach *Jungle Juice* fragen, weiß jeder, was gemeint ist.

Etwas weniger ›giftig‹, doch wesentlich exotischer ist der **Calou.** Er wird aus einem Sekret der Kokospalme gewonnen und hat auch den typischen Kokosgeschmack. Manche Palmen produzieren pro Tag 2–3 l dieses Sekrets, das knapp unter der Krone in Bambusrohren aufgefangen wird. Schon während der Saft langsam in das Bambusrohr tropft, beginnt er zu gären. Wenn Sie Calou frisch vom Baum trinken, hat er etwa den Alkoholgehalt von Bier und schmeckt süßlich. Lassen Sie ihn aber einen Tag lang stehen, dann ist er stark wie Schnaps und nur für ›harte Naturen‹ zu vertragen.

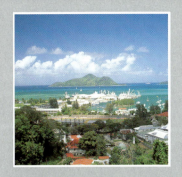

Reiseziele auf den Seychellen

Mahé

Mahé ist in jeder Beziehung die Hauptinsel der Seychellen, obwohl es mit 27 km Länge und maximal 8 km Breite auf vielen Weltkarten inmitten des Indischen Ozeans gar nicht erkennbar ist. Auf Mahé leben rund 65 000 Einwohner und damit 90 % der Bevölkerung der Seychellen, hier befinden sich die Verwaltungsgebäude, große Handwerksbetriebe, Autowerkstätten, eine Brauerei, eine Rundfunk- und Fernsehstation – kurz: alles, was für das moderne Leben heute benötigt wird. Auf der Insel konzentrieren sich auch 90 % aller touristischen Einrichtungen der Seychellen, wie Restaurants, Hotels und Guesthouses. Große Hotels mit mehr als 40 Zimmern finden Sie außerhalb Mahés nicht.

Das von den ersten Siedlern ›Insel des Überflusses‹ genannte Mahé bietet landschaftlich die meiste Abwechslung von allen Seychellen-Inseln. Sein höchster Gipfel mißt über 900 m, im Morne Seychellois National Park sind große Bestände des ursprünglichen Regenwaldes erhalten, insbesondere im Süden der Insel, aber auch an der Nord- und Westspitze finden sich viele kleine, völlig unberührte Traumbuchten; es gibt Discos, einige Bars in Victoria, zwei Kinos, Cafés, Tauchbasen in verschiedenen Hotels, einen Golfplatz, Tennisplätze, Squash-Courts, zwei Fußballstadien und vieles andere mehr. Wenn Sie auf Ihrer Reise zu den Seychellen von diesen Möglichkeiten Gebrauch machen möchten, müssen Sie zumindest eine Woche auf Mahé einplanen. Wer Mahé lediglich als Zwischenstation auf der Reise zu den ursprünglicheren Nachbarinseln Praslin und La Digue benutzt, hat ebenso einen Teil der Schönheit der Seychellen verpaßt wie ein Gast, der es sich 14 Tage oder drei Wochen in einem der Hotels in der Beau-Vallon-Bucht oder der Baie Lazare gutgehen läßt.

◁ *Blick über Victoria auf den Sainte Anne Marine National Park*

Die Inselhauptstadt Victoria

■ (S. 246) Nach europäischen Maßstäben ist die Hauptstadt der Seychellen eher ein Provinznest. Obwohl sie knapp 30 000 Einwohner zählt, gibt es keine Parkhäuser, keine Neonleuchtreklamen und nur eine Verkehrsampel. Dafür hat sie einen lebhaften kleinen Markt, verwinkelte enge Gassen zwischen Wellblechhäusern, in denen meist indische Händler alles verkaufen, was ein normaler seychellischer Haushalt benötigt. Lediglich morgens um 8 Uhr und am Nachmittag um 16 Uhr kommt ein wenig städtisches Leben und Flair in den Gassen auf. Man geht zum Einkaufen, trinkt einen Kaffee im ›Pirates Arms‹, dem Snackrestaurant im Herzen der Stadt, wo man sieht und gesehen wird. Doch schon eine Stunde später wird es wieder geruhsamer, Autos werden seltener, und wenn um 18 Uhr die Sonne untergeht, ist wieder völlige Ruhe eingekehrt. Die Geschäfte schließen um 17 Uhr, selbst die kleinen Krämerläden in der Market Street. Der Markt hat zwar noch bis 18 Uhr auf, doch ist dann in der Regel alles ausverkauft. Die Bauern und die Fischer sind längst wieder nach Hause gefahren, nur vereinzelt trifft man Spaziergänger, die in der Nacht einen Schaufensterbummel machen, bevor die elektrischen Lichter völlig erlöschen. Wer spät in der Nacht noch einen Spaziergang machen will, geht zum Old Pier (auch ›Long Pier‹ genannt), um zuzusehen, wie die Fischerboote entladen werden. Von dort hat man einen schönen Blick auf die Stadt, den Hafen und die ganze Ostküste hinauf nach Norden.

Da die alten Gebäude nicht über große Schaufenster verfügen, wie wir sie aus Europa gewohnt sind, meint man nach einem flüchtigen Blick, daß es in Victoria nichts zu kaufen gibt. Geht man jedoch durch die engen Türen in die Geschäfte hinein, so ist man überrascht über die großen Ausstellungsräume und über die Vielfalt der Waren, die angeboten werden. Die Auswahl an Elektrogeräten, Kleidern, Fotoartikeln ist groß, die Preise sind kaum höher als in Europa.

Nach und nach verschwinden leider die alten Kolonialbauten und werden durch moderne Stein- und Glaskon-

Blick über die Hauptstadt Victoria auf die dahinterliegenden Berge

struktionen ersetzt. Glücklicherweise versuchen die Architekten jedoch, sich an den Stil der Kolonialzeit anzupassen und dessen Vorzüge zu nutzen. Weit vorgezogene Dächer und Balkone schützen die Läden vor Sonneneinstrahlung und Hitze. Ein besonders gelungenes Beispiel für diese moderne tropische Architektur ist das Maison Queau de Quincy (Außenministerium) am südlichen Ausgang von Victoria im Ortsteil Mont Fleuri, unmittelbar gegenüber dem Eingang des Botanischen Gartens. Ganz im Gegensatz dazu stehen zwei moderne Komplexe an den Schmalseiten des alten Fußballstadions. Am Nordende steht ein Klotz aus Marmor und Glas, der die Zentralbank der Seychellen und die Verwaltungsräume des Finanzministeriums beherbergt. Am Süden des Stadions wurde 1994 das wohl bisher teuerste und prestigeträchtigste Gebäude der Seychellen errichtet, in dem die Nationalbibliothek und das Nationalarchiv untergebracht sind.

Im nördlichen Teil des Hafenbeckens und entlang der Ostküste zwischen Victoria und dem Flughafen wurden dem Meer in den vergangenen Jahren weite Flächen durch Aufschüttung abgerungen. Die Stadt wächst auf diesen neu erworbenen, leicht zu bebauenden Flächen schnell weiter. Momentan ist die Entwicklung bis zu einem Sportkomplex mit großem Fußballstadion, Schwimmstadion, Tennisplätzen und Mehrzweckhalle nach Süden vorgedrungen. Im dortigen Ortsteil Roch Caiman steht die

erste kleine ›Trabantenstadt‹, ein neues Siedlungsgebiet mit etwa 1000 Wohneinheiten. Die Regierung hofft, daß nach dessen Bezug weniger Neuentwicklungen in den Bergen der Insel entstehen werden und so der Druck auf die Natur und die Wasserreserven nachläßt. Weiter im Süden liegen die aufgeschütteten Gebiete, bis auf eine zum Flughafen führende Schnellstraße und einzelne Industrieanlagen, noch brach.

Sehenswertes in Victoria

Victoria hat zwei Zentren. Das eine gruppiert sich um **L'Horloge** 1, eine häßliche kleine Karikatur des Londoner Big Ben inmitten des Kreisverkehrs an der Kreuzung der Independence Avenue mit der Albert Street. Trotz (oder gerade wegen) seiner merkwürdigen Gestaltung ist dieser Uhrturm zum Wahrzeichen der Inselhauptstadt, wenn nicht gar der Seychellen geworden. Um ihn herum finden sich mehrere Banken, ein Museum, die Hauptpost, der Justizpalast, Souvenirstände und einige hübsche kleine Geschäfte in den Arkaden des Victoria House. Die Terrasse des ›Pirates Arms‹, eines Restaurants an der Independence Avenue, gehört als gesellschaftlicher Mittelpunkt ebenfalls dazu. Das Gebäude des direkt neben dem Uhrturm in der Francis Rachel Street gelegenen **Justizpalastes** wurde Ende des 19. Jh. als Sitz der damaligen ›New Oriental Bank‹ errichtet.

Entlang der Francis Rachel Street, zwischen Uhrturm und dem Nationalarchiv haben Händler ihre Stände aufgebaut 2. Hier finden Sie von Spazierstöcken aus Haifischknochen und Kokospalmenholz über polierte Meereskokosnüsse und Sonnenhüte alles, was das Kunsthandwerk der Seychellen zu bieten hat. Schildpattgegenstände, die in früheren Jahren einen wesentlichen Teil

L'Horloge – Kopie des Big Ben und Wahrzeichen Victorias

Der Touristenmarkt auf der Independence Avenue

der Souvenirs ausmachten, sind allerdings nicht mehr zu kaufen, da die Verarbeitung des wertvollen Panzers der Schildkröten untersagt worden ist. Teilweise wurden diese Dinge durch kunsthandwerkliche Gegenstände ersetzt, die man aus Madagaskar fertig importiert und die dort aus dem Horn der Zebu-Rinder gefertigt werden.

In der Independence Avenue befindet sich neben dem Postamt, schräg gegenüber vom ›Pirates Arms‹, das **Seychelles National Museum** 3. Sie dürfen keine Sensationen erwarten, doch wenn Sie Interesse an Geschichte, Geographie und Tierleben der Seychellen haben, finden Sie dort schöne Objekte, die das Buchwissen lebendig ausgestalten. Ziel des Museums ist es, das Leben auf den Seychellen seit der Besiedlung der Inseln besser verständlich zu machen. Dazu dienen Karten, Pläne, Fotografien, Zeichnungen, Kopien wichtiger Dokumente, Exemplare der interessantesten Pflanzen und Tiere, Beispiele einheimischer Handwerksprodukte sowie Kleidungsstücke, die auf den Seychellen in früherer Zeit getragen wurden. Zu den wichtigsten Stücken des Museums zählt der ›Pierre de Possession‹ (›Stein der Inbesitznahme‹), den die Franzosen 1756 aufstellen ließen. Eine der neuesten Erwerbungen ist zugleich einer der ältesten Gegenstände, der auf dieser Erde gefunden wurde. Es handelt sich um einen ca. 180 Millionen Jahre alten Stein, auf den man 1981 bei der Suche nach Erdöl stieß. Er beweist, daß das Gestein der Seychellen und das Seychellen-Plateau zu den ältesten Erdformationen überhaupt gehören.

Gehen Sie vom Uhrturm aus in westlicher Richtung (also landeinwärts), stoßen Sie nach etwa 200 m auf ein großes Eisentor, hinter dem sich das schöne alte **State House** 4 und sein prächtig angelegter Garten (s. S. 138 ff.) befinden. Werfen Sie einen Blick in die klei-

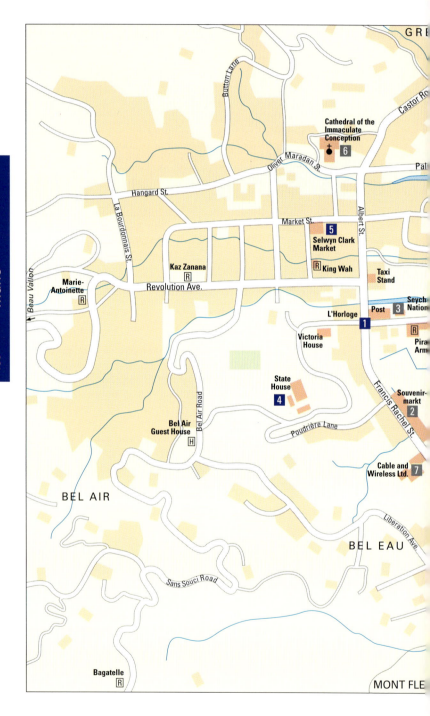

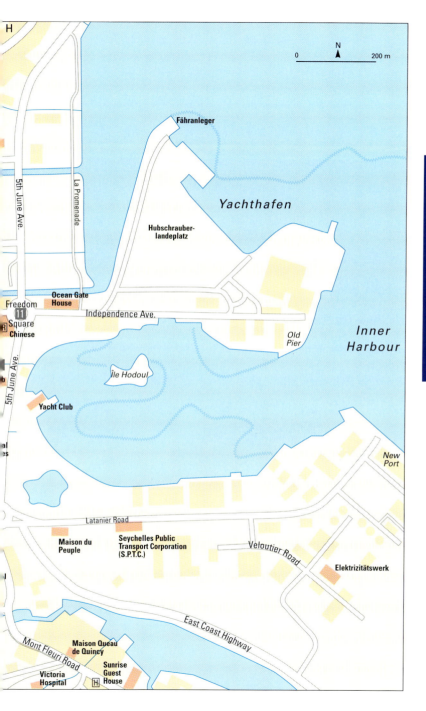

Das State House und seine Geschichte

Das stattliche State House in der Hauptstadt Victoria wurde zu Beginn des 20. Jahrhunderts errichtet und hat bis in die ersten Jahre der Unabhängigkeit viele feuchtfröhliche Feste gesehen. Gastgeber waren englische Gouverneure, später der erste Präsident der unabhängigen Seychellen, James Mancham. Er stand im Ruf, ein Playboy zu sein, der sich gerne in Gesellschaft schöner – vor allem blonder – Frauen und reicher Männer wie Gunter Sachs, George Harrison oder Adnan Kashoggi zeigte. Man sagt, daß alle Teilnehmer der Feste es genossen, zu den Auserwählten zu zählen, die eingeladen wurden. Unter dem eher scheuen und zurückgezogen lebenden Präsidenten René änderte sich das schlagartig. State House diente ab 1977 nur noch zum protokollarischen Empfang von Staatsgästen.

An diesem Platz wurden seit der Besiedlung der Inselgruppe – zunächst noch von französischen ›Colon‹, die aus Mauritius gesandt wurden, später von englischen Gouverneuren – alle politischen und wirtschaftlichen Entscheidungen getroffen.

1756 besuchte Nicolas Morphais die Seychellen. Er war vom Gouverneur der französischen Kolonie Mauritius geschickt worden, um sich die Inseln anzusehen und zu prüfen, ob sie geeignet

seien, weitere Ansiedlungen aufzunehmen. Seine wichtigste Aufgabe aber war es, einen ›Pierre de Possession‹ (›Stein der Inbesitznahme‹) an Land zu bringen und an einer auffälligen Stelle zu plazieren. Damit sollte sichtbar demonstriert werden, daß die Inseln von nun an dem französischen König gehörten. Mehr geschah nicht, bis 1778 mit Leutnant de Romainville ein weiterer Abgesandter mit einigen Polizisten und Siedlern eintraf, um die Inseln in die französische Kolonialverwaltung einzugliedern. De Romainville wählte sein Grundstück an einer Stelle, die im Nordosten des heutigen Gartens um das State House liegt. Dahinter erhebt sich der Les Trois Frères genannte Berg, an dessen Hängen oberhalb des Gouverneurshauses bald darauf Kolonialvillen entstanden.

Wenn man sich die Lage Victorias vor Augen führt, überrascht das, erstreckt sich doch vor dem Gelände des State House eine weite ebene Fläche, auf der Verwaltungsgebäude, ein Fußballstadion, Hafenanlagen und Cafés errichtet wurden. Diese Fläche jedoch gab es damals nicht, sie ist erst im 20. Jahrhundert durch Aufschüttungen entstanden. Der Indische Ozean reichte früher bis an die heutige Albert Street und zum heutigen Wahrzeichen der Stadt, dem kleinen Uhrturm. An der Westseite der Albert Street findet man noch einige aus Holz gebaute alte Wohnhäuser, die in früherer Zeit an der Strandpromenade standen.

Was die weitere Entwicklung seiner neuen Kolonie anbetraf, war de Romainville offenbar nicht sehr optimistisch. Er errichtete nämlich lediglich ein bescheidenes Haus, einen Lagerraum, ein Krankenzimmer und ein paar Baracken für die Polizisten. Als die Kolonie jedoch im Laufe der Jahrzehnte wuchs, mußte schließlich auch das State House mitwachsen. 1850 wurde ein neues, repräsentativeres Gebäude errichtet. Erster und wohl auch berühmtester Gouverneur, der in diesem Regierungssitz seine Gäste empfing, war Queau de Quincy. Das heutige State House allerdings wurde erst gut 60 Jahre später an der gleichen Stelle von den englischen Kolonialherren errichtet. Die Ehefrau des Gouverneurs soll bei der Gestaltung wesentlich mitgewirkt haben – und leider vergessen haben, eine Treppe zum ersten Stock vorzusehen! Als man es bemerkte, war es zu spät, noch eine Lösung zu finden, die diesem Gebäude angemessen gewesen wäre. In versteckten Ecken wurden nachträglich unauffällige Treppen nach oben hinzugefügt.

Da das State House weiterhin für Empfänge ausländischer Staatsgäste und für politische Besprechungen genutzt wird, ist es für Besucher leider geschlossen. Auch ist es zu klein, als daß man – wie in manchen europäischen Königsschlössern – einzelne Räume abtrennen und zur Besichtigung freigeben könnte. Man kann es nur von Ferne bewundern, wenn man mit einem Boot in den Hafen einfährt oder es im Landeanflug mit dem Flugzeug auf der rechten Seite im Herzen der Hauptstadt Victorias entdeckt. Im Schatten der im August rot blühenden Flammenbäume *(Flamboyants).* konkurrieren die etwas zu pompös geratenen Säulen, die das weit ausladende Dach tragen, mit Palmen, riesigen Mango- und Brotfruchtbäumen. Der großzügige tropische Garten rund um das Gebäude bildet eine wahrlich traumhafte Oase.

Kaum hat man nämlich das lärmende Zentrum Victorias verlassen, indem man durch das große schmiedeeiserne Tor in den Garten fährt, ist man von einer Welt gepflegter Wiesen, versteckter gewundener Fußwege und großem, altem Baumbestand umgeben. Überall finden sich blühende Sträucher und Pflanzen, deren Ursprung selbst dem Chefgärtner und seinen 13 Mitarbeitern nicht mehr bekannt ist. Im Laufe der Jahrhunderte wurde alles eingepflanzt und liebevoll gepflegt, was von Schiffskapitänen und Besuchern aus aller Welt mitgebracht wurde. Daneben findet man alle endemischen Pflanzen der Seychellen, darunter eine alte, majestätische Koko-Dmer-Palme. Botaniker werden hier viel zu entdecken haben, wesentlich mehr als in der freien Natur der Seychellen. Was die Hausgärtner kennen und benennen können, wird nach und nach mit entsprechenden Tafeln versehen, so daß auch die botanisch weniger gebildeten Besucher erfahren können, ob es sich um einheimische oder aus fernen tropischen Ländern herbeigeschaffte Pflanzen handelt. Von den gigantischen Drachenblutbäumen, die früher die Auffahrt zum State House säumten, ist leider nur ein Exemplar geblieben. Sie waren zu alt, und es krachten häufig ohne Vorwarnung riesige Äste herunter. Aus Sicherheitsgründen mußten die Bäume daher gefällt werden.

Versteckt weit hinten im Garten liegt das Grab des Gouverneurs Queau de Quincy, der sich siebenmal der englischen Kolonialmacht ergab – und, sobald die englischen Schiffe außer Sichtweite waren, wieder die französische Flagge hißte. Das Grab zählt neben Überresten des ersten Gebäudes aus französischer Kolonialzeit und einem Gedenkstein für den beliebten Gouverneur Thorpe – 1961 ertrank er beim Baden in der Grand' Anse – zu den wenigen historisch interessanten Dingen auf dem Gelände des State House.

nen Geschäfte rechts und links an der Straße, vielleicht finden Sie hier ein auf den Seychellen gemaltes Bild oder eine schöne Skulptur, die besser als Andenken geeignet sind als das kommerzielle Kunsthandwerk vom Markt rund um den Uhrturm.

Das zweite Zentrum Victorias gruppiert sich rund um den alten **Markt** 5, der in nördlicher Richtung etwa fünf Minuten zu Fuß vom Uhrturm entfernt liegt. Die Marktstände wurden nach dem Zweiten Weltkrieg vom damaligen Gouverneur Sir Selwyn Clark errichtet (daher nach ihm benannt) und den Fischern und Bauern ursprünglich kostenlos zum Verkauf ihrer Ware zur Verfügung gestellt. Inzwischen sind die Marktstände jedoch kommerzialisiert, und die Bauern verkaufen den Händlern ihre Ware, die diese dann weitergeben. Am frühen Samstagmorgen herrscht hier Hochbetrieb. Ab 5 Uhr sind die Stände besetzt, eine Stunde später ist halb Mahé auf den Beinen, um für das Wochenende einzukaufen. Versuchen Sie unbedingt, den Sonnenaufgang hier zu erleben! Das Licht, das Leben und die herrlichen tropischen Früchte, Gemüse und Gewürze, die frisch gefangenen Fische im morgendlich kühlen Victoria werden Sie für den versäumten Schlaf entschädigen!

Rund um den Markt treffen Sie auf Läden, die so aussehen, als ob niemand hier jemals etwas finden könnte. Man kann aber unglaublich viel zwischen den Stoffballen, Reissäcken, Videorecordern aufstöbern. Die Läden gehören meist aus Indien eingewanderten Familien, einzelne werden von Chinesen geführt. Eines der bemerkenswertesten dieser Geschäfte ist ›Jivan Imports‹ an der Ecke Market Street/Albert Street. Hier kann man vom Reiseführer über Reiskocher bis zu Fernsehgeräten und Stoffen alles finden, was man benötigt.

Nicht weit vom Markt entfernt, wenn Sie in nördlicher Richtung durch eine kleine Straße ohne Namen weitergehen, stoßen Sie auf die große **Cathedral of the Immaculate Conception** 6 (Kathedrale der unbefleckten Empfängnis‹) mit den Wohngebäuden der Priester, die ein gepflegter Garten umgibt.

Auf dem Rückweg vom Markt zum Uhrturm kommen Sie durch die **Revolution Avenue.** Hier finden Sie viele Geschäfte und Reisebüros. Die Straße verbindet Victoria mit dem Paß St Louis, der zur Beau-Vallon-Bucht auf der anderen Seite der Insel führt. An ihrem oberen, vom Meer entfernten Ende steht ein charmantes, wenn auch verfallen wirkendes Kolonialhaus, in dem sich heute das gute kreolische Restaurant ›Marie-Antoinette‹ befindet.

Südlich des Uhrturmes biegt zwischen zwei großen alten Häusern die **Poudrière Lane** von der Francis Rachel Street landeinwärts ab. Das Haus auf der linken Seite war das erste Hotel der Seychellen, das ›Hotel de L'Équateur‹. Gegenüber stand ursprünglich der ›Pierre de Possession‹, den Sie heute im Museum sehen können (s. S. 135).

Das gepflegte **Cable-and-Wireless-Gebäude** 7 wurde 1893 von der Eastern Telegraph Company gebaut, als die erste Telefonverbindung nach Sansibar, Mauritius und Aden entstand. Die heutige Möglichkeit, von Europa aus hierher zu telefonieren, als wäre es ein Ortsgespräch, symbolisiert das Modell einer Bodenstation zum Empfang von Satellitensignalen.

Kolonialhäuser im Zentrum von Victoria

Wenn Sie mehr über die Seychellen erfahren wollen, als in diesem Buch mitgeteilt werden kann, sollten Sie einen Tag in den **National Archives** 8 verbringen. Sie befinden sich in dem neuen Gebäude zwischen 5th of June Avenue und Francis Rachel Street, südlich des Fußballstadions. Das 1964 eröffnete und seit 1995 hier untergebrachte Archiv ist für jedermann zugänglich. Im Parterre links befindet sich der Leseraum, in dem Sie eine gut sortierte Kartei finden. Außerdem ist die Archivarin ganz hervorragend informiert, und Sie können sich jederzeit mit Fragen an sie wenden. Was immer Sie wissen wollen, ob es um Geschichte, Geographie, Literatur oder was auch immer geht, Sie werden das entsprechende Stichwort und interessante Artikel dazu finden.

Einen Besuch ist der **Botanische Garten** 9 in dem im Süden von Victoria gelegenen Vorort Mont Fleuri unbedingt wert, auch wenn Sie keinen tropischen Park wie in Singapur oder auf Mauritius erwarten dürfen. Fahren Sie von Victoria aus die alte Küstenstraße nach Süden, um einen Kreisverkehr herum, an dem die Straße zum ›New Port‹ und der ›East Coast Highway‹ nach links abzweigen. Wenn Sie sich weiter geradeaus halten, erreichen Sie nach etwa 400 m eine Abzweigung nach rechts. Eine steile, schmale Straße führt in den Botanischen Garten. Nehmen Sie sich eine Stunde oder zwei Zeit und genießen Sie

Das ›King Wah Restaurant‹ Chinesisch für Insider

Es ist nicht jedermanns Sache, nach einer heißen Wanderung durch den Botanischen Garten, über den Markt von Victoria oder einem Spaziergang durch die Stadt auf der Terrasse des Inseltreffpunkts ›Pirates Arms‹ *tous Seychelles* zu beobachten – und natürlich auch beobachtet zu werden. Wer sich lieber in ein kühles, kleines Restaurant ohne Lärm und Discomusik zurückzieht, sollte das ›King Wah‹ im Zentrum des alten Victoria probieren. An einfachen Holztischen bekommt man gute chinesische Hausmannskost zu günstigen Preisen. Hier trifft sich weder die Schickeria noch die dazugehörigen Voyeure, sondern alteingesessene Stammgäste legen eine kühle Pause ein.

Wie kommt man hin? Gehen Sie vom Uhrturm 100 m in Richtung Norden, biegen an der nächsten Kreuzung (die mit der einzigen, dafür aber um so eindrucksvolleren Ampelanlage der Seychellen) nach etwa 100 m links ab in die Revolution Avenue. Nach wiederum etwa 100 m zweigt nach rechts eine schmale Gasse (Benezet Street) ab, die zum Markt führt. Ebenso unscheinbar ist der Eingang ins ›King Wah Restaurant‹, schon nach wenigen Metern auf der rechten Seite.

---

die Ruhe und die gepflegte Schönheit des kleinen Parks, der liebevoll instand gehalten wird. Sie finden auf 10 000 m² Fläche alle Pflanzen der Seychellen und viele weitere, die eingeführt wurden – einige prächtige Exemplare der Meereskokosnuß, riesige Brotfruchtbäume, Flaschenpalmen, Flamboyant-Bäume und vieles andere mehr. In einem eingezäunten Bereich werden einige Riesenschildkröten gehalten, und die großen Fledermäuse *(Chauve Souris)* lassen sich in Ruhe aus der Nähe betrachten. Am höchsten Punkt des Gartens befindet sich ein kleiner offener Stand (›Café Le Sapin‹) mit weitem Blick. Hier erhalten Sie einen Kaffee, Erfrischungsgetränke und mittags oder abends sogar kleine kreolische Mahlzeiten zu moderaten Preisen.

An der 5th of June Avenue steht zwischen dem Jachtclub und dem Fußballstadion das Symbol für die neu errungene Freiheit von den Fesseln des Kolonialismus: **Zonm Lib** [10], der befreite Mensch, der die Eisenketten der Sklaverei gesprengt hat.

Die moderne Plastik inmitten des **Freedom Square** [11], der Kreuzung der Independence Avenue mit der 5th of June Avenue, symbolisiert die drei Kontinente Afrika, Europa und Asien, von denen die Bewohner der Seychellen kamen. Sie wurde von Lorenzo Appiani anläßlich der 200-Jahr-Feier Victorias (1970) entworfen.

Der Norden von Mahé

(S. 247) Mahé wird volkstümlich – also unabhängig von der politischen Gliederung in Verwaltungsbezirke – in Nord-Mahé und Süd-Mahé unterteilt. Obwohl es nur ein paar Kilometer vom Norden in den Süden sind, empfinden sich die Bewohner Nord-Mahés als die fortschrittlichen, gebildeten Seychellois, während die Bewohner des Südens als rückständig und einfältig angesehen werden. Tatsächlich ist ein großer Unterschied in der Art festzustellen, wie sich die Menschen im Süden und die im Norden verhalten. Im Süden gibt es mehr spontane Freundlichkeit, die Menschen freuen sich eher über den Besuch eines Fremden oder gar die Bekanntschaft mit ihm. Die Nord-Mahé-Seychellois begegnen den Fremden zu oft, haben europäische Lebensgewohnheiten übernommen. Ein Fremder ist für sie nichts Besonderes.

Ich halte mich gerne an die volkstümliche Unterteilung in Nord- und Süd-Mahé, da sie nicht nur eine geographische ist, sondern eben auch Unterschiede in der Verhaltensweise der Menschen, der Stimmung in den Restaurants, den Guesthouses und an den Stränden widerspiegelt. Zu Nord-Mahé gehört alles, was von Victoria aus nordwärts liegt, einschließlich der Beau Vallon Bay, der Ortschaften Anse Étoile, Glacis, Bel Ombre, Danzil, Le Niol und St Louis. Nach Victoria ist Beau Vallon der wichtigste Ort im Norden. Hier konzentriert sich ein Drittel der touristischen Einrichtungen der Seychellen.

Das Restaurant ›Marie-Antoinette‹, an der St Louis Road oberhalb von Victoria gelegen

Von Victoria nach Beau Vallon

Von Victoria erreichen Sie Beau Vallon in zehn Minuten über die Paßstraße von St Louis. Fahren Sie vom Taxistand aus die Revolution Avenue hinauf. Am oberen Ende sehen Sie das alte Kolonialhaus mit dem Restaurant ›Marie-Antoinette‹. Dort biegt die Straße scharf links ab und windet sich nun in engen Kurven hinauf zum Paß. Dies ist neben der Küstenstraße in Richtung Flughafen die meistbefahrene Strecke auf den Seychellen überhaupt, für einen frisch ankommenden Europäer aber erscheint alles sehr gemütlich und ohne Hast. Rechts und links der Straße bekommen Sie bereits einen guten Eindruck von den Lebensbedingungen der einfachen Seychellois. Sie leben in kleinen Hütten, meist aus Holz, oft aber auch aus Wellblech. Aber selbst die Wellblechhütten vermitteln nicht den Eindruck von Slums. Ganz im Gegenteil! Häufig sind sie blitzsauber hergerichtet, mit Spitzengardinen an den Fenstern, Bambusmöbeln auf der Terrasse und einem Fernseher im Wohnzimmer. Sie bekommen regelmäßig einen neuen Anstrich, damit sie nicht rosten.

Kurz hinter der Paßhöhe zweigt links eine Straße zum Ort **Le Niol** [1] ab. Wenn Sie ein Auto haben, sollten Sie die Straße einmal fahren, denn sie gibt immer wieder herrliche Blicke auf die Nordwestbucht und die Insel Silhouette frei. Dort, wo der asphaltierte Teil der Straße endet, erreichen Sie bequem einen fast ursprünglich erhaltenen Urwald und einen kleinen Bach, der vom Morne Seychellois herunterkommt.

Wenn Sie gleich nach der Abzweigung Richtung Le Niol nochmals links abbiegen, kommen Sie zur Ortschaft St Louis und weiter auf einer asphaltierten schmalen und steilen Straße über Bel Air zurück nach Victoria.

Gleich hinter der Abzweigung nach Le Niol steht rechts der Straße eine kleine Kapelle, kunstvoll auf einen riesigen runden Felsen aufgesetzt. Von nun an geht es wieder bergab in Richtung der großen Nordwestbucht, dem Zentrum des Seychellen-Tourismus. Links der Straße passieren Sie eine Tankstelle (die einzige in Nord-Mahé neben der in Victoria). Wenige Meter weiter steht links das Haus des ›Macouti Curio Shop‹ mit seiner schönen Auswahl handgefertigter Schmuckstücke aus Korallen. Nochmals einige hundert Meter weiter erreichen Sie eine Abzweigung, die links nach Bel Ombre und Danzil, rechts nach Beau Vallon führt. Das Gebäude im Zwickel ist die Polizeistation. Sie sollten sich daher nicht über das Stoppzeichen hinwegsetzen, wenn Sie rechts Richtung Beau Vallon abbiegen, denn die Polizisten schauen vom Schreibtisch aus zu!

Wenn Sie nach links weiterfahren, führt die Straße anfangs einige hundert Meter, später nur noch 10 bis 20 m entfernt am Beau-Vallon-Strand entlang in Richtung Westen. Auf der rechten Seite liegt zunächst die Einfahrt zum großen ›Beau Vallon Bay Hotel‹, einige Kilometer weiter das luxuriöse ›Fisherman's Cove‹ und rechts und links gelegentlich kleine Guesthouses. Die Straße endet im Dorf **Danzil** [2], wo sich ein landschaftlich reizvoll gelegenes Bungalowhotel (›Auberge des Seychelles‹) und das bekannte italienische Restaurant ›La Scala‹ befinden.

Biegt man an der oben erwähnten Polizeistation rechts ab, führt die Straße hinunter in den Ort **Beau Vallon** und die weite Bucht vor dem Strand. Nach einigen hundert Metern zweigt links eine Stichstraße ab, die unmittelbar an den Strand und das dortige ›Coral

Der Piratenschatz von Bel Ombre

Anfang 1990 waren die Zeitungen auf Mahé voll von der sensationellen Nachricht, man habe die ersten interessanten Funde gemacht, und es sei nur noch eine Frage von Tagen oder Wochen, bis der Schatz des Piraten Le Vasseur (genannt La Buse – ›der Bussard‹) zum Vorschein kommen werde. Die Aufregung hielt etwa drei bis vier Monate an, dann geriet die Angelegenheit wieder in Vergessenheit. Seit 1948 hatte der englische Rentner Reginald Cruise-Wilkins anhand eines auf einem norwegischen Schiff gefundenen Planes und von Beschreibungen aus dem Nationalarchiv der Seychellen am Strand von Bel Ombre gegraben, westlich des ›Fisherman's Cove Hotel‹. Als Reginald Cruise-Wilkins verstarb, übernahmen seine Söhne die Suche mit der gleichen Zähigkeit. Sie sind nicht weniger als ihr Vater davon überzeugt, daß hier einer der größten Piratenschätze verborgen ist, die jemals versteckt wurden. Im Laufe seiner Studien hatte Cruise-Wilkins die Überzeugung gewonnen, daß der Seeräuber La Buse ein gebildeter Mann gewesen war, der seine Reichtümer – soweit er sie nicht verprassen konnte – so versteckt hat, daß nur derjenige sie finden kann, der mit der griechischen Mythologie und der Astrologie bis ins Detail vertraut ist. Aber auch das scheint nicht zu reichen, denn zusätzlich soll der Schatz von Geistern bewacht sein, deren Kraft nur von Magiern der Spitzenklasse besiegt werden kann. Eigens zu diesem Zweck aus Madagaskar eingeflogene ›Medien‹ berichteten von ungewöhnlich starken bösen Geistern in der Nähe der Grabungsstätten!

La Buse wurde 1730 auf La Réunion gefangengenommen und gehängt. Der Sage nach soll er, schon mit der Schlinge um den Hals, ein Blatt Papier in die Menge geworfen und höhnisch ausgerufen haben: »So findet den Schatz doch anhand dieses Planes, wenn ihr klug genug dazu seid!« Die Familie Cruise-Wilkins hat Unterlagen gefunden, denen zu entnehmen ist, daß La Buse die Absicht gehabt hatte, seinen Ruhestand auf den damals noch kaum besiedelten und friedlichen Seychellen zu verbringen. Wie der heutige Tourismus zeigt, wäre die Beau-Vallon-Bucht, in der die Cruise-Wilkins-Familie nun seit Jahrzehnten lebt, hierfür ein geeigneter Ort gewesen. Warum sollte La Buse also nicht einen seiner Schätze aus den Frachtschiffen der Ostindiengesellschaften Frankreichs, Englands, Portugals oder Hollands als Altersversorgung hier versteckt haben?

Augenblicklich sind die Arbeiten allerdings eingestellt, weil die für weitere Grabungen unter den gigantischen Felsen erforderlichen finanziellen Mittel ausgegangen sind. Die Regierung der Seychellen, die an dem ›Unternehmen La Buse‹ beteiligt ist, wartet darauf, daß wieder ein potenter Schatzsucher bereit ist, gegen eine Beteiligung am Erlös größere Summen für modernes technisches Material zur Suche zu investieren.

Strand Hotel‹ führt. Hier können Sie unmittelbar an der Strandpromenade Ihren Wagen oberhalb einer Schutzmauer im Schatten der Takamakabäume abstellen und den großartigen Blick auf die Bucht genießen. Sie ist ein beliebter Treffpunkt für Seychellois und Europäer, besonders an Wochenenden, wenn die Einheimischen die Nachmittagsstunden zum Baden, Tec-Tec-Muscheln-Sammeln oder zum ›Touristen-Beobachten‹ nutzen. Man bringt Getränke mit, vielleicht auch ein Picknick und setzt sich im Schatten auf die Mauer. Hier ist der Platz der Seychellen ›where the action is‹ – aber erwarten Sie nicht zuviel! Von der Anzahl der Badenden, dem Betrieb im Wasser, der Zahl der Windsurfer her erinnert diese Bucht selbst am Samstag- oder Sonntagnachmittag der Hochsaison eher an einen vergessenen Strand in Sizilien! Es gibt keine Campingplätze, nur ein paar kleine Restaurants, eine Anzahl von Guesthouses und ein Hotel mit etwa 150 Zimmern.

Wanderung vom Paß St Louis über Le Niol nach Beau Vallon

(Nature Trails and Walks No. 4)

Nehmen Sie einen Omnibus von Beau Vallon in Richtung Victoria. An der Haltestelle St Louis, etwa 100 m vor einer kleinen Kapelle (›La Chapelle‹) steigen Sie aus. 10 m hinter der Kapelle zweigt rechts eine Straße ab, die nach Le Niol führt. Folgen Sie dieser etwa 30 Minuten bis zu den ›Le Niol Waterworks‹. Inzwischen ist die wenig befahrene Straße bereits zu einem schmalen Weg geworden. Folgen Sie dem Weg weiter über eine Betonbrücke, mit der der asphaltierte Abschnitt endet. Auf der anderen Seite der Betonbrücke zweigt nach links oben eine Privatstraße ab, die in einem privaten Anwesen endet. Gehen Sie rechts weiter, vorbei an Papayabäumen und Bananenstauden. Rechts und links des Weges sehen Sie viele tropische

Die Beau Vallon Bay, das wichtigste Wassersportzentrum der Seychellen

Pflanzen, die Sie in Deutschland für viel Geld als Zimmerpflanzen kaufen können. Der Weg wird schmaler und führt schon bald oberhalb eines tief eingeschnittenen Flußbetts entlang.

Wenn das Meer wieder in Sichtweite kommt, biegt der Weg nach links ab und führt zurück in Richtung der Berge in einen unberührten Dschungel. Nach etwa 300 m stoßen Sie auf einen Bach, an dem Sie sich erfrischen können. Folgen Sie dem Weg weiter, vorbei an einigen Apartmenthäusern, zwischen zwei riesigen Granitfelsen hindurch und an einem hohen, an die Felsen gebauten Haus auf der linken Seite vorbei. Kurz hinter dem Haus zweigt ein Weg nach links oben ab, Sie folgen aber dem unteren Weg. Nach einigen hundert Metern erreichen Sie einen Garten, in dem runde Bungalows und ein großes rechteckiges Wohnhaus stehen. Biegen Sie beim ersten Bungalow auf der rechten Seite nach rechts ab und gehen Sie an ihm vorbei. Sie stoßen auf einen kleinen Fußweg, der abwärts zum jetzt wieder sichtbaren Meer führt, doch schon nach etwa 100 m im Wald verschwindet. Folgen Sie dem Pfad, der von nun an nicht mehr zu übersehen ist, und genießen Sie das Zwitschern der Vögel und die Kühle der Luft in diesem ewigen Schatten. Hier finden Sie alle Früchte, alle Bäume, alle Palmen, die es auf den Seychellen gibt. Rechts und links des Weges wuchern wilde Ananas, die im Dezember reif werden. Nach etwa 10 Minuten haben Sie den steilen Weg hinter sich gelassen und wandern nun, nahezu eben, rechts an einer Obstplantage vorbei. Bald dahinter mündet der Fußpfad wieder in eine breitere Schotterstraße. Rechts des Weges, etwa 20 m unterhalb, begleitet Sie ein Bergbach. Bei der nächsten Abzweigung nehmen Sie den rechten Weg, der nach unten in Richtung Meer führt und den Bach überquert. Folgen Sie dieser Schotterstraße, bis Sie beim ›Le Tamarinier Guest House‹ auf die asphaltierte Straße von Beau Vallon nach Bel Ombre treffen. Biegen Sie rechts ab und gehen Sie bis zum Hotel ›Fisherman's Cove‹ auf der linken Seite. Durch die große Empfangshalle und die ›Blue Marlin Bar‹ erreichen Sie den Strand von Beau Vallon, an dem entlang Sie wieder zurück in die Beau Vallon Bay gelangen.

Die Gesamtdauer dieses Spazierganges beträgt 2 Stunden, wenn Sie von der Kapelle aus den ganzen Weg zu Fuß gehen. Wenn Sie von dort aus hingegen mit dem Kleinbus bis zu den ›Le Niol Waterworks‹ fahren (hier kommt alle halbe Stunde ein Bus vorbei), brauchen Sie etwa eine halbe Stunde weniger.

Wanderung von Danzil zur Anse Major

(Nature Trails and Walks No. 1)

Von Beau Vallon aus fahren Sie mit dem Bus bis zur Endhaltestelle in Danzil am Südwestende der Beau-Vallon-Bucht. Folgen Sie der Straße geradeaus weiter und passieren Sie das Hotel ›Auberge des Seychelles‹. Hier steigt der Fußweg zunächst steil nach oben an, bis er eine Höhe von etwa 100 m über der Küste erreicht hat. In dieser Höhe verläuft der Weg nun weiter und gibt einen unglaublich schönen Blick auf das Meer frei. Sie wandern unmittelbar oberhalb schwarzer Granitfelsen, die steil zum Meer hin abfallen. Nach etwa 60 Minuten Wanderung schlängelt sich der Weg hinunter in die **Anse Major** **3**. Hier können Sie sich erfrischen und eventuell ein Picknick machen (auf jeden Fall viel Wasser mitnehmen!).

Blick vom ›Coral Strand Hotel‹ über die Beau Vallon Bay, im Hintergrund die Inseln Silhouette (hinter dem Baum) und North (rechts unter dem grauen Schirm)

Wenn Ihnen der Weg zu kurz ist, können Sie einen Umweg machen, der Sie etwas höher in die Berge hinauf führt: Etwa 15 Minuten Gehzeit hinter der ›Auberge des Seychelles‹ zweigt nach links oben ein Fußweg ab. Folgen Sie diesem bergauf und umrunden Sie den Gipfel des Mont Poulalier, auf der Ostseite beginnend. Wenn der Gipfel westlich von Ihnen liegt, erreichen Sie eine Abzweigung. Dieser folgen Sie nach rechts, so daß der Gipfel des Berges im Norden von Ihnen bleibt. Nach etwa einer Viertelstunde erreichen Sie wieder den Fußweg oberhalb der Felsen, der Sie nach links zur Anse Major bringt. Die Abzweigung befindet sich unmittelbar am Moustache River. Von hier sind es noch 30 Minuten bis zur Anse Major.

Wenn Sie von der Anse Major aus weiter in Richtung Südwesten gehen, gelangen Sie in die **Baie Ternay** 4, wo sich ein Lager des National Youth Service (NYS) befindet. Ein Besuch der Baie Ternay ist jedoch nur mit besonderer Erlaubnis möglich.

Die Beau Vallon Bay

5 Die wunderschöne Nordwestbucht ist *das* ›Touristenzentrum‹ der Seychellen. In der Beau Vallon Bay selbst liegen drei der meistbesuchten Hotels, während entlang der sich nach Norden erstreckenden Küste noch drei oder vier kleine Hotels zu finden sind. An der Küste nach Westen gibt es ebenfalls noch zwei kleinere Hotels. Entsprechend ›dicht‹ gesät sind auch die lohnenden Tauchplätze. Zwischen dem Nordende der Beau Vallon Bay, genannt **Mare Anglaise** 6, und dem ›Sunset Beach Hotel‹ erstreckt sich ein nahezu ununterbrochenes Korallenriff. Zum Schnorcheln am besten geeignet sind die Riffe nördlich der von der Beau Vallon Bay aus zu sehenden Felsgruppen in Mare Anglaise. Ausge-

Nachtleben und Aktivurlaub

Wenn zu Ihrem Urlaub durchtanzte Nächte, Beachball, Segeln, Tennis oder Bogenschießen gehören, sind Sie auf den Seychellen nur dann am richtigen Ort, wenn Sie sich ein wenig Mühe bei der Suche geben. Es gibt Tennisplätze, Squashhallen, Reitpferde und Tauchbasen, doch man muß wissen, wo sie sind. Die Seychellen sind noch weit zurück, was die professionelle Organisation des ›Aktivitätstourismus‹ anbelangt, und es ist auch nicht ihr politisches Ziel, es ›Club Med‹, ›Club Aldiana‹ oder ›Robinson-Club‹ gleichzutun. Doch wenn man die Tageszeitung studiert und sich nach Plakaten an den Hauswänden in Victoria umschaut, kann man jeden Abend eine Veranstaltung finden. In den drei Discos der Insel Mahé, dem ›Love Nut‹ im Zentrum von Victoria, dem ›Katiolo‹ in einer engen Kurve südlich des Flughafens und der ›Flamboyant‹-Discothek am Südausgang der Stadt, ist am Samstagabend der Teufel los. Wer es etwas ruhiger liebt, sollte den Freitag- oder den Sonntagabend wählen. Wochentags herrscht Langeweile.

Berg- und Inselwanderungen sind eine der schönsten Aktivitäten auf den Seychellen. Bitte bedenken Sie, daß die Wanderpfade – auch die hier beschriebenen – nur selten begangen und nicht professionell gepflegt werden. Sie können im tropischen Klima schnell mit Grün überwuchern oder durch neue Besiedlung unterbrochen werden. Aktuelle Informationen geben das Tourismusbüro und einige Berg- und Wanderführer (s. S. 274, 297f.).

›Nachtleben‹ auf den Seychellen

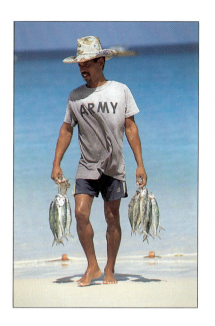

unberührtes **Riff** 7. Allerdings ist der offene Strand während der Zeit des Nordwestwindes der Brandung stark ausgesetzt, und einige der Korallen sind durch den Wellenschlag abgestorben. Die schönsten Korallen befinden sich vor dem Hotel ›Fisherman's Cove‹, etwa 50 m außerhalb der Bucht, wo die Felsgruppe Schutz bietet. Insbesondere während des Südostmonsuns ist dies ein ganz hervorragender Schnorchel- und Tauchplatz für Anfänger, da es in dem flachen und leicht zugänglichen Wasser keine Strömungen gibt. Wer ein Boot zur Verfügung stehen hat, sollte noch weiter nach Südwesten zur **Anse Major** 3 fahren. Sie wird nur selten besucht und besitzt wunderschöne Schnorchelplätze.

zeichnete, leicht erreichbare Tauchgründe befinden sich unmittelbar vor dem ›Northolme Hotel‹ und dem ›Sunset Beach Hotel‹. Weitere Korallenriffe gibt es innerhalb der kleinen Buchten dieser Küste, wie beispielsweise südlich des ›Sunset Beach Hotel‹, wo Sie die Korallen und die bunten Fische sogar vom Ufer aus beobachten können. Dies sind – insbesondere für Schnorchler und Anfänger im Gerätetauchen – großartige Tauchgebiete. Es gibt keinerlei Strömungen, das Wasser ist ruhig, klar und reich an Fischschwärmen. Während des Nordwestmonsuns kann das Wasser in dieser Bucht allerdings gelegentlich unruhig und daher auch getrübt sein. Von April bis November aber finden Sie hier gute bis ideale Tauch- und Schnorchelbedingungen vor.

Westlich der Felsgruppe, an die das Hotel ›Fisherman's Cove‹ gebaut wurde, bis zur nächsten Felsgruppe beim Ort Danzil befindet sich ein langgestrecktes,

Von Beau Vallon um die Nordspitze Mahés

Im Norden der Beau-Vallon-Bucht führt die Straße zurück an die Küste. Zwischen der sich nun hoch über dem Wasser am Berg entlang windenden Straße und dem Meer stehen eine Reihe luxuriöser, in der Regel von Europäern als Feriendomizil gebaute Villen. Will man in oder nahe dem kleinen Ort **Glacis** 8 logieren, so stehen hierfür das ›Northolme Hotel‹ sowie das malerisch auf einer Halbinsel gelegene ›Sunset Beach Hotel‹ zur Verfügung.

Nördlich von Glacis wird die Straße enger und noch kurvenreicher, führt durch kleine Dörfer und gibt immer wieder den Blick frei auf tiefblau leuchtendes Wasser und unberührte Strände tief unterhalb der Straße. Nach etwa 20 Minuten zweigt links eine steile Stichstraße zum kleinen Strandhotel ›Carana Beach‹ 9 ab, das nicht nur über einen ungewöhnlich schönen kleinen Sandstrand, sondern auch über ein gutes Restaurant verfügt.

Von hier aus geht es auf der Küstenstraße durch Anse Étoile zurück nach Victoria.

L'Îlot

10 Dieses palmenbestandene Felseninselchen sieht man im Norden von Mahé nur wenige hundert Meter vor der Küste aus dem Meer ragen. Am Ost- und Westende, insbesondere aber im Norden finden sich besonders reizvolle Felsengärten mit Schwärmen von größeren Riff-Fischen und großen Ansammlungen von Weichkorallen.

Wanderung von Anse Étoile über das La Gogue Reservoir nach Glacis

(Nature Trails and Walks No. 2)

Fahren Sie von der zentralen Bushaltestelle in Victoria nach Anse Étoile 11. Dort gehen Sie in Fahrtrichtung weiter bis zum ›Manresa Guest House‹, das auf der rechten Seite zwischen dem Strand und der Küstenstraße liegt. Dort zweigt eine asphaltierte Straße nach links in die Berge hinauf ab. Nach etwa 45 Minuten erreichen Sie das La Gogue Reservoir (hier wird das Trinkwasser für Nord-Mahé und Victoria aufgestaut), wo die asphaltierte Straße endet. Hier zweigt nun rechts eine Straße ab, die steil nach oben führt. Wenn Sie ihr folgen, erreichen Sie nach etwa 20 Minuten die Paßhöhe.

Auf einer Straße geht es nun wieder hinab in Richtung Westküste, auf die Sie wunderschöne Ausblicke haben. Bei der Kirche des Ortes Glacis, mehrere hundert Meter nördlich des ›Sunset Beach Hotel‹, erreichen Sie schließlich die Küstenstraße. Ob sie hier den Bus nach Norden oder in Richtung Süden nehmen, Sie erreichen in jedem Fall nach etwa 20 Minuten Fahrzeit wieder den Busbahnhof in Victoria. Bis zur Beau Vallon Bay sind es nur ein paar Haltestellen in Richtung Süden.

Dauer der Wanderung: etwa 2 Stunden.

Wanderung von ›La Bastille‹ in die Beau Vallon Bay

Ausgangspunkt ist die zentrale Bushaltestelle in Victoria. Nehmen Sie den Omnibus nach Anse Étoile und steigen Sie bei der zweiten Haltestelle aus. Von hier aus gehen Sie in Fahrtrichtung weiter. Etwa 100 m hinter einem großen Gebäude – genannt ›La Bastille‹ 12 –, das Sie an dem großen Hinweisschild erkennen, biegen Sie in einen Fahrweg nach

In der Bucht von Glacis

links oben ab. Nach etwa 10 Minuten steilen Aufstieges hört die asphaltierte Strecke auf, und Sie kommen in einen schattigen Wald. Nach weiteren 45 Minuten Gehzeit erreichen Sie eine Abzweigung nach rechts (links des Weges stehen zwei Hütten). Folgen Sie dem Weg geradeaus weiter über eine Wiese (der Weg nach rechts führt zu dem Berggipfel Ma Pavillon). Nach 50 m stoßen Sie auf einen anderen Fußpfad, der von rechts kommt. Diesem folgen Sie nach links oben. Schon nach 5 Minuten erreichen Sie den höchsten Punkt der Wanderung.

Von nun an geht es bergab, einen wesentlich breiteren, stärker ausgetretenen, steilen Fußweg hinunter. Bei einer Abzweigung nach etwa 200 m nehmen Sie den rechten Weg, wenn Sie in die Beau-Vallon-Bucht hinuntergehen wollen (der breitere Weg links abwärts führt zum Ort Mont Buxton und dann zurück nach Victoria). 50 m tiefer stehen Sie mitten im Wald, und gleich links des Weges sehen Sie eine aus einem Bambusrohr sprudelnde Frischwasserquelle (absolut sauber und trinkbar!). 100 m tiefer führt eine Wegabzweigung nach links hinunter zu einem Haus. Nehmen Sie den rechten, schmalen Pfad. Dieser führt weiter zum nächsten Haus, an dessen rechter Seite Sie vorbeigehen (unterhalb einer Stützmauer). 10 m hinter diesem Haus zweigt der Pfad nach rechts ab (der Pfad geradeaus führt zu einem Anwesen). 100 m weiter gelangen Sie auf eine teilweise betonierte Fahrstraße, der Sie nun hinunter bis in die Beau Vallon Bay folgen können. Wenn Sie die Küstenstraße nach links 100 m weiter gehen, können Sie sich in mehreren indischen Kolonialwarenläden gekühlte Erfrischungsgetränke kaufen.

Gesamtdauer der Wanderung: 2–3 Stunden. Die beste Zeit, diesen Weg zu gehen, ist der frühe Nachmittag, da dann der Aufstieg im Schatten liegt, während der Abstieg ohnehin über weite Strecken durch dichten Wald führt und der Sonne nicht so stark ausgesetzt ist.

Besteigung des Signal Hill

Fahren Sie mit dem Omnibus von der Victoria Station zum Dorf Mont Buxton (alle halbe Stunde). Dort angekommen, fragen Sie die Leute, wo der Weg zum Signal Hill beginnt. Er steigt zunächst flach an, führt an dem Gefängnis vorbei und wird erst steiler, wenn Sie in eine Kokosplantage gelangen. Am Gipfel des Signal Hill 13 finden Sie einen Wachturm, von dem aus früher die Ankunft von Schiffen in der Bucht von Victoria beobachtet wurde. Sie können auf dem gleichen Weg nach Victoria zurückkehren oder beim Abstieg an der ersten Kreuzung nach rechts in Richtung Westen abbiegen. Dieser Weg führt Sie hinunter in die Beau Vallon Bay.

Dauer der Wanderung: etwa eine Stunde.

Bergtour auf den Gipfel der Les Trois Frères

(Nature Trails and Walks No. 5)

Nehmen Sie von Victoria den Omnibus nach Sans Souci, steigen Sie dort aus und folgen Sie der Straße etwa 1 km weiter. Rechts der Straße finden Sie ein großes Holzschild des Forestry Department. Hier biegen Sie rechts ein und folgen einer Forststraße, die an einem Aussichtspunkt endet. Danach wird der Weg schmaler und schlängelt sich den Berg hinauf. Nach etwa einer halben Stunde Gehzeit wird es steil, und Sie brauchen Schuhe mit griffigen Sohlen, um hinaufklettern zu können. Auf der Paßhöhe finden Sie ein Schild mit einem Pfeil nach unten, auf dem ›Le Niol‹ steht. Wenn Sie hier nach rechts oben abzweigen, erreichen Sie bald den Gipfel der Les Trois Frères 14.

Wenn Sie dem Schild Richtung Le Niol folgen, beginnt eine Wanderung durch uralten, geschützten Wald, die zunächst nur leicht abwärts führt. Der Pfad wird selten begangen und ist daher nur schwer erkennbar. Wenn Sie jedoch in Richtung Westen zur Beau Vallon Bay gehen, können Sie ihn nicht verfehlen. Nach etwa einer guten Stunde steilen Abstieges mündet der Weg in eine breite Fahrstraße, die, nun wiederum nur leicht abfallend, in starken Windungen hinunter zur Le Niol Road führt. Gehen Sie von der Kreuzung aus nach rechts die Straße entlang, bis Sie auf der linken Seite wieder eine Bushaltestelle finden. Der Bus nach Victoria fährt an Wochentagen alle 30 Minuten.

Diese Bergtour erfordert einen guten Orientierungssinn, da der Weg beson-

Bei den Wanderungen in den Bergen Mahés kommt man immer wieder an einsam gelegenen Häusern vorbei

ders beim Abstieg nach Le Niol nicht immer deutlich zu erkennen ist. Sie kann aber ohne weiteres ohne einheimischen Führer unternommen werden. Gehen Sie nicht ohne gute Schuhe und möglichst am frühen Morgen, so daß Sie nicht von der hereinbrechenden Dunkelheit überrascht werden können.

Dauer der Wanderung: etwa 3–4 Stunden.

Der Süden von Mahé

(S. 250) Süd-Mahé oder kreolisch *Owan* (›au vent‹ = ›im Wind‹ oder ›wo der Wind herkommt‹) umfaßt alles, was südlich von Victoria liegt. Schon die am zweitweitesten im Norden gelegene der Paßstraßen von Küste zu Küste (die Sans Souci Road) ist Teil von ›wo der Wind herkommt‹. Fünf solcher Straßen gibt es, gut geteert und in ausgezeichnetem Zustand. Schnell fahren sollte man dort aber trotzdem nicht, denn sie sind alle schmal und kurvenreich. Wenn sich zwei Omnibusse begegnen, wird es eng – nur mit Millimeterabstand kommen sie aneinander vorbei.

Wenn Sie die im folgenden in Etappen beschriebene große Süd-Mahé-Rundfahrt ohne Pause bewältigen wollen, benötigen Sie nur etwa zwei Stunden. Sie sollten sich aber nichts weiteres für den Tag vornehmen, denn es gibt unterwegs so viele schöne Plätze, wo Sie eine Pause einlegen sollten, wo Sie einen Kaffee trinken, gut zu Mittag essen oder auch ein Bad nehmen können. Machen Sie die Rundfahrt zu Beginn Ihres Urlaubs, damit Sie Mahé gleich so kennenlernen, wie es wirklich ist – abseits der Hotels in Beau Vallon und abseits des ›zivilisierten‹ Victoria! Wer einmal im Süden war, wird immer wieder hinfahren, egal ob mit dem Auto oder mit dem Omnibus.

Entlang der Ostküste

Verlassen Sie Victoria an der Küste in Richtung Süden, wobei Sie aber am besten nicht den neuen East Coast Highway, sondern die alte Straße, vorbei am Friedhof, nehmen. Auf der Fahrt Rich-

Zwischen East Coast Highway und alter Küstenstraße, südlich von Victoria

tung Süden durchqueren Sie zunächst das Gewerbegebiet Mahés mit der Brauerei und mehreren Ziegelfabriken, danach die kleinen Ortschaften Le Rocher und Petit Paris.

Im Ort **Cascade** 1 zweigt, noch bevor Sie den gleichnamigen Fluß überquert haben, nach rechts oben ein Fußpfad ab. Er führt steil bergauf, am Cascade River entlang. Nach etwa 40 Minuten Anstieg erreichen Sie einen kleinen Wasserfall, dem Bach und Ort den Namen verdanken. Wenn Sie dem Weg weiter folgen, können Sie durch ein schönes Tal zwischen den Gipfeln des Mount Harrison und des New Savy hindurch bis in die Grand' Anse an der Westküste hinüberwandern (etwa 3–4 Stunden)!

Schon 1 km hinter Cascade erreichen Sie den **Flughafen.** Auf der rechten Straßenseite gibt es eine Tankstelle. Der Flughafen mußte mittels umfangreicher Aufschüttungsarbeiten an Mahé ›angeklebt‹ werden, da die Insel nirgendwo eine ebene Fläche besitzt, auf der Platz für die über 3 km lange Landebahn gewesen wäre. Seit seiner Eröffnung im Jahre 1971 hat sich die Zahl der Touristen von 2000–3000 auf heute 100 000 pro Jahr erhöht.

Am Ende der Landebahn macht die Straße eine scharfe Rechtskurve ins Land hinein und kehrt ein paar hundert Meter weiter wieder an die Küste zurück. Auf der ›Insel‹ zwischen der Straße und der Küste liegt die beliebte Disco ›Katiolo‹, die besonders am Freitag- und Samstagabend in jeder Hinsicht ›heiß‹ ist! Obwohl die Tanzfläche zur Hälfte im Freien liegt, wird Ihnen beim Tanzen der Schweiß auf der Stirn stehen, die Musik könnte in einer Disco in Europa nicht

Der Süden von Mahé

mitreißender sein, die Mädchen haben sich schön gemacht, und die Jungen bringen sämtliche Rupies mit, die sie im Laufe der Woche verdient haben.

In der Mitte der sich nun anschließenden **Anse aux Pins** 2 liegt das ›Reef Hotel‹, das älteste der großen Hotels auf Mahé – gegenüber ein Golfplatz, der vom Hotel mitverwaltet wird. Nur einige hundert Meter weiter sehen Sie rechts an der Straße ein renoviertes Kolonialhaus, das Maison St Joseph. Hier befindet sich das Institut Kreol, eine Einrichtung zur Pflege der kreolischen Tradition.

Ein Stück südlich des ›Reef Hotel‹ biegt rechts die Montagne Posée Road hinauf in die Berge ab. Diese wenig befahrene Straße mit ihren vielen engen Kurven führt durch ein landwirtschaftlich genutztes Gebiet mit Bananenplantagen, Jackfruit-Bäumen, Mangos und Zuckerrohr. Noch einige hundert Meter weiter befindet sich am Ende einer schmalen, 200 m langen Stichstraße das ›**Vilaz Artizanal**‹ 3, eine Gruppe naturgetreu wiedererrichteter und zum Teil neu erbauter kreolischer Holzhäuser. In einem davon befindet sich das kreolische Restaurant ›Pomme Cannelle‹, ein anderes dient als Beispiel für die Lebensweise der *Grands Blancs,* der früheren Adelsfamilien. In einigen kleineren Häusern befinden sich Verkaufsräume für heimisches Kunsthandwerk. 2 km weiter sehen Sie rechts etwas zurückgesetzt in einem Garten ein weiteres, etwas kleineres, aber schön gebautes Kolonialhaus. Links daneben befindet sich in einem langgestreckten flachen Gebäude die Werkstatt der Modellschiff-Fabrik ›La Marine‹, die einen Besuch wert ist.

Nach einem Besuch der Werkstatt fahren Sie weiter Richtung Süden. Links liegt direkt neben der Straße der Indische Ozean, rechts kleine Farmen und die Berge Mahés. Nach einiger Zeit steigt die Straße steil an und windet sich auf einen kleinen Rücken hinauf. Der Blick von hier aus nach Süden ist einmalig! Sie sehen die ganze Küste, bis zur Pointe Capucins. Davor gleich rechts die weite Bucht von **Anse Royale** 4, die für meinen Geschmack noch schöner ist als die berühmte Beau Vallon Bay. In Anse Royale hatte der Gouverneur von Mauritius die ersten Plantagen errichten lassen. Sie sollen auch ausgezeichnet gediehen sein, bis ein Brand alles vernichtete. Heute findet sich hier der einladende **Jardin du Roi** 5 (s. S. 38 f.). In der Mitte der Bucht steht malerisch eine Kirche. Um sie gruppiert sich der Ort mit einer Bank, einer Tankstelle, einer Polizeistation; dort biegt die Bradley Road in Richtung der Berge ab. Mit dem Auto kann die Straße nur ein kurzes Stück befahren werden. Wenn Sie die Kokosplantagen durchquert haben und der Weg bergan zu steigen beginnt, müssen Sie zu Fuß weitergehen. In etwa zwei Stunden bequemer Wanderung erreichen Sie die Westseite Mahés in der Anse à la Mouche.

Die Anse Royale ist zum Baden, Windsurfen und Schnorcheln geradezu ideal. Das Wasser ist schon bald 2–3 m tief, der Boden, soweit man ihn mit den Füßen berühren kann, mit weichem, weißem Sand bedeckt. Dort, wo die Fischerboote ankern, gibt es die ersten Korallenbänke, etwa 3 m unter der Wasseroberfläche und von oben klar und in allen Farben leuchtend erkennbar. Außer an Wochenenden, wenn viele Seychellois zum Picknick an den Strand kommen, badet hier kaum jemand.

Gleich südlich davon überquert die Straße einen Felsvorsprung und führt dann hinunter in die **Anse Bougain-**

◁ *Île Souris am Nordende der Anse Royale*

Anse Intendance, einer der schönsten und meistbesuchten Strände von Mahé

ville, von der aus Sie einen bequemen Wanderweg durch das Val d'Endor, am Bougainville River entlang, hinüber zur Westküste gehen können (s. S. 165).

Wenn die Straße 2 km südlich der Anse Bougainville von der Küste weg ins Landesinnere abbiegt, sollten Sie Ihr Auto beim ›Allamanda Hotel‹ in der **Anse Forbans** stehenlassen. Von hier aus bietet sich in Richtung Süden eine einmalig schöne Wanderung an, die Sie zu den beiden Buchten Anse Capucins und Anse Petite Boileau führt. Nehmen Sie sich drei Stunden Zeit, damit Sie zwischendurch in Ruhe ein Bad nehmen können! Der Weg kann kaum verfehlt werden, denn rechts und links breitet sich ein zum Teil undurchdringlicher Dschungel aus. Der Pfad ist allerdings auch häufig von Vegetation überwuchert, denn er scheint nur recht selten von den Arbeitern begangen zu werden, die die reifen Kokosnüsse einsammeln. An der **Pointe Capucins** gehen Sie etwa 50 m oberhalb des Meeres entlang, das tief unten in ungebrochenen Wellen gegen die Felsen brandet. Nach etwa 45 Minuten erreichen Sie ein kleines Haus, von dem aus ein Pfad hinunter in die **Anse Capucins** 6 führt.

Wenn Sie sich vom Haus aus weiter in südlicher Richtung durch teilweise dichtes Gestrüpp und kaum noch erkennbare Trampelpfade nochmals 2 km durchschlagen, erreichen Sie eine herrliche, unberührte Bucht namens **Petite Boileau.** Da ihr aber kein Korallenriff vorgelagert ist, herrscht insbesondere während der Monate Juli, August und September starker Seegang, der dann leider das Schwimmen unmöglich macht.

Entlang der Westküste

Wenn Sie an der Anse Marie-Louise die Ostküste Mahés verlassen und der Straße ins Landesinnere folgen, erreichen Sie in wenigen Minuten den Ort Quatre Bornes. Hier zweigt links (nach Süden) eine Straße zur **Anse Intendance** 7 ab. Diese Bucht mit einmalig langem Sandstrand und starker Brandung zählt zu den landschaftlich schönsten Plätzen der Insel. Sie wird am Wochenende von Einheimischen und Touristen gerne besucht. Das Restaurant ›Joli Rose‹ macht es überflüssig, eigenen Proviant mitzubringen. Die Straße führt weiter zur südlichsten Spitze Mahés, dem **Police Point** 8. Die kleinen vor-

gelagerten Felsen und die unmittelbar nördlich gelegene Bucht Petite Police eignen sich sehr gut zum Gerätetauchen.

Richtung Westen führt die Straße von Quatre Bornes in die Anse Takamaka. Das Restaurant ›Chez Batista‹ am Strand serviert sehr guten frischen Fisch. Von nun an geht es an der Westküste entlang wieder nach Norden.

Vom Dorf Anse Gaulettes, 2 km südlich des Dorfes Baie Lazare, führt eine Schotterstraße in Richtung Osten in das **Val d'Endor** 9. Sie bringt einen über einen relativ niedrigen Paß in ursprüngliche Landschaft, in der Gemüse, Kokosnüsse und Früchte angebaut werden. Bis zum Ende des Val d'Endor werden Sie vom Rauschen des Baie Lazare River begleitet, der die meiste Zeit zu Ihrer Rechten liegt. Auf dem Weg bekommen Sie einen ausgezeichneten Eindruck vom Landleben auf den Seychellen. Von der Paßhöhe haben Sie einen wunderbaren Blick zur Ostküste wie zur Westküste von Süd-Mahé und in die Kokosplantagen am Ostabhang der Insel. Diese Plantagen durchqueren Sie auf Ihrem Weg hinunter zur Anse Bougainville an der Ostküste von Süd-Mahé. Hier können Sie auf den Omnibus warten, der Sie über die Küstenstraße in nördlicher Richtung zurück nach Victoria bringt. Insgesamt dauert die 8 km lange Wanderung bei gemütlichem Tempo etwa 3 Stunden. Auf der Weiterfahrt von Anse

Richtiges Verhalten bei Strömungen

In Buchten, die kein schützendes Korallenriff besitzen (z. B. Anse Intendance, Grand Anse, Anse Takamaka auf Mahé, Anse Cocos auf La Digue) sollte man bei starkem Wind und Seegang folgende Maßnahmen befolgen:
– Kinder unter 10 Jahren sollten nicht in sich brechenden Wellen spielen, sie unterschätzen deren Wucht. Auf allen Inseln gibt es viele ruhige, geschützte Strände die für kleine Kinder ideal sind.
– Wo ein Fluß in eine Bucht mündet, tritt oft eine ins Meer gerichtete Strömung auf. Dort sollte man nie den Sand unter den Füßen verlieren.
– Wenn die Strömung Sie dennoch einmal Richtung offenes Meer tragen sollte, bewahren Sie die Ruhe! Versuchen Sie nicht, gegen die Strömung zum Strand zurückzuschwimmen. Dazu ist sie in der Regel zu stark! Mit klarem Kopf können Sie der Strömung problemlos entgehen: Schwimmen Sie ruhig und gleichmäßig im 90–60° Winkel am Ufer entlang. Schon bald verlassen Sie so den schmalen, nach auswärts gerichteten Strömungskanal. Die gleiche Menge Wasser, die im Kanal aus der Bucht strömt (bei Flut mehr als bei Ebbe), muß nämlich rechts und links davon auch wieder zum Strand zurückfließen. Also lassen Sie sich Zeit und nutzen Sie dieses Naturgesetz um sich ans Ufer zurück tragen zu lassen!

Gaulettes nach Norden zweigt kurz hinter der Baie Lazare links die breite Auffahrt zum ›Plantation Club‹ ab, der für seychellische Verhältnisse hohen Hotelstandard und einigen Luxus zu bieten hat.

Der Ort **Baie Lazare** erstreckt sich zwischen der Baie Lazare und der Anse à la Mouche über einen kleinen Hügel, an dessen höchster Stelle von der asphaltierten Straße eine Piste in Richtung Westen abzweigt. Wenn Sie dieser Piste folgen, erreichen Sie nach etwa 1 km eine Gabelung. Folgen Sie der linken Straße, so erreichen Sie das Westende der Baie Lazare nahe dem ›Plantation Club‹. Biegen Sie nach rechts ab, führt die Straße steil abwärts und verzweigt sich wiederum.

Nach links führt ein schmaler Weg zur Petite Anse, der neben einem Wohnhaus endet. Hier müssen Sie das Auto stehenlassen und die letzten 15 Minuten auf einem Fußweg in die unbewohnte und unberührte, von Palmen gesäumte **Petite Anse** 10 mit ihrem weißen Strand hinunterwandern. Die Anstrengung wird reichlich durch die landschaftliche Schönheit dieser abgelegenen Bucht mit Schatten unter Palmen und wilder Vegetation belohnt. Achtung: Es sollen sich gelegentlich Taschendiebe im Gebüsch verstecken! Lassen Sie daher keine Wertsachen unbeaufsichtigt am Strand liegen!

Folgen Sie an der zweiten Abzweigung dem Weg nach rechts, erreichen Sie nach einigen Minuten den Strand der Anse Soleil, einer Bucht, die in Privatbesitz ist. Sie kann nur durch das Guesthouse ›Anse Soleil Beachcomber‹ erreicht werden. Dazu müssen Sie die Eigentümer um die Durchgangsgenehmigung bitten!

Wieder auf die Hauptstraße zurückgekehrt, stoßen Sie an der Kreuzung auf das sympathische Snack-Restaurant ›Splash Café‹ (9–16.30 Uhr geöffnet), das eine Amerikanerin und ihr einheimischer Mann betreiben. Wenn Sie hier nach links in die Küstenstraße einbiegen, finden Sie 1 km weiter nördlich auf der linken Seite – etwas versteckt – die Einfahrt zum Studio und Wohnhaus des bekannten Malers **Michael Adams** 11. Sie erkennen es an dem selbstgemalten Hinweisschild zwischen Sträuchern und Bäumen. Schauen Sie mal rein, denn die Bilder und die gesamte Atmosphäre des alten hölzernen Kolonialhauses sind sehenswert.

Einige Kilometer weiter umrunden Sie die weite, offene Bucht von **Anse à la Mouche** 12, in die man oft abends die Fischer heimkehren sieht. Neben ein paar netten Restaurants (›Anchor Café‹, ›La Sirène‹, ›Chez Oskar‹) finden Sie die Bungalowanlage ›Blue Lagoon Chalets‹ und das baulich den Klimaverhältnissen angepaßte kleine Hotel ›Villa Bambou‹. Der Name der Bucht hat übrigens nichts mit Fliegen *(mouche)* zu tun, sondern mit einer eßbaren Algensorte, die auf kreolisch *mousse* genannt wird und in früheren Zeiten hier geerntet wurde.

Wanderung auf den Brulée
(Nature Trails and Walks No. 7)

13 3 km nördlich von der ›Villa Bambou‹ zweigt nach rechts (Osten) die Montagne Posée-Bergstraße ab. Etwas unterhalb der Paßhöhe finden Sie rechts ein

Blick über die Baie Lazare auf den gleichnamigen Ort

Michael Adams
Der Gauguin des Indischen Ozeans

Der bekannteste Künstler des westlichen Indischen Ozeans ist der englische Maler Michael Adams, der sich 1975 im Süden der Insel Mahé niederließ. Geboren wurde Adams 1937 in Malaysia als Sohn eines englischen Gummipflanzers, später lebte er mit seinen Eltern in Tansania und studierte in England. Im Anschluß an sein Studium unterrichtete er Kunst und Malerei an verschiedenen Universitäten des afrikanischen Kontinents, bevor er Anfang der 70er Jahre auf der Suche nach dem Platz war, an dem er nur malen konnte. Aufgrund der Erzählungen eines Freundes entschloß er sich, mit seiner Frau die Insel Mahé zu besuchen und sich ein altes Kolonialhaus in der Anse aux Poules Bleues zu kaufen. Als er einige Jahre später seinen Freund auf die Seychellen einlud, stellte sich heraus, daß dieser noch nie dort gewesen war – seine Begeisterung für die Inseln hatte er ebenfalls nur von Freunden übernommen, welche die zur damaligen Zeit beschwerliche Seereise auf sich genommen hatten.

Nun lebt und arbeitet Michael Adams mit seiner Frau und seinen inzwischen fast erwachsenen Kindern im Süden der Insel Mahé. Schon als Student hat Adams einen eigenen Stil entwickelt, für den es – mit Ausnahme der Aquarelle von Friedensreich Hundertwasser – keinen Vergleich gibt. Indem er jedoch auf den Seychellen verschiedenen jungen und begabten Künstlern Unterricht erteilt hat, hat er eine eigene Konkurrenz herangezogen. Eine Gefahr für ihn ist diese Konkurrenz jedoch nicht, denn ein Kenner sieht sehr schnell den Unterschied in der Qualität der Werke des ›Meisters‹ im Vergleich zu denen seiner Schüler. Michael Adams fängt die Stimmungen der Szenen auf dem Land, der Stadt Victoria, von Wasserfällen und Dschungelszenen so treffend ein, daß der Betrachter sogar die Hitze des Ortes, die Gerüche und das Gezwitscher der Vögel wahrzunehmen glaubt, wenn er die Bilder an einem kalten Wintertag in Europa betrachtet.

Michael Adams sieht sich selbst als einen Urwaldmenschen. Am liebsten sitzt er an einem kleinen Fluß in einem dichten, unbeeinflußt gebliebenen Ur-

waldgebiet des Botanischen Gartens auf Mahé oder im Vallée de Mai auf Praslin. Dort hat er schon viele Dschungelbilder gemalt, jedesmal wieder anders, jedesmal die Farben wieder gleich ausdrucksvoll, schreiend und doch natürlich. Die Darstellung seiner Figuren ist zugleich abstrakt und realistisch. Sieht man sich die Menschen, die Hunde, die Palmstämme oberflächlich an, so erscheinen sie wie flüchtig aufgesetzte Puppen ohne Tiefe und ohne Perspektive. Bei längerem Betrachten jedoch erkennt man, daß die grellen Farben einen Aspekt der Wirklichkeit treffen, der jenseits der rein optischen Wahrnehmung liegt. Die Haltung der Figuren ist so ausdrucksvoll, daß man meint, den Menschen in der Bewegung zu sehen. Seine Bilder sind in keiner Weise ein Widerspruch zur natürlichen Umgebung. Ein Bild von Michael Adams erscheint in der freien Natur nicht wie ein Fremdkörper. Man könnte meinen, es sei dort gewachsen.

Aquarelle von Michael Adams sind inzwischen sehr wertvoll geworden. Das liegt einmal an der wachsenden Bekanntheit, die der Maler außerhalb der Seychellen erlangt hat, aber auch daran, daß er lediglich zehn bis zwölf Aquarelle pro Jahr anfertigt, wovon er höchstens die Hälfte zum freien Verkauf zur Verfügung stellt. Den Rest behält er in seiner eigenen und der Sammlung seiner Frau.

Im Studio in Anse aux Poules Bleues, in einigen Galerien auf Mahé und Praslin und bei ›Michael Adams Pictures‹ in Deutschland (82211 Herrsching, ✆ 0 81 52/56 94) können Sie seine Siebdrucke für Preise zwischen 300 DM und 2000 DM erwerben. Im Internet findet man die Siebdrucke von Michael Adams unter www.TrauminselReisen.de/AdamGal.htm.

großes Hinweisschild auf diesen herrlichen Wanderweg durch eine Mahagoniplantage und später ursprünglichen, dichten Palmenwald, der am Gipfel unter majestätischen Granitklippen endet, wo sich großartige Ausblicke auf die West- wie auch die Ostküste bieten.

Dauer der Wanderung: 2–3 Stunden; Schuhwerk mit griffigen Sohlen erforderlich.

Die Strände im Norden

Wer von der Anse Mouche aus seinen Weg direkt nach Norden fortsetzt, erreicht nach etwa 10 Minuten die **Anse Boileau.** Zur Weiterfahrt haben Sie ab hier die Wahl, entweder über die Montagne Posée Road an die Ostküste zurückzugelangen oder weiter der Küstenstraße zu folgen. Auf dieser erreichen Sie bald die Strände von **Barbarons Beach** und **Grand' Anse** [14]. Beim Baden empfiehlt sich in der Grand' Anse Vorsicht, denn bei manchen Wind- und Wetterbedingungen herrschen hier – wie in Anse Intendance und Anse Takamaka – gefährliche Strömungen. Solange Sie aber den sandigen Boden unter Ihren Füßen spüren, kann nichts passieren.

Die Straße entfernt sich nun von der Küste. Links sehen Sie die Abzweigung zum ›Equator Residence Hotel‹. Geradeaus weiter überqueren Sie einen niedrigen Paß und sehen bald hinunter in die Bucht von **Port Glaud** [15]. Dort steht das ›Mahé Beach Hotel‹, das Sie sicher schon von Abbildungen her kennen. Vielleicht tanken Sie an der Tankstelle auf dem Parkplatz des Hotels nach; es ist die letzte, bis Sie nach Victoria zurückkehren.

Von Port Glaud führt eine Stichstraße weiter an der Küste entlang zum **Port Launay Marine National Park** [16], der mit seinem langen, weichen Strand, seinem ruhigen Wasser und seinem völlig intakten Korallenriff ein ideales Bade- und Schnorchelrevier darstellt.

Wanderung von Port Glaud zum Sauzier-Wasserfall

Ein schönes, bequem zu erreichendes Ausflugsziel ist der **Sauzier-Wasserfall** 17, der in ein von Granitfelsen gerahmtes Becken stürzt, in dem man unter hohen Bäumen ein erfrischendes Bad nehmen kann. Folgen Sie von der Kirche in Port Glaud dem Fußpfad am Bach entlang landeinwärts. Nach etwa 10–15 Minuten gelangen Sie zum Grundbesitzer, der Sie gegen eine Gebühr zum Wasserfall bringen läßt. Dies ist leider eine notwendige Vorsichtsmaßnahme, seit mehrere leichtsinnige Gäste versucht haben, gegen den Strom des Wasserfalls die Felsen hochzuklettern und dabei zu Tode gestürzt sind.

Île aux Vaches

Völlig unbewachsen und felsig ragt die Île aux Vaches gegenüber dem ›Equator Residence Hotel‹ aus dem Meer auf. An Land zu gehen, ist wenig interessant, doch die Gewässer rundherum wimmeln von Großfischen wie Haien, Rochen und Thunfischen.

Thérèse Island und L'Islette

Weiter im Norden folgen zunächst Thérèse Island 18 und l'Islette, beides winzige Felseninseln nur wenige hundert Meter vom Strand Mahés entfernt.

Blick entlang der Westküste Mahés nach Norden (links Thérèse Island, im Hintergrund die Insel Conception)

Während das früher beliebte Gästehaus auf L'Islette inzwischen geschlossen hat, ist am weißen Sandstrand von Thérèse ein Restaurant (›Le Theresa‹) entstanden. Die Überfahrt nach Thérèse Island erfolgt vom Hotel ›Beryaja Mahé Beach‹ aus. Das Riff vor dem langen Sandstrand lädt zum Schnorcheln ein, und vom Gipfel des 160 m hohen Berges haben Sie einen guten Ausblick auf die höchsten Gipfel von Mahé und auf die Pointe L'Escalier im Norden, so genannt wegen der mysteriösen Treppenstufen, die sich in dem Felsabhang befinden. Niemand weiß, ob es sich um eine Laune der Natur handelt, die den Felsen so gleichmäßig ausgewaschen hat oder ob vielleicht frühe Siedler die Stufen in das Gestein schlugen.

Sans Souci Road

Um von der Westküste nach Victoria zurückzukehren, müssen Sie bei der Poli-

zeistation von Port Glaud in Richtung Berge abbiegen. Die Sans Souci Road ist die steilste und höchste der Paßstraßen auf Mahé, aber auch die eindrucksvollste. In engen Windungen geht es bergauf bis zur Paßhöhe von 500 m. Kurz vor dem höchsten Punkt befinden sich rechts und links der Straße die **Teeplantagen** 19 von Mahé. Von der Teetaverne können Sie den Sonnenuntergang aus fast 400 m Höhe bewundern.

Etwa 2 km weiter, kurz vor einer scharfen Rechtskurve, zweigt links ein Fahrweg ab. Er führt hinauf zu einem Parkplatz (Wertsachen mitnehmen!), von dem aus Sie in ein paar Minuten zur ›Viewing Lodge‹ gelangen. Auf einem Plateau hoch oberhalb der Straße stehen ein Holzhaus und einige Bänke. Weit reicht der Blick über die Berge nach Süd-Mahé und zur Westküste. Durch die Vororte Sans Souci und Bel Air führt die Sans Souci Road in ca. 30 Fahrminuten wieder nach Victoria zurück.

Besteigung des Morne Blanc
(Nature Trails and Walks No. 6)

Ausgangspunkt für diese Bergbesteigung ist die **Teetaverne** an der Sans Souci Road. Sie liegt etwa nach einem Drittel der Strecke von der Paßhöhe abwärts auf der linken Seite. Fragen Sie dort nach der Abzweigung des Weges zum Morne Blanc, der etwa 100 m nördlich (aufwärts) nach links abbiegt (von der Teetaverne aus gesehen). Der Weg führt relativ steil durch die Teeplantagen bergauf. Hier sehen Sie das ganze Jahr über die Arbeiter, die die Pflanzungen bewirtschaften. Der Weg wird jedoch schon bald flacher und zieht sich an einer Bergkette entlang, von der aus Sie einen weiten Blick über die Westküste Mahés und in die zentralen Berge haben. Weiter oben mündet er in einen dichten tropischen Bergwald und wird recht glatt und feucht. Der Pfad endet auf der Spitze des **Morne Blanc** 20 bei einem Vermessungspunkt, der 1959 von den Vereinten Nationen aufgebaut wurde. Seien Sie vorsichtig, denn an allen Seiten fallen die Felsen steil ab, meist glatt von dem hier oben recht häufigen Regen oder Nebel. Daher sollten Sie diesen Weg bei regnerischem oder wolkigem Wetter nicht gehen. Ohnehin haben Sie dann kaum einen guten Blick, denn der Morne Blanc würde sich von Wolken eingehüllt zeigen. Dauer der Wanderung: 3–4 Stunden.

Besteigung des Morne Seychellois

21 Ausgangspunkt der Wanderung ist die Paßhöhe der Sans Souci Road, von wo aus der Weg zunächst leicht ansteigend, später aber steiler und durch dich-

Wanderung auf den Mont Copolia

(Nature Trails and Walks No. 8)

Teepflückerinnen an der Sans Souci Road

Der knapp 500 m hohe Mont Copolia ist von der Straße nach Sans Souci aus zu erreichen. Nehmen Sie von Victoria den Omnibus in Richtung Sans Souci und steigen Sie bei ›The Boat House‹ (auf der linken Seite) aus. Kurz davor biegt nach links ein schmaler Fußpfad ab, der Sie bis auf den Gipfel des Mont Copolia bringen wird. Die Wanderung ist recht anstrengend und erfordert Kondition und Trittsicherheit! Der Ausgangspunkt liegt zwar bereits auf über 250 m Höhe, doch führt der Weg zunächst in ein Flußtal, von dem aus es dann steil bergan, teilweise auf ›Klettersteigen‹ zwischen den Granitfelsen hindurch geht. Der Gipfel des Mont Copolia erreicht zwar nicht einmal 500 m, doch durch das ständige Auf und Ab haben Sie im ganzen einen weit größeren Höhenunterschied zu überwinden. Vom Gipfel aus eröffnen sich großartige Ausblicke auf das Meer bis Praslin, La Digue und Frégate. Wenn Sie Glück haben, werden Sie auf Ihrem Weg auch wilde Orchideen verschiedener Arten sehen. Auf dem Gipfel des **Mont Copolia** 22 kann die Seychelles Pitcher Plant gefunden werden, die zu den seltensten Pflanzen dieser Erde zählt. Bitte reißen Sie diese Pflanze nicht aus!

Der Gipfel des Berges ist 2,5 km von der Sans Souci Road entfernt. Wenn Sie sich eine gute Karte besorgen, können Sie es riskieren, vom Gipfel aus nicht den gleichen Weg zurückzugehen, sondern über Fußpfade hinüber zur La Misère Road zu wandern und auf dieser nach Victoria zurückzukehren.

Dauer der Wanderung: etwa 3–4 Stunden.

tes Gestrüpp nach oben führt. Die Tour gehört zu den schwierigsten auf Mahé und sollte nicht ohne einheimischen Führer unternommen werden. Der Pfad wird so selten begangen, daß er meist von Gestrüpp überwuchert und schwer erkennbar ist. Die Survey Division (s. S. 298) nennt Ihnen gerne einen Führer, der auch über die Flora und Fauna Bescheid weiß. Hier traf ich einmal einen jungen Australier, der allein aufgestiegen war. Da er den richtigen Weg verfehlte, brauchte er für den Aufstieg bis zum Gipfel 6 Stunden. Da es schon spät am Nachmittag war, als er oben ankam, beschloß er, die Nacht dort zu verbringen und erst am Morgen wieder hinunterzugehen. Er war begeistert von dem grandiosen Sonnenuntergang und dem eindrucksvollen Sonnenaufgang am nächsten Morgen. Die Zeit dazwischen allerdings konnte er kaum genießen!

Dauer der Wanderung: etwa 4–5 Stunden.

›La Bagatelle‹ – Garten und Restaurant

Vor knapp 100 Jahren segelte Kapitän Jouanis mit seinem Schiff ›La Cigale‹ in den Hafen von Victoria. Auf seinen vielen Seereisen hatte er genug erlebt und auch genug verdient, daß er beschloß, endlich seinen Traum von einem luxuriösen Haus auf festem Grund zu verwirklichen. Als es fertig war, benannte er sein neues Heim nach dem Pariser Rosengarten ›La Bagatelle‹. In diesem Haus, umgeben von einem eindrucksvollen tropischen Garten mit riesigen Bambusstauden, Kokospalmen und Orchideengärten wurde vor ein paar Jahren ein Spezialitätenrestaurant eingerichtet, dessen Besuch man keinesfalls versäumen sollte.

Die Räume des Hauses wurden renoviert und in den Urzustand zurückversetzt, so daß sie zugleich ein kleines Museum darstellen. Die wichtigste Attraktion des Restaurants jedoch ist die Parkanlage, die von sechs Gärtnern ständig gehegt und gepflegt wird. Die im Restaurant servierten Früchte stammen von den Litschi- und Mango- und den vielen anderen Obstbäumen im Garten. Auf neu angelegten Fußwegen kann man dieses tropische Paradies vor oder nach dem Essen gemütlich erwandern.

Wie kommen Sie hin? Am einfachsten mit dem Taxi – von Victoria sind es nur etwa 5 Minuten. Wer ein eigenes Auto hat, zweigt, von Beau Vallon kommend, kurz vor dem Zentrum von Victoria nach rechts ab in die Bel Air Road. Dieser folgt man weiter bergauf und passiert die Abzweigung nach links in die Liberation Avenue, die wieder zurück in die Stadt führt. Nach etwa 3 km erreicht man eine Gabelung, von der aus die rechte Straße nach St Louis, die andere weiter zum Paß und nach Sans Souci führt. Folgt man der linken Straße, findet man nach wenigen Metern auf der rechten Seite die Einfahrt in den Garten ›La Bagatelle‹ 23.

Der Sainte Anne Marine National Park

Die unmittelbar vor Mahé gelegenen fünf Inseln Long, Ste Anne, Cerf, Round und Moyenne sowie das sie umgebende Meer wurden 1973 unter Naturschutz gestellt. Die Verwaltung des Parks, der sowohl die Inseln als auch die Unterwasserwelt dieses Gebietes schützen soll, bittet darum, einige Verhaltensmaßregeln einzuhalten:

Durchfahren Sie nicht mit Motorbooten die entsprechend gekennzeichneten geschützten Gebiete. Hier sollen nur die lizenzierten Glasbodenboote halten, um den Gästen Gelegenheit zu geben, die reichen und schönen Korallen zu betrachten. Im gesamten Gebiet des Parks ist es verboten, Wasserski zu fahren oder Motorbootrennen durchzuführen. Nehmen Sie keine lebende Koralle oder Muschel aus dem Wasser! Wenn Sie ankern, achten Sie darauf, daß Sie keine lebende Koralle beschädigen!

Den Schutzmaßnahmen verdankt es dieses Gebiet, daß trotz der Nähe des Hafens von Victoria viele Korallen und alle Fischarten beobachtet werden können, die es im westlichen Indischen Ozean gibt. Die besten Schnorchelre-

Sainte Anne Marine National Park

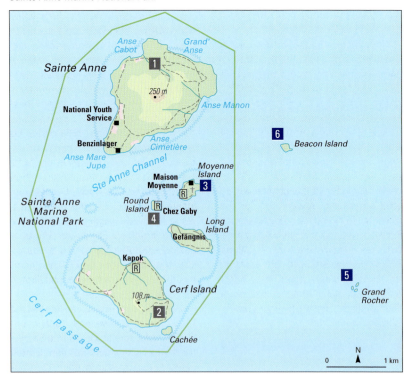

viere liegen im Ste Anne Channel, zwischen den Inseln Ste Anne und Moyenne. Zwischen der Insel Cerf und dem Festland Mahés befindet sich ein Korallenriff, das in den Jahren nach dem Bau des Flughafens und der neuen Ostküstenstraße zerstört wurde. Durch die aufgeschütteten Landgebiete haben sich die Strömungsverhältnisse des Meeres so stark verändert, daß die Korallen nicht mehr lebensfähig waren.

Ste Anne

1 Die Insel Ste Anne war das erste Siedlungsgebiet der Seychellen überhaupt. Die dort eingerichteten Plantagen wurden jedoch sehr bald wieder verlassen – nicht etwa, weil sie erfolglos waren, sondern wegen persönlicher Probleme des Plantagenbesitzers mit der Verwaltung der Seychellen auf Mauritius.

Momentan ist die Insel unbewohnt. Lediglich einige alte Benzintanks aus dem Zweiten Weltkrieg sowie die Gebäude des National Youth Service (NYS) stehen noch. Das Benzinlager wird heute von der nationalen Ölgesellschaft genutzt, die Gebäude des NYS stehen leer, seit dieses Lager aufgelöst wurde. Augenblicklich sucht die Regierung Investoren für ein Tourismusprojekt auf der Insel, die für ein Luxushotel wie geschaffen scheint. Sowohl auf der Ostseite, in Richtung der Nachbarinseln Praslin und La Digue, als auch auf der den anderen Inseln des Marine National Park zugewandten Seite gibt es strahlend weiße Sandstrände, dazwischen eine grüne, mit Bäumen bewachsene Ebene, wie geschaffen für luxuriöse Hotelbungalows.

Cerf Island

2 (S. 243) Cerf liegt etwa 4 km vor der Küste von Victoria und befindet sich komplett in Privatbesitz. Der Strand jedoch ist – wie überall auf den Seychellen – der Öffentlichkeit ohne weiteres zugänglich. In einer kleinen Bucht am Nordende von Cerf, von Victoria aus nicht sichtbar, ist das Restaurant ›Kapok‹ gelegen, das von einer der auf Cerf lebenden Familien betrieben wird. Die Familie plant, in den nächsten Jahren auch ein Guesthouse zu errichten. Von der Bucht im Norden der Insel haben Sie einen traumhaften Blick auf die Nachbarinseln Long Island, Moyenne Island, Round Island und Ste Anne. Hier wähnt man sich fast an einem See, denn der Blick aufs offene Meer ist von den umliegenden Inseln versperrt.

Cerf stellt einen idealen Urlaubsplatz für Liebhaber von Ruhe und Natur dar, denn die Insel ist abgeschieden, aber dennoch von Mahé aus in nur 20 Minuten Bootsfahrt leicht zu erreichen. Familien, die ein Boot besitzen, kommen am Wochenende gerne zum Picknick hierher. Die Insel zu umwandern, ist schwierig, da die Vegetation stellenweise bis ans Wasser reicht. Jedoch führt ein Fußpfad zwischen den beiden in der Mitte der Insel gelegenen Hügeln vom Norden in die südliche Bucht. Der Wald im Inneren der Insel ist wild und stellenweise undurchdringlich. Er wird von großen Kolonien Fliegender Hunde – besonders großer Fledermäuse – bevölkert. Der Strand von Cerf Island gehört zu den wenigen, die Meeresschildkröten häufig zur Eiablage besuchen.

Die einzige Unterkunft ist die 1998 auf 18 Bungalows erweiterte Anlage der ›Cerf Island Chalets‹. Ein Shuttle-Service per Motorboot macht es den Gästen möglich, regelmäßig in etwa 15 Minu-

Blick auf den Sainte Anne Marine National Park (im Vordergrund Landgewinnung)

ten nach Victoria hinüberzufahren, um dort Einkäufe zu erledigen oder eine Mahérundfahrt anzutreten. Den Mietwagen kann Ihnen die Hotelrezeption vorbestellen! Die Bungalows liegen im Schatten hoher Laubbäume an einem steilen Berghang, die Rezeption und das Restaurant befinden sich am kleinen Sandstrand.

Moyenne Island

3 (S. 254) Moyenne ist eine etwa 450 m lange und 250 m breite Insel, die man vom 5 km entfernten Victoria per Boot erreichen kann. Der Friedhof der Insel hat ganze drei Gräber (zwei davon vermutlich von Piraten). In den Dokumenten der Seychellen wird er 1892 zum ersten Mal erwähnt. Ein winziger Strand liegt an der Victoria zugewandten Seite,

wo Besucher und Gäste des ›Maison Moyenne‹ an Land gehen. Gleich hinter dem Strand führt eine in den Fels gehauene Treppe steil hinauf zur ›Jolly Roger Bar‹, die nach Vorbestellung hervorragendes Essen serviert.

Der Besitzer der Insel pflegt einen liebevoll angelegten Wanderweg, der rund um die Insel führt. Die Bäume hat er mit kleinen Schildern versehen, so daß der Besucher gleich die Natur um sich herum kennenlernt. Der Rundweg führt an den Ruinen zweier Häuser vorbei zu einem alten kreolischen Haus, das vollständig wiederhergestellt und eingerichtet worden ist. Es dient heute als Dependance der ›Jolly Roger Bar‹, wo Sie ein kühles Bier oder den Saft einer jungen Kokosnuß trinken können. Sie haben eine großartige Aussicht über den Marine National Park bis zu den Bergen von Mahé.

Besucher von Moyenne Island sollten keine Angst vor Geistern haben! Es heißt nämlich, daß vor 200 Jahren Piraten diese Insel betraten und deren Geister noch immer umgehen, um den nahe dem Friedhof vergrabenen Schatz zu bewachen. Der Besitzer Moyennes – ein Journalist – weiß von nächtlichen Schritten vom Grab zum alten Wohnhaus, von mysteriösem Klopfen an seiner Schlafzimmertür, von Rütteln an seinem Bett zu berichten. Im Jahre 1970, als er noch nicht lange Eigentümer der Insel war, hörte er von einem jungen Mädchen auf Mahé, dem im Traum die genaue Lage eines Piratenschatzes auf Moyenne eröffnet worden war. Er holte das Mädchen auf die Insel, beide nahmen einen Spaten, und das Mädchen führte ihn zu den Piratengräbern. Als beide den Spaten ansetzten, fielen krachend zwei schwere Kokosnüsse unmittelbar neben ihnen auf die Erde, und das Mädchen lief in Panik davon. Der Inseleigentümer hat nie wieder einen Spaten an die Stelle gesetzt, denn er ist überzeugt, daß dies die letzte Warnung der Geister war, den Schatz nicht anzutasten.

Round Island

4 (S. 259) Auf dieser winzigen Insel ist die Parkverwaltung stationiert. Außerdem befindet sich hier das kleine kreolische Restaurant ›Chez Gaby‹, zu dem die Reisebüros von Mahé regelmäßig Ausflugsfahrten organisieren. Samstags gibt es dort auch oft Tanz bei Lagerfeuer. Für die heißen Sega-Rhythmen sorgt eine einheimische Band.

Tauchen im Ste Anne Marine National Park

Dieser Nationalpark umgibt die Inselgruppe von Cerf, Long, Moyenne, Round und Ste Anne und schließt außerdem die Île Cachée ein. Obwohl die Region seit 20 Jahren geschützt ist und Muschelsammeln und Fischen untersagt wurde, sind die Fische hier scheu, und die Korallen haben stärker gelitten als anderswo auf den Seychellen. Deswegen sollte ein erfahrener Taucher von diesem Park nicht allzuviel erwarten. Am besten und lebendigsten sind die Riffe zwischen der Insel Moyenne und Ste Anne, am Ste Anne Channel.

Zum Nationalpark wurde die Inselgruppe erklärt, da der Artenreichtum der Unterwasserflora und -fauna besonders groß ist. Es gibt geschützte steile Riffe, flache Riffpartien knapp unter der Wasseroberfläche, von Korallen überwucherte Granitfelsen, Sandebenen, Seegrasbetten usw. Bitte geben Sie dem Park eine Chance, diese Natur auch in Zukunft zu erhalten, indem Sie sich an die Vorschriften für das Verhalten innerhalb des Nationalparks halten!

Gerätetaucher werden die Gebiete rund um die benachbarten Felsgruppen **Grand Rocher** **5** und Beacon Island am interessantesten finden. **Beacon Island** (Pinnacles) **6** liegt knapp außerhalb des Ste Anne Marine National Park im Südosten der Insel Ste Anne. Die Insel besteht aus mehreren Felsen, die von Korallen bewachsen sind und viele Fische anziehen. Das poröse Gestein hat viele Überhänge und Grotten, in denen Krebse, Zackenbarsche und Muränen wohnen.

Andere Tauch- und Schnorchelgebiete um Mahé

Trompeuse Rocks

24 km nördlich von Mahé ragen die Trompeuse Rocks aus dem Meer heraus, um die herum ein reges Unterwasserleben herrscht. Gelegentlich starke Strömung!

Mamelles

Auf halbem Weg zu den Trompeuse Rocks liegt die unbewohnte Insel Mamelles mit guten Tauchgründen an der Südseite, mit einem flachen Riff und nur geringer Meerestiefe.

Das Wrack der ›Ennerdale‹

Nahe der kleinen Felseninsel Mamelles, nordöstlich von Mahé, liegt das Wrack des englischen Tankers ›Ennerdale‹ zerbrochen auf dem sandigen Grund. Das Schiff lief 1970 auf Grund, sank und wurde dann von Tauchern gesprengt. Es liegt in einer Tiefe zwischen 5 und 25 m im Sand. Viele verschiedene Arten von großen Fischen haben es sich zur Heimat erwählt. Für einen geübten Taucher ist es ein aufregendes Abenteuer, im Inneren des Schiffes umherzuschwimmen.

Brissare Rocks

Ebenfalls im Norden von Mahé, in nur 5 km Entfernung, liegen diese zwei Felsinselchen, die eine besonders große Vielfalt an unterschiedlichsten Korallen und den dazugehörigen Fischen bieten. Wo es viele Korallenfische gibt, gibt es auch viele Raubfische, also auch kleinere Haie und Barracudas.

Recifs

Diese felsige kleine Insel liegt etwa auf halbem Wege zwischen Mahé und Frégate Island. Sie besitzt einzigartige terrassierte flache Felsbecken an der Südostseite. Hier finden Sie Unmengen farbiger Korallen und zahlreiche kleine Fische.

Süßlippe

Gewitterstimmung an der Grand' Anse auf La Digue ▷

Die anderen Inseln der Inneren Seychellen

Silhouette

(S. 259) Silhouette gehört zu den unerschlossensten und abgelegensten bewohnten Inseln der Seychellen, obwohl sie nur 17 km von Mahé entfernt ist. Aber da sie keinen Platz für eine Landebahn bietet und die Einfahrt in die beiden Häfen wegen der Korallenbänke gefährlich ist, sind die Entwicklungen der letzten 50 Jahre an Silhouette fast spurlos vorübergegangen.

In den frühen Morgenstunden, wenn die aufgehende Sonne Silhouette flach von Osten her bescheint, können Sie die Berge und Täler der Insel von Beau Vallon in der Nordwestbucht Mahés plastisch erkennen. Wenn die Sonne dagegen hoch steht, bleibt nur noch die Silhouette des über 700 m hohen Berges zu erkennen, dessen höchster Gipfel meist von einer Wolke umhüllt ist. Die-

Silhouette

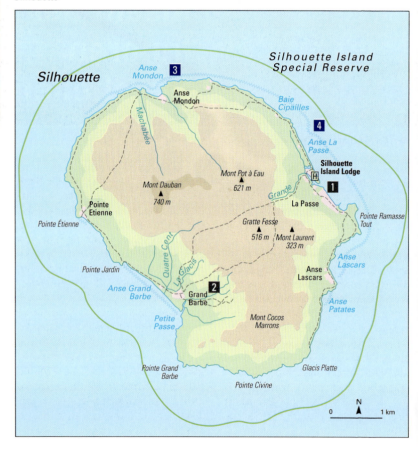

Von Mahé aus ist die Silhouette der Insel Silhouette in der Ferne zu sehen

sem Umstand verdankt die Insel ihren Namen aber nicht, sondern der Finanzbeamte Etienne de Silhouette gab ihr im Jahre 1767 die Ehre, seinen Namen tragen zu dürfen. Seither hat sich auf der Insel wenig verändert. Es gibt keine Straßen, keine Post, keine Polizei und nur einen Laden, der lediglich zweimal in der Woche für wenige Stunden geöffnet ist, kein Auto, nicht einmal ein Motorrad. Und das, obwohl Silhouette neben Aldabra, Mahé und Praslin eine der größten Inseln der Seychellen ist. Nur selten kommt Besuch per Schiff – neuerdings auch per Hubschrauber – aus Mahé, denn die Überfahrt ist zu weit, um nur ein Picknick hier zu machen.

Wenn Sie sich allerdings für die Natur interessieren, wie sie auf den Seychellen existierte, bevor die Inseln besiedelt wurden, dann haben Sie allen Grund, nach Silhouette zu fahren. So finden Sie beispielsweise in den Bergen die Harthölzer, die auf den anderen Inseln verschwunden sind, und die fleischfressende Pitcher Plant. Zwei Fußwege überqueren die Insel in west-östlicher Richtung und verbinden die beiden Inseldörfer **La Passe** 1 und **Grand Barbe** 2. Wanderungen über die Insel sind nicht schwierig, da die Wege im Schatten des dichten Waldes liegen. Sie sollten aber dennoch frühzeitig aufbrechen und die Wanderungen in Begleitung eines Führers machen, da immer wieder Abzweigungen auftauchen, die Sie möglicherweise auf dem Rückweg nicht mehr erkennen. Bis zur **Anse Mondon** 3 ist man etwa 1–2 Stunden, bis zum Ort Grand Barbe auf der gegenüberliegenden Seite der Insel 3–4 Stunden unterwegs. Der Weg über die Insel führt über große, glattgeschliffene Felsen, die gelegentlich ein wenig Klettergefühl verlangen.

Bis vor wenigen Jahren lebten die knapp 400 Bewohner von Silhouette vom Sammeln der Kokosnüsse, von der Kopra, die sie in einem Steinofen gleich bei der Mole in La Passe gewannen, und vom Fischfang. Im übrigen nahmen sie sich, was die Natur von selbst produziert. Seit 1987 hat das Bungalowhotel ›Silhouette Island Lodge‹ ein wenig mehr Leben auf die Insel gebracht, auch wenn meist nur 10 bis 20 Gäste da sind. Da mangels geeigneter flacher Landflächen das Anlegen einer Landepiste nicht möglich ist, chartert das Hotel mehrmals pro Woche einen Hubschrauber, mit dem die Gäste bequem und sicher vom Flughafen auf Mahé in einem etwa 20minütigen Flug – zunächst über den Nordteil von Mahé, dann über die Bucht von Beau Vallon hinaus auf den Indischen Ozean – zum Landeplatz nahe der ›Silhouette Island Lodge‹ gebracht werden. Einmal an Land, finden Sie kleine, hübsche Bungalows, ein gutes Restaurant und freundlichen Service. Hotelangestellte bringen Sie an abgelegene Buchten, mit dem Motorboot zu den schönsten Schnorchelplätzen und freuen sich, wenn Sie ihnen etwas Abwechslung auf diese so weit von der Welt entfernte Insel bringen.

Silhouette bietet nicht nur über Wasser mit das Schönste, was Sie auf den Seychellen finden können. Tauchen vor der **Nordostküste** 4, wo sich riesige Papageienfische zwischen den Granitblöcken tummeln, ist besonders faszinierend. Es gibt nicht viele Korallen, aber das Leben rund um die Granitfelsen präsentiert sich überaus reichhaltig und unberührt. Ein Paradies für Unterwasserfotografen! Das Wasser ist klar, und Sie können fast immer von der Oberfläche bis zum Grund sehen, der nicht tiefer als 13 m liegt.

North Island

North Island liegt etwa 25 km nordwestlich von Mahé und 6 km nördlich von Silhouette. An klaren Tagen kann man die Insel von Beau Vallon aus rechts neben Silhouette am Horizont erkennen. Die Gewässer rund um die Insel sind außerordentlich fischreich.

Auf der Nordwestseite der Insel erstreckt sich fast über die ganze Länge ein weißer Sandstrand, gesäumt von Felsen. Gleich dahinter erhebt sich ein Berg bis über 200 m Höhe. Die Vegetation wird von der Kokospalme bestimmt, doch finden sich auch alle Arten tropischer Früchte und Gemüse. Der Verwalter versucht, eine funktionierende Gemüseplantage anzulegen, um den Markt auf Mahé zu versorgen, wegen des schwierigen Transportes ist dies jedoch ein mühsames Unterfangen. Übrigens war North Island die erste Insel der Seychellen-Gruppe, die von Europäern erforscht wurde: Im Jahre 1609 landete hier ein Schiff der britischen East India Company, um Wasser und Proviant an Bord zu nehmen.

Die Insel zu besuchen, ist schwierig, da sie, abgesehen von der Plantage, unbewohnt ist. Der Eigentümer plant, in den kommenden Jahren ein ökologisch vorbildliches kleines Bungalowhotel zu errichten.

Praslin

(S. 255) Praslin ist mit 26 km² (13 km lang und an der breitesten Stelle 5 km breit) nach Mahé die größte Insel der Inneren Seychellen, und mit seinen etwa 8000 Einwohnern rangiert es auch hinsichtlich der Bevölkerungszahl an zweiter Stelle. Von Mahé aus erreichen Sie Praslin mit dem Flugzeug in 15 Minuten, mit dem Motorsegelboot in etwa drei Stunden. Vor der ›Empfangshalle‹ des ›Flughafens‹, einem offenen Holzhäuschen, warten Busse und Taxis auf die Gäste aus Mahé, um sie in ihre Hotels zu bringen. Durchweg handelt es sich dabei um Bungalow-Anlagen, die ihre Hütten entweder direkt am Strand oder jenseits der Küstenstraße haben. Große Hotels finden Sie hier nicht.

Gleich gegenüber vom Flughafen befindet sich das ›Aquarium‹ mit einer sehenswerten Aufzucht- und Forschungsstation. Es informiert u. a. über Austernfischerei und Perlenverarbeitung. Angeschlossen ist ein Shop, in dem Sie günstig Muscheln, Korallen und Schmuck erwerben können. Für die Abendunterhaltung sorgen auf Praslin lediglich die Open-Air-Discos ›The Lost Horizon‹ in Baie Ste Anne und ›Ma Belle Amie‹ an der Anse Volbert nahe dem ›Hotel Village du Pêcheur‹ gelegen. Im ›Paradise Hotel‹ am Nordwestende der Anse Volbert gibt es gelegentlich Tanzabende, zu denen dann auch die jungen Praslinois(es) kommen. Viel Abwechslung haben sie in ihrem Alltag nämlich nicht.

Den Gästen wird etwas mehr geboten. Sie können windsurfen und schnorcheln, Ausflüge zu den Nachbarinseln Cousin und Curieuse unternehmen oder einen Tag zur Vogelinsel Aride hinüberfahren. Fragen Sie in Ihrem Hotel oder einem der Reisebüros in Baie Ste Anne, ob die Überfahrt möglich ist – bei zu rauher See gilt eine Landung auf Aride als zu gefährlich! Die Hotels und Reisebüros organisieren auch Tauchfahrten und Ausflüge zum Hochseefischen. Ein Tagesausflug nach La Digue gehört eigentlich zum ›Pflichtprogramm‹ eines Urlaubs auf Praslin. Am Vormittag fahren das Fährschiff ›Lady Mary‹ und sein Schwesterschiff vom Pier in der Baie Ste Anne hinüber. Allein schon die 30minütige Überfahrt ist die Reise wert.

Praslin ist wegen seiner flachen Hügel im Landesinneren ein idealer Platz für Wanderer, die nicht allzusehr ins Schwitzen kommen wollen. Die Wege sind nur selten steil und bieten oft wunderbare Ausblicke. Wegen der geringen Entfernungen erreichen Sie auch nach kurzer Zeit wieder ein Dorf oder einen Strand, wo Sie sich erfrischen können. Landkarten bekommen Sie in den meisten Hotels oder in den Buchläden von Victoria.

Die lange Nordost- und die lange Südwestseite von Praslin sind von breiten Korallenriffen umgeben. Die beiden Schmalseiten besitzen dagegen keine Riffe und eignen sich daher nicht zum Schnorcheln.

Grand' Anse

Die Grand' Anse erstreckt sich vom Flughafen im Südwesten Praslins bis zur Abzweigung der Bergstraße hinauf zum Vallée de Mai. In der Mitte der Bucht liegt der Ort **Grand' Anse** **1**. Zum Baden ist der Südteil der Bucht nicht so

Praslin ▷

sehr geeignet, da das Wasser das weite Korallenriff meist nur knapp bedeckt. Wegen der Bushaltestelle stellt der Ort aber einen guten Ausgangspunkt für Wanderungen über die Insel dar. Gleich am Strand liegen die beiden einfachen Guesthouses ›Indian Ocean Fishing Club‹ und ›Grand Anse Beach Villas‹. Besonders die ›Beach Villas‹ haben einfache, aber gemütliche Zimmer. Höheren Ansprüchen genügen die Bungalow-Hotels ›Il Marechiaro‹ und ›Maison des Palmes‹ am nördlichen Abschnitt des Strandes. Das ›Maison des Palmes‹ verfügt sogar über einen Katamaran (›Stefanie‹), mit dem auch große Segeltörns organisiert werden können, sowie über ein kleines Motorboot, um Ausflüge zu den Nachbarinseln durchzuführen.

Wanderung von Grand' Anse zur Anse Lazio

Die einmalig schöne weiße Bucht von Anse Lazio sollte man gesehen haben. Ausgangspunkt des Ausflugs ist der Ort Grand' Anse an der Südwestküste von Praslin. Fahren Sie mit dem Bus oder mit dem Auto die Küstenstraße nach Norden, vorbei am Flughafen, bis Sie auf der rechten Seite eine Straße sehen. Sie windet sich den Berg hinauf. Steigen Sie dort aus und gehen Sie zu Fuß die Straße hinauf. Links sehen Sie tief unten den Anse Kerlan River. Je weiter Sie nach oben gelangen, desto weiter wird der Blick auf die umliegenden Inseln, insbesondere auf Cousin und Cousine im Westen. Wenn Sie die Höhe erreicht haben, überqueren Sie auf einer kleinen Brücke den Anse Kerlan River, an dem Sie sich erfrischen können. Dann führt der Weg nach links in nördlicher Richtung an einem Höhenzug entlang. Hier bietet ein dichter Wald Schatten, und Sie finden rechts und links des Weges einzelne Häuser. Schließlich beginnt der Weg sich zu neigen, und der Blick öffnet sich auf die Chevalier Bay und die großartige Anse Lazio. Von einem in einem schönen Garten gelegenen einzelnen Haus auf der linken Seite des Weges geht es nun steil hinab in die Bucht. Von der Küstenstraße aus bis hierher brauchen Sie etwa 1–1$\frac{1}{2}$ Stunden.

Wenn Sie in Eile sind, gehen Sie auf dem gleichen Weg zurück. Wer mehr Zeit hat, kann die Gelegenheit zu einer Umwanderung des ganzen nordwestlichen Teils von Praslin nutzen. Gehen Sie zum Nordende der Anse Lazio, wo ein gut ausgebauter Fahrweg Richtung Südosten ins Landesinnere abzweigt. Er steigt zunächst flach an und wird später steiler, bis er eine Paßhöhe von etwa 100 m über dem Meer erreicht. Von dort geht es abwärts in die Anse Boudin, wo

Im Inselinneren von Praslin

Sie auf die Küstenstraße treffen. Folgen Sie dieser nach Südosten, so treffen Sie nach etwa einer halben Stunde auf einen Wanderweg, der nach rechts in die Berge führt. Dieser Weg heißt ›Pasquière Track‹ und führt entlang des gleichnamigen Flusses an der schmalsten Stelle der Insel hinüber zur Südwestküste. Er steigt sanft bergan und erreicht nach etwa 2 km die Paßhöhe, um von dort in Richtung Westen wieder relativ steil hinunterzuführen nach Grand' Anse, wo er beim Markt in die Küstenstraße mündet.

Dauer der Wanderung bei gemütlichem Tempo und Stopps zum Baden und Ausruhen: ca. 5 Stunden.

Anse Lazio

2 Die Anse Lazio, die zu den schönsten Badebuchten der Welt zu zählen ist, steht unter besonderem Schutz der Regierung der Seychellen, der durch die Erstellung eines Landnutzungsplanes 1995 erneut bekräftigt wurde. Obwohl die Eigentümer der Grundstücke hinter der Bucht und viele Hotelgesellschaften um Erlaubnis angefragt haben, Hotels oder Guesthouses bauen zu dürfen, wurde dies nicht gestattet. Man ist entschlossen, diese Bucht den Gästen freizuhalten, die bereit sind, von ihren Hotels über eine schlechte Straße und steile Pässe hierherzukommen. Die Bucht ist die meiste Zeit des Jahres ein spiegelglattes, blaues, palmengesäumtes Paradies mit strahlend weißem Strand. Lediglich zwischen November und März rollen hin und wieder Brecher an Land, da die Bucht nicht durch ein Korallenriff geschützt ist.

Durchquerung von Zentral-Praslin

Wie der Weg zur Anse Lazio, beginnt auch diese Wanderung in Grand' Anse. Nehmen Sie den Weg, der vor der Kirche ins Landesinnere abbiegt. Folgen Sie diesem bis zur Paßhöhe hinauf (etwa 30–45 Minuten Gehzeit). Dort erreichen Sie eine Abzweigung, die links über den ›Pasquière Track‹ zur Anse Possession führt (s. o.; Beschreibung des Rundweges zur Anse Lazio). Nehmen Sie hier den rechten Weg, der ›Salazie Track‹ genannt wird. Von diesem haben Sie einen guten Blick hinüber zur Insel La Digue und über das Tal des Salazie River bis zur Nordostküste von Praslin (Dauer der Wanderung: 1½–2 Stunden). Um vom Ende des ›Salazie Track‹ zurückzukehren, müssen Sie die Küstenstraße nach rechts gehen oder auf den

In der Traumbucht Anse Lazio ▷

Anse Lazio und ›Bon Bon Plume Restaurant‹

Als der Tourismus 1985 begann, sich von der Insel Mahé hinüber zur Insel Praslin auszudehnen, beschloß die Regierung der Seychellen, einige der schönsten Strände von touristischen Entwicklungen freizuhalten. Hierzu gehört die Anse Lazio, nach Ansicht vieler Weitgereister eine der schönsten tropischen Buchten dieser Erde. Richelieu Verlaque, der glückliche Eigentümer dieses Naturwunders, war hierüber nicht traurig, obwohl es wohl ein leichtes wäre, mit einem großen Hotel an dieser Bucht Reichtümer anzuhäufen. Zur damaligen Zeit arbeitete er als Lehrer in der Schule des Inselhauptstädtchens Baie Ste Anne und betrieb nebenher eine kleine Farm, nicht weit entfernt vom Strand der Anse Lazio, wo er auch wohnt. Er war sich der Schönheit der ihn umgebenden Natur bewußt und genoß sein privilegiertes Leben in vollen Zügen – jedenfalls soweit ihm die Arbeit als Lehrer dazu Gelegenheit ließ.

Im Laufe der 80er Jahre kam es immer häufiger vor, daß Segler in der Bucht vor seinem Häuschen Anker warfen, an den Strand kamen und nach etwas zu Essen oder zu Trinken fragten. In dieser Zeit reifte in ihm die Idee, ein Restaurant zu bauen. Es dauerte jedoch einige Jahre, bis die Regierung ihr Einverständnis zu dieser bescheidenen touristischen Entwicklung gab. Richelieu ließ aus Holz und Blättern der Latanier-Palme ein offenes Strandrestaurant im Schatten riesiger Takamakabäume errichten. Bis kurz vor Sonnenuntergang serviert er in diesem, ›Bon Bon Plume‹ genannten Restaurant kreolische Spezialitäten, die nahezu ausschließlich aus Gemüse von den eigenen Farmen, Fischen aus der Anse Lazio und selbstgezogenen Gewürzen zusammengestellt werden. Natürlich lockt das Restaurant Gäste der Hotels rund um Praslin an und verführt sie dazu, den Tag am Strand, über die Granitfelsen kletternd oder um sie herumschnorchelnd, zu verbringen und zwischendurch einen Snack oder Drink bei Richelieu zu holen. Den Reiz der absoluten Unberührtheit hat die Bucht verloren, ihre Schönheit aber hat darunter nicht gelitten, denn das geschmackvoll gebaute Restaurant schmiegt sich in die tropische Landschaft ein.

Omnibus warten. Dieser bringt Sie zunächst bis Baie Ste Anne und dann über die asphaltierte Straße durch den Vallée de Mai National Park zurück nach Grand' Anse.

Ebenfalls von Grand' Anse aus bietet sich eine Wanderung zur **Anse Kerlan** 3 im Nordwesten Praslins an, deren

In der Anse Lazio, im Hintergrund Aride

Traumstrand von mehreren Felsgruppen unterbrochen wird. Von dort führt ein schmaler Fußweg in die Anse Georgette und die Anse Lazio.

Vallée de Mai National Park

4 Das Vallée de Mai durchfahren Sie, wenn Sie auf der asphaltierten Straße von Grand' Anse nach Baie Ste Anne fahren. Bis vor 40 Jahren war es völlig unberührt geblieben, nur an einigen kleinen Flecken hatte man versucht, Plantagen anzulegen. Die Ehrfurcht vor der Einmaligkeit dieses Tales mit seinen über 4000 Exemplaren der sagenumwobenen Meereskokosnuß veranlaßte die Regierung der Seychellen, es unter Naturschutz zu stellen und einen Park einzurichten. Auf gut gepflegten Pfaden können Sie nun von einem eigens angelegten Parkplatz aus durch das Herz des Vallée de Mai spazieren und einen seit Jahrmillionen unberührten Urwald bewundern. Die riesigen Blätter der Meereskokosnuß und anderer Palmenarten lassen keinen Sonnenstrahl zur Erde durchdringen. Hier im Inneren des Parks herrscht ewiges Dämmerlicht. Am Wegrand liegen ›Bohnen‹ von der Größe eines Baseballschlägers, abgefallene Blätter, die groß genug wären, um als Markise über einer Terrasse zu dienen. Nehmen Sie unbedingt ein Blitzlicht mit, wenn Sie Aufnahmen machen wollen, denn das natürliche Licht reicht nur bei

Im Vallée de Mai National Park

Anse La Blague
Verstecktes Schnorchelparadies

Kaum jemand wird es versäumen, die großartige Anse Lazio im Norden der Insel Praslin zu besuchen. Ganz zu schweigen natürlich vom kilometerweiten weißen Sandstrand der Anse Volbert, an dem sich so bekannte und gute Hotels wie das ›L'Archipel‹ und das ›Paradise‹, aber auch ein paar kleine Guesthouses befinden. So häufig neuerdings Gäste die Anse Lazio besuchen, so selten sind sie in der Anse La Blague 6 anzutreffen. Das ist kein Wunder, denn kaum jemand spricht von ihr, und nur alle zwei Stunden müht sich einer der öffentlichen Busse die steile und notdürftig asphaltierte Straße von Baie Ste Anne in die Anse La Blague. Sie zweigt einen Kilometer nordöstlich des Städtchens Baie Ste Anne nach rechts von der Hauptstraße ab, die es mit dem ›Touristenzentrum‹ der Anse Volbert verbindet. Zunächst führt die Straße an der Bucht weiter nach Osten, an deren Ende steil einen Berghang hinauf, windet sich dann durch versteckte Täler und fällt ebenso steil nach insgesamt etwa 3 km hinunter in die Anse La Blague ab.

Nach nächtlichen Regenfällen, wenn der Boden naß und glatt ist, sollte man eine Fahrt dorthin nur mit allradgetriebenem Auto wagen! Wer es geschafft hat, findet sich an einem Strand wieder, wie er wohl rund um die Insel vor vielen Jahrzehnten überall aussah. Am Strand stehen nur ein paar alte Häuser, Fischer staken auf ihren Booten still über eine klare, türkisgrüne Lagune, auf der Suche nach Tintenfischen, die sich in ihren Höhlen verstecken. In der Ferne ragen wie unberührt die Inseln Marianne, Felicité und La Digue aus dem hellen Blau des Indischen Ozeans heraus. Auch wenn Sie kein geübter Schnorchler sind, sollten Sie es nicht versäumen, Flossen, Taucherbrille und Schnorchel mitzubringen, denn nur 50 bis 100 m vom Strand entfernt erstreckt sich ein langes Korallenriff von unglaublicher Vielfalt und Farbigkeit. Es wimmelt nur so von bunten Fischen, bizarren Korallenformationen, Seesternen und Krebsen.

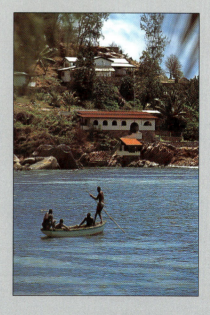

Die Baie Ste Anne

sehr lichtstarken Objektiven und empfindlichen Filmen aus! Besonders schönes Licht haben Sie in den frühen Morgenstunden und kurz vor Sonnenuntergang. Im Park wurde ein *Nature Trail* angelegt, ein Rundweg, der Sie zu allen sehenswerten Pflanzen führt. Eine Broschüre, die Sie beim Büro der Parkverwaltung erhalten, erläutert Ihnen die Wege und Stellen, wo Sie bestimmte Pflanzen finden können. Lassen Sie sich einige Stunden Zeit, um die Stimmung zu genießen.

Einen ausführlichen Reiseführer durch das Vallée de Mai von 60 Seiten Umfang erhalten Sie in den Buchläden der Seychellen oder bei: Space Publishing Division, Mont Fleuri, Mahé, Seychelles. Er wurde von Katy Beaver und Lindsey Chong Seng verfaßt und mit vielen Fotos und Zeichnungen versehen.

Baie Ste Anne

[5] Diese große Bucht wirkt fast wie ein Binnensee, da sie nur einen schmalen Ausgang zum Meer hat. Hier ist das Meer immer ruhig, weshalb auch einige Segeljachten vor Anker liegen. Baie Ste Anne ist der größte Ort auf Praslin, mit einer Bank, Andenkenläden, Krankenhaus und einer Kirche. Nördlich der Einmündung der asphaltierten Straße von Grand' Anse können Sie auf dem schmalen Landstreifen zwischen dem Meer und der Küstenstraße den Handwerkern zusehen, wie sie einen neuen Schoner bauen. Fast jedes Teil wird von Hand angefertigt, nichts ist vorfabriziert. Als Badebucht ist die Baie Ste Anne weniger gut geeignet.

Von Baie Ste Anne aus führt eine empfehlenswerte Wanderung die Küste entlang in die Anse Takamaka und weiter zur Anse La Blague [6].

Richtig Reisen Tip

Cote d'Or
›St. Tropez der Seychellen‹

Keine Angst, die Cote d'Or und der kilometerlange Strand ihrer Anse Volbert haben nichts mit dem Trubel und der ›Schicki-Micki‹-Atmosphäre des heutigen St. Tropez zu tun. Eher fühlt man sich an das Dorf an der Cote d'Azur erinnert, wie es in den 50er und 60er aussah, als es durch Stars wie Brigitte Bardot populär zu werden begann. So wie Beau Vallon in Nordwestmahé mit seinen großen Hotels und Gästehäusern das Bade- und Vergnügungszentrum der Seychellen ist, ist die Cote d'Or das Zentrum eines ruhigen ›Edeltourismus‹, der nicht durch motorisierten Wassersport gestört wird. Dafür gibt es mehrere Tauchbasen und viele kleine Restaurants am Strand.

Am Südende befindet sich ein eindrucksvolles neues Gebäude im Kolonialstil, das neben einem exklusiven Spielkasino auch das exzellente Restaurant ›Tante Mimi‹ beherbergt. Hier kann man seychellische Küche genießen, ohne auf französische Weine verzichten zu müssen.

Die früher den Strand entlangführende Straße wurde einige hundert Meter ins Landesinnere verlegt, so daß entlang der strahlend weißen Bucht ein ruhiger Streifen entstanden ist, an dem sich einige der besten Hotels der Seychellen etabliert haben, u. a. das im Kolonialstil errichtete ›L'Archipel‹ am Südwestende und das 6-Zimmer-Luxushotel auf der Insel Chauve Souris! Dazwischen gruppieren sich weitere kleine Hotels und Gästehäuser wie das einfache, aber hübsche ›Le Duc de Praslin‹ und die ›Pension und Galerie des Arts‹ der Künstlerin Christine Harter, ein Haus, in dem der Luxus nicht in Ausstattungsdetails liegt, sondern in der ganz besonderen Atmosphäre.

Anse Volbert

Die **Anse Volbert** 7 ist die beliebteste Badebucht Praslins, obwohl auch weiter im Norden herrliche Buchten einladen (Anse Kerlan, Anse Lazio, Anse Boudin usw.). Hier stehen die größten Hotels der Insel, das ›Praslin Beach Hotel‹, das ›Paradise Hotel‹ sowie die ›Côte d'Or Lodge‹ mit zusammen etwa 200 Betten. Daher ist der Strand hier auch belebter als wenige hundert Meter daneben. Eine hübsche Alternative zu den Hotels bietet das Familiengasthaus ›Le Duc de Praslin‹ mit seinen zwei Zimmern im Haupthaus und einigen Bungalows im großen Garten.

Im Südosten schließt sich die kleine, geschützte **Anse Gouvernement** 8 an die Anse Volbert an. 1987 eröffnete hier das Luxushotel ›L'Archipel‹. Die Anse Gouvernement ist Ziel einer empfehlenswerten Wanderung von der Anse Volbert aus, die weiter zur Anse Matelot führt.

Vor der Anse Volbert liegt die Insel **St Pierre** 9. Wenn Sie ein Boot zur Verfügung haben, lohnt es sich, hinaus zu fahren und um die steil aus dem Wasser und aus einem flachen Sandbecken herausragenden Felsen zu schnorcheln. Sie werden eine Unmenge von Fischschwärmen entdecken, die auf ihrer Wanderung hier Zwischenstation machen. Auf einigen Felsen haben sich auch Korallen angesiedelt.

Anse Petite Cour

10 Ein guter Schnorchelplatz auf Praslin ist die Anse Petite Cour, die sich östlich der großen Anse Possession hinter einem Felsvorsprung versteckt. Diese kleine Bucht und vor allem die rechts und links davon aus dem Wasser ragenden Felsgruppen gelten neben dem Korallenriff um Denis Island als eines der schönsten Schnorchelreviere der Seychellen. Die Korallen sind schwimmend vom Ufer aus zu erreichen. Da der Felsvorsprung und die kleine Halbinsel dahinter, die die Bucht von der anderen Seite einschließt, in Privatbesitz sind, ist die Anse Petite Cour über Land nicht erreichbar. Wenn Sie dort schnorcheln wollen, müssen Sie von der Anse Possession aus um den Felsvorsprung herumschwimmen. Die enge Bucht ist sowohl während des Nordwestmonsuns als auch während des Südostmonsuns gut abgeschirmt, und das Wasser ist fast immer sehr ruhig. Die Korallen können sich dadurch gut entwickeln.

Das Felsinselchen St Pierre

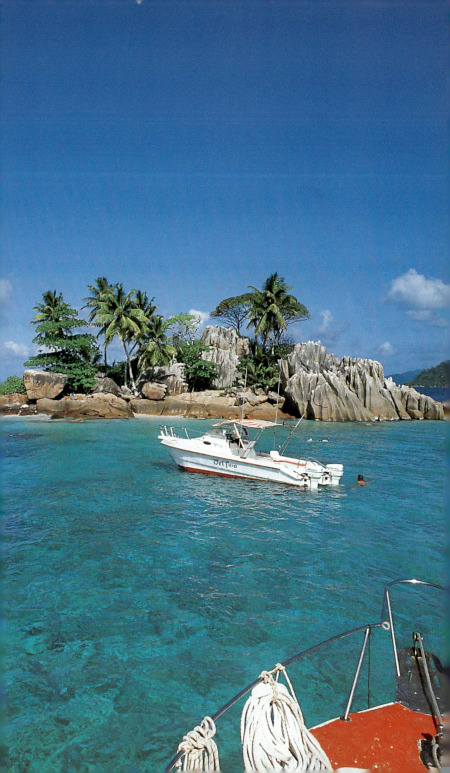

Curieuse

[11] Curieuse ist etwa 2 km nördlich von Praslin gelegen. Von den Hotels im Nordosten Praslins (Anse Volbert) werden gelegentlich Ausflugsfahrten dorthin organisiert. Neben Praslin ist Curieuse die einzige Insel, auf der die Meereskokosnuß wild wächst. Seit einem Buschfeuer in den 70er Jahren ist jedoch dieser Bewuchs leider nur noch kärglich. Einst diente Curieuse als Leprastation, von der noch das komfortable Wohnhaus des Inselarztes zeugt.

Die Ostseite der Insel und der im Südosten herausragende Arm sind von einem **Korallenriff** umgeben. Das Riff selbst ist hier nicht so interessant wie in anderen Gegenden der Seychellen, der Fischreichtum dafür ungeheuer. Diese Region ist ein gutes Tauchgebiet für Anfänger, da es keine Strömungen gibt und die Sicht klar ist. Lediglich in der Zeit des Südostmonsuns machen auffrischende Winde die See gelegentlich zu rauh, um zu tauchen.

Scharfkantige Granitfelsen, wie man sie nur auf Curieuse findet

Cousin

Die Vogelschutzinsel Cousin liegt wenige Kilometer vor der Westküste von Praslin. Reisebüros und Hotels stellen mehrmals in der Woche halbtägige Bootsfahrten dorthin zusammen. Von Grand' Anse aus bringt ein Motorboot die Gäste zur Insel, die von 250 000 Seevögeln, einigen wahrscheinlich seit 100 Jahren heimischen Riesenschildkröten und einer Handvoll Naturforschern und Vogelkundlern bewohnt wird. Der Verwalter führt Sie über die Insel und erläutert die einmalige Natur dieses Reservates. Seine Aufgabe ist es, die Vogelwelt der Insel zu beobachten und dafür zu sorgen, daß die Tiere im Reservat ungestört bleiben.

Ursprünglich sollten mit dem Ankauf der Insel im Jahre 1968 der Seychellen-Buschsänger und der Toc-Toc gerettet werden. Beide gab es zu dieser Zeit nur noch auf Cousin. Inzwischen findet man den Seychellen-Buschsänger auch auf der Nachbarinsel Cousine, den Toc-Toc auf Frégate. Im Laufe der Jahre hat man sich der gesamten Natur der Insel angenommen und versucht, den ursprünglichen Laubwald wiederherzustellen, um Brutplätze zu schaffen. Beim Buschsänger hat sich die Arbeit inzwischen gelohnt: Aus einem Restbestand von 26 (!) Vögeln hat sich eine Kolonie von 1000 Exemplaren entwickelt. Neben diesen Landvögeln leben auch sehr viele Seevögel auf Cousin. Ihren Vogelreichtum verdankt die Insel übrigens dem Umstand, daß bisher weder Ratten noch Katzen eingeführt wurden.

Um die Tiere und die gesamte ursprüngliche Natur der Insel zu erhalten und sie den Besuchern auch in Zukunft noch zeigen zu können, bittet der Verwalter, sich an einige Regeln zu halten:
– Bleiben Sie bei Ihrer Gruppe und Ihrem Führer, verlassen Sie nicht den Wanderweg!
– Stören Sie weder die Vögel noch andere wildlebende Tiere!
– Nehmen Sie nichts von hier mit, auch keine Muscheln, Korallen oder Blumen!
– Rauchen Sie nicht!
– Lassen Sie keine Abfälle zurück!
– Benutzen Sie beim Fotografieren kein Stativ und keine Nahbereichslinsen!

Seit die Insel zum Schutz der Vögel nur noch von einer kleinen Gruppe von Wissenschaftlern bewohnt wird, hat sich der ursprüngliche Wald regeneriert. Die in der Kolonialzeit eingeführten Pflanzenarten wurden zurückgedrängt, unter anderem auch durch den Eingriff der Wissenschaftler, die erkannten, daß die einheimischen Vogelarten zur Ernährung und als Brutplätze auch die einhei-

Cousin

Feenseeschwalbe

mischen Bäume und Pflanzen benötigen. Dennoch finden sich nach wie vor einzelne Kaffeestauden, Bambus, Chili, Limonen und verschiedene Mangobäume. Auch die früher in Plantagen angebaute Baumwolle kann man noch verwildert finden.

Wohl auch Dank des jahrzehntelangen Schutzes ist Cousin inzwischen einer der wichtigsten Eiablageplätze der vom Aussterben bedrohten Karettschildkröte geworden. Seit 1973 werden die Tiere gekennzeichnet und bei der Eiablage beobachtet. Pro Saison kommen sie bis zu sechsmal in Abständen von zwei bis drei Wochen an den Strand. Dann machen sie eine Pause von etwa drei Jahren. Noch nie wurde beobachtet, daß eine der auf Cousin gekennzeichneten Schildkröten an einem anderen Strand der Seychellen ihre Eier abgelegt hätte – ein eindeutiger Beweis dafür, daß diese Tiere nur an den Strand zurückkehren, an welchem sie geboren wurden. Wird dem Strand seine Ruhe genommen, so daß die Schildkröten nicht mehr wagen, an Land zu gehen, bedeutet es das Ende dieser Tiere.

Tip für Vogelkenner: Besorgen Sie sich auf Mahé die Broschüre ›Beautiful Birds of Seychelles‹ und ›A Birdwatchers Guide to Seychelles‹ von Adrian Skerrett. Das erste ist im Verlag Camerapix Publishers International (Nairobi, P.O.B. 45048, Kenya) erschienen, das zweite bei Prion (21 Roundhouse Drive, Perry, Huntington, Cambs. PE18 ODJ, Great Britain).

Cousine

Cousine, etwa 2 km südwestlich von Cousin gelegen, befindet sich in Privatbesitz und wird fast nie besucht. Die Natur ähnelt der von Cousin, die Vögel sind allerdings nicht ganz so zahlreich.

Aride

Aride ist 0,4 km² groß und liegt 10 km nördlich von Praslin. Ihre höchste Erhebung, der Gros la Tête, erreicht 134 m über dem Meeresspiegel. Aride – zu deutsch ›trocken, dürr‹ – ist ein irreführender Name, denn die ganze Insel bedeckt ein üppiger, dichter Dschungel. Aride zählt zu den schwer zugänglichen kleinen Inseln des inneren Seychellen-Archipels. Besuche sind in der Zeit des Südostwindes zwischen April und November schwierig, da das Meer dann rauh ist und das Anlanden manchmal gefährlich sein kann. Die günstigste Besuchszeit liegt in den Übergangsmonaten Oktober und April.

Wer nach Aride fahren will, sollte dies entweder mit einem Reisebüro in Victoria oder mit dem Tourist Board in der Independence Street (Independence House) besprechen. Es gibt nämlich keinen regelmäßigen Boots- oder Luftverkehr dorthin. Es ist beabsichtigt, das große Pflanzerhaus bei der Anlegestelle so herzurichten, daß Besucher dort übernachten können. Dann soll es einzelnen Gästen ermöglicht werden, von Praslin aus zwei volle Tage auf Aride zu verbringen.

Von besonderem Interesse ist Aride für Botaniker und Zoologen, denn hier finden sich zahllose seltene Pflanzen- und Tierarten, die auf anderen Seychellen-Inseln nicht mehr vorkommen. Der englische Schokoladenfabrikant Christopher Cadbury rettete diese einmaligen Schätze, indem er die ganze Insel kaufte und keinen Eingriff in ihre Natur mehr erlaubte. 1973 wurde Aride zum Naturpark ernannt und steht seither unter der Verwaltung der Royal Society for Nature Conservation, deren Präsident Mr. Cadbury ist. Vorher hatten die damaligen Besitzer einen regen Handel mit den Vogeleiern betrieben, die sich hier in unglaublichen Mengen finden. Um die Eier leichter aufsammeln zu können, hatten sie fast alle Bäume gefällt. Natürlich

Aride

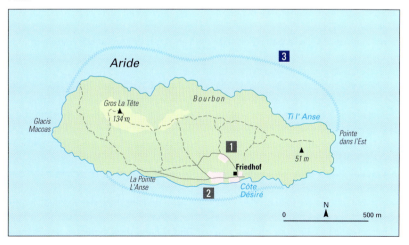

Fregattvögel

fehlten den Vögeln dann die Nistplätze, und sie wechselten zu anderen Inseln über.

Die Vögel kamen seit 1973 zurück, und die Insel begrünte sich wieder. Man nimmt an, daß Aride heute wieder ein recht stabiles ökologisches Gleichgewicht erlangt hat. Die Insel wird von einem Verwalter und mehreren Arbeitern bewohnt, im ganzen zehn Leute, die sich ausschließlich von den Früchten der Insel ernähren. Es gedeihen alle erdenklichen Arten von Früchten – unter anderem Grapefruit, Kürbisse, Auberginen.

Achtung: Versuchen Sie nicht, den Berg alleine zu besteigen, denn der Weg hinauf ist schwer zu finden! Der Blick vom Gipfel aber lohnt es, einen Führer anzuheuern, denn Sie überschauen von dort aus in Richtung Süden die gesamte Seychellen-Gruppe. Wenn Sie eine Karte dabei haben, können Sie jede Insel identifizieren. Die den Gipfel umkreisenden Myriaden von Vögeln bieten ein großartiges Schauspiel – allen voran die von Aldabra kommenden riesigen Fregattvögel, die über Aride dahinschweben.

Ähnlich wie in Bel Ombre (Mahé) und auf Moyenne wird auch auf Aride ein wertvoller Piratenschatz vermutet. Frühere Besitzer hatten schon Felsen in die Luft gesprengt und mit Bohrungen begonnen, blieben allerdings erfolglos. Was jedoch gefunden wurde, war das Skelett eines in sitzender Haltung bestatteten Menschen, der vermutlich afrikanischer Herkunft gewesen sein dürfte. Dieser Fund regte natürlich die Phantasie der Besitzer um so mehr an, und die Suche nach dem Schatz wurde bis 1973 intensiv weiter betrieben.

Rundwanderung auf Aride

Die einmalige Natur von Aride erschließt sich am besten bei einer Wanderung. Bitte verlassen Sie dabei den Weg nicht, damit die nistenden Vögel und die übrigen Tiere im Wald nicht aufgeschreckt werden. Ausgangspunkt ist das alte Haus des früheren Besitzers der Insel . Am Strand sehen Sie die kleinen Hütten der Angestellten. Zwischen dem Haus und dem Meer stehen mehrere mächtige Bäume – Takamaka, Badamier und Bois Blanc. In Richtung Westen passieren Sie linker Hand eine dichte Bananenplantage, während rechts unter den Felsen die weißen Paye-en-Queue (Tropikvögel) nisten. An den Stämmen der Bananenstauden finden Sie viele der typischen seychellischen Geckos, die kleineren, hellgrünen und die großen, dunkelbraunen. Nicht weit vom Plantagenhaus stehen auf der rechten Seite zwei kleine Bäume, die die interessanteste botanische Eigenart der Insel sind. Es handelt sich um das Zitronenholz, eine Pflanze, die es nur auf Aride gibt. Sie hat weiße Blüten, die einen starken Geruch verströmen. Etwas weiter treffen Sie auf verschiedene Obstbäume, darunter Papaya, Guave und Bilimbi, und auf Pflanzen wie Ingwer, Safranwurz (Turmeric) und andere Gewürze. Es wird auch Jamswurzel angepflanzt, die sehr nahrhaft ist und ähnlich wie die Kartoffel schmeckt. In einem Tümpel leben einige Süßwasserfische, deren Herkunft bisher noch ungeklärt ist. Es handelt sich um eine Fischart, von der man bislang annahm, sie könne in Salzwasser nicht existieren.

Wenn Sie dem Weg weiter folgen, werden Sie immer wieder auf zwei Eidechsenarten der Gattung *Mabuya* treffen. Auf der rechten Seite des Weges, etwa 40 m entfernt, sehen Sie den höch-

Tropikvogel (Paye-en-Queue)

sten Baum der Insel, einen riesigen Banyan, in dem bis zu tausend Noddi-Seeschwalben nisten. An der Kreuzung weiter im Westen finden sich häufig Schmetterlinge, außerdem ist die Wahrscheinlichkeit groß, hier den Gesang der Fodies (Kardinal) zu hören. Ganz in der Nähe wächst in einem großen Loch, das vor langer Zeit von einem Schatzsucher ausgehoben wurde, ein kleiner Casuarinabaum. Wenn Sie in Richtung Westen geradeaus weiter gehen, finden Sie unter den Felsen viele flache Krabben, die man hier Cacassaile nennt, und Schlammspringer, merkwürdige Fische, die sowohl im Wasser als auch an den Felswänden leben können. Bei klarer Sicht erkennen Sie von hier aus (von rechts nach links) die Inseln North, Silhouette, Mahé, Cousine, Cousin, Îlot Fou, Praslin, Curieuse, La Digue, Felicité, Marianne, Grande Sœur und Petite Sœur. Schauen Sie auch einmal nach oben und beobachten Sie die riesigen Fregattvögel und die Paye-en-Queue, die in großer Höhe über der Insel schweben. Wenn Sie an der Kreuzung links abzweigen, durchqueren Sie eine alte Kokosplantage aus dem Jahre 1920. Am Strand finden Sie kleine Löcher, die von Krabben gegraben wurden.

Vom Strand aus können Sie bei ruhigem Meer die Kakatoi-Fische beobachten, wie sie an lebenden Korallen nagen. Dabei nehmen sie auch Stücke des Korallenskeletts mit und zermalmen es mit ihrem Kiefer. Dieser feine Staub hat sich in Jahrtausenden angesammelt und macht nun die Strände der Seychellen so weich und weiß. Ein Stück weiter sehen Sie einige Pirogen und den alten Ofen für die Trocknung der Kopra. Dieser Strand **2** ist einer der wichtigsten Eiablageplätze der Meeresschildkröten auf den Seychellen. Die entsprechenden Stellen sind klar gekennzeichnet, und Sie werden gebeten, diese Strandabschnitte nicht zu betreten.

Folgen Sie dem Weg weiter nach Osten bis zu der Besucherhütte, von der aus Sie den alten Friedhof sehen können. Wenn Sie von hier aus links nach Norden abbiegen, finden Sie einige Exemplare der ursprünglichen Vegetation. Auf der rechten Seite des Weges stehen Bäume der Arten Mapou, Takamaka und Lafouche, die in früheren Zeiten die Insel beherrscht haben dürften. Das harte Holz des Takamakabaums wird noch heute zum Bau von Pirogen verwendet.

Tip für Naturfreunde: ›The beautiful Plants of Seychelles‹ von Adrian und Judith Skerrett ist ein sehr schön bebildertes, kleines Buch, das es Ihnen ermöglichen wird, unterwegs die Pflanzen selbst zu bestimmen. Sie bekommen es in den Buchläden auf Mahé oder beim Verlag Camerapix Publishers International (Nairobi, P.O.Box 45048, Kenya).

Tauchen rund um Aride

An den Riffen und auch auf der Granitinsel selbst darf nichts verändert oder weggenommen werden. Die Tauchmöglichkeiten sind hervorragend. Insbesondere unterhalb der Granitfelsen im Norden **3** finden Sie alles an Korallen, was Sie sich vorstellen können. Wem es Freude macht, der kann auch zum Absturz des Außenriffs schwimmen und dort die an der Riffwand patrouillierenden Haifische beobachten. Für erfahrene Gerätetaucher sind die Schmalseiten im Osten und im Westen, wo kein Riff vorgelagert ist, interessante Plätze. Hier tummeln sich häufig Delphine, aber auch neugierige junge Haie. Während des ruhigeren Nordwestmonsuns beträgt die Sichtweite unter Wasser hier über 30 m.

La Digue

(S. 244) Knapp 3000 Menschen leben auf dieser kleinen Insel östlich von Praslin. Von Mahé aus ist sie direkt mit dem Hubschrauber erreichbar, mit Praslin verbindet sie ein regelmäßiger Service mit dem Segelschoner. Abenteuerlustige und seefeste Reisende können auch den großen Frachtsegler nehmen, der jeden Wochentag einmal die drei- bis vierstündige Überfahrt von Mahé nach La Digue unternimmt. Wer auf den Wellengang empfindlich reagiert, sollte von Juli bis September lieber zunächst mit dem Flugzeug nach Praslin fliegen und von dort aus die kurze Überfahrt (30 Minuten) in relativ ruhigem und geschütztem Wasser unternehmen. Während der übrigen Monate des Jahres ist

La Digue

»Small is beautiful«

Wer nach New York, Hong Kong, Tokio oder Singapur reist, wird sofort auf die Idee kommen, in einem der vielen großen und mondänen Hotels zu übernachten. Mit den ›Intercontinentals‹, ›Sheratons‹ und ›Shangri Las‹ trifft man dort sicher eine gute Wahl, und es ist ein Genuß, abends vom 17ten Stockwerk des Hochhauses auf die Lichter der brodelnden Großstadt zu blicken. Ganz anders ist dies auf den kleinen Seychellen-Inseln. »Small is beautiful«, nicht nur was die winzigen, von türkisfarbenem Meer umgebenen Inseln anbetrifft, sondern auch in Hinblick auf die Unterkünfte. Es gibt zwar eine Handvoll ›große‹ Strandhotels mit zwischen 100 und 200 Zimmern, die damit international zur unteren Mittelklasse zu zählen sind. Auf den Seychellen werden sie als zu groß und den Inseln nicht angemessen empfunden, insbesondere wenn sie entsprechend der Mode der 70er und 80er Jahre im Stil europäischer Satellitenstädte gebaut wurden. Möchten europäische Gäste, die zu Hause vielleicht in einer Stadtwohnung leben, auch im Inselparadies Seychellen in Zimmer 215 mit ›Meerblick‹ und ›Air-conditioning‹ wohnen?

Es geht auch ganz anders und noch dazu sehr schön. 25 % der für den Tourismus zur Verfügung stehenden etwa 2000 Zimmer auf den Seychellen befinden sich in kleinen, von Familien geführten Guesthouses unterschiedlichster Preis- und Qualitätsklassen. Die Preise variieren von ca. 30 DM pro Person und Tag für eine einfache Familienpension etwas abseits der Strände bis ca. 100 DM in komfortabler ausgestatteten und in Strandnähe gelegenen Pensionen. Wer hier wohnt, wird die Seychellen von ihrer besseren Seite kennenlernen, denn perfekter internationaler Hotelservice ist nicht die Stärke der Seychellois! Sofern Sie nicht von Air-conditioning, Swimmingpool und perfekt serviertem Cocktail abhängig sind, sollten Sie es mit den kleinen Häusern versuchen. Es ist leichter, mit den in der Umgebung wohnenden Einheimischen in Kontakt zu kommen, die Eigentümer der Unterkünfte kümmern sich persönlich und freundlich – wenn auch nicht professionell – um ihre Gäste. Echte Professionalität ist in der Hotellerie auf den Seychellen ohnehin selten zu finden – auch in den großen Hotels nicht!

In kleinen, familiengeführten Pensionen und in nicht billigen, aber dafür besser und vor allem individuell ausge-

statteten und mit gutem, freundlichem Service versehenen *Island Lodges* mit weniger als 50 Zimmern, meist in Einzel- oder Doppelbungalows, und großem tropischem Garten (z. B. ›Château de Feuilles‹, ›La Réserve‹, ›L'Archipel‹, ›La Digue Lodge‹, ›Denis Island Lodge‹, ›Bird Island Lodge‹ und ›Silhouette Island Lodge‹) aber spüren Sie die natürliche, oft ein wenig schüchterne Freundlichkeit der Seychellois und deren Bereitschaft, Ihnen einen angenehmen ›seychellischen‹ Urlaub zu ermöglichen.

Urlauber, die es noch individueller lieben, können in verschiedenen Preisklassen ihre *Island Lodge* oder ihre ›Privatvilla‹ im ganzen mieten. Etwa 3000 DM pro Tag bezahlt man für vier Doppelzimmer in der ›Felicité Island Lodge‹. Die preiswerteste derartige Unterkunft auf den Seychellen ist die ›Villa Bambou‹ am Strand der Anse à la Mouche in Süd-Mahé, deren drei geschmackvoll im lokalen Stil eingerichtete Doppelzimmer man für zusammen ›nur‹ 600 DM pro Tag mieten kann. Voller Service wie im Hotel üblich ist natürlich auch hier im Preis eingeschlossen.

Wer in seinen Seychellenferien nicht Gesellschaft, sondern Stille und Einsamkeit sucht, zieht sich auf die Insel Felicité – nicht weit von La Digue – in das dortige luxuriöse Hotel mit vier Doppelzimmern, Strand, Satellitentelefon, Satellitenfernsehen und Vollpension zurück. Absolute Ruhe vor Autos und sonstigen Segnungen der Zivilisation ist garantiert, da die Insel als Kokosplantage dient und ansonsten unbewohnt ist. Und wenn Sie das nötige Kleingeld haben, mieten Sie sich einfach die Insel D'Arros samt Hotel – ein von arabischen Ölscheichs eingerichtetes Paradies auf einer Trauminsel im Archipel der Amiranten!

In Gesprächen mit Gästen stellt sich oft heraus, daß diejenigen glücklich und zufrieden sind, die eine kleine, gut geführte und schön gelegene Pension oder ein solches Hotel gefunden haben. Noch mehr Freude an ihrem Urlaub haben Gäste, die 14 Tage oder drei Wochen nicht an einem Platz verbringen und von dort aus Tagesausflüge unternehmen, sondern von vornherein ihre Unterkünfte auf drei, vier oder gar fünf Inseln für jeweils einige Tage gebucht haben. Die Entfernungen der Hotels vom Flughafen und die Entfernungen der Inseln untereinander sind so gering, daß der ›gefürchtete‹ Umzug von einem Hotel ins andere kein Problem, sondern eher eine Abwechslung darstellt, ähnlich einem sonst zusätzlich zu bezahlenden Tagesausflug.

Wer beispielsweise aus einem Hotel in Nord-Mahé nach Praslin umzieht, wird zunächst abgeholt, fährt 20 Minuten an der Ostküste Mahés entlang, fliegt 15 Minuten über die Inseln des Ste Anne Marine National Park hinüber nach Praslin, wo er wieder abgeholt wird. Mit einem kleinen Bus fährt er an türkisblauen Buchten entlang, durchquert das Vallée de Mai und erreicht spätestens 20 Minuten nach der Landung seine neue Unterkunft. Auch die Flüge mit Air Seychelles nach Frégate, Bird, Denis oder Desroches dauern nur zwischen 15 und 45 Minuten, ebenso ein Flug mit dem Hubschrauber nach La Digue oder Silhouette. Die Seychellen sind kein Ort für Massentourismus, für Animationen am Strand und für heiße Nächte in Discotheken. Sie sind der richtige Platz für den ruhesuchenden Naturliebhaber. Auf den Seychellen sollte man sich darauf einlassen, das gemächliche, freundliche und aggressionsfreie Leben einer tropischen Insel mitzuleben.

das Meer jedoch meist ruhig und die Fahrt problemlos.

Vor noch nicht einmal 30 Jahren war es noch ein Abenteuer, von La Digue aus nach Mahé zu fahren. Damals gab es noch keine Motorboote, und die Kinder, die in Mahé zur Schule gingen, mußten bereits eine Woche vor Schulbeginn starten. Auf das Segelschiff wurden Schweine geladen, damit man notfalls Proviant hatte. Es kam nicht selten vor, daß die normalerweise eintägige Überfahrt bis zu eine Woche dauerte. Wenn man Pech hatte, trug der Westwind das Schiff immer wieder weit hinauf aufs Meer. Erst seit es Motorboote gibt, hat La Digue regelmäßigen Kontakt zu Mahé, die ›Zivilisation‹ ist aber noch kaum hierhergelangt.

Es gibt keine Stadt auf La Digue und nur ein paar Autos, die Kokosnüsse aus den Plantagen zur Bootsanlegestelle von **La Passe** 1 bringen. Einige Pickups mit Sitzbänken zum Personentransport vervollständigen den Wagenpark. Fast jede Stelle der Insel kann man leicht zu Fuß in weniger als einer Stunde erreichen, und eine Stunde ist hier nicht viel. Nehmen Sie sich die Zeit, denn Sie können sicher sein, nichts zu versäumen! Das traditionelle Transportmittel der Insel, der Ochsenkarren, war einige Jahre lang nur noch als folkloristische Attraktion für Touristen in Gebrauch. Nachdem man erkannt hat, daß es besser ist, so wenige motorisierte Fahrzeuge auf der Insel wie möglich zu haben, fahren wieder mehr Ochsenkarren die Schotterstraßen der Insel auf und ab und nehmen jeden, der den Daumen raushält – gegen Gebühr – mit. Wem es zu Fuß zu langsam wird, der kann den Heimweg mit diesen Kollektivtaxis abkürzen. Wer schneller vorankommen will, mietet sich am Hafen oder bei seinem Hotel ein Fahrrad, um zu den Stränden, zum Hafen, zu den kleinen Kramläden und zum Fischmarkt zu fahren. Etwas mühsam ist die Fahrradfahrt zur Traumbucht Grand' Anse im Südosten. Zwar befindet sich die Schotterstraße bei Trockenheit in gutem Zu-

Der Hafen von La Digue

stand, und auch wenn es regnet, kann man sie noch befahren. Doch muß man eine kleine Paßhöhe von ca. 100 m überwinden, und das ist bei der Temperatur und den recht klapprigen Fahrrädern nicht ganz einfach.

La Digue ist die ideale Insel für eine Erkundung zu Fuß. Das Fahrrad ist hier bereits ein zu schnelles Verkehrsmittel. Beim Vorbeiradeln haben Sie keine Zeit, sich die bizarren Blüten am Wegesrand in Ruhe anzuschauen. Sie sehen die wilden Orchideen nicht, die sich im Zickzack an hohen Kokospalmenstämmen emporranken, Sie finden die kleinen roten Samen der Réglisse nicht auf dem Boden – und vor allem – Sie sind viel zu früh wieder zu Hause! Besorgen Sie sich eine Landkarte, suchen Sie sich Fußpfade abseits der breiten Wege und wandern Sie drauflos. Nirgendwo lauern Gefahren, überall werden Sie auf freundliche, hilfsbereite Menschen und nach spätestens einer Stunde Wanderung auf einen Strand treffen, an dem Sie sich abkühlen können. Ihre Tage können Sie mit Tauchen, Schnorcheln oder Wandern verbringen. Die Unternehmungslustigen sollten es nicht versäumen, auf den Gipfel des Nid d'Aigles zu steigen, rund um die Südspitze der Inseln in die Grand' Anse zu wandern oder zur Anse Cocos zu gehen. Sie werden aus dem Staunen über die traumhafte Schönheit und den Frieden dieser Insel nicht herauskommen! Gehen Sie im Park spazieren, der speziell zum Schutz des **Paradiesfliegenschnäppers** (Veuve) eingerichtet wurde 2. Und wie zur Belohnung für einen aktiven und doch entspannten Tag, bietet am Strand der **Anse La Réunion** 3 der Untergang der Sonne – zwischen den beiden Inselsilhouetten von Mahé (links) und Praslin (rechts) – ein überwältigendes tropisches Schauspiel.

Auf La Digue hat jeder Zeit, nehmen Sie sich auch welche! Die Ruhe und natürliche Schönheit der Insel kann bewahrt werden, wenn wir – die wir die Insel zu unserer Erholung nutzen – mit diesem Frieden ›zufrieden‹ sind. Haben wir ein Recht die Zerstörung eines Paradieses zu beklagen, wenn wir gleichzeitig eine komfortable Anreise und die Möglichkeit fordern, die Insel ›schnell‹ zu erkunden?

Die für viele wegen der bizarren Felsstrukturen reizvollste der drei wichtigsten Inseln der Seychellen ist ein idealer Ausgangspunkt für Tauchfahrten. Mit Ausnahme der Gegend um La Passe, wo sich der Pier befindet, ist das gesamte westliche Ufer der Insel von einer seichten Lagune umgeben, die ein schönes, gesundes und gut entwickeltes Außenriff besitzt. Da das Wasser über dem Riff jedoch sehr seicht ist, kann das Schnorcheln dort von Dezember bis März gefährlich sein. Beste Zeiten zum Tauchen um La Digue sind die Übergangszeiten in den Monaten März bis Mai und September bis November. Lassen Sie sich mit dem Ruderboot über das Riff hinausbringen, das der Anse La Réunion vorgelagert ist. Hier finden Sie ein großartiges und ungefährliches Schnorchelrevier 4!

Um die Südspitze von La Digue

Nur wenige wagen diese ›Südumgehung‹, die wirklich spannend ist – besonders, wenn unerwartet ein Gewitter hereinbricht. Diese kleine Expedition ist nur etwas für echte Pfadfinder. Die üppige Vegetation zwang schon manchen zur Umkehr oder gar zur Übernachtung in den Bergen. Brechen Sie sehr früh auf. Gehen Sie nicht bei steigender Flut, damit der Rückweg um die Felsen auf der Meerseite nicht durch die Brandung abgeschnitten wird. Am Besten aber suchen Sie sich einen einheimischen Führer. Ein junger Mann namens Remy Martin wurde von Lesern als sachkundiger Begleiter auf Wanderungen rund um La Digue wärmstens empfohlen.

Zunächst folgen Sie der Küstenstraße von **La Passe** nach Südwesten und gehen an dem Hotel ›La Digue Island Lodge‹ vorbei. Nach 30 Minuten erreichen Sie die Kokosplantage ›**L'Union Estate**‹ 5. Gegen Gebühr können Sie an einer Führung durch das Gelände teilnehmen. Sie sehen die großen, schwarzen Felsen, den Teich mit Wasserlilien, einen Garten, in dem Riesenschildkröten leben, verschiedene Pflanzungen – darunter eine kleine Vanilleplantage – und eine Kopramühle. Im Gelände hat auch SeyJoy seine Werkstatt und einen Verkaufsraum. Hier werden aus heimischem Holz der Seychellen in Handarbeit traditionelle Spiele, hübsche Lampen, Aschenbecher und vieles mehr gefertigt und verkauft.

Kehren Sie nun zurück zur Küste und folgen Sie dem Fußpfad, bis dieser im Sand der **Anse Source à Jean** 6 endet, die sich wiederum, abgetrennt durch bizarr geformte Granitfelsen, in verschiedene kleine Buchten aufteilt. Dazu gibt es nichts weiter zu sagen, man muß es gesehen haben!

Die folgenden Felsen können Sie auf ihrer Rückseite passieren, dann kehren Sie zum Strand zurück und gehen weiter zur Anse Pierrot. An deren Südende finden Sie – nach mehr oder weniger langer Suche – einen Trampelpfad, der zur Anse aux Cèdres und zur Anse Bonnet Carré führt. Ein Stück weiter endet der Pfad. Wenn das Wasser sehr niedrig steht, können Sie versuchen, an den großen Felsen der **Pointe Jacques** 7 vorbeizuwaten. Wenn das nicht geht, müssen Sie hinter den Felsen nach Süden weitergehen, bis Sie den Bach La Source Marron erreichen. Hier finden Sie wieder einen Fußpfad, der steil den Berg hinaufführt, in dichten Regenwald hinein. Nach etwa 10 Minuten Anstieg müssen Sie den kleinen Fußpfad nach rechts finden, der Sie weiter nach oben auf einen riesigen, flachgeschliffenen Felsens führt. Zwischendurch müssen Sie einige Bäche überqueren, die mit

Granitfelsen in der Anse Source à Jean

Die Anse Source à Jean

den Stämmen von Kokospalmen überbrückt sind. Gehen Sie über die Felsen hinweg, bis Sie links unten den Weg hinunter finden.

Beim Grand Cap erreichen Sie nun wieder die Küste. An der Grande L'Anse entlang gehen Sie weiter zur Pointe Canon. Dort finden Sie hinter den Felsen einen Fußpfad in Richtung **Grand' Anse** und den breiten Weg zurück nach La Passe.

Zur Grand' Anse und zur Anse Cocos

Ausgangspunkt der Wanderung ist die Polizeistation gleich am Hafen. Gehen Sie von hier aus nach Süden, mit dem Meer auf Ihrer rechten Seite. Nach einigen Geschäften zweigt etwa 40 m südlich der Polizeistation nach links eine Straße ab, die unter Kokospalmen und Takamakabäumen ins Landesinnere führt. Nach etwa 1 km wendet sie sich nach Süden. Sie folgen ihr weiter bis zu einer Abzweigung, die rechts zurück zur Westküste führt und links in Richtung Grand' Anse. Nach etwa 30 Minuten beginnt der Weg leicht anzusteigen und schlängelt sich durch das Tal von La Retraite. Am südlichen Abhang können Sie bereits hören, wie sich die Wellen in der Bucht brechen. Jetzt sind es noch fünf Minuten durch Farmgelände, bis Sie die **Grand' Anse** 8 (s. Abb. S. 180/181) erreicht haben. Da dem Strand kein Korallenriff vorgelagert ist, schlagen große Brecher auf das Ufer und machen das Baden zu einem Kampf mit den Wellen. Einige bizarr aus dem Sand herausragende Felsen spenden Schatten.

Um zur Anse Cocos zu gelangen, gehen Sie zum Nordosten der Bucht, wo Sie einen schmalen Pfad durch die Felsen (Pointe Belize) finden, der sie zunächst in die nächste Bucht (Petite Anse) führt. Fast an deren Ende führt ein Pfad in Richtung eines ca. 200 m entfernten Hauses. Ihm folgt man über eine Kuhweide und über zwei Bretterbrückchen. 20 m hinter dem zweiten führt nach rechts ein Pfad in Richtung der Felsen, dem man in die einsame und geschützte **Anse Cocos** 9 folgt. Diese Wanderung ist nicht anstrengend, da Sie kaum Höhenunterschiede zu überwinden haben, jedoch dauert sie wegen der Entfernungen hin und zurück 3–4 Stunden. Sie ist gut geeignet, um La Digue kennenzulernen, wenn Sie nur einen Tagesausflug per Boot von Praslin machen.

Haben Sie Lust, noch ein paar Stunden zu wandern? Dann gehen Sie weiter in Richtung Norden. Am höchsten Punkt der Pointe Ma Flore erreichen Sie eine Weggabelung. Nach rechts geht es hinunter in die **Anse Caiman** 10, nach links oberhalb der Bucht und der im Norden anschließenden Felsformationen in die **Anse Fourmis** 11, an deren Nordende Sie die Küstenstraße wieder erreichen. Von dort aus brauchen Sie bei gemütlichem Gehtempo noch etwa eine Stunde bis zur Mole in La Passe. Die gesamte Wanderung dauert ab der Anse Cocos etwa drei Stunden. Achtung: Die Wege sind nicht ganz einfach zu finden und manchmal von Gestrüpp überwuchert!

Anse Patates

Gehen Sie die Küstenstraße nach Norden, vorbei am Hafen und der Polizeistation, zu den Felsen des Cap Barbi. Rechts des Weges sehen Sie den Friedhof von La Digue. Nach weiteren 100 m erreichen Sie die **Anse Sévère** 12, eine lange, sandige Bucht. Am Strand entlang gehen Sie nun weiter, umrunden die Nordspitze der Insel und erreichen

Fahrräder sind das Hauptverkehrsmittel auf La Digue

gleich linker Hand die **Anse Patates** 13. Die Felsen rund um diese Bucht gelten als schönster Schnorchelplatz von La Digue. Erfrischungen und kreolische Speisen servieren die Restaurants der beiden Hotels ›Patatran‹ und ›L'Océan‹. Von den offenen Terrassen der Restaurants können Sie einen großartigen Blick auf die Küsten La Digues und die am Horizont liegenden Inseln Marianne, Felicité und Les Sœurs genießen.

Besteigung des Nid d'Aigles

Auch diese Wanderung ist wie jene um die Südspitze nicht ganz einfach durchzuführen, da der Weg durch den Regenwald am Berghang nicht freigehalten wird. Es ist nicht möglich, ihn exakt zu beschreiben. Da man jedoch immer wieder weite Ausblicke aufs Meer wie auch auf das Plateau der Insel hat, ist die Route zwar manchmal mühsam und schwer zu finden, nie aber gefährlich.

Von der Mole in La Passe gehen Sie zunächst einige Meter nach Süden und biegen dann den ersten Weg nach links ins Landesinnere ein. Nach einer Viertelstunde Wanderung zweigt nahe dem Gästehaus ›Chateau St. Cloud‹ links ein Fußweg ab. Er führt zunächst über durch Regenwald und an rundgeschliffenen Felsen vorbei auf einen Bergrücken. Dort führt der Weg nach rechts, an zwei zerfallenen Häusern vorbei, auf den Gipfel des **Nid d' Aigles** 14, des ›Adlernests‹. Genießen Sie beim Aufstieg die Aussicht auf die Inseln Marianne, Praslin, Frégate, Mahé und viele andere! Vom Gipfel führt der Weg nach rechts bergab, wobei man einen grandiosen Ausblick über den Nordteil von La Digue hat.

Die Anse Cocos ▷

Die Inseln bei La Digue

Marianne, Félicité, Petite Sœur und Grande Sœur sind kleine Inseln nordöstlich von La Digue. Sie beherbergen ausgedehnte Kokosnußplantagen, die von einem Verwalter und wenigen Arbeitskräften versorgt werden. Wegen der Freigebigkeit der Natur finden die Arbeiter auf diesen einsamen Inseln genug zu Essen: Obst fällt von den Bäumen, die Fische drängeln sich um die Angelhaken, und in jedem Korallenstock wartet ein Oktopus oder ein Hummer darauf, zu Curry verarbeitet zu werden.

Les Sœurs

 Die beiden ›Schwestern‹, nordöstlich von La Digue gelegen, sind einen Tagesausflug wert. Packen Sie Ihre Tauchausrüstung und genug zu Essen und zu Trinken ein, damit Sie den ganzen Tag dort verbringen können. Es gibt ruhige, versteckte Buchten, die für ein Picknick ideal sind. Mehrere schöne Spazierwege über die Klippen und die kleinen Gipfel der beiden Inseln laden zu Wanderungen ein. Da die Inseln in Privatbesitz sind, müssen Sie eine Landungsgebühr bezahlen. Rund um die Inseln gibt es hübsche Schnorchelreviere.

Félicité

[2] (S. 243) Auf der Insel Félicité betreibt die ›La Digue Island Lodge‹ eine luxuriöse Dependance, die ›Félicité Island Lodge‹. Sie besteht lediglich aus zwei Häusern mit insgesamt vier Schlafzimmern, Speiseraum, Küche, Veranda. Daneben gibt es einen Tennisplatz und den kleinen Strand direkt vor der Lodge.

Albatross-Felsen

[3] Auch diese Felsen erreichen Sie mit dem Boot von La Digue. Sie liegen gleich nördlich von Félicité. Nur mit

Coco Island

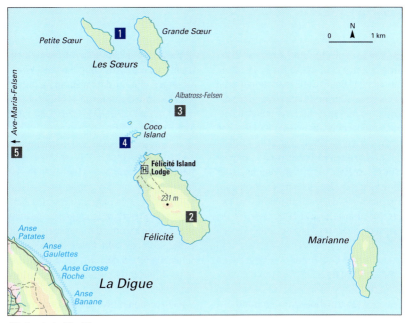

Die Inseln bei La Digue

Schnorchel und Taucherbrille ausgerüstet, können Sie in dem flachen, sandigen Gewässer rund um die Felsen Hunderte von verschiedenen Tierarten in kurzer Zeit finden. Wer eine Unterwasserkamera hat, sollte sie auf jeden Fall mitnehmen, denn das Wasser ist besonders klar und flach und bietet somit ideale Sicht- und Lichtverhältnisse.

Coco Island

4 Ebenfalls nördlich von Félicité liegt die winzige Insel Coco Island, auf der zwischen riesigen Granitkugeln einzelne Kokospalmen wachsen – das Urbild der verträumten Südseeinsel. Man erwartet, den gestrandeten Seeräuber und sein zerschelltes Boot dort zu finden. Die Insel ist von einem Korallenriff umgeben, das allen auf den Seychellen heimischen Korallenfischen in großer Zahl als Heimat dient. Coco Island steht unter Naturschutz, die Hotels können jedoch mit ihren Booten Ausflüge dorthin unternehmen, um ihren Gästen die Unterwasserwelt beim Schnorcheln zu präsentieren.

Ave-Maria-Felsen

5 Etwa 2 km nordwestlich von La Digue befinden sich die Ave-Maria-Felsen, die als ein einmaliges Tauchgebiet gelten. Sie sollen fast immer von großen Fischen, wie Rochen und Haien, umgeben sein und gelegentlich sogar von Hunderten von Barracudas. Die Wassertiefe reicht von 12 bis 16 m, die Sichtweite liegt häufig über 30 m. Sie können die Felsgruppe vom ›La Digue Island Lodge‹ aus erreichen.

Frégate

(S. 244) Die Granitinsel Frégate erreichen Sie mit Air Seychelles in 15 Minuten von Mahé, bei Bedarf sogar von Praslin aus. Die achtsitzige Propellermaschine landet auf einer schmalen Graspiste zwischen einer Kokosplantage und dem langen, weißen Sandstrand. Frégate ist meiner Ansicht nach eine der charmantesten und lieblichsten aller Seychellen-Inseln. Wenn es überhaupt eine Insel auf dieser Erde gibt, die das Prädikat ›Paradies‹ verdient, dann ist das für mich die Insel Frégate. Hier werden sich Ihre Träume vom warmen und freundlichen Leben auf den Seychellen erfüllen. Frégate ist im Inneren dicht bewachsen, zum Teil von unberührtem Dschungel, zum Teil von allen nur denkbaren Arten tropischer Früchte und Gemüse. Die wenigen möglichen Wanderungen sind einfach, da es nur geringe Steigungen gibt und die Wege fast immer im Schatten liegen.

Die ersten Besucher der Insel Frégate waren Piraten, die sich aus den Gewässern um Madagaskar zurückziehen mußten. Auf Frégate fanden sie sichere Schlupfwinkel, Süßwasser und reichlich Nahrung. Es gibt viele Spuren ihres Aufenthalts: verfallene Häuser, Messer, aus verschiedenen Ländern stammende Gefäße, Äxte, Säbel und sogar Münzen. Heute bauen die etwa 30 Bewohner der Insel Papaya, Bananen, Kaffee, Zimt, Vanille, Tabak, Zuckerrohr und Süßkartoffeln an. Wild wachsen Orangen, Zitronen, Korosol und viele andere tropische Früchte. Die Eidechsen sind ein gutes Stück größer als ihre Artgenossen auf Mahé und den anderen Inseln. Eine Kolonie von etwa 100 Riesenschildkröten lebt frei in den undurchdringlichen Wäldern. Das Pflanzerhaus steht im Schatten eines riesigen Banyanbaumes, in dem Tausende von Vögeln nisten.

Anfang 1995 hat das Bungalowhotel ›Plantation House‹ seine Tore für einige Jahre geschlossen. Der Eigentümer hat sich entschieden, auf seiner ›Fünf-Sterne-Insel‹ nun auch ein ›Fünf-Sterne-Hotel‹ zu errichten. 1998 eröffnet eine neue Bungalowanlage, die ›Frégate Island Lodge‹ am Nordende der Landebahn in der Anse Bambou. Etwa 30 Bungalows und ein großzügiges Restaurant stellen eine luxuriöse Ausgangsbasis für ökologisch bewußte Gäste mit dem nötigen Kleingeld dar, um eine tropische Insel in ihrem Urzustand kennenlernen zu können.

Ein von einem Riff geschützter **Sandstrand** [1] erstreckt sich entlang der Landebahn vor dem ›Plantation House‹. Landschaftlich besonders schön ist er, wenn sie vom ›Plantation House‹ aus nach links auf die Landebahn und dann zum Strand hinübergehen. Von hier aus haben Sie einen wunderbaren Blick in Richtung Norden auf die Inseln Marianne, Félicité, La Digue und sogar Praslin. Unmittelbar vor dem ›Plantation House‹ sollten Sie besser nicht baden, denn dort herrscht in einem Kanal, der aus dem Riff hinaus ins offene Meer führt, eine starke Strömung. Zum Schnorcheln über dem Riff gegenüber dem Landungssteg ist das Meer meist zu rauh, außerdem herrscht eine starke Strömung in Richtung des offenen Meeres. Viel besser eignen sich die Schnorchel- und Tauchplätze um die felsige Spitze rechts des Strandes beim Landungssteg [2]. Lassen Sie sich bei Flut im ruhigen Meer über große, von Korallen überwucherte Granitfelsen treiben und beobachten Sie die riesigen Schwärme kleiner und großer Riff-Fische. Die Bedingungen für Unterwasserfotos sind hier ausgezeichnet, denn die Sichtweite beträgt oft über 30 m und selten weniger als 15 m.

Anse Parc

3 Zu der wunderschönen kleinen Anse Parc gelangen Sie, wenn Sie aus dem ›Plantation House‹ herausgehen und dann noch vor dem Strand rechts abbiegen. Folgen Sie dem Fußweg etwa 400 m durch hochgewachsene, grüne Wiesen, in denen einzelne Obstbäume stehen. Dann erreichen Sie einen Hang, den Sie hinaufgehen, wobei Sie einen dichteren Wald durchqueren. Auf der Rückseite des Hügels steht ein kleines Wohnhaus, wo Sie nach links abbiegen, um dann einem Trampelpfad zu folgen, der in der Anse Parc endet. Bei Ebbe ist das Wasser in der Anse Parc zum Baden zu seicht, da die scharfen Korallen dann nur etwa 50 cm unter der Wasseroberfläche liegen. Bei Flut haben Sie hier jedoch ein wunderbares Schnorchelgebiet, in dem Sie schon vom Strand aus fast alle Fischarten erkennen können, die ein Korallenriff zu bieten hat. Versichern Sie sich also, daß das Wasser hoch genug ist, bevor Sie zur Anse Parc hinübergehen!

Frégate

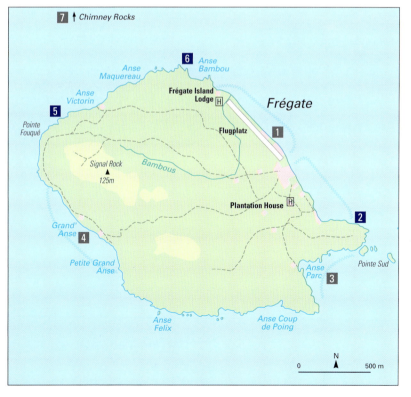

Grand' Anse

4 Ein weiterer Wanderweg führt von der Rückseite des ›Plantation House‹ über einen kleinen Hügel hinweg zur Grand' Anse. Folgen Sie diesem Weg nach Westen. Er steigt leicht an, und Sie erreichen nach etwa einer Viertelstunde Wanderung den Gipfel. Dort, wo ein Weg von links einmündet, sollten Sie einmal versuchen, in das Gehölz des Waldes einzudringen, denn die Wahrscheinlichkeit ist hoch, dort einige der freilebenden Riesenschildkröten zu Gesicht zu bekommen. Für weniger Abenteuerlustige führt der Weg nach rechts unten hinunter zur Grand' Anse mit ihrem weiten, wunderschönen Sandstrand und ihren Schnorchelgründen. Auch hier sollten Sie auf jeden Fall nur bei Flut schnorcheln, denn bei Ebbe liegen die Korallen zu dicht unter der Wasseroberfläche, so daß Sie sich verletzen könnten.

Anse Victorin

5 Der schönste und sicherste Strand von Frégate ist die Anse Victorin im Nordwesten der Insel. Von der Rückseite des ›Plantation House‹ führt ein Weg über einen Hügel dorthin. Machen Sie diese Wanderung unbedingt, Ihr Besuch auf Frégate wäre ansonsten nur die Hälfte wert! Der Weg steigt zunächst stetig leicht an und fällt erst auf den letzten 500 m steil ab, hinunter in die Bucht.

Die riesigen runden Granitfelsen im pulvrigen Sand machen die Anse Victorin zu einer einzigartigen Attraktion.

Anse Bambou

6 Am Nordende der Landebahn befindet sich eine kleine Bucht mit weichem, weißem Strand. Hier, in der Anse Bambou, stehen auch die 24 luxuriösen Villen des neuen Hotels ›Frégate Island Lodge‹. Da kein Korallenriff vorgelagert ist, rollen häufig hohe Wellen an den Strand, und Sie können ein paar Stunden damit verbringen, mit ihnen zu kämpfen. Seien Sie aber vorsichtig, denn es gibt manchmal Strömungen.

Chimney Rocks

7 Nördlich von Frégate, in Richtung La Digue, liegen die Chimney Rocks. Bei rauher See und windigem Wetter kann man dort nicht tauchen, doch bei ruhiger See gehören sie zu den schönsten Plätzen der Seychellen. Der Fischreichtum ist außergewöhnlich und die Schönheit der Korallen so, wie man es sich nur wünschen kann. An der Südostseite fallen die Felsen steil bis 22 m zum Meer hin ab, während rund um den Rest der Insel viele Felsen übereinander getürmt liegen, die langsam in die tieferen Regionen der Seychellenbank hinabführen. Die Menge der Fische, ihr Artenreichtum und insbesondere die Größe vieler Arten sind sensationell. Aus diesem Grund ist das Tauchgebiet auch nur erfahrenen Tauchern zu empfehlen. Anfänger könnten beim Anblick von Barracudas und Haien erschrecken.

Einer der Traumstrände auf Frégate

Bird Island und Denis Island

Bird Island

(S. 242) Bird ist 96 km nördlich von Mahé gelegen und von dort in einer guten halben Flugstunde zu erreichen. Von Bird aus sind es in Richtung Norden nur noch wenige Kilometer bis zum Rand des unterseeischen Seychellen-Plateaus, das steil hinunter in die Tiefen des Indischen Ozeans abstürzt.

Als die Insel 1756 entdeckt wurde, nannte man sie ›Île aux Vaches‹ (Insel der Kühe), da rundherum auf den flachen Korallenbänken eine große Zahl von Seekühen (Dugongs) graste. 1771 wurde die Insel in Bird Island umbenannt, da die Seekühe ausgestorben waren, die Insel aber zur Heimat von mehreren Millionen Seevögeln geworden war. Die bedeutendste Kolonie ist die der Rußseeschwalben (Fairy terns),

die hier von Mai bis Oktober nisten. Das andere halbe Jahr über verschwinden sie über den unendlichen Weiten des Indischen Ozeans. Niemand konnte bisher herausfinden, ob sie sich während ihrer Abwesenheit auf einer anderen Insel aufhalten oder die Monate im Flug über dem Wasser verbringen. Weitere Brutkolonien sind die der Schwarzen Seeschwalben (Cordonnier), der Tropikvögel, der Kokosturteltauben und der Madagaskar-Webervögel.

Am Abend, während der Dämmerung, kommen Schwärme von Rußseeschwalben vom Meer zurück, wo sie auf Nahrungssuche waren. Sie kreisen einige Male über der Insel, vereinigen sich zu gigantischen ›Vogelwolken‹ und setzen unvermittelt zur Landung in ihrem Brutgebiet im Norden der Insel an. Solange die Schwärme am Himmel kreisen, wirken sie wie große, dunkle Wolken. Erst einige Stunden nach Einbruch der Dunkelheit klingt das Geschrei ab, das die Vögel vor und während der Landung veranstalten. Erst dann kann man wieder die Stimmen einzelner Vögel heraushören, bis sich in der Morgendämmerung die Luft erneut mit Getöse erfüllt, wenn die Millionen Seeschwalben wieder zur täglichen Nahrungssuche über dem Meer aufsteigen. Um das **Nistgebiet der Vögel** **1** zu erreichen, gehen Sie den Strand entlang nach Norden und biegen nach etwa 150 m rechts in eine Lichtung in dem niedrigen Gestrüpp ein. Dort werden Sie eine erhöhte Aussichtsplattform finden, von der aus Sie, insbesondere am Abend, bei Sonnenuntergang, einen wunderbaren Blick auf die Nistplätze haben. Ich traf Biologen, die einen Tagesausflug nach Bird

Bird Island

Island machten, nur um dieses Schauspiel einmal miterleben zu können. Wer jedoch auch die anderen Reize von Bird Island kennenlernen will, der sollte mindestens zwei bis drei Tage bleiben; erst dann spürt man nämlich, wie anders die Atmosphäre hier ist als etwa auf der Hauptinsel Mahé.

Es gibt keine Straßen, keine Autos, nur eine Handvoll ständiger Bewohner, die sich mit Fischfang und mit dem Anbau von Gemüse beschäftigen. Die über hundert Jahre alte Riesenschildkröte ›Esmeralda‹ hält sich meist in der Nähe der ›Bird Island Lodge‹ auf. Sie dürfte wohl die meistfotografierte Schildkröte der Welt sein. Laut ›Guinness-Buch der Rekorde‹ ist sie die größte und schwerste Landschildkröte, die jemals gewogen und gemessen wurde.

In den geräumigen Bungalows der ›Bird Island Lodge‹ finden Sie alles, was Sie für einen angenehmen Aufenthalt benötigen. Es steht Trinkwasser zur Verfügung, auch wenn es nicht immer ganz salzfrei ist, Sie können duschen, haben Ihre eigene Toilette und einen geräumigen Schlaf- und Wohnraum. Der Park, in dem die Bungalows für die Gäste stehen, ist großzügig angelegt mit gepflegtem Rasen und Kokospalmen, in denen die schöne weiße Feenseeschwalbe nistet. Bird Island hat, wie alle flachen Inseln, den Vorzug, weniger Regen zu erhalten als die bergigen Inseln der zentralen Seychellen-Gruppe: Die schweren Regenwolken können ungehindert über sie hinwegziehen.

Das Management der ›Bird Island Lodge‹ stellt Boot und Ausrüstung zur Verfügung, damit die Gäste zum Hochseefischen gehen können. Etwa die Hälfte der Insel ist von einem Korallenriff umgeben. Es erstreckt sich von der Südspitze entlang der Südostküste bis hinauf zum Kap südlich des Vogelnistgebietes. Bei Flut finden Sie hier ein schönes Schnorchelgebiet, in dem Sie Tausende von Korallenfischen sehen können. Der Rest der Insel wird von

Nistgebiet der Seevögel auf Bird Island

schneeweißem, weichem Sandstrand umschlossen, der bis weit hinaus ins Meer reicht. Baden unmittelbar vor der Bungalow-Anlage ist ungefährlich, wollen Sie jedoch auf der anderen Seite der Insel schwimmen, sollten Sie möglichst nicht den Boden unter den Füßen verlieren, denn dort herrschen manchmal Strömungen, die in Richtung offenes Meer gerichtet sein können.

Denis Island

(S. 243) Denis hat viel mit Bird gemein. Es ist eine kleine, flache Koralleninsel mit einer gut ausgestatteten Bungalowanlage, die sich optimal als Ausgangsbasis für Schnorchler, Taucher und Hochseefischer eignet. Alle Bungalows liegen nur etwa 20 m vom Strand entfernt, mit Blick übers Meer. Hier findet der anspruchsvolle Urlauber eine ideale Mischung aus hohem Komfort und einfachem Leben in unberührter Natur. Da es nach Denis nur alle 2–3 Tage einen Flug gibt, müssen Sie ein paar Tage Aufenthalt einplanen. Anders als Bird beherbergt Denis keine Seevogelkolonien, besitzt dafür aber eine Kokosplantage, dichte Vegetation mit hohen Casuarina- und Takamakabäumen, Tennisplatz, Tauchbasis und alle erforderlichen Einrichtungen zum Hochseefischen.

Ihren Namen erhielt die Insel von Denis de Trobriand, dem Kapitän eines französischen Schiffes, der 1773 erstmals dort an Land ging und sie für den französischen König in Besitz nahm. Heute ist die Insel im Privatbesitz eines französischen Industriellen. Der 1910 errichtete Leuchtturm ist nicht mehr in Betrieb. Da er baufällig geworden ist, darf man ihn auch nicht mehr als Aussichtspunkt besteigen. Eine kleine Farm, die die Hotelküche versorgt, befindet sich

Denis Island

nahe des Dorfes, in dem etwa 50–60 Seychellois leben. Die Männer beschäftigen sich neben dem Gemüseanbau mit Hochseefischen, Kopraproduktion und Reparaturen im Hotel und im Dorf. Die Frauen arbeiten im Hotel. Die Hochseefischer auf Denis Island haben verschiedene Rekorde zu verzeichnen. Hier wurden die größten Hundezahnthunfische gefangen, insbesondere im Oktober, November und Dezember tummeln sich Schwertfische, Barracudas, Haie und Fächerfische nahe der Insel.

Schnorcheln und Tauchen um Bird und Denis Island

Bird und Denis sind die einzigen flachen Koralleninseln der zentralen Seychellenbank. Rund um beide Inseln erstrecken sich flache Korallenbänke, in denen der Schnorchler schon eine Menge zu sehen bekommt. Zum Schnorcheln eignet sich während des Nordwestmonsuns die Ostspitze von Bird Island **2** am besten, weil dort die Strömungen gering sind. Während des Südostmonsuns taucht man besser am Südwestende **3**. Nicht weit von beiden Inseln entfernt fällt das Korallenriff, das die Seychellenbank eingrenzt, zwischen 18 und 100 m tief ab. Hier können Sie sicher sein, auch größeren Haifischen zu begegnen, die Gegend ist daher nur erfahrenen Tauchern zu empfehlen. Tauchsaison ist während der Wechselmonate Oktober/November und April/Mai, da in den anderen Zeiten zu starker Wind und zu starke Strömungen herrschen. Gelegentlich erlaubt das Wetter auch während des weniger stark wehenden Nordwestmonsuns zwischen Dezember und März Tauchgänge. Für den Könner mit Tauchgerät und Maske ist es eine Sensation, hinaus zum Steilabsturz am Rand der Seychellenbank zu fahren.

Entlang des Riffes nahe bei Bird Island, gibt es in einer Tiefe von 23 m Höhlen in den Riffwänden, die mit bunten Korallen und Fischen ›vollgepackt‹ sind. Ähnliche Riffe umgeben Denis **4**. Sie liegen dort zwischen 3 und 7 m unter dem Wasserspiegel. Die Struktur der Korallenbank ist ungewöhnlich, denn sie zeigt sich schon in geringer Tiefe sehr zerklüftet und weist tiefe Höhlen und Gänge auf. Diese geben natürlich einer Menge verschiedener Riff-Fische Schutz. Gelegentlich werden Sie auch kleinere Haie, Stachelrochen und Meeresschildkröten zu sehen bekommen. Zum Schnorcheln gibt es wohl nur wenige vergleichbar schöne und zugleich einfach erreichbare Korallenbänke wie die vor dem Restaurant der ›Denis Island Lodge‹ **5**.

Doktorfische treiben sich in den Schnorchelrevieren um Bird und Denis Island herum

Die Äußeren Seychellen

Die Amiranten

Die Amiranten bestehen aus den sieben Atollen African Banks, Rémire, D'Arros, St Joseph, Poivre, Desroches und Marie Louise, die auf einer flachen Sandbank aus dem Wasser herausragen. Einige der Atolle teilen sich wiederum in Dutzende kleiner, vom Wasser umschlossener Eilande, deren Namen auf kaum einer Landkarte verzeichnet sind. Die gesamte Bank hat eine Nord-Süd-Ausdehnung von etwa 150 km und liegt knapp 200 km südwestlich von Mahé. Fast alle Inseln und Inselchen der Amiranten-Gruppe sind bewohnt, aber nur wenige so erschlossen, daß Sie für längere Zeit zu Gast bleiben können. Die Bewohner leben nur ›auf Zeit‹ hier; sie haben einen Vertrag für einige Jahre – als Verwalter, als Fischer oder Arbeiter in den Kokosplantagen. Danach gehen sie zurück nach Mahé.

Es ist zu vermuten, daß arabische Seefahrer die Inseln kannten, jedoch kein Interesse an ihnen hatten. Erst portugiesische Seefahrer gaben ihnen Namen und verzeichneten sie auf ihren Seekarten, die in verschiedenen Archiven eingesehen werden können. Die heutigen Namen der Inseln sind allerdings nur in Einzelfällen auf die portugiesischen Bezeichnungen zurückzuführen. Zum großen Teil wurden sie durch französische Namen ersetzt. Beispielsweise befinden sich im St-Joseph-Atoll die Inselchen Fouquet, Ressource, Petit Carcassaye, Grand Carcassaye, Benjamina, Ferrari, Pelican und viele andere.

Da es sich bei den Amiranten ausnahmslos um Koralleninseln handelt, die von flachen Lagunen umgeben sind, finden Sie hier wunderbare Schnorchelreviere mit klarer Sicht und völlig unzerstörter Unterwassernatur.

Die Amiranten

Augenblicklich einzige Amiranteninsel mit Unterkunftsmöglichkeit und Landebahn ist **Desroches** 1 (S. 243). Wer mit einem Flugzeug der Island Development Corporation in 30–45 Minuten von Mahé nach Desroches fliegt und es sich in dem Hotel dort bequem macht, läuft Gefahr, völlig zu übersehen, daß er sich hier an einem der abgelegensten Orte dieser Welt befindet. Es gibt keinen Schiffsverkehr – weder von lokalen Segelbooten (wie etwa auf den Malediven) noch in kommerzieller Form. Nur alle paar Monate kommt ein Schiff vorbei, um die Kopraernte der 10 bis 20 Bewohner jeder Insel abzuholen. Die Landebahn kann bestenfalls von zweimotorigen Propellermaschinen genutzt werden. Daß man sich hier inmitten des Indischen Ozeans, viele hundert Kilometer entfernt vom zentralen Seychellen-Archipel befindet, bemerkt man erst, wenn man sich mit dem Motorboot von Desroches zu den Nachbarinseln begibt. In diesen unendlichen Weiten des Indischen Ozeans und an den einsamen, völlig ›unzivilisierten‹ Stränden wird klar, daß die wenigen Menschen hier ganz auf sich selbst angewiesen sind. Nur ein Satellitentelefon hält den Kontakt nach außen aufrecht.

Die Bedingungen zum Tauchen und Schnorcheln auf Desroches könnten kaum besser sein. Zwar sind die Tauchgründe, welche man vom Strand aus erreicht, nicht so spektakulär wie die nahe Mahé, wer aber zunächst genug mit dem Erlernen der Grundbegriffe des Tauchens zu tun hat, ist wahrscheinlich froh, in diesem flachen, warmen Planschbecken innerhalb des Riffes üben zu können. Könner allerdings werden sich damit nicht zufrieden geben und zu den weiter entfernten Außenriffen mit ihren Abstürzen und Höhlen fahren. Hier gibt es alles, was das Herz eines erfahrenen Tauchers begehrt in unerreichter Vielfalt und glasklarem, warmem Wasser.

Bereits früher einmal war **Poivre** 2 touristisch erschlossen. Wegen der schwierigen Anreise wurde die ›Poivre Island Lodge‹ jedoch vor einigen Jahren geschlossen, und man kann die Insel jetzt nur noch per Boot und Tagesausflug von Desroches aus besuchen. 45 km von Desroches entfernt liegt die Insel **D'Arros** 3, die sich in privatem Besitz befindet. Arabische Ölmillionäre haben sich hier ein Paradies geschaffen, das man in Tagesausflügen von Desroches aus besichtigen kann. Eine Voranmeldung per Telefon ist jedoch erforderlich, da die Besitzer nicht unerwartet gestört werden möchten.

Als eine der schönsten flachen Koralleninseln der Seychellen gilt das 200 km südwestlich von Desroches gelegene **Alphonse** 4, dessen glasklare, türkis schimmernde Lagune zum Schwimmen und Schnorcheln einlädt. Wunderdinge erzählt man sich von den Tauchgründen um die Insel. Seit am Strand eine komfortable Bungalow-Anlage eröffnet hat, ist die Erforschung dieses Unterwasserparadieses nicht mehr den Besitzern hochseetauglicher Yachten vorbehalten.

Am Strand von Desroches

Die Farquhar-Gruppe

Ähnlich wie die Amiranten, besteht die Inselgruppe von Farquhar aus vielen flachen Koralleninselchen, die in einem Meeresgebiet von 100 km Durchmesser verstreut liegen. Die nördlichste der Farquhar-Inseln liegt fast 800 km südwestlich von Mahé. Wie viele der Inseln südlich Mahés, wurde auch diese Gruppe von einem portugiesischen Seefahrer entdeckt. Obwohl die Portugiesen sie in ihren Seekarten verzeichneten, wurde die Farquhar-Gruppe in den folgenden Jahrhunderten immer wieder wegen ihrer vielen Korallenstöcke zur Falle für vorbeifahrende Schiffe. Zur Farquhar-Gruppe gehören die Inseln St Pierre, die Providence Banks und das Atoll Farquhar. Mit den neuen zweimotorigen Turboprop-Flugzeugen der Island Development Corporation kann die Landepiste auf der Île du Nord in zwei bis drei Stunden erreicht werden. Allerdings gibt es keinerlei touristische Einrichtungen, die Verbindung ist also nur für Wissenschaftler oder Koprapflanzer von Interesse. Die Inseln des Farquhar-Atolls sind bewaldet und umschließen eine türkisgrüne Lagune.

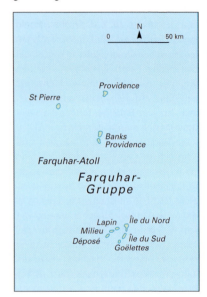

Die Aldabra-Gruppe

Das Aldabra-Atoll

Auf den 155 km² großen, etwa 1200 km südwestlich von Mahé gelegenen Aldabra-Inseln leben einige hunderttausend Riesenschildkröten und zwölf Menschen. Für den Tourismus hat Aldabra keinerlei Bedeutung, und das wird sich wohl auch mittelfristig nicht ändern. 1982 wurde beschlossen, dieses in der Welt einmalige Atoll ein für allemal zum Naturschutzgebiet zu erklären. Es ist nicht mehr der geringste Einfluß von außen erlaubt. Die Inseln stehen lediglich wissenschaftlich und naturgeschichtlich interessierten Besuchern offen, die eine Sondergenehmigung beim Ministry of National Development im Independence House in Victoria einholen müssen. Die wenigen Gäste, die jedes Jahr hier an Land gehen, dürfen nur ein kleines Stück Land rund um die Forschungsstation erkunden. Im übrigen beschränken sich die Besuchsmöglichkeiten darauf, zunächst nach Assomption zu fliegen und von dort aus auf einer Jacht nach Aldabra zu fahren, die kleineren und größeren Inseln des Atolls zu umrunden und die bizarre Natur unter und über Wasser zu bewundern.

Aldabra gilt als eines der spektakulärsten Atolle der Erde. Seine Lagune ist so groß, daß fast alle übrigen Inseln des Seychellen-Archipels darin Platz finden würden. Da dieses Atoll in der Mitte des Indischen Ozeans stets abseits der Schiffahrtsrouten lag und sein Land so unwirtlich erschien, blieb es über die Jahrhunderte von der menschlichen Zivilisation unberührt. Das Ergebnis ist, daß dort die größte bekannte Anzahl von Riesenschildkröten und gewaltige Kolonien von Seevögeln leben, zahlreiche Arten endemischer Pflanzen vorkommen und sich insgesamt das ursprüngliche Ökosystem besser erhalten hat als auf irgendeinem anderen Atoll.

Der Wert Aldabras für die Wissenschaft kann gar nicht überschätzt werden, und so hat denn auch die UNESCO das Atoll 1983 in die Liste der wichtigsten Naturschätze der Welt eingereiht.

Alle anderen Atolle haben nur wenig Landfläche und nur eine sehr geringe Anzahl verschiedener Tiere und Pflanzen. Die Entfernungen zu den Kontinenten sind zu groß, als daß Wind und Strömung viele unterschiedliche Samen hätten herbringen können, und nach erdgeschichtlichen Maßstäben sind sie zu jung für die Entwicklung eigener Arten.

Aldabra hingegen, unter der Wasseroberfläche entstanden und dann emporgehoben, ragt schon viele Millionen Jahre aus dem Wasser, viel länger als die meisten anderen Atolle dieser Erde; es besitzt eine weitaus größere Landfläche und eine wesentlich längere geologische Geschichte, so daß die hiesige Tier- und Pflanzenwelt weitaus artenreicher ist. Von den wenigen ähnlich entstandenen Atollen, vor allem in der Südsee (z. B. Nauru), unterscheidet sich Aldabra in anderer Hinsicht. Jene Atolle besitzen große Guanoablagerungen, die aus den über lange Zeiträume angesammelten Ausscheidungen der Seevögel stammen. Da Guano ein hervorragen-

Das Aldabra-Atoll

der Dünger ist, wird er – wie früher auf Assomption (s. S. 235) – in großem Maßstab abgebaut, was natürlich zur weitgehenden Zerstörung der Pflanzen- und Tierwelt führt. Auf Aldabra hingegen gibt es solche Guanoablagerungen glücklicherweise nicht, da die Seevögel hier die Gewohnheit haben, in den rund um die Inseln wachsenden Mangrovenwäldern zu nisten, und der von ihnen abgeworfene Kot vom Meer weggewaschen wird.

Aldabra sieht für den ankommenden Reisenden wild, steinig und lebensfeindlich aus. All diese Gründe haben dazu geführt, daß Aldabra unbewohnt geblieben ist, während die Nachbarinseln ihrer ursprünglichen Natur beraubt wurden. Die Insel ist rundum von Korallenriffen umgeben, und die Oberfläche weist pilzartig ausgestaltete Formationen auf, die sogenannten ›Champignons‹. Es handelt sich dabei um ausgehöhlte Korallenstrukturen, die im Laufe der Zeit über die Wasseroberfläche herausgehoben und dann von unten her vom Wasser ausgewaschen wurden. Die riesige Lagune in der Mitte des Atolls ist rundum mit Mangroven bewachsen und besitzt lediglich drei schmale Kanäle zur offenen See, in denen durch Ebbe und Flut Strömungen von bis zu zwölf Knoten Geschwindigkeit erzeugt werden.

Glücklicherweise sind Pläne aus den Jahren 1966/67 verworfen worden, nach denen eine englische Militärbasis auf Aldabra entstehen sollte. Statt dessen übernahm zunächst die Royal Society of London die Insel und erbaute die Aldabra Research Station, die seither ständig von Wissenschaftlern bewohnt wird. Im Jahre 1979 übergab die Gesellschaft die Verantwortung der Seychelles Islands Foundation, die nunmehr den Schutz der Natur garantiert. Übrigens erkannte Charles Darwin schon 1874 die einzigartigen wissenschaftlichen Möglichkeiten, die Aldabra bietet, als er den Gouverneur von Mauritius bat, Maßnahmen zum Schutz der Riesenschildkröten zu ergreifen.

Eindrucksvolle Tiere neben den Schildkröten sind die Riesenkrabben, die mit ihren Scheren sogar Kokosnüsse knacken können. Es gibt verschiedene Vogelarten, darunter den Fregattvogel mit etwa einer Million Exemplaren, Seeschwalben, Reiher und Flamingos. Zwischen Dezember und März kommt eine große Zahl von Meeresschildkröten an den Strand, um dort ihre Eier abzulegen. Wer sich für die Natur dieses einmaligen Atolls näher interessiert, findet auf den Seychellen ein umfangreiches Werk unter dem Titel ›A Focus on Aldabra‹, herausgegeben vom Unterrichtsministerium in Zusammenarbeit mit der

›Champignon‹ im Aldabra-Atoll

Seychelles Islands Foundation, wo es auch bestellt werden kann (Mahé, Seychellen, P.O.Box 92).

Assomption

Die kleine Insel Assomption diente vor vielen Jahren dem Abbau des damals reichlich vorhandenen Guano, den Exkrementen der Seevögel, die einen hervorragenden Dünger darstellen. Der Vorrat an Guano ist jedoch erschöpft, so daß die Unterkünfte der Arbeiter inzwischen weitgehend verfallen sind. Wie so oft hat der Mensch den Ast abgesägt, auf dem er saß. Um an die meterdicke Guanoschicht heranzukommen, wurde die Vegetation darüber zerstört. Da die Büsche dann fehlten, fanden die Vögel keine Nistplätze mehr und starben aus – neuer Guano wurde daher nicht mehr produziert, und das Geschäft mit dem wertvollen Dünger ging infolgedessen zugrunde.

Die Landebahn wird gelegentlich von Wissenschaftlern genutzt, die von Assomption mit dem Boot zum Aldabra-Atoll hinüberfahren. Neuerdings dient die Insel als Ausgangspunkt für den Besuch des Aldabra-Atolls durch nichtwissenschaftliche Gäste. Mit dem Flugzeug werden die Gäste hierher gebracht, wo eine Segeljacht sie aufnimmt und Kreuzfahrten nach Aldabra unternimmt.

Cosmolédo- und Astove-Atoll

Diese beiden völlig unberührten und nahezu unerforschten Korallenatolle liegen östlich des weitaus bekannteren Aldabra-Atolls. Der wenigen darüber existierenden Literatur läßt sich entnehmen, daß auch hier eine völlig eigenständige und wissenschaftlich hochinteressante Flora und Fauna zu finden ist. Sie bleibt noch zu entdecken!

Die Riesenschildkröten von Aldabra

Die meisten der ca. 180 000 Riesenschildkröten Aldabras leben auf dem flacheren und weiteren Ostende der Hauptinsel Grande Terre. Die erwachsenen Tiere wiegen mindestens 50 kg und leben 60–70 Jahre. Die größten Exemplare werden sogar bis zu 400 kg schwer und bis zu 1,50 m lang; ihr Alter wird auf 150–200 Jahre geschätzt! Die Schildkröten haben auf Aldabra keine natürlichen Feinde; ihr einziges Problem sind die starke Sonneneinstrahlung und das relativ geringe Nahrungsangebot. Da jedoch das Ökosystem seit Jahrhunderten von außen unbeeinflußt funktioniert, hat sich ein Gleichgewicht eingespielt. Die Schildkröten paaren sich während der feuchten Monate Februar bis Mai und legen die Eier in der trockenen Zeit zwischen Juni und September. In den Monaten Oktober bis Dezember schlüpfen die Jungen aus. In den Gegenden, wo die Populationsdichte der Schildkröten geringer ist, legen die Tiere größere Eier als in den dicht besiedelten, und die größeren Eier haben auch eine größere Aussicht, sich zu entwickeln. Die Schildkröten ernähren sich von 22 verschiedenen Arten niederer Gräser, von denen acht nirgends sonst auf dieser Welt zu finden sind.

Als Kaltblüter zeigen sich die Schildkröten äußerst empfindlich gegen Temperaturschwankungen. Sie schlafen in der Nacht und nehmen die Nahrung in den frühen Morgenstunden oder am späten Nachmittag auf. Während der Hitze des Tages suchen sie Schatten. Da dieser jedoch rar ist, kann man tagsüber häufig zwei oder drei Schildkröten übereinander im Schatten eines einzigen Strauches finden. Andere tauchen in Wasserbecken unter. Viele Schildkröten sterben, wenn sie in den Morgenstunden zu spät den Schatten erreichen, den Tag über der Sonne ausgesetzt bleiben und dadurch austrocknen.

Bei allen Riesenschildkröten, die es heute auf den Inseln des zentralen Seychellen-Archipels gibt, handelt es sich um Importe von Aldabra. Auf den Inseln rund um Mahé finden diese Tiere wesentlich einfachere Lebensbedingungen als in ihrer Heimat vor, da Futter und Schatten in großer Menge vorhanden sind. Während die meisten Schildkröten auf Mahé, Bird Island, Cerf Island und den anderen Inseln in Gehegen gehalten werden, leben auf der Insel Frégate etwa 100 Exemplare in ihrer natürlichen Umgebung.

Île Coëtivy und Île Plate

Île Coëtivy

Diese Insel liegt einsam auf einem kleinen Plateau, 250 km südlich von Mahé. Sie ist fast 10 km lang und etwa 1 km breit und hat die längste ununterbrochene Strandlinie aller Seychelleninseln. Auf Coëtivy gibt es eine Ansiedlung, deren Bewohner dem Fischfang und der Kopraproduktion nachgehen. Nachdem letztere in den 70er Jahren unrentabel geworden war, blieben nur wenige Menschen dort, die sich mit Fischfang und der Aufzucht von Tieren beschäftigten. Mitte der 80er Jahre wurde eine Zuchtanlage für Garnelen eingerichtet, die heute sämtliche Restaurants und Hotels auf den Seychellen beliefert und die Küche sowohl der Seychellois als auch der Touristen bereichert. Für den Export reicht die Ernte noch nicht aus, dieses Ziel soll aber in einigen Jahren erreicht werden. Für die kommenden Jahre ist auch auf dieser Insel mit einer Hotelentwicklung zu rechnen, denn sie ist eine der wenigen, die bereits eine Landebahn und einen brauchbaren Hafen haben. Regelmäßig werden Schweine-, Rind- und Lammfleisch sowie natürlich die tiefgefrorenen Garnelen mit dem Schiff abgeholt und nach Mahé gebracht.

Île Plate

Die Insel liegt – wie Coëtivy – unabhängig von anderen etwa 100 km südlich von Mahé. Fischer lieben die Gewässer rundum, da sie besonders fischreich sind. Taucher genießen das besonders klare Wasser und die unberührten Korallenriffe.

Zwischen den Felsen der Anse Source à Jean auf La Digue ▷

Information	Flug-verbindungen
Schiffs-verbindungen	Mietwagen
Unterkunft	Restaurants
Sehenswürdig-keiten	Aktivitäten
Abends	Einkaufen

Serviceteil

So nutzen Sie den Serviceteil richtig

▼ Das erste Kapitel, **Adressen und Tips von Insel zu Insel,** listet die im Reiseteil beschriebenen Inseln in alphabetischer Reihenfolge auf. Zu jeder Insel finden Sie hier Empfehlungen für Unterkünfte und Restaurants sowie Hinweise zu Verkehrsverbindungen, Öffnungszeiten, Unterhaltungsangeboten etc. Piktogramme helfen Ihnen bei der raschen Orientierung.

▼ Die **Informationen von A bis Z** bieten von A wie ›An- und Abreise‹ bis Z wie ›Zeitunterschied‹ eine Fülle an nützlichen Hinweisen – Antworten auf Fragen, die sich vor und während der Reise stellen.

Bitte, schreiben Sie uns, wenn sich etwas geändert hat!
Alle in diesem Buch enthaltenen Angaben wurden vom Autor nach bestem Wissen erstellt und von ihm und dem Verlag mit größtmöglicher Sorgfalt überprüft. Gleichwohl sind – wie wir im Sinne des Produkthaftungsrechts betonen müssen – inhaltliche Fehler nicht vollständig auszuschließen. Daher erfolgen die Angaben ohne jegliche Verpflichtung oder Garantie des Verlages oder des Autors. Beide übernehmen keinerlei Verantwortung und Haftung für etwaige inhaltliche Unstimmigkeiten. Wir bitten daher um Verständnis und werden Korrekturhinweise gerne aufgreifen:
DuMont Buchverlag, Postfach 10 10 45, 50450 Köln
E-Mail: reise@dumontverlag.de

Inhalt

Adressen und Tips von Insel zu Insel (in alphabetischer Reihenfolge) 242

Informationen von A bis Z
An- und Abreise 260
– Flugverbindungen 260
– Rückbestätigung und Überbuchung 260
Thema: Air Seychelles – die kleinste internationale Fluggesellschaft der Welt ... 261
– Fluggesellschaften 262
Banken 262
Behinderte 263
Besichtigungen 263
Diebstahl 263
Diplomatische Vertretungen auf den Seychellen 264
Diplomatische Vertretungen der Seychellen in Europa 265
Drogen 265
Einkauf und Souvenirs 265
Einreise- und Zollbestimmungen . 266
Elektrizität 266
Essen und Trinken 266
Feiertage 267
Fotografieren 267
Geld und Geldwechsel 270
Gesundheit 270
Heiraten auf den Seychellen ... 274
Informationsbüros 274
Kartenmaterial 274
Kleidung 274
Kreuzfahrten 276
Kurierdienste 276
Lebenshaltungskosten 276
Medizinische Versorgung 276
Nationalparks und Naturparks .. 277
Naturschutz 278
Notrufe 278
Öffnungszeiten 278
Polizei 279
Post 279
Reisebüros 279
Reiserecht 279
Reiseveranstalter 280
Reisezeiten 281
Restricted Areas 282
Rundfunk und Fernsehen 282
Sandfliegen 282
Seegras 282
Sicherheit 283
Spielkasinos 283
Sport 283
Sprachführer 285
Straßenverhältnisse und Verkehrsregeln 287
Tageslicht 287
Tauchen und Schnorcheln 287
Telefon 292
Trinkgelder 292
Unterkunft 292
Tip: Hotelfrühstück 293
Unterwegs auf den Seychellen .. 294
... mit organisierten Touren ... 294
... mit dem Taxi 294
... mit dem Mietwagen 294
... mit dem Fahrrad 295
... mit dem Omnibus 295
... mit Inlandflügen 295
... mit dem Hubschrauber 296
... mit dem Schiff 296
Versicherungen 296
Wandern 297
Weckdienst 298
Wetter 299
Zeitungen 299
Zeitunterschied 299

Adressen und Tips von Insel zu Insel

Bei der Klassifizierung der im folgenden genannten Hotels wurden folgende Preiskategorien zugrundegelegt (14-Tage-Pauschalarrangement pro Person im Doppelzimmer mit Halbpension; Flug ab Mitteleuropa, Abholung vom Flughafen und Betreuung vor Ort):
$$$$$ = über 5000 DM (über 200 DM pro Nacht)
$$$$ = 4500–5000 DM (150–200 DM pro Nacht)
$$$ = 3500–4500 DM (110–150 DM pro Nacht)
$$ = 3000–3500 DM (70–110 DM pro Nacht)
$ = unter 3000 DM (unter 70 DM pro Nacht)

Bitte bedenken Sie, daß sich nicht nur die Preise, sondern auch die Qualität der genannten Hotels ändern können. Die Reihenfolge der aufgeführten Hotels innerhalb einer Kategorie ist nicht zufällig, entspricht aber auch nicht einer objektiven Qualitätsabstufung. Hier fließen persönliche Vorlieben und der eigene Geschmack ein. Mir sind kleine Bungalow-Anlagen, wenn sie gepflegt und gut gelegen sind, lieber als komfortable, große Hotels. Es sind nicht nur die meßbaren Kriterien bedacht, sondern auch die Qualität des Service, der Küche und andere subjektiv erlebbare Eigenschaften. Schließlich fließt die Lage, der Strand, die landschaftliche Umgebung und vieles andere ein.

Eine vollständige Liste aller Hotels und Guesthouses auf den Seychellen, die mindestens einmal jährlich aktualisiert wird, gibt es beim Seychellen Touristik Informationsbüro (s. S. 274).

Alphonse

 Verkehrsverbindungen: Charterflug der Island Development Company mit Zwischenlandung auf Desroches jeden Mo, Mi u. Fr 13 Uhr (Dauer inkl. Zwischenstop ca. 1 Std.).

Hotel: Alphonse Island Lodge,
✆ 22 46 40, Fax: 22 44 67 (25 Bungalows): Gut ausgestattete A-Frame Bungalows auf einer dreieckigen Insel mit fast 4 km Küstenlinie und geschützter Lagune. Ideal zum Baden, Schnorcheln, Tauchen und Hochseefischen.

Bird Island

 Verkehrsverbindungen: Täglich um 11.15 Uhr (Rückflug: 14.45 Uhr) Air-Seychelles-Charterflug von Mahé nach Bird Island (Flugdauer: ca. 40 Minuten).

Hotel: Bird Island Lodge,
✆ 32 33 22, Fax 22 50 74, $$$$$ (25 Bungalows): Ein kleines Bungalow-Hotel auf der Insel Bird; besondere Attraktion: Auf der ganzen Insel gibt es nur dieses eine Hotel – und ein paar Millionen Vögel. Absolut ruhig!

Cerf Island

Hotel: Cerf Island Lodge, $$$$
18 großzügige Bungalows (1998 fertiggestellt). Alle haben Blick auf den Ozean und die Küste der Hauptinsel Mahé. Sie liegen an einem Hang, unter großen, schattenspendenden Bäumen. Eine Rezeption und ein Restaurant unmittelbar am Strand, sowie ein ständig zur Verfügung stehendes Motorboot machen die Lodge zu einem ruhigen Inselhotel, das aber keineswegs von der übrigen Welt abgeschlossen ist.

Restaurant: Kapok Tree Restaurant, ⌀ 32 29 59, auf Cerf Island ist für jedermann zugänglich, vor allem für Tagesausflügler zu den Stränden der Insel. Gutes kreolisches Essen, durchschnittliche Preise.

Denis Island

Verkehrsverbindungen: Jeden Mo, Fr und So um 14 Uhr (Rückflug: 14.55 Uhr) Air-Seychelles-Charterflug von Mahé nach Denis Island (Flugdauer: ca. 40 Min.)

Hotel: Denis Island Lodge, ⌀ 32 11 43, Fax 32 10 10, $$$$ (24 Bungalows): Mischung aus Luxushotel und Familienpension. Die Qualität des Essens und die Lage am Meer entsprechen höchsten Ansprüchen. Die Atmosphäre kann als unkompliziert familiär bezeichnet werden. Hervorragender Stützpunkt zum Windsurfen, Hochseefischen, Tauchen und Schnorcheln. Das Korallenriff unmittelbar am Strand gilt als das schönste der Seychellen, das vom Strand aus erreichbar ist. Die Bungalows sind groß und luftig.

Desroches

Verkehrsverbindungen: Jeden Mo, Mi u. Fr um 13 Uhr Charterflug der Island Development Company von Mahé nach Desroches (Flugdauer: ca. 30–45 Min.)

Aktivitäten: Tauchbasis: Desroches Island Lodge

Hotel: Desroches Island Lodge, ⌀/Fax 22 90 03, $$$$$ (24 Bungalows): Wunderschönes Bungalow-Hotel am Strand dieser weit im Süden von Mahé liegenden flachen Koralleninsel. Die Attraktion der Insel: das Wassersportzentrum mit Windsurfern und Tauchbasis. Für erfahrene Taucher sind schon die Fahrten zum Außenriff die weite Reise wert. Hochseefischer haben die unberührtesten und fischreichsten Gewässer der Welt um sich!

Félicité

Hotel: Félicité Island Lodge, ⌀ 23 42 32, Fax 23 41 00, $$$$$ (4 Doppelzimmer): Auf dieser hübschen, bergigen Insel mit mehreren Stränden und kleinem Wasserfall befinden sich nur zwei Villen mit insgesamt 4 Schlafräumen. Für Abwechslung sorgt der kleine Pool, der Tennisplatz (mancher prominente Tennisstar hat sich hier schon erholt!), die Wanderwege um die unbewohnte Insel und das freundliche Verwalterehepaar, das exquisite kreolische Gerichte in ihrer separat zwischen den Bungalows stehenden Küche zaubert! Die Lodge kann nur ›im Ganzen‹ gebucht werden, der Preis variiert, je nachdem wieviele Personen man mitbringt. Im Preis sind alle Getränke (auch alkoholische) enthalten!

Frégate

 Hotel: Frégate Island Private, ✆ 32 31 23, Fax 32 41 69, $$$$$: Jeder Gast hat 180 m² Wohnraum, Satellitenfernsehen und CD-Musikanlage in jeder der 16 ›Doppelvillen‹ (eine Villa als Schlafraum und Bad, eine Villa als Wohnzimmer) mit großer, überdachter Terrasse und Whirlpool. Besondere Attraktion der Villen: man kann sie wahlweise rundum mit Glastüren schließen und durch eine perfekte Klimaanlage kühlen oder (sehr zu empfehlen!) rundum öffnen. Dann werden die Räume von der Meeresbrise natürlich gekühlt. Frégate Island Private ist das erste Hotel der Seychellen mit 6 Sterne-Topstandard - wenn man von kleinen Schwächen des Service absieht. Die Natur der Insel, die Größe und Lage der Villen, die schneeweißen Strände, Tennisplatz, Whirlpool, die Restaurants und die Bar bieten einmaligen Urlaubsgenuß in absoluter Ruhe auf einer unbewohnten Trauminsel, die man mit Golfauto (das zum Zubehör jeder Villa gehört!) in 30 Min. umrunden kann.

La Digue

 Verkehrsverbindungen: Wochentags um 12 Uhr legt ein **Frachtsegler** vom Old Pier in Victoria ab, der etwa 3 bis 4 Stunden für die Überfahrt nach La Digue benötigt und jeweils um 6 Uhr morgens von dort wieder zurückfährt (Fahrpreis: ca. 25 DM). Gehen Sie schon morgens zwischen 9 und 10 Uhr zum Old Pier, und besorgen Sie sich eine Fahrkarte, es darf nämlich nur eine begrenzte Zahl von Passagieren mitgenommen werden! Wer auf den Wellengang empfindlich reagiert, sollte von Juli bis September lieber mit dem Flugzeug nach Praslin fliegen und von dort aus die kurze Überfahrt (30 Min.) in relativ ruhigem und geschütztem Wasser machen. Von Praslin aus setzt tägl. 8.30–17 Uhr ca. 5- bis 6mal eine **Fähre** nach La Digue über (Fahrpreis ca. 20 DM).

 Fahrradvermietung: Tarosa Bicycle Rent, ✆ 23 42 50

 Hotels: La Digue Island Lodge, Anse La Réunion, ✆ 23 42 32, Fax 23 41 00, $$$$$ (24 Bungalows): Die Bungalows befinden sich zum Teil unmittelbar am Strand, zum Teil hinter dem Weg, der zum ›L'Union Estate‹ führt. Da die Bademöglichkeiten unmittelbar vor dem Hotel bei Ebbe nicht ideal sind, wurde ein Swimmingpool am Strand errichtet. Empfangshalle und Restaurant liegen im Schatten hoher Palmen.

Patatran Bungalows, Anse Patates, ✆ 23 43 33, Fax 23 43 44, $$$ (12 Bungalows): Oberhalb des Weges an der Nordostspitze der Insel liegen am Hang die Bungalows und das dazugehörige Restaurant. Die einzelnen Bungalows sind nicht groß, bieten aber von Zimmer und Terrasse einen grandiosen Ausblick auf das Meer und die Nachbarinseln.

L'Océan Hotel, Anse Patates, ✆ 23 41 80, Fax 23 43 08, $$$ (6 Zimmer): Unmittelbar neben oben beschriebenem Hotel liegen die Zimmer des ›L'Océan‹, oberhalb des dazugehörigen großen offenen Restaurants mit weitem Blick aufs Meer. Die Zimmer sind komfortabel ausgestattet, mit Klimaanlage und aus Singapur eingeführten chinesischen Möbeln.

Choppy's Bungalows, Anse La Réunion, ✆ 23 42 24, Fax 23 40 88, $$$ (12 Zimmer): 3 Doppelbungalows und ein offenes Restaurant zwischen

der schmalen Küstenstraße und dem Strand, 6 weitere ›Standardbungalows‹ jenseits der schmalen Küstenstraße. Dem Guesthouse ist die ganzjährig geöffnete, modern ausgerüstete Tauchbasis ›La Morena‹ angeschlossen.
Paradise Flycatcher's Bungalows, Anse La Réunion, ⌀ 23 40 15, Fax 22 51 33, $$$ (3 Doppelbungalows): Auf einem Grundstück mit eigenem flachem Strand befinden sich 3 sehr großzügige Bungalows mit je 2 Schlafzimmern, Bädern, großem Wohnraum, Terrasse und Kochecke. Es kann auch mit Frühstück und Abendessen gebucht werden. Die Bungalows liegen nur 50 m vom Strand entfernt, allerdings auf der Inselseite des Küstenwegs.
Bernique Guesthouse, ⌀ 23 42 29, Fax 23 42 88, $$$ (12 Zimmer): Wie die beiden nächsten, liegt auch dieses Guesthouse nicht am Strand. Um so schöner ist die tropische Vegetation, die Ruhe und der unkomplizierte Kontakt zu den Inhabern und zur Nachbarschaft. Ca.10 Min. Fußweg zum Strand.
Le Calou, ⌀/Fax 23 40 83, $$$ (6 Zimmer): Gleich auf dem Nachbargrundstück des ›Bernique‹ entstand eine Familienunterkunft mit 3 Doppelbungalows. Inhaber ist ein ehemals an der Tauchbasis tätiger deutscher Tauchlehrer, den das Schicksal und die angeheiratete einheimische Familie auf La Digue festgehalten haben.
Le Tournesol, ⌀ 23 41 55, Fax 23 43 64, $$$ (6 Zimmer): Etwa auf halbem Weg zwischen dem Inselhafen und den beiden benachbarten Guesthouses ›Bernique‹ und ›Le Calou‹ befindet sich eine weitere preisgünstige Unterkunftsmöglichkeit. Hier gibt es einige hübsche runde Doppelbungalows in einem tropischen Garten. In dem strohgedeckten Haupthaus befindet sich ein einfaches kreolisches Restaurant mit Bar.

Villa Authentique, $$ (6 Zimmer): Eine junge Familie hat auf einem Grundstück nahe der Bootsanlegestelle zwei Häuser mit je drei Gästezimmern errichtet.
Pension Michel, ⌀ 23 40 03, $$, (5 Zimmer): Versteckt hinter der ›La Digue Lodge‹, nur über einen schmalen Weg erreichbar, liegen die zwei Häuser dieser Familienpension, die für ihre ausgezeichnete Küche und die sauberen Zimmer gelobt wird.
Fleur de Lys, ⌀ 23 44 59, $ (6 Villen): Nicht weit von den ›Choppy's Bungalows‹ wurden diese großzügigen Bungalows mit eigener Küche 1997 neu eröffnet. Wenn Sie zu viert ein Haus buchen, ist dies eine der preisgünstigsten Möglichkeiten, auf den Seychellen zu wohnen!
L'Union Bungalows, ⌀ 23 42 32, Fax 23 41 00, $$$$$ (4 Bungalows): Diese Dépendance der ›La Digue Lodge‹ liegt privilegiert innerhalb des Geländes des ›L'Union Estates‹, das sonst nur gegen Eintritt betreten werden kann. Großzügige Schlaf- und Wohnräume, große Terrasse, nur wenige Meter vom Strand entfernt.

Restaurant: Grand' Anse Restaurant: Einfaches, hübsch aus Naturmaterialien errichtetes Snackrestaurant mit preiswerten Speisen, das an der Traumbucht der Grand Anse liegt.

Aktivitäten: Hochseefischen: Ausflüge zum Hochseefischen können Sie über La Digue Island Cruising (Anse Réunion, ⌀ 23 42 99) buchen.
Tauchbasen: La Digue Island Lodge, La Morena (Choppy's Bungalows)
Windsurfen: Die La Digue Island Lodge verleiht Surfbretter.

Abends: Bar: La Digue Island Lodge

Einkaufen: Kunsthandwerk: Zimaz Kreol Art Gallery, ✆ 23 43 22; SeyJoy, Games & Toys, ✆ 23 44 44 (www.seychelles.net/seyjoy)

Mahé (Victoria und Umgebung)

Information: Tourist Information Office, Independence House, ✆ 22 93 13 (8–12, 13.30–16 Uhr)

Mietwagen: Alpha Rent-a-Car, ✆ 32 20 78; Avis, ✆ 22 45 11; Budget, ✆ 34 42 80; Echo, ✆ 37 33 73; Eden's, ✆ 26 63 33; Hertz, ✆ 32 24 47; Jean's Car Hire, ✆ 26 62 78; Kobe Car, ✆ 32 18 88; Mein's Cars, ✆ 26 60 05; Nelson Car Hire, ✆ 26 69 23; Petit Car Hire, ✆ 34 46 08; Pillay City Cars, ✆ 37 52 89; Ram Car Hire, ✆ 32 34 43; Sunshine Cars, ✆ 22 46 71; Tropicar, ✆ 37 33 36
Taxistände: Revolution Avenue/Albert Street, ✆ 32 22 79; Hafen, ✆ 32 22 39

Hotels: Auberge Louis XVII, La Louise, ✆ 34 44 11, Fax 34 44 28, $$ (9 Zimmer): Liegt in einem tropischen Garten mit Swimmingpool und bietet wegen seiner Lage etwa 100 m über dem Meer einen ausgezeichneten Blick über die Mahé vorgelagerten Inseln. Kreolische Küche und Bar. Gut geeignet als Ausgangspunkt, um Mahé zu erkunden, oder als Stopp für die letzte Nacht, bevor es auf den Flug zurück nach Europa geht.
Bel Air Guesthouse, Bel Air, ✆ 22 44 16, Fax 22 49 23, $$ (6 Zimmer): Gemütliches altes Kolonialhaus in einem Außenbezirk der Hauptstadt Victoria. Herrlicher Blick über den Hafen von Victoria auf die vorgelagerten Inseln Ste Anne, Cerf, Moyenne und Long Island im Ste Anne Marine National Park. Das Haus wird von der Familie mitbewohnt und ist bekannt für seine hervorragende kreolische Küche.
Sunrise Guesthouse, ✆ 22 45 60, Fax 22 52 19, $ (16 Zimmer): Von einer chinesischen Familie geführtes sauberes, sympathisches Guesthouse. Der Lärm der stark befahrenen Straße südl. von Victoria dringt nicht zu den im Kreis gebauten Zimmern, die alle in den Innenhof öffnen. Spezialität des Hauses: das gute kreolische und chinesische Essen.
Sea Breeze Guesthouse, Pointe Conan, ✆ 24 10 21, Fax 24 11 98, $ (6 Zimmer): Moderner Chalet-Komplex in tropischem Garten, 1,5 km nördlich von Victoria. 15 Autominuten um die Nordspitze Mahés zum Beau Vallon-Strand, nahe der Discothek ›Kapatia‹.

Restaurants: Bagatelle Restaurant & Tropical Gardens ✆ 22 47 22: Renoviertes Kolonialhaus in den Bergen, etwa 200 m oberhalb der Hauptstadt Victoria; grandioser Blick über die Stadt von der Terrasse aus. Das Haus ist von einem gepflegten botanischen Garten umgeben, in dem beeindruckende 30 m hohe Bambusstauden, tropische Obstbäume und Gewürzpflanzen bewundert werden können. Speisen exquisit und nicht billig.
Kaz Zanana, ✆ 32 41 50: Snackrestaurant, Café und Kunsthandwerkgalerie in liebevoll renoviertem Kolonialhaus am Nordostende der Revolution Avenue.
Bel Air Guesthouse, ✆ 22 44 16: Von der Familie Rassool geführtes Guesthouse, in dem man abends um 19.30 Uhr ein kreolisches Menü bekommt.
Marie-Antoinette, ✆ 26 62 22: Wenn Sie von der Hauptstadt aus auf der

Straße nach Beau Vallon stadtauswärts fahren, sehen Sie am Ende der Revolution Avenue oberhalb der Straße eine alte, verfallen wirkende Kolonialvilla. Dort hat Kathleen Fonseka ein Restaurant eingerichtet, in dem ein kreolisches Mittags- und Abendmenü serviert wird.
Pirates Arms Restaurant, Independence Avenue, ✆ 22 50 01: Dieses Restaurant ist seit Jahrzehnten Treffpunkt der jungen Leute und der Touristen im Stadtzentrum von Victoria. Es bietet viele verschiedene Fruchtsäfte und ein kaltes Buffet zu relativ niedrigen Preisen. Ein komplettes Mittagsmenü bekommen Sie für etwa 50 Rupies.
King Wah Restaurant, Benezet Street, ✆ 32 36 58: Einfaches chinesisches Restaurant mit preiswerten und guten Gerichten für weniger als 50 Rupies.
Vanilla 2000, Independence Avenue, ✆ 22 52 59. Snackrestaurant mit Sitzgelegenheit im Erdgeschoß des Independence House. Schöner Blick auf das besonders zur Mittagspause rege Treiben auf der Straße.
La Moutia, La Louise, ✆ 34 44 33: Hoch am Berg oberhalb von Victoria an der La Misère Road. Spezialitäten des Restaurants sind Fisch, Meeresfrüchte und Steaks. Herrlicher Blick auf Victoria, den Hafen und die vorgelagerten Inseln des Ste Anne Marine National Park. Relativ teuer, aber dafür auch sehr gut!

In Victoria gibt es mehrere sogenannte ›Take-away-Restaurants‹. Hier werden verschiedene Currygerichte zubereitet und Ihnen in einer Schachtel verpackt mitgegeben. Die Curries sind sehr gut, besser als in manchem Restaurant! Die Portion kostet um 15 Rupies und reicht für 1½ bis 2 Personen.
Mandarin Restaurant: Beim Olian Kino in der Revolution Avenue. Dieses gute chinesische Restaurant hält diverse Gerichte zum Mitnehmen bereit.

 Sehenswürdigkeiten: Seychelles National Museum: tgl. 8–16 Uhr
National Archives: tgl. 8–16 Uhr
Botanischer Garten (Mont Fleuri): tgl. 8 Uhr bis abends, ✆ 22 46 44

 Aktivitäten: Hochseefischen: Ausflüge zum Hochseefischen können Sie buchen über: Marine Charter Association, ✆ 32 21 26; Brownie Marine Services, ✆ 37 86 27; Game Fishing Enterprise, ✆ 34 42 66; I. Jumaye, ✆ 37 85 23; Yacht Tam-Tam, ✆ 34 42 66; Yacht My Way, ✆ 22 45 73 (bieten auch preiswerte Tagesausflüge zu den Inseln des Marine National Park an)

 Abends: Bars: Barrel Bar, Revolution Avenue; Plaza Bar, Market Street
Discotheken: Love Nut (im Zentrum), Flamboyant Disco (am East Coast Highway im Süden der Stadt)

 Einkaufen: Galerien und Kunsthandwerk: Island Design, Le Chantier, ✆ 22 42 96; Studio Oceana, ✆ 22 49 17
Buchläden: Chez Franco, Francis Rachel Street; Jivan Imports, Market Street; Space, Huteau Lane

Mahé (Nord-Mahé)

 Mietwagen: Exoticars, Mare Anglaise, ✆ 26 11 33; Silversands Car Hire, Bel Ombre, ✆ 36 11 33; Union Vale Car Hire, Beau Vallon, ✆ 24 70 52
Taxistand: Beau Vallon Bay Hotel, ✆ 24 74 99

Hotels: Sunset Beach Hotel, Glacis, ✆ 26 11 11, Fax 26 12 21, $$$$$ (28 Zimmer): Kleines Hotel auf einer Halbinsel nördlich der Beau-Vallon-Bucht. Die architektonisch gelungene Anlage hat einige Zimmer unmittelbar am Strand, andere etwas erhöht, mit weitem Meerblick. Hier fühlt sich wohl, wer es ruhig und familiär wünscht und verkraftet, zum Wassersport einige Kilometer in die Beau-Vallon-Bucht fahren zu müssen. Der Strand zählt zu den schönsten Mahés und ist sehr gut zum Schnorcheln geeignet.

Le Meridien Fisherman's Cove Hotel, Bel Ombre, ✆ 24 72 47, Fax 24 77 42, $$$$$ (48 Zimmer): Dieses Hotel liegt am äußersten westlichen Ende der Bucht von Beau Vallon, wo diese durch Felsen von der steilen Küste abgegrenzt wird. Für meinen Geschmack ist es eines der architektonisch schönsten Hotels auf den Seychellen. Die große Empfangs- und Eßhalle wird von einem riesigen, palmwedelgedeckten Dach vor der Sonne geschützt. In dem gepflegten tropischen Garten rundherum liegen die gut ausgestatteten Zimmer mit Air-conditioning. Als die Seychellen noch als Geheimtip der High Society galten, sollen sich die Prominenten aus Film und Fernsehen hier gedrängt haben. Vergessen Sie nicht Ihre Taucherbrille und Ihren Schnorchel, denn im klaren Wasser hinter den Felsen finden Sie fast alle Korallenfische, die es auf den Seychellen zu sehen gibt. Taucherausrüstung ist nicht erforderlich.

Northolme Hotel, Glacis, ✆ 26 12 22, Fax 26 12 23, $$$ (30 Zimmer): Das ›Northolme‹ war das erste Strandhotel der Insel. Wie das ›Sunset Beach‹ liegt es auf einer Halbinsel nördlich der Beau-Vallon-Bucht und hat einen sehr schönen, kleinen privaten Strand. Das Haupthaus auf dem Hügel strahlt noch den Charme der Kolonialzeit aus, die neueren Räume eröffnen einen weiten Blick aufs Meer. Dem in einem tropischen Garten gelegenen Hotel sind eine gut ausgestattete Tauchbasis und ein Beauty Salon angegliedert. Es wird besonderer Wert auf gute ›Haute Cuisine Créole‹ gelegt!

Vacoa Village, Mare Anglaise, ✆ 26 11 30, Fax 26 11 46, $$$$ (12 Appartements): Die 12 Appartements sind unterschiedlich geschnitten und mit unterschiedlich vielen Schlafgelegenheiten ausgestattet. Zur Anlage gehören ein Restaurant und ein kleines Schwimmbad. Zur Beau-Vallon-Bucht sind es nur ein paar hundert Meter, einen kleinen Strand gibt es auch jenseits der Küstenstraße, gleich beim Hotel. Hier haben Sie es ruhig und familiär, sind aber gleich in der Beau-Vallon-Bucht mit ihren vielen Restaurants und der Abendunterhaltung in den Hotels ›Coral Strand‹ und ›Beau Vallon Bay‹.

Carana Beach Hotel, North Point, ✆ 24 10 41, Fax 24 16 49, $$$ (24 Zimmer): Bungalowhotel an einem strahlend weißen Strand, dem kein Korallenriff vorgelagert ist. Bei Südostwind (Juli/August) ein Paradies für Bodysurfer! Schöne Gartenanlage, kleiner Swimmingpool, Bar und gutes Restaurant. Die Appartements haben ein Schlafzimmer und zwei weitere Schlafgelegenheiten im Wohnzimmer sowie eine Küche. Selbstversorgung ist also möglich.

Coral Strand Hotel, Beau Vallon, ✆ 24 70 36, Fax 24 75 17, $$$ (103 Zimmer): Das ›Coral Strand‹ liegt zentral an der Beau-Vallon-Bucht. Es ist bekannt für gute Stimmung und eine gesunde Mischung aus Einheimischen und Gästen in der hoteleigenen Disco.

Das Hotel besitzt alle Einrichtungen eines guten Hauses wie Air-conditioning, Swimmingpool, Restaurant usw. Die Beachbar des ›Coral Strand Hotel‹ neben dem Pool ist ein beliebter Treffpunkt, sowohl für Geschäftsleute aus Victoria als auch für Einheimische und Gäste, die sich während ihres Urlaubs kennengelernt haben. Erste Wahl, wenn Sie auf den Seychellen ein wenig ›Rummel‹ um sich haben wollen und sich gerne an der Bar und am Pool mit Einheimischen unterhalten. Die Strandlage ist unübertrefflich!

Auberge des Seychelles, Bel Ombre, ✆ 24 75 50, Fax 24 77 03, $$$ (49 Zimmer): Dieses Hotel ist reizvoll in einen steilen Hang westlich der Ortschaft Bel Ombre eingefügt. Zum Hotelgelände gehören eine sehr kleine Bucht und ein felsiger Küstenabschnitt. Von den sanft geschliffenen Granitfelsen aus haben Sie angenehmen und leichten Zugang in das 2–4 m tiefe Meer. Schnorchelausrüstung unbedingt mitbringen!

Sun Resort Hotel, Beau Vallon, ✆ 24 76 47, Fax 24 72 24, $$$ (20 Zimmer): Kleine, saubere Hotelanlage mit großem Pool und gutem Restaurant, günstig unweit des Strandes von Beau Vallon gelegen. Die Zimmer sind gut ausgestattet (u. a. verfügen sie über eine Kochgelegenheit!), die Preise moderat. Es fehlt aber tropisches Flair und das Gefühl, in der Nähe des Meeres zu sein, kommt nicht auf.

Pti Payot Guest House, ✆ 26 14 47, $$ (12 Zimmer): Einige hundert Meter im Norden der Beau Vallon Bucht erstrecken sich die Bungalows dieser kleinen, sauberen Anlage einen Bergrücken hinauf. Von den Terrassen der Zimmer hat man einen grandiosen Blick auf die Beau Vallon-Bucht und zur Nachbarinsel Silhouette.

Berjaya Beau Vallon Bay Hotel, Beau Vallon, ✆ 24 71 41, Fax 24 74 30/ 24 79 43, $$$ (184 Zimmer): Das Hotel liegt an dem berühmtesten Strand der Seychellen, der zu den schönsten der erschlossenen Stränden dieser Erde zählt – nicht übererschlossen, nicht überlaufen, aber auch nicht mehr einsam. Alle Arten von Wassersport werden angeboten, vom Windsurfen über Wasserskifahren bis zum Paragliding. Für die Abendunterhaltung gibt es Disco und Kasino!

Romance Guesthouse, Beau Vallon, ✆ 24 73 82/24 78 48, Fax 24 79 55, $$ (14 Zimmer): Familienpension, 50 m hinter dem Strand von Beau Vallon. Die 10 neuen Zimmer sind nicht luxuriös, aber hübsch und mit Dusche sowie WC ausgerüstet. Hier findet man verschiedene preiswerte Restaurants in unmittelbarer Nähe. Bis zu den Wassersporteinrichtungen der Hotels ›Beau Vallon Bay‹ und ›Coral Strand‹ sind es nur drei Minuten zu Fuß am Strand entlang. Die Nähe zur Beau-Vallon-Bucht macht es zum interessantesten der Hotels dieser Preisklasse im Norden Mahés.

Coco d'Or Guesthouse, Beau Vallon, ✆ 24 73 31, Fax 24 74 54, $ (8 Zimmer): Liegt etwa 400 m vom Strand der Beau Vallon Bay entfernt; ein schmaler Fußweg durch die Kokosplantage führt dorthin.

Chez Jean, Machabée, ✆ 24 14 45, $ (5 Räume): An der Nordspitze Mahés gelegenes hübsches kleines Guesthouse. Sehr sauber, klimatisiert. Etwas ungünstig an der Straße gelegen.

Restaurants: Beach Shed, Beau Vallon: Einfaches Restaurant in der Beau-Vallon-Bucht; kleine Gerichte zu günstigen Preisen.

Le Corsaire, Bel Ombre, ✆ 24 71 71: Luxusrestaurant gleich am Meer, Dépendance des ›Fisherman's Cove Hotel‹. Spezialitäten sind Fisch nach französischer Art und französische Weine.

La Goélette, Bel Ombre, ✆ 24 74 14: Nicht weit vom ›Fisherman's Cove‹ liegt jenseits der Küstenstraße das große Steingebäude der Hotelfachschule. Als Praxisübung für die Schüler ist das Hotelrestaurant auch für Gäste von auswärts an Samstagen, Sonntagen und Montagen geöffnet. Die Küche ist ausgezeichnet, da der ausbildende Koch als Chef fungiert; die Bedienung ist charmant, jung und mit Sicherheit bemüht, in vielen Fällen vermutlich noch nicht perfekt.

La Scala, Danzil, ✆ 24 75 35: Wenn Sie der Beau-Vallon-Bucht nach Südwesten bis zu ihrem äußersten Ende folgen und dann noch 10 Minuten die Straße geradeaus weitergehen, finden Sie an deren Ende auf der linken Seite das eindrucksvoll auf riesige Felsen gesetzte Restaurant ›La Scala‹. Es gilt als eines der besten Restaurants der Seychellen. Die Küche ist in erster Linie italienisch mit kreolisch-französischem Einschlag.

La Perle Noire, Beau Vallon, ✆ 24 70 46: Französisches Restaurant am Beau-Vallon-Strand, gleich gegenüber dem ›Coral Strand Hotel‹.

Le Flamboyant Restaurant, Beau Vallon: Das ›Flamboyant‹ ergänzt die ohnehin breite Palette der Restaurants in der Beau-Vallon-Bucht. Es liegt hinter der Küstenstraße, von den ›Beau Vallon Bungalows‹ nur durch einen schmalen Bach getrennt.

Baobab Pizzeria, Beau Vallon, ✆ 24 71 67: Ein wunderschönes kleines offenes Restaurant auf dem weißen Sand des Beau-Vallon-Strandes. Sensation dieses Restaurants ist ein echter Pizza-Ofen. Die Pizza und die Lasagne sind sehr zu empfehlen.

Aktivitäten: Tauchbasen: Northolme Hotel, Glacis; Coral Strand Hotel, Beau Vallon; Beau Vallon Bay Hotel, Beau Vallon

Wasserski: Coral Strand Hotel, Beau Vallon; Beau Vallon Bay Hotel, Beau Vallon

Windsurfen: Coral Strand Hotel und Beau Vallon Bay Hotel (beide in Beau Vallon) verleihen Surfbretter.

Abends: Spielkasinos: Beau Vallon Bay Hotel, Beau Vallon

Einkaufen: Galerien und Kunsthandwerk: Sunstroke Design, Beau Vallon & Market Street, ✆ 22 47 67

Mahé (Süd-Mahé)

Mietwagen: City, Anse aux Pins, ✆ 37 52 89; Victoria Car Hire, Anse aux Pins, ✆ 37 63 14

Taxistände: Flughafen, ✆ 37 33 49; Reef Hotel, ✆ 37 65 09; Barbarons Beach Hotel, ✆ 37 86 29

Fahrradvermietung: Le Meridien Barbarons Beach Hotel, Barbarons, ✆ 37 82 53

Hotels: Plantation Club, Baie Lazare, ✆ 36 13 61, Fax 36 13 33, $$$$ (206 Zimmer): Dieses weitläufig in die Baie Lazare eingebettete Hotel fügt sich trotz seiner Größe gut in die Landschaft ein. Alle Zimmer sind klimatisiert und haben Blick auf die Bucht und das Meer. Nahe dem Hauptgebäude und dem Restaurant finden regelmäßig Unterhaltungsabende statt. Von Juni bis

September ist das Hotel dem Südostwind ausgesetzt. Das Kasino ist Treffpunkt von Touristen, Einheimischen und gelegentlich einfliegenden arabischen Ölmillionären.

Berjaya Mahé Beach Hotel, Port Glaud, ✆ 37 84 51, Fax 37 85 17, $$$$ (177 Zimmer): Das ›Mahé Beach‹ ist das einzige Hotel der Seychellen, das über die Wipfel der Palmen hinausragt. Es befindet sich in einer Bucht im Westen der Insel, weit von Victoria und den übrigen Hotels Mahés entfernt. Mit dem Auto fahren Sie etwa 30 Minuten über einen Paß bis zur Hauptstadt. Das Hauptgebäude ragt über die Klippen hinaus, und man hat von allen Zimmern Blick über das Meer und über den Nordwesten Mahés. Das ›Mahé Beach‹ liegt in einem liebevoll angelegten tropischen Garten und besitzt eine eigene Lagune, in der Sie bei jedem Wetter in klarem und ruhigem Wasser baden können. Es verfügt über einen Swimmingpool, Volleyball- und Tennisplatz sowie über eine Squashhalle. Alle Zimmer haben Bad, Dusche und WC, Balkon, Telefon, Radio und – auf Wunsch – auch Klimaanlage und Fernsehen. Sie finden im Haus mehrere Restaurants, Bars, einen Grill-Room, viele kleine Boutiquen, eine Discothek und eine Sauna.

Le Meridien Barbarons Beach Hotel, Barbarons, ✆ 37 82 53, Fax 37 84 84, $$$ (126 Zimmer): Das Hotel liegt direkt am Strand unter Palmen, die über das Dach hinausragen. Es besitzt ein großes Schwimmbad, eine Bar und bietet regelmäßig Unterhaltung und Tanz am Abend. Alle Zimmer sind air-conditioned, haben Terrasse und ein eigenes Bad. Der wunderschöne, lange und unberührte Strand reicht nicht weit hinaus, so daß Sie bald die Korallen erreichen.

Allamanda Hotel, Anse Forbans, ✆ 36 62 66, Fax 36 61 75, $$$ (12 Zimmer): An einem schönen, selten besuchten Strand im Südosten gelegenes kleines Hotel im traditionellen Kolonialstil. Vom Preis her am unteren Ende der Hotels, fast schon auf Guesthouse-Niveau. Es bietet dafür aber einen sehr gepflegten Aufenthaltsraum mit Bar und Restaurant sowie ein zweites ›Open-Air-Restaurant‹ am Strand. Zimmer mit Klimaanlage (gutes Preis-Leistungs-Verhältnis!).

Reef Hotel, Anse aux Pins, ✆ 37 62 51, Fax 37 62 96, $$$ (152 Zimmer): Das Reef Hotel wurde zusammen mit dem Flughafen 1971 eröffnet, ist das älteste der großen Hotels auf den Seychellen und liegt in der schmalen Ebene zwischen dem Meer und dem knapp 500 m hohen Mount Capucin. Alle Räume sind air-conditioned und haben ein eigenes Bad. Es wird alles bereitgehalten, was Sie zum Schnorcheln, Tauchen, Tennis, Volleyball usw. benötigen. Außerdem gibt es einen Friseur und eine Boutique im großen Empfangsraum des Hotels. Samstag abends wird das Reef Hotel zum Treffpunkt von Touristen und Einheimischen, die dort zum Tanzen gehen. Die besondere Attraktion ist der gegenüberliegende Golf-Club, der dem Hotel angegliedert ist. Die Anlage hat 9 Löcher.

Casuarina Beach Guesthouse, Anse aux Pins, ✆ 37 62 11, Fax 37 60 16, $$$ (34 Zimmer): Hauptgebäude und Restaurant liegen am Strand, einige Nebengebäude dahinter. Blick aufs Meer. 1994 renoviert und vergrößert. Bungalowhotel nahe dem Golfplatz und nicht weit vom Flughafen entfernt. Verkehrsreiche Straße hinter den Bungalows.

Villa Bambou, Anse à la Mouche, ✆ 31 11 77, Fax 37 11 08, $$ (3 Zimmer): Die Villa verdient besondere Erwähnung, denn sie bietet für den niedrigen Preis ungewöhnlichen Komfort und einen herzlichen Service seitens der einheimischen Familie, die sie führt. Bei Sonnenschein wird der gemeinsame Frühstücks- und Abendtisch für die Gäste auf der breiten, schattigen Terrasse mit Blick auf den 50 m entfernten Strand gedeckt. Sollte es regnen oder Sie wollen sich ein wenig zurückziehen, stehen Ihnen im Wohnzimmer eine komfortable Sitzgruppe und eine Bar zur Verfügung. Jedes der drei Zimmer hat einen separaten Eingang und eine eigene Terrasse. Auf Mahé der ›Geheimtip‹ in der $$-Preislage. Nur bei **Trauminsel Reisen,** ✆ 0 81 52/9 31 90, sehr früh buchen, denn die drei Zimmer sind schnell weg!

Anse Soleil Beachcomber Guesthouse, Anse Soleil, ✆ 36 14 61, Fax 36 14 60, $$ (6 Zimmer): 1995 eröffnetes, an einem Traumstrand gelegenes Gästehaus. Der Strand ist exklusiv, da nur vom Hotel und einem Privathaus aus zugänglich! Im Garten pflanzt der Eigentümer alle Palmenarten dieser Welt an. Wegen der Lage weitab von Sehenswürdigkeiten und touristischen Einrichtungen ist ein Mietwagen ratsam.

Villa Batista, Anse Takamaka, ✆ 37 15 35, $$ (6 Doppelbungalows): Am Strand der Takamakabucht in Südmahé steht – von der Straße aus nicht sichtbar – eine unscheinbare Hütte. Hier, unter einem Strohdach, werden im Restaurant des Gästehauses ›Villa Batista‹ den Gästen der 6 Doppelbungalows und vorbeikommenden ›Kennern‹ Fischgerichte serviert. Die Bungalows stehen an einem Hang etwa 100 m hinter dem Strand und sind ausgezeichnet ausgestattet (u. a. Minibar, Kaffeekocher und Klimaanlage).

Blue Lagoon Chalets, Anse à la Mouche, ✆ 37 11 97, Fax 37 15 65, $$ (10 Zimmer): Echte Selbstverpflegerbungalows sind die Blue Lagoon Chalets in der Anse à la Mouche, einer weiten Bucht, die absolute Ruhe garantiert. Lebensmittel bekommen Sie von der Gemüsefarm, den Fischern und in den Gemischtwarenläden im Ort. Wenn Sie nicht selbst kochen wollen, können Sie eine Köchin für die Mittags- oder (und) Abendstunden anheuern. Je 2 Doppelzimmer sind in einem der 5 freistehenden großen Häuser untergebracht. Zum Zimmer gehören großes Bad und Toilette. Sehr zu empfehlen! Wenn Sie die einheimische Küche probieren wollen, gibt es Restaurants in der Nähe: La Sirène (nur bis 17 Uhr geöffnet), Anchor Café (mit Pizza und Eis), Chez Oscar (edle und teure südfranzösische Küche) und etwas weiter das gute Chez Plume (nur mit dem Auto erreichbar).

Bougainville Hotel, Bougainville, ✆ 37 17 88, Fax 37 18 08, $$ (12 Zimmer): Im großen, alten Kolonialhaus im Süden von Mahé, weit weg vom ›Trubel‹ Victorias. 8 der 12 Zimmer befinden sich im ersten Stock des Kolonialhauses, umgeben von einem breiten ›Wohnbalkon‹ mit Edelholzboden und aus Edelholz hergestellten Möbeln aus der Kolonialzeit. Die anderen 4 Zimmer wurden neu im Garten des Kolonialhauses errichtet. Wem Ruhe und Abgeschiedenheit wichtig sind, der fühlt sich wahrscheinlich in den Gartenzimmern wohler, wer die Kolonialatmosphäre genießen möchte, sollte eines der hohen, alten Zimmer im Haupthaus wählen.

Lazare Picault, Baie Lazare, ✆ 36 11 11, Fax 36 11 77, $$ (16 Bungalows): Die Bungalows liegen am Hang, 30 m oberhalb des Strandes der Baie Lazare. Alle bieten einen weiten Blick über die Bucht. Die Anlage ist sehr ruhig gelegen. Wer Abendunterhaltung, Swimmingpool und Wassersportmög-

lichkeiten sucht, findet sie im etwa 2 km entfernten ›Plantation Club‹.
La Résidence, Anse à la Mouche, ℡/Fax 37 13 70, $$: 5 Doppelzimmer und zwei Studios an einem Hang mit weitem Blick über die Bucht. Frühstück wird auf Wunsch zubereitet, Kochgelegenheit in den Zimmern und Appartements.
Chalets d'Anse Forbans, Anse Forbans, ℡ 36 61 12, $$: 4 saubere und gut geführte Bungalows mit je 2 Zimmern und Küche. Sehr schöner Strand zum Baden und Schnorcheln!

Restaurants (in der Reihenfolge, wie man sie auf der großen Süd-Mahé-Rundfahrt von Victoria aus passiert):
Pomme Cannelle, ℡ 37 61 55: Kreolisches Restaurant in einem neuerrichteten Haus in edlem Kolonialstil. Sehr gute Küche, die ohne importierte Lebensmittel auskommt und sich auf althergebrachte kreolische Rezepte spezialisiert. Man findet das Restaurant südlich des Flughafens, auf dem Gelände des ›Vilaz Artizanal‹.
Ty Foo, Le Cap, ℡ 37 14 85: Beliebtes chinesisches Ausflugslokal an der Südostküste, das abends so stark frequentiert wird, daß Sie am besten telefonisch vorbestellen.
Kaz Kreole, Anse Royale, ℡ 37 16 80: Im Stil der alten Herrenhäuser wurde in der Anse Royale ein offenes Strandrestaurant errichtet, das tagsüber Kaffee und Imbisse für die Badenden in der Anse Royale und abends gehobene kreolische Küche, aber auch Pizzas bietet.
Joli Rose, Anse Intendance: Open-air-Restaurant, das eigentlich nur aus einem großen Dach besteht, welches nahezu bis zur Erde herunterreicht. Es bereitet kreolische Gerichte. Besondere Attraktion des Restaurants sind die hübschen, in Pareos gekleideten Bedienungen.
Le Réduit, Takamaka: Wenn Sie von der Anse Takamaka 2 km bergauf in Richtung Quatre Bornes fahren, sehen Sie an einer Abzweigung nach rechts das große Hinweisschild zum Restaurant ›Le Réduit‹. Es liegt am Ende einer Stichstraße an einem steilen Berghang mit fantastischem Blick zur Westküste von Mahé und auf die Berge der Insel. Die kreolische Küche ist hier ausgezeichnet.
Splash Café, Baie Lazare: Mitten in Baie Lazare, an der Küstenstraße, dort wo die Piste zur Anse Soleil abzweigt, haben eine Amerikanerin und ihr einheimischer Mann ein Snack-Restaurant eingerichtet – ein Geheimtip unter Reisenden, die ein ›Selfcatering-Apartment‹ gebucht haben. Morgens um 9 Uhr finden sie sich hier zum Frühstück ein.
Anse Soleil Restaurant, Anse Soleil. Etwas abseits der Rundfahrtroute am Ende der Piste von Baie Lazare befindet sich ein kleines kreolisches Restaurant, wo ein Bach in die weiße Bucht einmündet. Hier bekommt man gute und preiswerte kreolische Fisch- und Currygerichte!
La Sirène, Anse à la Mouche, ℡ 36 13 39: Am Südende der Anse à la Mouche gelegenes Strandrestaurant, das tagsüber bis 17 Uhr geöffnet hat. Gute Curries werden langsam, aber dafür im Schatten von Strohhütten serviert.
Anchor Café, Anse à la Mouche, ℡ 37 12 89: Ideale Ergänzung zu den unmittelbar nebenan gelegenen ›Blue Lagoon Chalets‹ und der ›Villa Bambou‹. Hier gibt es im Schatten unter einem breiten Dach vom guten Eis über Snacks bis zum vollen Menü alles, was man

braucht, wenn man einmal nicht selbst kochen will. Hier kann man sich auch in Badehose und T-Shirt hinsetzen, denn es wird nicht serviert, sondern jeder holt sich sein Essen an einer kleinen Theke.

Au Capitain Rouge (Chez Oscar), Anse à la Mouche, ✆ 37 12 24: Offenes, in einer herrlichen Bucht gelegenes Restaurant, das in erster Linie Meeresfrüchte auf kreolische Art anbietet. Mittag- und Abendessen komplett bekommt man hier nicht unter 100 Rupies.

Chez Plume, Anse Boileau, ✆ 37 56 60: Das Restaurant hat sich in den letzten Jahren den Ruf erworben, eines der besten der Insel zu sein. Was der Inhaber im Laufe des Tages von den Fischern bekommt, wird abends köstlich zubereitet serviert. Für die gute kreolisch-französische Mischung sorgen die Inhaber – eine Seychelloise und ihr belgischer Ehemann.

Marie Galante, Grand' Anse, ✆ 37 84 55: In der Grand' Anse im Westen von Mahé gab es lange – außer dem Restaurant des ›Equator Residence Hotel‹ – keine Gaststätte. Anfang der 1990er Jahre eröffnete dann das ›Marie Galante‹, das getreu seinem Namen (Marie Galante ist eine kreolische Karibik-Insel in der Nähe von Guadeloupe) erstklassige kreolisch-französische Küche bietet.

Sundown Restaurant, Port Glaud, ✆ 37 83 52: Dieses kleine Restaurant an der Westküste von Mahé hat besonders einfallsreiche Menüs und spezialisiert sich auf gegrillten Fisch. Für ein Mittag- oder Abendessen werden generell 90 Rupies verlangt.

Sehenswürdigkeiten: Le Jardin du Roi (Anse Royale): Mi–Mo 10–17 Uhr, ✆ 34 44 11

Aktivitäten: Hochseefischen: Ausflüge zum Hochseefischen können Sie über Wallaby Tours (Anse aux Pins, ✆ 37 62 45) buchen.
Tauchbasis: Plantation Club, Baie Lazare
Windsurfen: Reef Hotel (in der Anse aux Pins) und Blue Lagoon Chalets (in der Anse à la Mouche) verleihen Surfbretter

Abends: Discothek: Katiolo (südlich des Flughafens)
Spielkasino: Plantation Club, Baie Lazare

Einkaufen: Galerien und Kunsthandwerk: Michael Adams' Studio, Anse aux Poules Bleues, ✆ 36 10 06. Siebdrucke von Michael Adams in dessen Wohnhaus und Studio im Süden Mahés (In Deutschland: Michael Adams Pictures, ✆ 0 81 52/56 94, Fax 53 67, E-Mail: Adams@SeyCon.Agix.de)

Vilaz Artisanal, Kunsthandwerk, Kleider, T-Shirts und vieles mehr wird in kleinen Hütten südlich des Flughafens angefertigt und an Ort und Stelle verkauft.

Moyenne Island

Restaurant: Moyenne Island Restaurant: Ähnlich wie ›Chez Gaby‹ auf Round gibt es hier nur für die geführten Gruppen im Ste Anne Marine National Park ein großzügiges kreolisches Mittagsbuffet. Sehr empfehlenswert!

Praslin

Verkehrsverbindungen: Täglich fliegen kleine Propellermaschinen der Air Seychelles 10 bis 12 mal von Mahé nach Praslin und zurück. Preis etwa 70 DM pro Person. Jeden Wochentag gegen 11 Uhr legt ein Frachtsegler am Old Pier nahe Victoria ab und kommt gegen 15 Uhr in Praslin an. Wenn Platz ist, nimmt er auch Passagiere gegen etwa 30 DM pro Person mit. Zwei bis dreimal täglich fährt ein Schnellboot von Victoria nach Praslin und zurück. Fahrtzeit 1 Stunde, Preis pro Person und Strecke etwa 50 DM. Mit dem Hubschrauber kann man von Victoria (Inter Island Ferry Quay), vom Flughafen oder vom Landeplatz beim Hotel Plantation Club nach Praslin (Baie Ste Anne oder Flughafen) fliegen. Preis für maximal 4 Passagiere pro Strecke etwa 1200 DM.

Mietwagen: Austral Car Rental, Baie Ste Anne, ✆ 23 20 15; Praslin Holiday, Grand' Anse, ✆ 23 32 19; Prestige Cars, Grand' Anse, ✆ 23 32 26; Standard Car Hire, Amitié, ✆ 23 35 55
Taxistände: Flughafen, ✆ 23 34 29; Baie Ste Anne, ✆ 23 38 59
Fahrradvermietung: Sunbike Rent-a-Bike, Grand' Anse, ✆ 23 30 33; Côte d'Or Bicycle Hire, Anse Volbert, ✆ 23 20 71

Hotels: Lemuria Hotel, Anse Kerlan, (Buchung über die Muttergesellschaft auf Mauritius, ✆ 0 02 30/4 15 15 01, Fax 0 02 30/4 15 10 82), $$$$$ (90 Zimmer): Dieses im internationalen Vergleich kleine Hotel ist von einem 1999/2000 angelegten 18 Loch-Golfplatz umgeben und liegt an den Stränden der Anse Kerlan und der Anse Georgette im Norden Praslins. Da es von den mauritischen Constance Hotels gemanagt wird, hat es einen hohen Anteil von Personal, das in den Schwesterhotels (Belle Mare Plage/Prince Maurice) auf Mauritius gut geschult wurde. Die phantastische Lage, die luxuriösen Einrichtungen und der Service rechtfertigen den Status als eines der wenigen echten 5 Sterne Hotels auf den Seychellen. Herrliches Hauptgebäude und Restaurant in einen Berghang gebaut und ein großer Pool, der sich in die natürliche Felslandschaft integriert. Alle Häuser sind traditionell mit Blättern der Latanierpalme gedeckt und fügen sich harmonisch ins Landschaftsbild ein.

Château de Feuilles, Pointe Cabris, ✆ 23 33 16, Fax 23 39 16, $$$$$ (16 Zimmer): Wird in den einschlägigen Publikationen als eines der 300 schönsten, luxuriösesten und besten Hotels der Welt aufgeführt. Es liegt auf einem Hügel an der Südwestspitze Praslins und überschaut das Meer mit Blick auf La Digue, Mahé und alle anderen umliegenden Inseln. Sie sind von fünf Hektar tropischem Garten umgeben, in dem Sie alle Blumen der Tropen finden. Das ›Château‹ gehört momentan zu den am besten geführten und landschaftlich reizvollsten Hotels der Seychellen. Es ist seinen Preis wert, auch wenn es zum nächsten Badestrand mit dem Auto etwa 10 Minuten Fahrt sind. Der Blick über Praslin und zu den anderen Inseln ist atemberaubend, die Küche konsequent kreolisch, zubereitet mit Lebensmitteln, die ausschließlich aus der Produktion der Insel und den umliegenden Gewässern stammen.

L'Archipel Hotel, ✆ 23 22 42, Fax 23 20 72, Anse Gouvernement, $$$$$ (24 Zimmer): Bungalow-Anlage mit sehr geräumigen Zimmern, eigenem Telefon, großzügigem Restaurant, Bar am Strand und allem denkbaren Luxus.

Schöne Lage am Südostende der Anse Volbert (Anse Gouvernement). Der landestypische Kolonialstil wurde mit modernen Baumaterialien verbunden. Da das Hotel an einem Hang liegt, sind nur einige der Zimmer für Gäste geeignet, die nicht gerne Treppen steigen. Sehr guter Service!

La Réserve Hotel, Anse Petite Cour, ✆ 23 22 11, Fax 23 21 66, $$$$$ (20 Zimmer, 4 Suiten): Komfortable Bungalow-Anlage mit 24 Zimmern, davon 4 großzügige Suiten am Strand. Im übrigen etwas einfacher ausgestattete, einzeln stehende Bungalows im Garten. Das ›La Réserve‹ hat sich, was Gartengestaltung und Zimmerqualität, aber auch was das Essen anbetrifft, einen guten Ruf erarbeitet und gehört in diesen Beziehungen zu den besten Hotels auf den Seychellen. Der Strand ist schön, erreicht aber nicht ganz die Qualität der Anse Volbert oder der Bucht von Beau Vallon auf Mahé.

Chauve Souris Island Lodge, Anse Volbert, ✆ 23 20 03, Fax 23 21 33, $$$$$ (4 Zimmer): Etwa 400 m entfernt vom Strand der Anse Volbert, auf der Insel Chauve Souris, befindet sich ein herrliches Haus mit 4 Doppelzimmern. Die gesamte Insel wurde 1989 ›aufpoliert‹ und das kleine Hotel zu einer Luxusherberge mit unverwechselbarem Stil hergerichtet. Jedes Zimmer hat einen Namen und ist mit echten alten Möbeln bestückt. Schwer zu buchen, da es zu einem italienischen Ferienclub (›Vacanze‹) gehört!

Emerald Cove Hotel, Anse La Farine, ✆ 23 21 83, Fax 23 23 00, $$$$$ (24 Zimmer): 1996 eröffnetes Luxushotel an einem nur über das Wasser erreichbaren Traumstrand an der Südostspitze Praslins. Die Innenraum-Architektur in den frei stehenden Bungalows mit je 6 Zimmern, das große Hauptgebäude mit Rezeption und offenem Restaurant, die Gartenanlagen, der Tennisplatz lassen das Beste erwarten. Man hat vor, sich in die absolute Spitzenklasse der Seychellen-Hotels einzureihen.

Paradise Sun Hotel, Anse Volbert, ✆ 23 22 55, Fax 23 20 19, $$$$ (42 Zimmer): Am Ende einer Schotterstraße an der Nordostseite von Praslin gelegen. Die teils bungalowartigen, teils zweistöckigen Gebäude liegen im Halbkreis jeweils um einen Kokospalmenhain gleich hinter dem Strand. Jedes der gemütlichen Zimmer hat eine Dusche und eine Veranda. Den Gästen stehen Segelboote, Windsurfer und Fahrräder zur Verfügung. Tauchbasis!

Il Marechiaro, Grand' Anse, ✆ 23 33 37, Fax 23 39 93, $$$$ (14 Bungalows): Kleine Anlage mit Empfangshalle und Restaurant direkt am Strand, die Bungalows dahinter in einem Palmenhain. Das Restaurant des ehemaligen ›Flying Dutchman‹ ist für gute Küche bekannt.

Village du Pêcheur, ✆ 23 22 24, Fax 23 22 73, Côte d'Or, $$$$ (10 Zimmer): Inmitten der Anse Volbert, einem der besten Badestrände Praslins, liegt diese kleine Anlage, unmittelbar auf dem Sandstrand. Die Architektur lädt dazu ein, die wenigen Gäste schnell kennenzulernen und Freundschaft zu schließen. Die Lage ist den Preis wert, wenn Sie darauf achten, eines der Zimmer am Strand zu bekommen!

Coco de Mer Hotel, ✆ 23 39 00, Fax 23 39 19, Anse Takamaka, $$$$ (32 Zimmer): Ein architektonisch hübsches Hotel an einem langen, einsamen Sandstrand im Südwesten, der allerdings zum Baden häufig nicht gut geeignet ist (Juni bis September). Ein großzügiges Restaurant, Swimmingpool, Klimaanlage und Boutiquen sind vorhanden. Die Luxusdépandance **Black**

Parrot liegt 200 m weiter nördlich etwas erhöht. Sie hat 10 großzügige Suiten, ein eigenes Restaurant, Pool und eine gemütliche Bar.

Maison des Palmes, ✆ 23 34 11, Fax 23 38 80, Amitié, $$$ (24 Bungalows): 24 strohgedeckte Bungalows im Norden der Bucht von Grand' Anse. Schöner Badestrand, allerdings wird gelegentlich Seegras angeschwemmt – bei landeinwärts gerichtetem Wind, was manchmal zwischen Juni und August vorkommt. Die Doppelbungalows liegen in einem Kokospalmenhain unmittelbar am Strand. Gutes Restaurant, viele Wassersport- und Ausflugsmöglichkeiten, da den Gästen Windsurfer, Wasserski, Segelboot, Motorboot und Ausrüstung fürs Hochseefischen zur Verfügung stehen. Kleiner Pool; gutes Preis-Leistungs-Verhältnis!

Berjaya Praslin Beach Hotel, Anse Volbert, ✆ 23 22 22, Fax 23 22 44, $$$ (85 Zimmer): Hotelanlage mit ein wenig verunglückten Zimmern und kleinem Pool mit ›Wasserbar‹, etwa 200 m vom Strand der Anse Volbert entfernt. Es stehen den Gästen Windsurfer, eine Tauchbasis, ein Strandrestaurant mit Pizzeria zur Verfügung. Günstiges Preis-Leistungs-Verhältnis, aber nicht landestypisch.

Indian Ocean Lodge, Grand' Anse, ✆ 23 33 24, Fax 23 39 11, $$$ (16 Zimmer): 1998 komplett renovierte, traditionsreiche kleine Anlage nahe dem Ort Grand' Anse. Mit kleinem Pool, schönen und preiswerten Zimmern und gutem Restaurant.

Pension des Arts, Anse Volbert, ✆ 23 21 31, $$$ (3 Zimmer). Unmittelbar neben dem "Le Duc" (s.o.) liegen die drei besonders geschmackvoll und komfortabel ausgestatteten Zimmer dieser familiären und gut geführten Pension. Die Lage, die Zimmer und die im Gebäude liegende Kunstgalerie machen es zum "Geheimtip" auf Praslin, ähnlich der Villa Bambou auf Mahé.

La Vanille Guesthouse, Anse La Blague, ✆ 23 32 29, $$$. Abseits, aber schön am Strand gelegenes kleines Hotel mit komfortabel ausgestatteten Zimmern. Tauchbasis nebenan und großartiger Blick auf das Meer. Da nur alle paar Stunden ein öffentlicher Bus vorbeikommt, ist ein Mietwagen zu empfehlen.

Colibri Guesthouse, Baie Ste Anne, ✆/Fax 23 23 02, $$ (10 Zimmer). Am Hang, nur 200 Meter von der Bootsanlegestelle Praslins entfernt liegt diese kleine Anlage inmitten eines blütenüberfluteten Gartens. Die Zimmer sind groß und geschmackvoll eingerichtet, die Atmosphäre (französisch) familiär.

Beach Villas Guesthouse, Grand' Anse, ✆ 23 34 45, Fax 23 30 98, $$ (12 Zimmer): Eine der preiswertesten Möglichkeiten auf Praslin zu wohnen. Gemütlich eingerichtete Zimmer, zum Teil in Einzel- oder Doppelbungalows am Strand. Preiswerter Ausgangspunkt zur Inselerkundung und zum Schnorcheln.

Le Duc de Praslin, Anse Volbert, ✆ 23 22 52, $$ (14 Zimmer). Bequem ausgestattetes, ruhiges Gästehaus mit 3 hübschen Doppelbungalows, 4 Zimmern, 2 komfortablen Suiten und einem Restaurant nur wenige Meter vom Traumstrand der Anse Volbert entfernt. Sehr gutes Preis-Leistungs-Verhältnis auch in den teureren Suiten.

L'Hirondelle, Anse Volbert, ✆/Fax: 23 22 43, $$. Günstig in der Anse Volbert, nahe dem Restaurant La Goulue gelegene kleine Anlage mit einem 3-Zimmer Haus, einigen Appartements und einigen Doppelzimmern zu günstigem Preis. Nur die Küstenstraße trennt es vom Strand.

Islander Guesthouse, Anse Kerlan, ✆/Fax 23 32 24, $$ (6 große Zimmer): Nur 50 m von einem schönen Strand entfernt und zu Fuß nur wenige Minuten bis zum Traumstrand der Anse Kerlan liegt diese kleine Anlage, in der Sie Übernachtung mit Frühstück oder auch Ihr eigenes Appartement mit Küche buchen können. Frühstück und Abendessen wird im offenen Restaurant 50 m vom Strand serviert. Bei Nordwind (Frühsommer) Fluggeräusche von startenden Propellerfliegern.

Côté Mer Hotel, Baie Ste Anne, ✆ 23 23 67, Fax 23 38 67, $$ (6 Zimmer): Kleines Hotel am Meer, nahe der Bootsanlegestelle. Hat besonders große Doppelzimmer, eine Wohnküche und einen gelernten Koch aus Frankreich als Manager!

Britannia, Grand' Anse, ✆ 23 32 15, Fax 23 39 44, $: Im Ort Grand' Anse, etwa 200 m vom Strand entfernt, liegt das bekannte und gute Restaurant, das auch 4 saubere Doppelzimmer zu günstigen Preisen anbietet.

Restaurants: Praslin entwickelt sich mehr und mehr zu einer kultivierten Urlaubsinsel der Oberklasse. Die exklusivsten Hotels (›Château de Feuilles‹, ›L'Archipel‹, ›La Réserve‹) konnte sie ohnehin schon vorzeigen, hinzugekommen sind nun einige kleine, exquisite Restaurants an herrlichen Stränden (Reihenfolge bei einer Fahrt vom Flughafen entlang der Südwestküste nach Baie Ste Anne, vorbei an der Anse Volbert bis in die Anse Lazio):

Britannia, ✆ 23 32 15, Grand' Anse: Gemütliches und gut geführtes Restaurant nicht weit von der Kirche, etwa 100 m vom Strand entfernt.

Les Rochers, ✆ 23 30 34: Traumhaft gelegen ist das zwischen gigantischen Granitfelsen und dem Strand der Anse Takamaka eingebettete Restaurant nahe dem Hotel ›Coco de Mer‹ im Südwesten der Insel.

Laurier Restaurant, Anse Volbert, ✆ 23 22 49: Einfaches, kleines Restaurant, ›eingeklemmt‹ zwischen dem Hotel Praslin Beach und einem kleinen Laden an der Küste.

La Goulu Restaurant: Einfaches Straßenrestaurant mit guten kreolischen Speisen zu günstigem Preis an der Anse Volbert.

Restaurant Tante Mimi: Besonders gut geführtes Speiserestaurant im klimatisierten 1. Stock des großen Kolonialhauses in der Anse Volbert. Hier fühlt man sich in Kleid und langer Hose wohl und wird freundlich und stilvoll bedient.

Bon Bon Plume, Anse Lazio, ✆ 23 21 36: Offenes Tagesrestaurant (geöffnet 11–18 Uhr) mit hohem Holzdach und edlen, vom Hausschreiner gefertigten Holzmöbeln am ansonsten unbebauten Traumstrand Anse Lazio am Nordende der Insel. Einfach ein Traum!

Hotelrestaurants: Wie überall auf den Seychellen, freuen sich die Hotelrestaurants auch über auswärtige Gäste, die dort ausgezeichnet ›à la Carte‹ speisen können. Hier einige Tips: Sowohl bei Seychellois als auch bei Urlaubern ist das würzige, kreolische Samstagsbuffet im **Hotel Maison des Palmes** ein ›scharfer‹ Tip. Das Restaurant im **La Réserve Hotel** ist wegen seiner guten Küche und des besonderen Ambientes des Restaurants auf dem Bootsanlegesteg beliebt. Wenn Sie gepflegt (und nicht billig) in kolonialer Atmosphäre speisen möchten, gehen Sie ins **l'Archipel Hotel** und wenn Sie Sehnsucht nach ausgezeichnetem italienischem Essen mit kreolischem Einschlag haben, planen Sie einen Abend im **Capri Restaurant** des **Marechiaro Hotels** ein.

Aktivitäten: Aquarium: Zwischen Küstenstraße und Meer liegt gleich beim Flughafen ein kleines Aquarium mit Zuchtanstalt für verschiedene Meerestiere. Gegen ein kleines Eintrittsgeld gibt es eine Führung mit interessanten Details. Wer Lust danach verspürt, darf auch mal den Haifisch streicheln!

Fahrradverleih: Cote d´Or Bicycle Hire neben der Pizzeria am Strand beim Praslin Beach Hotel.

Hochseefischen: Ausflüge zum Hochseefischen können Sie über den Indian Ocean Fishing Club (✆ 23 33 24) oder die örtlichen Reisebüros buchen.

Tauchbasen: Paradise Sun Hotel, Praslin Beach Hotel, beide Anse Volbert

Windsurfen: Maison des Palmes (Grand' Anse), Paradise Sun Hotel und Praslin Beach Hotel (beide in der Anse Volbert) verleihen Surfbretter.

Abends: Bar: The Lost Horizon Bar, Baie Ste Anne, Diskothek und Bar Ma Belle Ami, 50 Meter südlich des Hotels ›Village du Pecheur‹.

Round Island

Restaurant: Chez Gaby, ✆ 32 21 11: Die Familie Calais hat auf der privaten Insel ein offenes Restaurant mit strohgedecktem Dach errichtet und serviert ein auf den ganzen Seychellen bekanntes hervorragendes Menü. Die örtlichen Reisebüros organisieren spezielle Rundfahrten durch den die Insel umgebenden Ste Anne Marine National Park, die ein Mittagessen auf der Insel einschließen. Ein Mittagessen kostet 75 Rupies, das regelmäßig jeden Samstagabend durchgeführte Grillessen 85 Rupies. Da Sie nur mit dem Boot nach Round Island gelangen können, müssen Sie sich über ein Reisebüro anmelden. Es lohnt sich!

Silhouette

Hotel: Silhouette Island Lodge, ✆ 22 40 03, Fax 22 48 97, $$$$ (12 Bungalows): 200 Jahre Siedlungsgeschichte auf den Seychellen waren an Silhouette fast spurlos vorbeigegangen. Erst 1987 eröffnete die Bungalow-Anlage ›Silhouette Island Lodge‹ und brachte etwas mehr Leben in das Dorf La Passe. Seit die Insel Frégate nur noch für betuchte Gästen erschwinglich ist, gibt es einen Grund mehr, einige Tage mit dem Hubschrauber nach Silhouette zu fliegen. Hier findet man unberührte und wilde Natur wie auf Frégate. Wanderwege führen zu abgelegenen Stränden und auf den über 600 m hohen Gipfel. Die Lodge ist bei allen sportlichen Ambitionen behilflich (Tauchen, Hochseefischen, Wandern, Schnorcheln). Die Bungalows sind geschmackvoll und wohnlich ganz aus Naturmaterialien gebaut. Eine stetige Meeresbrise durchweht die offenen Räume und ausgezeichnete italienisch-kreolische Küche sorgt für Abwechslung. Mein Tip: Die beiden Superiorbungalows sind besonders geräumig und liegen nur wenige Meter vom Wasser entfernt.

Informationen von A bis Z

An- und Abreise

Flugverbindungen

Seitdem im Jahr 1971 der internationale Flughafen auf Mahé eröffnet wurde, sind die Seychellen in den internationalen Luftverkehr integriert. Es bestehen regelmäßige Verbindungen nach Afrika, Asien und Europa. Auf der über 3 km langen Landebahn, die am Anfang und Ende ins Meer hinausragt, können die großen Passagierflugzeuge wie Jumbos und DC 10 problemlos landen. Einige Fluggesellschaften (British Airways, Air India) benutzen die Seychellen als Zwischenlandepunkt auf den Strecken von Europa über Afrika nach Asien.

Direktflüge ab Frankfurt (9 Std. Flugdauer) bieten Air Seychelles und Condor jeweils einmal pro Woche an. Die Air-Seychelles-Maschine landet Freitag abends von Mahé kommend in Frankfurt, fliegt dann über Nacht zurück und landet Samstag morgens wieder in Mahé. Condor fliegt Samstag abends ab Frankfurt und kehrt am Montagmorgen zurück.

Außerdem steuern Air France (umsteigen in Paris), British Airways (umsteigen in London) und Kenya Airways (umsteigen in Mombasa) die Seychellen von Deutschland aus an. Preiswerte Anschlußflüge von Österreich und der Schweiz zum Ausgangsort des Langstreckenflugs bieten alle Gesellschaften.

Die Direktflüge mit Condor und Air Seychelles sind zwar ein wenig teurer, dafür aber kürzer und bequemer als Flüge mit Zwischenlandungen, die 14–16 Std. dauern. Allgemein liegt der Preis für das ›Nur-Flug‹-Ticket (Holiday Tarif) je nach Reisezeit zwischen 1800 und 2300 DM. Bei Integration des Fluges in ein Pauschalarrangement liegen die Preise darunter, und es sind Serviceleistungen wie Hotelreservierung, Transfer zum Hotel, Betreuung auf den Seychellen und die Bestätigung des Rückflugs inbegriffen.

Von den Seychellen aus erreichen Sie Nairobi mit Kenya Airways sowie – wie erwähnt – La Réunion (Air France) und Mauritius (British Airways). Air Seychelles fliegt nach Singapur, Durban, Bahrain, Tel Aviv und Nairobi. Inter Air fliegt einmal pro Woche nach Antananarivo (Madagaskar).

Achtung: Bei Flügen über Gelbfieberinfektionsgebiete (Kenia!) muß der Nachweis einer noch wirksamen Impfung gegen Gelbfieber erbracht werden. Das gilt auch, wenn man nicht umsteigt, sondern nur eine Stunde im Transitraum verbringt!

Rückbestätigung und Überbuchung

Der Rückflug oder Weiterflug muß spätestens 3 Tage vor Reiseantritt bei der Fluggesellschaft **rückbestätigt** wer-

Air Seychelles – die kleinste internationale Fluggesellschaft der Welt

Das Jahr 1983 war ein schweres Jahr für den Tourismus der Seychellen. Lufthansa beschloß, die Flugverbindungen nach Mahé einzustellen, British Airways reduzierte auf einen Flug pro Woche und machte nur noch eine Zwischenlandung auf dem Weg nach La Réunion. Als Verbindung nach Europa, dem wichtigsten Urlaubermarkt für die Inseln, blieben Kenia Airways und die Charterflüge des African Safari Club. In dieser Notsituation beschloß das Tourismusministerium, eine eigene Fluggesellschaft zu gründen. Air Seychelles charterte zunächst eine Maschine von Martinair, kaufte ein Jahr später eine alte Boeing 707 von einer brasilianischen Fluggesellschaft. Die war allerdings so schlecht, daß man sie bald wieder abgeben mußte und 1989 endlich auf eine moderne Maschine umstieg. Mit einer Boeing 767 fliegt Air Seychelles seither nach London, Paris, Frankfurt, Zürich und Rom, mit einer 1993 erworbenen Boeing 757 werden Gäste aus Madrid, Nairobi, Johannesburg, Dubai, Tel Aviv und Singapur ins Land gebracht. Immerhin transportiert die Fluggesellschaft damit mehr als 55 % der gesamten Gäste selbst auf ihre Inseln!

Nach dem Rückzug der großen europäischen Fluggesellschaften waren die Gästezahlen zunächst um 44 % zurückgegangen. Mit der neuen Maschine stiegen sie aber langsam wieder auf das Niveau der späten 1970er Jahre an und weckten das Interesse der großen Konkurrenten British Airways, Air France und Lufthansa (Condor), die wieder Flüge auf die Seychellen anbieten.

Nach Auskunft der Herstellerfirma ist die Boeing 767-200 der Air Seychelles das am besten ausgelastete Flugzeug der Welt, mit den kürzesten Standzeiten. Diese positive Bilanz trübte allerdings der ausbleibende Erfolg der 1993 erworbenen Boeing 757. Die Routen nach Madrid, Nairobi, Johannesburg, Dubai, Tel Aviv und Singapur waren wegen der zu geringen Auslastung nicht rentabel. Die internationalen Linien aufzugeben und den Transport den europäischen und asiatischen Fluggesellschaften zu überlassen, wagt man nicht. Air Seychelles ist eine ›Lebensversicherung‹ der Tourismusindustrie, die ihren Preis kostet – insbesondere, da man, was Wartung der Flugzeuge, Ausbildung der Piloten und Sicherheit an Bord angeht, hohe Ansprüche hat.

Wegen der schlechten Auslastung der Boeing 757 und um dem hohen Anspruch der Gesellschaft gerecht zu werden, tauschte Air Seychelles diese Mittelstreckenmaschine 1997 gegen eine zweite, moderne Langstreckenmaschine, eine Boeing 767-300, ein und bedient damit nun ebenfalls Europa ohne Zwischenstopp. 4–5 mal pro Woche fliegt sie allein nach Paris, wo sie sowohl unter der Flugnummer der Air France als auch der Air Seychelles Urlauber zu den Seychellen bringt. Air France stellt ihre Flüge mit eigenen Maschinen 1998 ganz ein!

den. Zu den Hochsaisonterminen ist dies besonders wichtig (Ende der Weihnachts-, Oster- und Sommerferien)! In der Regel übernimmt dies die von Ihrem Reiseveranstalter eingeschaltete Agentur. Wer individuell angereist ist, sollte die Rückbestätigung zumindest telefonisch direkt bei seiner Fluggesellschaft durchführen.

Vor dem Abflug muß am internationalen Terminal eine Flughafensteuer von 40 US-$ (oder ein entsprechender Betrag in anderer harter Währung) bezahlt werden.

Da im Durchschnitt 10 % der Passagiere trotz fester Buchung am Abflugtag nicht erscheinen (sogenannte *no shows*), hat es sich eingebürgert, daß die Fluggesellschaften **überbuchen**. Sie stellen in Hochsaisonzeiten bis zu 10 % mehr Flugscheine aus, als in dem Flugzeug Plätze zur Verfügung stehen. Wenn ausnahmsweise einmal weniger als 10 % der Passagiere fernbleiben, kann das unangenehme Folgen für diejenigen haben, die zuletzt kommen. Übrigens hat es keinen Sinn, sich vom Veranstalter Garantien geben zu lassen, denn die Überbuchungen werden von den Fluggesellschaften allein geplant, um eine möglichst vollständige Auslastung des Flugzeugs zu erreichen. Zwar ist heute geklärt, daß die Fluggesellschaften in solchen Fällen Schadenersatz leisten und den zurückgebliebenen Passagier mit der nächsten Möglichkeit transportieren müssen, doch ist das nur ein schwacher Trost, wenn man eigentlich schon auf dem Heimweg sein müßte. Daher einige Tips: An Ferienendterminen die Rückbestätigung persönlich bei der Fluggesellschaft durchführen, denn wer nicht rückbestätigt hat, fliegt als erster raus – ohne daß er einen Anspruch auf Schadenersatz hat! Zwei Stunden vor Abflug am Check-in-Schalter sein, denn nur die letzten müssen draußen bleiben! Wenn Sie Zeit haben, Ihren Urlaub um ein paar Tage kostenlos zu verlängern, bieten Sie an, gegen Unterkunft, Verpflegung und ein Taschengeld freiwillig zugunsten eines später angekommenen Passagiers zurückzutreten und ein oder zwei Tage später zu fliegen. Dies ist in den USA bereits eine gängige Praxis, und es gibt Passagiere, die auf solche ›Extras‹ spekulieren!

Sollten Sie unfreiwilliges Opfer einer Überbuchung werden, wenden Sie sich mit einer Entschädigungsforderung an Ihren Reiseveranstalter, der sie an die Fluggesellschaft weiterreichen wird. Lassen Sie sich die Überbuchung auf jeden Fall schriftlich bestätigen.

Fluggesellschaften

In Victoria sind folgende Fluggesellschaften vertreten:
Aeroflot, ✆ 22 50 05; Air France, ✆ 32 24 14; Air India, ✆ 32 24 14; Air Mauritius, ✆ 32 24 14; Air Seychelles, ✆ 22 52 20; British Airways, ✆ 22 49 10; Inter Air (Südafrika), ✆ 32 26 42; Kenya Airways, ✆ 32 29 89; Lufthansa (Condor), ✆ 22 49 07.

Die Vertretungen der genannten Fluggesellschaften finden Sie im Umkreis von einigen hundert Metern um den Uhrturm im Stadtzentrum von Victoria, nicht weit vom bekannten ›Pirates Arms Restaurant‹ entfernt.

Flugpläne bekommen Sie in allen Reisebüros, die auch die Rückbestätigungen für Sie durchführen.

Banken

Mahé: Bank of Baroda, Albert St., Victoria, Mo–Fr 8.30–13 Uhr

Banque Française Commerciale, State House Ave., Victoria, Mo–Fr 8.15–15 Uhr, Sa 9–11.30 Uhr
Banque Française Commerciale, Mont Fleuri, Victoria, Mo–Fr 9–13 Uhr
Banque Française Commerciale, Anse Royale, Mo/Mi/Fr 9–12 Uhr
Barclays Bank International, Independence Ave., Victoria, Mo–Fr 8.30–14 Uhr, Sa 9–11.30 Uhr
Barclays Bank, Market Branch, Victoria, Mo–Fr 8.30–14 Uhr
Barclays Bank, Beau Vallon, Mo–Fr 9–12 Uhr
Barclays Bank, Airport, geöffnet bei Ankunft und Abflug internationaler Linienflüge
Habib Bank, Francis Rachel St., Victoria, Mo–Fr 8.30–12.30 Uhr und 14–16 Uhr, Sa 8.30–12 Uhr
Development Bank, Independence Ave., Victoria, Mo–Fr 9–12 Uhr und 13–16 Uhr
Standard Bank Ltd., Kingsgate House, Victoria, Mo–Fr 8.30–13 Uhr
Außerdem gibt es eine Wechselstube im Restaurant ›Pirates Arms‹ im Zentrum von Victoria und am Flughafen.

Praslin: Barclays Bank, Grand' Anse, Mo–Fr 14.30–15.30 Uhr
Barclays Bank, Baie Ste Anne, Mo–Fr 8.30–12 Uhr
Savings Bank, Grand' Anse, Mo–Fr 8.15–13 Uhr und 14–15.30 Uhr

La Digue: Barclays Bank, Anse Réunion, Di/Do 11.30–14 Uhr
Seychelles Savings Bank, La Passe, Mo–Fr 8.15–13 Uhr und 14–15.30 Uhr

Behinderte

Einige Hotels sind auf die Bedürfnisse von Rollstuhlfahrern eingerichtet, Behinderte finden dort alle erforderlichen Räume im Erdgeschoß: ›Reef Hotel‹, ›Beau Vallon Bay Hotel‹, ›Plantation Club‹ (dort gibt es allerdings weite Wege!). Rollstühle können in den Krankenhäusern auf Mahé, Praslin und La Digue sowie am Flughafen bereitgestellt werden.

Besichtigungen

Auf den Seychellen gibt es – abgesehen von einigen Kirchen und Wohnhäusern im Kolonialstil – keine architektonischen Sehenswürdigkeiten. Dennoch führen die örtlichen Reisebüros halbtägige oder ganztägige Besichtigungsfahrten durch, auf denen der Botanische Garten, das Stadtzentrum von Victoria, das Nationalarchiv und das Nationalmuseum sowie einige Strände, zum Mittagessen ein gutes kreolisches Restaurant und neuerdings auch der Jardin du Roi in Süd-Mahé besucht werden. Lohnende Ausflüge sind die Bootsfahrt durch den Ste Anne Marine National Park vor Victoria und die Besuche der Vogelschutzinseln Cousin und Aride (beides ab Praslin) sowie der Inselgruppen um La Digue.

Diebstahl

Wer Wertsachen im offenen Wagen oder am Strand unbeaufsichtigt liegen läßt, muß damit rechnen, daß sie verschwinden. An einigen selten besuchten Stränden gibt es Trickdiebe, die sich mit den Gästen ›anfreunden‹ und ihnen versprechen, auf ihre Sachen aufzupassen. Wenn der arglose Gast aus dem Wasser kommt, ist der nette Freund mit Kamera, Geldbeutel und Schmuck verschwunden.

Diplomatische Vertretungen auf den Seychellen

Die zuständigen Botschaften der Bundesrepublik Deutschland, Österreichs und der Schweiz befinden sich nicht auf den Seychellen, sondern in Nairobi, Kenia.

Botschaft der Bundesrepublik Deutschland, 4th Ngong Ave., 1st, 8th and 9th floor, Williamson House, P. O. Box 30180, Nairobi, Kenia, ✆ von Deutschland aus 00 24 42/71 25 27, Fax 71 48 86

Österreichische Botschaft, 2nd floor City House, corner Warbera St./Standard St., P. O. Box 30560, Nairobi, Kenia, ✆ von Österreich aus 00 25 42/22 82 81, Fax 33 19 72

Botschaft der Schweiz, International House, Mama Ngina St., 7th floor, P. O. Box 30752, Nairobi, Kenia, ✆ aus der Schweiz 00 25 42/22 87 36

British High Commission, Victoria House, P. O. Box 161, Victoria, Mahé, ✆ 22 52 25

Französische Botschaft, Arpent Vent, Mont Fleuri, P. O. Box 478, Victoria, Mahé, ✆ 22 45 23

Konsulat der Bundesrepublik Deutschland, Mme. de St. Jorre-Eichler, c/o Northolme Hotel, P. O. Box 132, Mahé, ✆ 26 12 22

Konsulat der Schweiz, Anse à la Mouche, P. O. Box 33, Mahé, ✆ 37 10 50

Konsulat der Niederlande, Glacis, P. O. Box 372, Mahé, ✆ 26 12 00

Konsulat Dänemarks, Schwedens und Finnlands, Newport, P. O. Box 270, Victoria, Mahé, ✆ 22 47 10

Was kann das Konsulat der Bundesrepublik Deutschland für Sie tun? Grundsätzlich hat das Konsulat die Pflicht, Reisenden in Notfällen mit Rat und Tat zur Seite zu stehen, wenn diese vorher alle anderen Möglichkeiten ausgeschöpft haben. So ist das Konsulat etwa verpflichtet, Ihnen finanziell zu helfen, wenn Ihnen Ihr gesamtes Geld gestohlen worden ist – aber nur dann, wenn es Ihnen nicht gelingt, sich über Ihre Bank oder von Freunden bzw. Verwandten Geld aus Deutschland überweisen zu lassen. Der Konsul muß Ihnen nur so viel Geld geben, daß Sie auf dem billigsten Weg sofort nach Hause fliegen können; ein Verweilen auf den Seychellen darf er Ihnen nicht finanzieren. Sollten Sie krank geworden sein und für Ihren Rücktransport einen Krankenpfleger benötigen, streckt Ihnen das Konsulat nötigenfalls auch dieses Geld vor. Darüber hinaus muß das Konsulat in allen Katastrophenfällen die erforderlichen Maßnahmen ergreifen, also auch für den Rücktransport sorgen. Zu Katastrophen werden Erdbeben, Überschwemmungen, Wirbelstürme, kriegerische Auseinandersetzungen oder Revolutionen gezählt, wenn eine allgemeine Gefährdung der Bevölkerung gegeben ist. Außerdem ist das Konsulat für Sie die richtige Anlaufstelle, wenn Sie juristische Hilfe benötigen. Der Konsul darf Ihnen nicht selbst Rechtsauskunft erteilen oder Sie gar vertreten. Er kann aber vermittelnd helfen, d. h. einen Dolmetscher nennen, Anwälte empfehlen usw. Die Kosten eines Rechtsstreits müssen Sie selbst tragen.

Am häufigsten kommen Reisende in Kontakt mit dem Konsulat, wenn der Reisepaß verlorengegangen ist oder gestohlen wurde. Der Konsul darf dann ein Behelfsdokument ausstellen. Zu Ihrer Identifizierung müssen Sie jedoch andere Dokumente vorweisen, aus denen Ihre wesentlichen Daten glaubhaft hervorgehen. Nehmen Sie deshalb möglichst viele offizielle Ausweispapiere mit (Paß, Personalausweis, Führerschein) und machen Sie davon Fotokopien, die Sie getrennt von den Originalen aufbewahren. So ausgerüstet, kann Ihnen das Konsulat aus der Patsche helfen.

Diplomatische Vertretungen der Seychellen in Europa

... in Deutschland:
Honorargeneralkonsul der Seychellen, Hans-Joachim Worms, Esplanade 6/I, 20354 Hamburg, ✆ 0 40/34 66 06, Fax 0 40/ 35 08 94 50 (Bürozeiten: Mo–Fr 9–12 Uhr)

Honorarkonsul der Seychellen, Maximilian Hunzinger, Oeder Weg 43, 60318 Frankfurt, ✆ 0 69/59 82 62

Honorarkonsul der Seychellen, Wolfgang Därr, Summerstraße 8, 82211 Herrsching, ✆ 0 81 52/56 94, Fax 0 81 52/53 67

... in der Schweiz
Honorarkonsul der Seychellen, Dr. Otto Maier-Boeschenstein, Beethovenstrasse 5, 8002 Zürich, ✆ 01/2 85 79 29

... in Österreich:
Honorargeneralkonsul der Seychellen, Dr. Karl Pisec, Gußhausstraße 12, 1040 Wien, ✆ 01/5 05 32 15 oder 5 05 15 85

... in den Niederlanden:
Honorarkonsul der Seychellen, Jan de Hoop, Oud Bussummerweg 44, 1272 PW Huizen, ✆ 35/6 94 33 27

Drogen

Drogen sind auf den Seychellen kein Thema, allenfalls in Schulen und bei Jugendlichen ein Randproblem.

Einkauf und Souvenirs

Das interessanteste Souvenir ist die Meereskokosnuß (Koko Dmer). Da der Baum vom Aussterben bedroht ist, werden jährlich nur etwa 3000 Stück geerntet. Der Preis beträgt je nach Verarbeitung zwischen 600 und 900 Rupies (ca. 200–300 DM). Die ausgehöhlten und polierten Exemplare sind leicht und teurer, die naturbelassenen schwerer, da das Fruchtfleisch noch darin ist. Andere, aus Kokosfasern hergestellte Mitbringsel sowie Gewürze finden Sie auf dem Straßenmarkt in der Nähe des Uhrturms in der Hauptstadt Victoria und in den Läden des Codevar-Gebäudes, 100 m nördlich davon, gleich neben der Taxihaltestelle. Wem die einheimische Küche schmeckt, der sollte sich Gewürze wie Vanille, Zimt, Masala mit nach Hause nehmen. Einige Souvenirs (u. a. auch die Meereskokosnuß) erhalten Sie im Laden des Landwirtschaftsministeriums im ›Independence House‹ gegenüber dem ›Yacht Club‹ in Victoria. Ein kostspieliges, aber wertvolles Andenken sind die sorgfältig aus edlem Holz gearbeiteten Modellschiffe, die Sie am besten in der Werkstatt ›La Marine‹ an der Ostküstenstraße südlich des Flughafens aussuchen und kaufen können. Einen Duty-Free-Laden gibt es im Flughafen von Mahé.

Einreise- und Zollbestimmungen

Was Sie nicht brauchen: Visum, Devisendeklaration

Was Sie brauchen: Von allen Besuchern wird ein gültiger Reisepaß verlangt. Impfbescheinigungen über Cholera und Gelbfieber sind lediglich bei Einreise aus einem Infektionsgebiet – worunter eine ganze Reihe schwarzafrikanischer und asiatischer Länder fällt – nötig. Gegebenenfalls beim Gesundheitsamt nachfragen!

Bei Ihrer Ankunft am Flughafen erhalten Sie ohne weitere Formalitäten eine Aufenthaltsgenehmigung, die für einen Monat gültig ist. Voraussetzung ist allerdings der Besitz eines gültigen Rückflugtickets, ein Reisepaß, der sechs Monate über das Ende Ihres Aufenthalts auf den Seychellen hinaus Gültigkeit hat, und der Nachweis ausreichender Geldmittel, um den Aufenthalt zu finanzieren. Ferner muß man für die ersten drei Nächte eine vorausbezahlte Hotelbuchung vorweisen. Obwohl die Kontrolle dieser Vorschrift nur stichprobenweise durchgeführt wird, empfiehlt es sich, auch bei ›Nur-Flug-Buchung‹ die ersten drei Nächte mitzubuchen. Notfalls kann ein Hotel per Telefon am Schalter des Tourismus-Büros in der Ankunftshalle gebucht werden. Wer ohne gültiges Rückflugticket einreist, kann aufgefordert werden, eine Kaution von 10 000 Rupies (ca. 3000 DM) zu hinterlegen. Gegen eine geringe Gebühr kann die Aufenthaltsgenehmigung beim Immigration Office in Victoria (Independence House) auf bis zu zwölf Monate ausgedehnt werden.

Sollten Sie darüber hinaus noch Fragen haben, so wenden Sie sich bitte an den Principal Immigration Officer, P. O. Box 430, Mahé, Seychellen.

Tiere dürfen nicht ohne besondere Genehmigung des Landwirtschaftsministeriums, Abteilung Tierärztliches Gesundheitsamt mitgebracht werden. Anschrift: Ministry of Agriculture and Marine Resources, Union Vale, Mahé, Seychelles, ✆ 0 02 48/22 53 33.

Die **Zollkontrollen** für Touristen sind unkompliziert. Neben allen Gegenständen für den persönlichen Gebrauch können pro Person eingeführt werden: 200 Zigaretten oder 250 g Tabak, 1 l Schnaps und 1 l Wein, 125 ml Parfüm, 250 ml Eau de Toilette. Zollpflichtige Artikel darüber hinaus sind bis zum Wert von 400 Rupies zollfrei. Die Einfuhr aller Arten von Waffen einschließlich Luftpistolen, Luftgewehren und Harpunen ist verboten. Bei der Einreise in Deutschland sind Souvenirs im Wert von bis zu 115 DM zollfrei. Achtung: Bei Souvenirs, die nach dem Internationalen Artenschutzabkommen geschützt sind, sind deutsche Zollbeamte humorlos!

Elektrizität

Das Stromnetz ist in der Regel stabil, es kommt jedoch gelegentlich zu Stromausfällen. Die Spannung beträgt 240 Volt. Deutsche Geräte mit 220 Volt können gefahrlos betrieben werden. Die meisten Steckdosen entsprechen englischer Norm, es empfiehlt sich daher, Zwischenstecker mitzubringen (erhältlich in jedem Elektrogeschäft in Europa, nicht aber auf den Seychellen).

Essen und Trinken

In den Strandhotels ist das Essen zwar immer reichlich und sehr gut zubereitet, es muß aber auf den europäischen Geschmack Rücksicht genommen werden. Es enthält z. B. mehr Fleisch und weniger Fisch als traditionell üblich ist. Liebevoller zubereitet erhalten Sie das Essen in vielen Restaurants, die es überall über die Inseln verteilt gibt (s. S. 124, S. 242 ff.). Wenn Ihr Reiseveranstalter ›Übernachtung mit Frühstück‹ anbietet, empfehle ich Ihnen, keine Mahlzeiten zu buchen. Wenn Sie dadurch 40 DM pro Tag einsparen, reicht das aus, um damit ein- bis zweimal in ein kleines und gutes Restaurant in der Umgebung Ihres Hotels zu gehen. So haben Sie die Freiheit, die breite Palette verschiedener Küchen auszuprobieren. Sie finden neben kreolischen auch französische, italienische, arabische, indische und sogar japanische Restaurants. Das Essen ist nicht billig – Sie müssen mit den gleichen Preisen rechnen wie in einem guten Restaurant in Deutschland.

Ähnliches bieten die Barbecues auf den Inseln Round und Moyenne im Ste Anne Marine National Park vor Victoria. Hier gibt es keine Restaurants, sondern es werden Menüs nur dann zubereitet, wenn eine Gästegruppe mit den Ausflugsbooten vorangemeldet kommt. Nach Round (›Chez Gaby‹) und Moyenne (›Jolly Roger Bar‹) gelangt man mehrmals pro Woche auf organisierten Ausflügen mit dem Glasbodenboot.

Feiertage

Da über 90 % der Bevölkerung katholisch sind, gibt es auf den Seychellen weitgehend die gleichen kirchlichen Feiertage wie bei uns. Freie Tage sind:

Neujahr:	1. und 2. Januar
Ostern:	Karfreitag, Ostersamstag
Tag der Arbeit:	1. Mai
Tag der Befreiung:	5. Juni
Nationalfeiertag:	18. Juni
Tag der Unabhängigkeitserklärung:	29. Juni
Mariä Himmelfahrt:	15. August
Allerheiligen:	1. November
Mariä Empfängnis:	8. Dezember
Weihnachtsfeiertag:	25. Dezember

Fotografieren

Soll ich auf meiner Reise fotografieren, oder soll ich es lassen? Dieses Problem stellt sich vor jeder Fahrt. Wenn Sie nicht fotografieren, prägt sich die Reise in der Erinnerung möglicherweise stärker ein, als wenn Sie von vornehrein das Gefühl haben, so viele Bilder wie möglich ›schießen‹ zu müssen. Außerdem sollten Sie stets bedenken, ob die Menschen, die Sie gerade im Visier haben, auch wirklich aufgenommen werden möchten. Religiöse Vorbehalte, wie es sie in arabischen Ländern oder bei den Indianern Südamerikas gibt, findet man auf den Seychellen nicht. Aber ein unangenehmes Gefühl verspürt auch ein Seychellois, wenn er das Objektiv des Touristen auf sich gerichtet sieht. Warum sollen diese Menschen anders fühlen als wir in Europa, die wir ja auch lieber gefragt werden, bevor man uns ablichtet?

Der Ethnologe Christian Adler hat in einer Studie (›Achtung, Touristen‹) einmal folgendes Experiment durchgeführt: Er hat zwei ›Touristen‹ – der eine verkleidet als ›Eskimo‹, der andere als ›Wilder‹ aus Papua-Neuguinea – mit einer Kamera bewaffnet zur Fronleichnamsprozession in ein oberbayerisches Dorf geschickt. Beide verhielten sich dort so, wie es unsere Landsleute bei den Eskimos oder in Papua-Neuguinea tun würden. Sie gingen in die Bauernhäuser, fotografierten die Hausfrau am Herd, der ›Mann aus Papua-Neuguinea‹ ging barfuß und mit kurzen Hosen in die Kirche, um den Pfarrer bei der Fronleichnamspredigt abzulichten. Die ganze Sache dauerte allerdings nicht lange, denn die empörte Bevölkerung holte die Polizei, die den harmlosen ›Touristen‹ die Kameras abnahm. Am nächsten Tag war die lokale Presse voll von erbosten Beschwerden der Gläubigen über die schamlosen ›Ausländer‹, denen nicht einmal die Fronleichnamsfeier heilig sei. Denken Sie an diese Geschichte, bevor Sie durch den Sucher blicken!

Fotoausrüstung

Wenn Sie noch keine Kamera haben und sich für Ihre Reise eine anschaffen wollen, so kann ich Ihnen wärmstens empfehlen, eine wasser- und staubdichte Sucherkamera zu besorgen. Diese können Sie im Sand liegen lassen. Sie können sie auch ins Wasser eintauchen und wieder herausnehmen, ohne daß sie dabei Schaden nimmt. Bei herkömmlichen Kameras dringt sowohl Wasser als auch Sand ins Innere und zerstört die Elektronik und Mechanik. Es kann Ihnen durchaus passieren, daß der Apparat zunächst noch eine Weile anstandslos arbeitet und Sie erst, wenn Sie ihn Wochen oder Monate später zu Hause wieder zur Hand nehmen, merken, daß irgend etwas nicht mehr funktioniert.

Fotografen mit höheren Ansprüchen möchten natürlich ihre Spiegelreflexkamera mitnehmen, die es nicht in wasser- und sanddichter Ausführung zu kaufen gibt. Hier hilft lediglich ein wasserdichter Kamerabeutel, den man im Handel erhält. Allerdings ist er so unhandlich und die Kamera so schwer zu bedienen, daß ich bisher noch niemanden gesehen habe, der diesen Schutzbeutel tatsächlich über längere Zeit benutzt hätte. Setzen Sie auf jeden Fall einen UV-Filter und eine Sonnenblende vor, da die Einstrahlung des ultravioletten Lichts in den Tropen stark ist und die Farbwiedergabe verfälscht. Sehr zu empfehlen ist auch ein Polarisationsfilter, mit dem man starke Spiegelungen ›wegzaubern‹ kann. Denken Sie schließlich noch daran, neue Batterien in Ihre Kamera und Ihren Blitz einzulegen!

Am besten ist eine Kameraausrüstung in den modernen Fotokoffern aus Aluminium aufgehoben, die mit spritzwasserdichten Verschlüssen versehen sind. Diese Koffer schützen die Ausrüstung vor Feuchtigkeit und vor Schlägen von außen. Die Filme bewahren Sie am besten in einem sogenannten *film shield* auf, einer Tüte aus Bleifolie, die verschiedene Zwecke erfüllt. Filme, die in den *film shield* verpackt sind, können nicht von den Röntgenstrahlen beschädigt werden, mit denen auf manchen Flughäfen das Handgepäck der Reisenden durchleuchtet wird. Außerdem hält die Tüte, wenn Sie sie gut verschließen, die Filme trocken. Noch besser ist es, wenn Sie eine Activgel-Trockenpatrone in die Tüte hineinlegen, eine Chemikalie, die der umliegenden Luft die Feuchtigkeit entzieht und damit ein ›trockenes Klima‹ schafft. Die 20 DM für den *film shield* sind eine hervorragende Investition, denn ein einziger verdorbener Film kostet Sie schon vom Material her die Hälfte dieses Preises. Außerdem ist die Tüte sehr haltbar und wird Sie über viele Jahre auf Ihren Reisen begleiten. Wenn Sie größere Mengen von Filmen mitnehmen, fragen Sie Ihren Fotohändler nach einer Zehnerpackung neuer Filme in Tropenverpackung.

In den Tropen leiden die Chemikalien, mit denen der Film beschichtet ist, unter der Hitze und der Feuchtigkeit. Ich schicke daher auf längeren Tropenreisen belichtete Filme sofort in der Originalverpackung und per Einschreiben an das Labor in Deutschland. Von dort lasse ich mir die entwickelten Filme an meine Heimatadresse senden. Auf diese Weise ist der belichtete Film nicht mehr der tropischen Hitze und Feuchtigkeit ausgesetzt. Sollten Sie das nicht tun wollen oder können, versuchen Sie, Ihre Filme im Hotelkühlschrank aufbewahren zu lassen! Dies ist der kühlste, dunkelste und trockenste Platz, den es in einem Haus auf den Seychellen gibt.

Allgemeine Fototips

Die besten Zeiten zum Fotografieren sind der Morgen (zwischen Sonnenaufgang und 10 Uhr) und der Spätnachmittag (ab 16 Uhr bis Sonnenuntergang). In der Zeit dazwischen ist das Licht zu grell, und die Sonne steht nahezu senkrecht am Himmel. Dadurch werfen die Objekte, die Sie aufnehmen wollen, keinerlei Schatten. Dem menschlichen Auge mag der Unterschied unbedeutend erscheinen, wenn Sie sich jedoch die Bilder zu Hause ansehen, werden Sie merken, daß die am Tag ›geschossenen‹ langweilig und uninteressant wirken, während diejenigen, die Sie am Morgen und am Abend aufgenommen haben, reizvoll und in den Farben wesentlich intensiver sind.

Tips fürs Fotografieren unter Wasser

Taucher haben die Seychellen erst entdeckt, nachdem es in Italien, Griechenland und anderen Mittelmeergebieten für ihre Harpunen nichts mehr zu schießen gab. Zum Glück haben viele von ihnen diese Erfahrung zum Anlaß genommen, die Harpune gegen den Fotoapparat auszutauschen. Auf den Seychellen bleibt ihnen ohnehin nichts anderes übrig, denn das Harpunieren ist strengstens verboten.

Wenn Sie Tauchanfänger sind, werden Sie genug damit zu tun haben, sich an das neue Element zu gewöhnen. Haben Sie aber einmal das Gefühl dafür entwickelt, wie man sich unter Wasser mühelos bewegt, macht die Kamera Ihren Tauchgang um einiges interessanter. Wenn Sie Bilder aus dem Wasser mitnehmen, brauchen Sie keine Korallen zu sammeln oder Muscheln aus dem Meer zu entnehmen und damit das Leben unter Wasser und das biologische Gleichgewicht zu schädigen.

Ein professioneller Unterwasserfotograf benutzt eine Großbildkamera (z. B. Yashikamat, Rolleiflex und Hasselblad) mit wasserdichtem Unterwassergehäuse. Eine hervorragende Unterwasserkamera zu einem eher erschwinglichen Preis als diese Spiegelreflexkameras ist die ›Nikonos 35‹, die nicht einmal ein spezielles Tauchgehäuse benötigt, da sie wasserdicht ist. Wenn Sie tiefer als nur einige Meter tauchen, brauchen Sie ein gutes Blitzlicht, denn das Wasser filtert schon in geringer Tiefe so viel Licht weg, daß Farben auf dem Film nicht mehr erscheinen. Insbesondere die Rottöne fehlen auf Bildern, die in größerer Tiefe als 5 m aufgenommen wurden. Lassen Sie sich nicht von Ihren Augen täuschen! Wenn Sie in 20 m Tiefe noch alle Farben prächtig erkennen, heißt das noch lange nicht, daß Ihr Film sie ebenfalls festhalten kann. Das menschliche Auge hat eine weitaus größere Farbempfindlichkeit als die Chemikalien auf dem Film!

Fotoläden auf Mahé

Filme der gängigen Marken erhalten Sie in den Geschäften ›Kim Koon & Co.‹ (Market Street) und ›Photo Eden‹ in Mont Fleuri. Bei beiden können Sie auch Schwarzweiß- und Farbbilder entwickeln lassen. Farbdiafilme sollten Sie jedoch besser nach Hause schicken oder bis zu Ihrer Heimreise kühl und dunkel lagern.

Geld und Geldwechsel

Die Seychellen-Rupie (SR) ist eine frei konvertierbare Währung. Die Banken und die Wechselstuben im ›Pirates-Arms‹-Gebäude und im Flughafen sind autorisierte Händler. Der Kurs wird täglich von der Nationalbank festgelegt und gewährt den Banken einen Spielraum von 2 %. Wechseln Sie keine zu großen Beträge, denn gelegentlich sind die erforderlichen Devisenbeträge bei den Banken für den Rücktausch nicht vorhanden. Es ist gestattet, in Hotels, Restaurants und Geschäften Devisen einzutauschen. Daher hat sich ein ›Alternativmarkt‹ um Personen entwickelt, die durch direkten Tausch an den Banken vorbei Devisen sammeln, um unabhängig ihre Auslandsreisen sicherzustellen.

Anfang 1996 bekam man für 1 DM ca. 3,3 Rupies, für 1 Rupie etwa 0,30 DM. Alle Banken lösen Reiseschecks oder Bargeld ein, wobei der Kurs für Schecks besser ist als für Bargeld. Auf dem ›Alternativmarkt‹ ist es umgekehrt. Außerdem werden von den meisten Banken auf Mahé Euroschecks angenommen. Die Bank of Baroda in der Albert Street, Victoria, soll beim Einwechseln von Euroschecks großzügiger sein als andere.

Kreditkarten werden in der Regel von Autovermietern sowie besseren Hotels und Restaurants akzeptiert. Am gebräuchlichsten ist die Visacard. American Express, Master Card (Eurocard) und andere werden aber häufig auch angenommen.

Gesundheit

Auf den Seychellen gibt es keine der in den Tropen so gefürchteten Krankheiten wie Cholera, Gelbfieber, Hepatitis, Pocken usw. Sie können bedenkenlos das Leitungswasser in Ihren Hotels oder Wasser aus den manchmal am Straßenrand stehenden Brunnen trinken. Alle 4–5 Jahre taucht für einige Wochen das sogenannte ›Sieben-Tage-Fieber‹ auf, welches, wie der Name schon sagt, zu etwa sieben Tage andauerndem Fieber mit Kopf- und Gliederschmerzen führt. Die Krankheit verschwindet von selbst wieder und hinterläßt keine Folgen.

Wie man sich vor Aids schützt, ist bekannt und muß daher hier nicht wiederholt werden. Da nicht nur Polygamie, sondern auch häufiger Partnerwechsel auf den Seychellen üblich sind, sollten alle Vorsichtsmaßnahmen eingehalten werden. Auf der Insel Mahé hat es bereits einige Todesfälle gegeben, etwa 10–15 Erkrankungen sind bekannt. Die Zahl der infizierten Personen ist unbekannt, daß darunter auch Prostituierte aus Victoria sind, ist wahrscheinlich, denn der Virus wurde von dort verkehrenden Seemännern eingeschleppt. Daß Aids nicht durch Insektenstiche übertragen werden kann, ist inzwischen nachgewiesen.

Gesundheitsvorsorge

Gehen Sie vor Ihrer Abreise auf jeden Fall zum Zahnarzt. Es gibt auf den Seychellen zwar Zahnärzte mit Ausbildung in Europa, doch deren technische Ausrüstung ist nicht auf dem modernsten Stand. Muten Sie Ihrem Körper in den letzten Wochen vor der Abreise etwas mehr zu, als Sie es normalerweise tun. Dadurch wird die allgemeine Kondition verbessert und die Anfälligkeit für Beschwerden wegen des Klimawechsels geringer. Zu einer besseren Konstitution trägt auch bei, wenn Sie in den letzten Wochen weniger essen und nur leichte Kost zu sich nehmen. Selbstverständlich ist es immer günstig, den Konsum von Zigaretten, Alkohol und Kaffee in der Zeit vor der Abreise zu reduzieren.

Ernährung

Die deutschen Eßgewohnheiten sind in den Tropen nicht die verträglichsten. Der Spruch »Frühstücken wie ein Kaiser, Mittagessen wie ein König und Abendessen wie ein Bettelmann« stellt für die Tropen keinen geeigneten Leitfaden dar. Sie sollten zum Frühstück und mittags nur leichte Kost zu sich nehmen. Der reichlich angebotene Reis ist eine sehr gute Grundlage, da er leicht verdaulich ist. Essen Sie nicht so viel, wie Sie es aus dem kühlen Deutschland gewohnt sind. Am Spätnachmittag oder frühen Abend zwischen fünf und halb sieben können Sie Ihren Hunger stillen. In den Hotels und Restaurants wird abends hervorragendes kreolisches Essen angeboten, das den Klimaverhältnissen angepaßt ist. Es gibt nur selten gebratenes, fettes Essen, dafür um so mehr in Curry-Soße gekochtes Fleisch oder Fisch, dazu jede Menge Reis oder Kartoffeln. Außerdem gibt es zu jedem Gericht frisch angemachtes Gemüse oder Salat.

Salzen und würzen Sie Ihr Essen ruhig stärker als gewohnt. Aufgrund der großen Hitze und der großen Luftfeuchtigkeit scheidet Ihr Körper vermehrt Salz aus, was durch das Essen ausgeglichen werden muß. Wenn Sie eine Weile auf den Seychellen sind, werden Sie beobachten, daß die Einheimischen häufig ihre Früchte gesalzen essen. Sehr beliebt sind etwa noch nicht ganz reife Mangos mit Salz. Probieren Sie es – es klingt schrecklich, schmeckt aber wirklich hervorragend. Ebenso ist es in vielen tropischen Ländern üblich, Zitronenscheiben zu salzen und diese dann auszusaugen. Kaum glaublich, aber die Zitrone schmeckt süß und ganz hervorragend. Trinken Sie viel, insbesondere klares Wasser. Der Mangel an Wasser im Körper ist häufig die einzige Ursache für das Gefühl von Schwäche und leichtem Unwohlsein in den Tropen.

Achten Sie darauf, genügend Salz zu sich zu nehmen. Das durch Schwitzen verlorene Salz fehlt dem Körper vor allem im Verdauungssystem, insbesondere im Magen, wo es dazu dient, die durch Essen und Trinken aufgenommenen Bakterien abzutöten. Die Folge ist eine erhöhte Anfälligkeit für Magen-Darm-Infektionen.

Verhalten bei Erkrankungen

Salzmangel

Sollten trotz Beachtung der genannten Vorsichtsmaßregeln Symptome wie Schwäche und Schweregefühl oder gar das Gefühl der Durstlosigkeit auftreten, so versuchen Sie es mit folgenden Maßnahmen: Essen Sie wenig, insbesondere wenig Kohlenhydrate. Trinken

Sie frisch ausgepreßte Zitronen oder Orangen und fügen Sie Salz hinzu. Sollte das nicht helfen, besorgen Sie sich Tamarinde, die Frucht des Tamarindenbaums (gibt es in jedem kleinen Laden an der Straßenecke), mischen diese mit frischem Wasser an, süßen mit etwas Zucker und trinken das Getränk kühl. Hilft das auch nicht, sollten Sie einen Arzt aufsuchen (s. S. 276 f.) oder von Ihrem Hotel rufen lassen.

Sonnenbrand und Sonnenstich

Einen Sonnenbrand bekommt man unter der Äquatorsonne sehr schnell, selbst wenn man sich nicht direkt der Sonne aussetzt. Bedenken Sie, daß die Sonne fast senkrecht vom Himmel herunterbrennt! Daher folgende Tips:
– Legen Sie sich nicht nach 10 Uhr vormittags und nicht vor 16 Uhr nachmittags in die Sonne. Am besten bleiben Sie ganz im Schatten!
– Beugen Sie einem Sonnenbrand durch eine Sonnencreme mit hohem Lichtschutzfaktor vor. Auch wenn Sie sich nur im Schatten aufhalten wollen!
– Tragen Sie eine gute, auch UV-Strahlung absorbierende Sonnenbrille.
– Tragen Sie einen breitkrempigen Hut oder wenigstens eine Schirmmütze.

Sollten Sie sich trotz aller Vorsicht einen Sonnenbrand holen, so hilft Einreiben mit ›Kamillosan‹. Bewährt hat sich auch, die verbrannten Hautstellen mit Essig einzureiben. Sollte die Haut empfindlich sein, verdünnen Sie den Essig mit Wasser. Dies lindert sofort die Schmerzen und fördert die Heilung.

Bei einem leichten Sonnenstich müssen Sie sich in den kühlen Schatten begeben, viel Wasser und notfalls auch Tamarindensaft (s. o.) trinken. Wenn der Appetit wiederkommt, essen Sie weißen Reis mit viel Salz.

Durchfall

Nicht ganz den Erkenntnissen der Schulmedizin entspricht folgender Tip, den ich in verschiedenen tropischen Ländern von Einheimischen erhielt: Lassen Sie sich zum Essen eine Papaya geben und essen Sie als Nachtisch einen Löffel der schwarzen Samen, die Sie im Inneren der Frucht finden. Sie brauchen sie nicht zu kauen, schlucken Sie sie einfach herunter. Sie helfen gegen Verdauungsschwierigkeiten – und zwar sowohl gegen Durchfall als auch gegen Verstopfung. Wer trotzdem Durchfall bekommt, behandelt ihn am besten erst einmal, indem er wenig ißt oder gar fastet, viel schwarzen Tee trinkt, Zwieback oder trockenen Reis und vor allem viel Salz zu sich nimmt. Erst wenn all das nichts nützt, sollte zu starken Medikamenten gegriffen werden, die ja nicht nur die Krankheitserreger töten, sondern gleichzeitig die natürliche Darmflora im Magen und Verdauungsapparat angreifen.

Mückenstiche

Mücken gibt es nicht häufiger als an deutschen Badeplätzen im Hochsommer. An den Stränden treten sie nur nach längeren Regenfällen auf. In feuchten Gebieten, wie etwa im Vallée de Mai auf Praslin oder in den von Regenwald bewachsenen Bergen Mahés, kommen Mücken öfter vor. Es gibt keine Malaria auf den Seychellen, deshalb sind die Stiche harmlos, solange sie nicht aufgekratzt werden und sich entzünden. Gelegentlich tauchen an Stränden Sandfliegen auf. Das sind winzige Mücken, die im Sand leben und deren Stiche starken Juckreiz, manchmal auch stärkere allergische Reaktionen auslösen (s. S. 282). Wenn Sie zu Allergien neigen, nehmen Sie ein Antihistamin mit! Sollten Sie starke Reaktionen zeigen, gehen Sie in eines der Krankenhäuser auf Mahé, Praslin oder La Digue. Man verfügt dort sowohl über die notwendigen Medikamente als auch über entsprechende Erfahrung.

Erkältungen

Eine häufige Krankheit in den heißen Tropen ist – die Erkältung! Man holt sie sich leicht bei Spazierfahrten im offenen Auto oder wenn man mit einer feuchten Badehose längere Zeit im Schatten sitzt. Besonders gefährdet sind Sie, wenn Ihr Hotel eine Klimaanlage hat. Der ständige Wechsel von feuchter Wärme außerhalb des Hotels und trockener Kühle im Zimmer führt fast zwangsläufig zu Erkältungen, wenn man im Hotel nicht sofort die feuchte Kleidung wechselt und sich trocken und warm anzieht.

In einem Hotel ohne Klimaanlage besteht dagegen die Gefahr, daß Sie sich in der Nacht erkälten. Abends vor dem Einschlafen empfinden Sie die Temperatur als angenehm, wenn Sie unbedeckt schlafen. Da der Körper aber Feuchtigkeit ausscheidet und die Räume meistens von einem leichten Windzug durchweht werden, kühlt er im Laufe von einigen Stunden aus. Wenn Sie von der Kälte aufwachen, ist es zu spät. Daher sollten Sie sich immer mindestens mit einem leichten Baumwollaken zudecken. Dieses nimmt die Feuchtigkeit auf und gibt sie langsam an die Umgebung ab, so daß Sie nicht auskühlen. Es hat aber noch einen anderen entscheidenden Vorteil. Sie können es nämlich in der Nacht mit einem Anti-Mückenmittel einsprühen, das im Stoff seine Wirksamkeit wesentlich länger behält als auf der Haut. Damit ist ein nahezu hundertprozentiger Schutz vor Insektenstichen in der Nacht gewährleistet!

Literatur

Wer Genaueres über die besonderen Bedingungen erfahren will, denen unser an gemäßigtes Klima gewöhnter Körper in den Tropen ausgesetzt ist, kann sich anhand der inzwischen zahlreich vorliegenden populärwissenschaftlichen Literatur informieren. Hier seien als Beispiele das ›Medizinische Handbuch für Fernreisen‹ (Wolf Lieb, DuMont, Köln, Neuauflage 1994), Ravi Roys ›Homöopathischer Ratgeber für Reisende, besonders Tropenreisende‹ (Lage-Roy, Murnau 1994), der ›Ratgeber für Reisende in die Tropen‹ (zu beziehen beim Tropeninstitut der Universität München, Leopoldstr. 5, 80802 München), genannt. Informieren Sie sich in Buchhandlungen, die auf Reiseliteratur spezialisiert sind. Einen Katalog mit großer Auswahl bietet: Expeditionsservice, Theresienstr. 66, 80333 München, ✆ 0 89/28 20 32.

Reiseapotheke

– Fieber: Aspirin, Fieberthermometer
– Schmerz: Novalgin (Tropfen oder Zäpfchen), Aspirin (wirkt auch bei Grippe), Buscopan (krampflösend)
– Durchfall: Imodium-akut-Tabletten, Cotrim ratio, Perenterol-Kapseln (zur Regenerierung)
– Verstopfung: Laxoberal-Tropfen, Lactolose, Glycilax-Zäpfchen
– Infektionen: Amoxypen, Ampicillin
– Salzzufuhr: Elotrans, Oralpädon-Tabletten (besonders für Kinder); besser aber viel Salz ins Essen geben!
– Verbandszeug: sterile Kompressen, Mullbinden, Heftpflaster, elastische Binden, Hansaplast, Dreieckstuch, Einmalspritze und Einmalkanülen (Nr. 1, Nr. 2, Nr. 12 – je 5 Stück; für den Gebrauch durch den behandeln-

den Arzt), Braunol-Lösung (zur Desinfektion)
- Sonnenbrand: Kamillosan, Bepanthen-Salbe; v. a. aber ausreichend kühlen!
- Übelkeit: Vomex-A-Zäpfchen
- Insektenschutz: Autan, Moskitospiralen ›Räucherstäbchen‹, deren Rauch Mücken vertreibt)
- Allergische Reaktionen (z. B. bei Insektenstichen): Tavegil-Tabletten, Soventol-Gel

Heiraten auf den Seychellen

Das Standesamt im Independence House, Victoria, führt auch die Trauung von Ausländern durch. Es fallen etwa 200 DM Verwaltungsgebühren an, die Papiere müssen spätestens 11 Tage vor dem Trauungstermin als Kopie oder Fax beim Standesamt vorliegen. Die Originale können bis 24 Stunden vor der Trauung nachgereicht werden. Es wird eine Geburtsurkunde, ein Ehefähigkeitszeugnis, Paß, gegebenenfalls Scheidungsurteil bei geschiedenen oder Todesbescheinigung bei verwitweten Ehekandidaten benötigt. Wenn die Urkunden nicht in mehreren Sprachen abgefaßt sind, muß eine beglaubigte Übersetzung ins Englische oder Französische beigelegt werden. Bei der Einholung der Apostille (Bestätigung des Gerichts, daß die Ehe nach den Gesetzen der Seychellen geschlossen wurde) zur Vorlage beim deutschen Standesamt ist das deutsche Konsulat (s. S. 264) behilflich. Die Bestimmung des Ehenamens kann in Deutschland bis zu fünf Jahre nach Eheschließung, besser aber sofort bei der Eintragung und Anerkennung der Ehe auf dem deutschen Standesamt, nachgeholt werden.

Informationsbüros

... in Deutschland (auch zuständig für Österreich und die Schweiz):
Seychellen Touristik Informationsbüro, An der Hauptwache 11, 60131 Frankfurt, ✆ 0 69/29 20 64, Fax 29 62 30

... auf den Seychellen:
Tourist Information Office, Independence House, P. O. Box 92, Victoria, Mahé, ✆ 22 93 13, Fax 2 40 35 (Bürozeiten Mo–Fr 8–12 Uhr und 13.30–16 Uhr)

Kartenmaterial

Gute Karten finden Sie im Laden der Seychelles Survey Division, der sich im Independence House, neben dem Fußballstadion von Victoria befindet.

Kleidung

Die Hauptregel für das Kofferpacken sollte lauten: So wenig wie möglich mitnehmen! Das Klima auf den Seychellen ist das ganze Jahr über so angenehm, daß die einzig vernünftige Kleidung die bloße Haut wäre. Ganz so informell geht es aber auf den Seychellen trotz einer sehr liberalen Einstellung doch nicht zu. Den Tag über verbringen Sie ohnehin am Strand in der Badehose oder im Bikini. In den letzten Jahren hat es sich eingebürgert, daß Frauen ohne Oberteil baden. Es sind keine religiösen Vorbehalte der (christlichen) Seychellois zu befürchten. Zwar finden Sie selten einheimische Frauen ›oben ohne‹ am Strand, doch nimmt niemand an dieser Gewohnheit der Touristen Anstoß. Wenn Sie spazieren gehen, in Victoria einkaufen oder in einem Auto über die Insel fahren, genügen eine kurze Hose, Sandalen und ein T-Shirt.

In den Restaurants wird es gern gesehen, wenn Männer ein sauberes Hemd und lange Hosen tragen. Frauen sollten sich für solche Gelegenheiten ein leichtes baumwollenes Sommerkleid mitnehmen. Auch beim Abendessen im Hotelrestaurant werden eine lange Hose und ein Hemd bzw. ein Kleid erwartet.

Ein sehr wichtiges Kleidungsstück ist die Kopfbedeckung. Wer sie nicht aus Deutschland mitbringen will, kann sich einen breitrandigen Strohhut kaufen. Wenn Sie zwischen zehn Uhr morgens und vier Uhr nachmittags in der Sonne verweilen, sollten Sie unbedingt einen Hut tragen, denn die Sonne sticht wenige Grad südlich des Äquators sehr intensiv vom Himmel. Daher ist es auch wichtig, den Körper wenigstens in den ersten Tagen nur kurz der Sonne auszusetzen oder gar sich völlig im Schatten aufzuhalten. Auch im Schatten ist die Einstrahlung des Lichts so intensiv, daß die Haut Pigment entwickelt und Sie später vor der Sonne schützt. Wenn Sie sich dem direkten Sonnenlicht aussetzen, sollten Sie die ersten Tage eine Sonnencreme mit hohem Schutzfaktor auftragen. Ich habe Freunde, die von sich behaupten, noch nie in ihrem Leben einen Sonnenbrand gehabt zu haben. Nach ein paar Tagen auf den Seychellen traf ich sie mit verbrannten Gesichtern und offenen Stellen auf den Schultern wieder.

Nehmen Sie für Ihre Fotoausrüstung eine Umhängetasche mit, die die Kamera vor Wasserspritzern und Sand schützt. Wer Wanderungen und Bergbesteigungen machen möchte, sollte sich einen Tagesrucksack beschaffen. Auf den manchmal steilen Bergwegen ist es gut, wenn Sie beide Hände frei haben, um sich an Sträuchern oder Ästen festhalten zu können. Auf diese Weise können Sie Ihren Proviant auch problemlos zu einem abgelegenen Strand oder auf einen Berg mitnehmen. Für Bergbesteigungen sollten Sie neben Sandalen auch ein paar leichte Schuhe mit griffigen Sohlen dabei haben. Gerade auf den Berggipfeln regnet es häufiger als am Strand, und der Boden ist feuchter. Von den Sportschuhherstellern werden genau auf diesen Zweck zugeschnittene Wanderschuhe hergestellt. Sie haben ein leichtes, weiches, saugfähiges Oberleder und eine griffige Gummisohle. Billiger als diese Sportschuhe sind spezielle Leinenschuhe (ca. 100 DM), die Sie bei Expeditionsausrüstern kaufen können. Es handelt sich hierbei um Schuhe, die von der französischen Fremdenlegion für tropische Gebiete entwickelt wurden. Oder Sie entscheiden sich für die neuartigen ›Adventure-Sandalen‹. Sie sind konstruiert wie normale Sandalen, aber mit robuster, griffiger Gummisohle und festen Bändern aus Nylon über Zehen, Rist und Ferse (Preis ebenfalls ca. 100 DM). Sie sind kühl und trotzdem griffig.

Für Spaziergänge in der Nacht nehmen Sie sich eine Taschenlampe mit, denn nur wenige Straßen und Wege sind nachts beleuchtet. Schließlich möchte ich Ihnen noch dringend empfehlen, sich ein leichtes baumwollenes Halstuch zu kaufen, das ungeheuer nützlich auf Reisen in den Tropen ist. Richtig zugeknotet kann es als Allzweckbeutel dienen, bei Verletzungen können Sie es als Notverbandszeug nutzen, am wichtigsten ist es jedoch als Schutz vor Fahrtwind in offenen Omnibussen oder offenen Personenwagen. Bei diesen Gelegenheiten holt man sich in den Tropen in kürzester Zeit eine Erkältung oder eine Mittelohrentzündung.

Kreuzfahrten

In den europäischen Wintermonaten – ab 1997 möglicherweise auch im Sommer – kreuzt die luxuriöse Motorjacht ›MS Galileo‹ durch die Gewässer der Inneren Seychellen-Gruppe und bietet 30 Doppelkabinen nach dem Standard eines Luxushotels mit Vollpension. Auf einer einwöchigen Rundreise lernen Sie acht der wichtigsten Inseln kennen. Sie schlafen, essen und wohnen an Bord und machen Landausflüge nach eigenem Geschmack, organisiert oder individuell. Sie können die Kreuzfahrt in ausgearbeitete Island-Hopping-Programme integrieren, indem Sie beispielsweise zunächst eine Woche in einem Hotel auf Mahé buchen, dann 3 Tage von Mahé bis Praslin auf der ›MS Galileo‹ verbringen. Dort gehen Sie wieder an Land und verbringen den Rest Ihres Urlaubs wieder im Hotel.

Ein- oder zweimal im Jahr unternimmt von Assomption aus eine Segeljacht eine Kreuzfahrt zum Aldabra-Atoll, das sonst nur Wissenschaftlern mit einer Sondergenehmigung zugänglich ist. In vom Wetter her günstigen Perioden im Oktober und um Ostern können Sie in einer kleinen Gruppe von etwa acht Personen diese Reise unternehmen, bei der auf dem Schiff übernachtet wird. Nähere Informationen bei: Trauminsel Reisen, Summerstr. 8, 82211 Herrsching, ✆ 0 81 52/9 31 90.

Kurierdienste

DHL-Worldwide Express, P. O. Box 14, Victoria, ✆ 32 28 02
TNT Express Worldwide, P. O. Box 336, Shipping House, Victoria, ✆ 32 21 00

Lebenshaltungskosten

Die Lebenshaltungskosten liegen auf den Seychellen etwa so hoch wie in Europa. Das gilt nicht nur für touristische Einrichtungen, gute Restaurants und teure Geschäfte, sondern auch für den Einkauf auf dem Markt. Einheimische und auf den Seychellen ansässige Ausländer bekommen in der Nebensaison auf den Inlandflügen und in den Hotels spezielle *resident rates*, die etwa 30 % unter den Normalpreisen liegen und nur spontan und kurzfristig gebucht werden können. Die hohen Kosten sind nicht spezielle Touristenpreise, sondern eine Folge des Wechselkurses. Die Rupie ist teuer, ermöglicht den Seychellois, preiswert in die Nachbarländer Singapur, Südafrika, Kenia, Mauritius und Madagaskar zu reisen und vergleichsweise billig zu importieren. Dies ist wichtig, da das Land selbst zu klein ist, um die Lebensmittelversorgung und die Versorgung mit Industriegütern sicherzustellen.

Medizinische Versorgung

Ärzte

Seit 1993 ist es Ärzten gestattet, sich privat niederzulassen. Wer privat bezahlt, kann sich an diese Ärzte wenden:
Dr. Maurice Albert, Castor Road, Victoria, ✆ 32 38 66
Dr. K. S. Chetty, Revolution Ave., Victoria, ✆ 32 19 11
Mobile Doctors Inc., Base Station, Mont Fleuri, Victoria, ✆ 34 40 08, Privat: Dr. H. Afif, ✆ 37 37 11

Für Seychellois ist die medizinische Behandlung in Krankenhäusern kostenlos. Gäste bekommen eine Notfallbehandlung für eine Grundgebühr von 50 DM (s. S. 297).

Zahnärzte (privat)
Dr. Silvana Bisogni, Le Chantier,
Victoria, ✆ 22 43 54
Specialised Dental Clinic, Mont Fleuri,
Victoria, ✆ 22 58 22

Apotheken
Central Pharmacy, Victoria Hospital,
Victoria. Mo–Fr 8–18 Uhr; Sa–So und
feiertags 8–12 Uhr. ✆ 38 80 00
Behram's Pharmacy, Victoria House,
Victoria. Mo–Fr 8.15–13 Uhr und
14–17.15 Uhr. Sa 8–12.30 Uhr.
✆ 22 55 59
Lai-Lam Pharmacy, Market St., Victoria.
Mo–Fr 9–17 Uhr. Sa 9–13 Uhr.
✆ 32 23 36

Krankenhäuser (ständig mit Ärzten besetzt)
Mahé: Central Hospital Victoria (südlich von Victoria), P. O. Box 52, Mont Fleuri, ✆ 22 44 00 oder 38 80 00
Anse Royal Hospital, Anse Royal,
✆ 37 12 22
Praslin: Baie Ste Anne Hospital,
✆ 23 33 33
La Digue: Logan Hospital, ✆ 23 42 55

Krankenstationen (mit Krankenpflegern ständig, mit Ärzten gelegentlich besetzt)
Mahé: North East Point Hospital,
✆ 24 10 44; Anse aux Pins Clinic,
✆ 37 55 35; Anse Boileau Clinic,
✆ 35 55 55; Baie Lazare Clinic,
✆ 36 11 51; Beau Vallon Clinic,
✆ 22 44 00; Mont Fleuri Clinic,
✆ 22 44 00; Glacis Clinic, ✆ 22 44 00;
Les Mamelles Clinic, ✆ 22 44 00; Port Glaud Clinic, ✆ 23 82 23; Takamaka Clinic, ✆ 37 12 31, Béolière Clinic,
✆ 37 82 59, English River Clinic,
✆ 22 44 00
Praslin: Anse Kerlan Clinic, ✆ 23 38 55; Grand' Anse Clinic, ✆ 23 34 14

Silhouette: Silhouette Hospital,
✆ 22 41 10

Nationalparks und Naturparks

Es gibt auf den Seychellen mehrere Kategorien des Naturschutzes. Alle werden von einer Abteilung des Umweltministeriums verwaltet. Ausnahmen sind die Schutzgebiete Aride und Cousin, die der privaten Royal Society for Nature Conservation gehören und vom International Council for Bird Preservation verwaltet werden, sowie Aldabra, das Staatseigentum ist und von der Seychelles Island Foundation verwaltet wird.

Aldabra und das Vallée de Mai haben den Status einer von der UNO anerkannten und unterstützten **World Heritage Site.** Die einzuhaltenden Schutzmaßnahmen wurden von der UNO festgelegt und deren Einhaltung auch durch Hilfsgelder unterstützt.

Areas of exceptional natural beauty (Gebiete von herausragender Naturschönheit) werden so geschützt, daß jedermann sie in gleicher Weise nutzen und genießen kann. Beispiel: Anse Lazio auf Praslin.

Nationalparks und **Meeresnationalparks** werden eingerichtet, um die Erhaltung und Ausbreitung von Pflanzen und Tieren unter und über Wasser sicherzustellen. Beispiel: Ste Anne Marine National Park, Morne Seychellois National Park, Vallée de Mai, Baie Ternay National Park, Curieuse National Park, Port Launay National Park. In den Meeresnationalparks ist es untersagt, Meerestiere zu fangen, zu sammeln oder zu fischen. Schnorcheln, Baden und Tauchen sind gestattet, Anker dürfen nur an mit Bojen gekennzeichneten

Stellen geworfen werden. Das Sammeln oder Nutzen von Sand am Strand ist auf den Seychellen grundsätzlich (nicht nur in den Meeresnationalparks) untersagt!

Special Reserves werden zum Schutz spezieller, gefährdeter Tiere oder Pflanzen eingerichtet. Beispiele: Aride Island, Cousin Island, La Digue Veuve Reserve.

Strict Nature Reserves sollen der ungehinderten Entwicklung der Natur ohne jede Einwirkung von außen dienen. Sie wurden bisher noch nicht ausgewiesen.

Naturschutz

Für ein Land der ›Dritten Welt‹ gibt es auf den Seychellen ein sehr ausgeprägtes Umweltbewußtsein. Über 40 % (!) der gesamten Landfläche stehen unter mehr oder weniger strengem Schutz (in dem auf sein ältestes Umweltministerium Europas stolzen Bayern sind 3 % geschützt). Viele streng kontrollierte Einzelmaßnahmen sorgen für guten Schutz des sensiblen Ökosystems. Dennoch darf man nicht erwarten, daß der durchschnittliche Seychellois sich umweltbewußter verhält als wir Europäer. Wir sind durch Presse und Fernsehen besser über die Gefahren für die Umwelt informiert und können durch vorbildliches Verhalten vermeiden, Schäden anzurichten.

Werfen Sie keine Dosen oder Plastiktüten in den Straßengraben oder gar ins Meer, nehmen Sie keinen Sand vom Strand mit, sammeln Sie keine lebenden Schnecken, bringen Sie Pfandflaschen zurück, bleiben Sie bei Spaziergängen auf den Wegen, pflücken Sie keine Pflanzen, nehmen Sie den Müll wieder mit zurück, den Sie in Ihrem Gepäck mitgebracht haben (Zahnpasta- und Sonnencremetuben), essen Sie Lebensmittel, die nicht importiert werden, verzichten Sie auf die Benutzung von Klimaanlagen, baden Sie im Meer, nicht im Swimmingpool, nehmen Sie Ihren Müll von den Stränden wieder mit – und falls welcher da sein sollte, auch den anderer –, fahren Sie mit öffentlichen Verkehrsmitteln oder mit dem Fahrrad, gehen Sie zu Fuß usw.! Großes Aufsehen erregte eine Aktion von jungen Touristen, die sich Säcke besorgten und Müll, Bierdosen, Plastik usw. aus den Straßengräben Victorias einsammelten.

Notrufe

... auf den Seychellen
Genereller Notruf für Feuerwehr, Polizei, Arzt und Krankenwagen: ✆ 9 99

... in Deutschland
DRK Flugrettungsdienst in Bonn: ✆ 0 49/2 28/23 00 23
Deutsche Rettungsflugwacht in Stuttgart: ✆ 049/7 11/70 10 70

Öffnungszeiten

Ausnahmen bestätigen die folgende Regel: Büros und Behörden haben von 8–12 Uhr und von 13–16 Uhr geöffnet. Bis 15 Minuten nach Büroöffnung darf man nicht stören (die Herren sind noch nicht da, die Damen noch mit der Toilette beschäftigt), 15 Minuten vor Büroschluß herrscht Aufbruchstimmung. Jedermann sitzt mit der Handtasche auf den Knien am Platz und beobachtet gebannt den großen Zeiger der Wanduhr. Telefone werden nur noch ungern beantwortet, Bittsteller werden auf den nächsten Tag verwiesen. Läden sind zu den gleichen Zeiten offen, die Bedienungsgepflogenheiten ähneln denen bei Behörden.

Polizei

Notrufnummer 9 99. Polizeistationen sind (theoretisch) 24 Stunden pro Tag erreichbar. Da es sich aber um Behörden handelt, gilt auch für sie das unter dem Stichwort ›Öffnungszeiten‹ Gesagte! Polizeistationen: Victoria: ✆ 32 20 11; Mont Fleuri: ✆ 32 20 11; Beau Vallon: ✆ 24 72 42; Anse Royal: ✆ 37 12 26; Praslin: ✆ 23 32 51; La Digue: ✆ 23 42 51

Post

Das Hauptpostamt befindet sich in Victoria an der Kreuzung Independence Ave./Albert St. gleich neben dem ›kleinen Big Ben‹. Wenn Sie an abgelegeneren Orten wohnen, haben Sie die Möglichkeit, Ihre Post bei der nächsten Polizeistation abzugeben. Briefmarken bekommen Sie dort allerdings nicht. Außerdem ist Ihr Hotel sicher bereit, Ihre Post entgegenzunehmen. Die meisten Hotels haben auch einen Vorrat an Briefmarken. Ein Luftpostbrief nach Deutschland kostet SR 3, mit Einschreibgebühr SR 13.

Die Post der Seychellen hat sich von jeher bemüht, Briefmarken von besonderer Schönheit herauszubringen, wodurch der Briefmarkenverkauf inzwischen zu einer wichtigen Devisenquelle wurde. Im **Seychelles Philatelic Bureau** (Hauptpost, Victoria) und bei **A. R. Pillay** (P. O. Box 255, Pailomel Street, Victoria, ✆ 32 23 90) können Sie alte und neue Briefmarken kaufen.

Reisebüros

Um Ausflüge und Inselrundflüge zu buchen, Mietwagen zu reservieren oder Ihren Flug rückbestätigen zu lassen, wenden Sie sich am besten an eines der Reisebüros vor Ort:
Air Bookings, Revolution Ave., Victoria, ✆ 32 25 36
Bunson Travel, Independence Ave., Victoria, ✆ 32 26 82
Mason's Travel, Revolution Ave., Victoria, ✆ 32 26 42
National Travel Agency, Independence Ave., Victoria, ✆ 22 49 00
Orchid Travel, Pirates Arms Building, Victoria, ✆ 22 49 53
Premier Holidays, Francis Rachel St., Victoria, ✆ 22 58 58
Prastours, Praslin ✆ 23 32 23
Sun & Sea Travel, Quincy St., Victoria, ✆ 32 38 58
Travel Services Seychelles, Mahé Trading Building, Victoria, ✆ 32 24 14

Reiserecht

Was tun, wenn bei Flug oder Hotelaufenthalt etwas schiefgeht?
Zunächst ist der Ansprechpartner Ihr Reisebüro, denn mit ihm haben Sie einen Vertrag geschlossen. Wenn im Flugschein eine falsche Abflugzeit eingetragen ist und Sie verpassen deshalb den Flug, wenn im Hotel, das Sie gebucht und bezahlt haben, kein Zimmer für Sie frei ist, wenn direkt neben Ihrem Zimmer drei Wochen lang ein Preßlufthammer dröhnt oder sonst etwas Ihren Urlaub ungenießbar macht, so wenden Sie sich an das Reisebüro. In vielen Fällen wird es Sie darauf hinweisen, daß es lediglich als Vermittler aufgetreten ist und der Veranstalter die schlecht erbrachte Leistung zu ver-

antworten hat. Damit Sie wissen, in welchen Fällen Sie sich dennoch an das Reisebüro wenden können, prägen Sie sich am besten folgende Regel ein:

Das Reisebüro ist dafür verantwortlich, daß bei der Vermittlung der Reise keine Fehler passieren. Zu dieser Vermittlungstätigkeit gehört auch die Überprüfung der Dokumente (z. B. des Flugscheins), die das Reisebüro vom Veranstalter bekommt und an Sie weitergibt. Anders verhält sich das bei den Leistungen, die vom Reisebüro nicht überprüfbar sind. Wie sollte Ihr Reisebüro auch wissen, daß neben Ihrem Hotelzimmer auf den Seychellen gerade Bauarbeiten stattfinden? Bitten Sie Ihr Reisebüro in einem solchen Fall, Ihnen den Veranstalter und die beim Veranstalter zuständige Stelle zu nennen, so daß Sie dort Ihre Schadenersatzforderung geltend machen können.

Ein häufiger Grund für Schadenersatz- oder Minderungsforderungen sind falsche, beschönigende oder übertriebene Angaben in Reiseprospekten. Die Verantwortung für die Richtigkeit der Angaben im Prospekt hat der Veranstalter zu tragen, also derjenige, der Ihnen aufgrund des äußeren Erscheinungsbilds des Prospektes als Veranstalter der Reise erscheinen muß. Das gilt nach deutschem Reiserecht auch dann, wenn der Veranstalter tatsächlich keine Schuld an dem Mißlingen trägt. Verspricht Ihnen der Prospekt für die Seychellen beispielsweise eine Segelbootfahrt von einer Insel zur anderen, so muß diese durchgeführt werden. Es nützt dem Veranstalter nichts, wenn er darauf hinweist, daß der einheimische Eigentümer des Segelbootes vertragswidrig ein anderes Angebot angenommen hat und nicht aufzutreiben war.

Reiseveranstalter

Damit Sie sich einen Überblick verschaffen können, was zum Zeitpunkt der Drucklegung an Seychellenreisen angeboten wurde, stelle ich eine Auswahl von Reiseveranstaltern zusammen. Die Aufzählung erhebt keinen Anspruch auf Vollständigkeit, denn jedes Jahr kommen neue hinzu, während andere ihr Seychellen-Programm einstellen. Als Spezialisten sind momentan vor allem zu nennen: Feria Reisen (München), Trauminsel Reisen (Herrsching b. München), Hausdorf Reisen (Berlin) sowie Soleytours (Zürich). Sie bieten vielfältige Programme in umfangreichen Spezialkatalogen an. Für eine 14tägige Reise müssen Sie zwischen 3000 und 6000 DM kalkulieren, je nachdem, ob Sie einfache Guesthouses oder komfortable Hotels wählen. Ein Spezialprogramm besonderer Art finden Sie bei Trauminsel Reisen (Summerstr. 8, 82211 Herrsching, ⌀ 0 81 52/9 31 90). Vom Autor dieses Buches und seiner Frau, einer Seycheloise, erhalten Sie auf Anfrage detaillierte und aktuelle Beratung, individuell ausgearbeitete Island-Hopping-Programme sowie informative Prospekte, darunter einen, in dem ausschließlich Guesthouses und Familienpensionen angeboten werden.

Airtours in Deutschland und Stohler in der Schweiz bieten ebenfalls umfangreiche Programme an, während die Großveranstalter Terramar und TUI nur einzelne, meist große Hotels führen. Wer eine Seychellenreise auf eigene Faust unternimmt, hat mehr Freiheit und kann sich an Ort und Stelle nach seiner Lieblingsunterkunft umsehen. Er muß aber mit höheren Kosten rechnen, da sowohl die Fluggesellschaften als auch die Hotels den Veranstaltern günstigere Preise einräumen. Außerdem sollte man bedenken, daß die Veranstalter die gut geführten und am besten gelegenen Häuser kennen und natürlich zuerst anbieten. Sie könnten daher ausgebucht sein, und Ihnen bleibt nur die ›zweite Kategorie‹. Die Unsitte der ›Preisknüller‹, ›3 = 2-Wochen-‹ und ›Last-Minute-Angebote‹, hat (leider) auch hier Einzug gehalten. Passen Sie auf, denn die Normalpreise könnten nur anders verpackt sein, die ›Knüller‹ nur für einen oder zwei Abreisetermine gelten oder es könnten Ihnen Hotels angeboten werden, die auch den Sonderpreis nicht wert sind!

Für alle Reisebuchungen gilt: Entscheiden Sie sich frühzeitig, denn die Bettenzahl der Hotels und die Kapazitäten der Fluggesellschaften sind beschränkt. Insbesondere zu den Spitzensaisonzeiten Weihnachten, Ostern und Juli/August sind die Flüge schon Monate im voraus ausgebucht. Aber auch für Januar und Februar, September und Oktober sowie Pfingsten sollten Sie mehrere Monate vor Reiseantritt buchen, um sicher zu sein, die Unterkunft zu bekommen, die sie sich wünschen.

Reisezeiten

Es ist das ganze Jahr über hochsommerlich warm. Wann die Reisezeit für Sie am geeignetsten ist, hängt von Ihren Vorlieben ab. Gehören Tauchen und Schnorcheln dazu, so sind die Übergangsmonate April und Mai sowie Oktober und November ideal. Wenn Sie für Ihren Lieblingssport Segeln oder Surfen Wind brauchen, müssen Sie diese Monate meiden. Regnen kann es das ganze Jahr, meist nachts und nur für kurze Zeit, kalt ist es nie. Im großen und ganzen herrscht zu allen Jahreszeiten etwa das Wetter eines Hochsommertages in Deutschland, lediglich die Luftfeuchtigkeit liegt mit durchschnittlich 80 % ein gutes Stück höher.

Durch die ständig wehende leichte Brise ist die feuchte Wärme dennoch zu ertragen. Die Temperaturen schwanken zwischen dem Minimum von etwa 24 °C und dem absoluten Maximum von etwa 32 °C. An normalen Tagen kann man mit Temperaturen um 28 °C rechnen. Auch in der Nacht oder in den frühen Morgenstunden sinkt die Temperatur niemals unter 20 °C. Da die Inseln nur knapp südlich des Äquators liegen, gibt es kaum jahreszeitliche Unterschiede.

Einzig auffällige Erscheinung ist, daß die Hauptwindrichtung zweimal im Jahr wechselt. Aus Norden bis Westen kommt der Wind normalerweise zwischen Dezember und März, aus Osten bis Süden generell zwischen Juni und September. Wer ganz sicher gehen will, das beste Wetter zu erwischen, der sollte in den Monaten April, Mai und Juni, September, Oktober und November reisen oder ein Hotel buchen, das auf der jeweils der generellen Windrichtung abgewandten Seite der Insel liegt. Selbst wenn Regenwolken über die Insel streichen sollten, werden diese sich auf der dem Wind zugewandten Seite weitgehend abregnen. Sehr wenig Niederschlag im Jahresdurchschnitt haben die flachen Koralleninseln, denn sie bieten den vorbeiziehenden Regenwolken keinen Widerstand. Gerade in der ›Regenzeit‹ zwischen Dezember und März hat man auf den flachen Inseln größere Sicherheit, nicht für ein oder zwei Tage, bei viel Pech sogar eine Woche, auf Sonnenschein verzichten zu müssen. Generell kann man sagen, daß die Monate von November bis Mai etwas regenreicher sind. Die durchschnittliche Regendauer ändert sich aber kaum, denn die höhere Niederschlagsmenge fällt in meist kurzen, sehr heftigen tropischen Schauern.

Am klarsten und ruhigsten liegt das Meer von September bis Juni, wobei im Januar, Februar und März mit kurzen, heftigen Stürmen und Regengüssen zu rechnen ist. Im Juni, Juli und August ist die Meeresoberfläche zum Schnorcheln manchmal zu unruhig, das Wasser zum Tauchen zu trüb und manchen Hochseefischern der Ozean zu rauh.

Restricted Areas

Grundsätzlich können Sie auf den Seychellen überall hinfahren und überall frei fotografieren. Gegenden, die nicht oder nur unter besonderen Voraussetzungen besucht werden dürfen sind:
- die Jugendlager des National Youth Service in Baie Ternay und Port Launay in Nordwest-Mahé. Wenn Sie die Lager besuchen möchten, wenden Sie sich an das Büro des Präsidenten im State House;
- die militärischen Einrichtungen in Bel Eau und Union Vale;
- die Insel Long Island (Gefängnis);
- die unmittelbare Umgebung des Wohnhauses des Präsidenten.

Rundfunk und Fernsehen

Radio Seychelles sendet sein Programm abwechselnd in englischer, französischer und kreolischer Sprache täglich von 6 bis 22 Uhr. Viel kreolische Musik, regelmäßig Nachrichten aus aller Welt. Freitag-, Samstag- und Sonntagabend berichtet das Fernsehen – ebenfalls abwechselnd in englischer (18 Uhr), französischer (21 Uhr) und kreolischer Sprache (19 Uhr) – von wichtigen Ereignissen auf den Seychellen. Am frühen Nachmittag übernimmt das Staatsfernsehen die Sendungen des amerikanischen Nachrichtenkanals CNN.

Sandfliegen

An manchen Stränden der Seychellen tauchen mehrmals pro Jahr Sandfliegen auf. Das sind kleine, mückenähnliche Insekten, deren Stich einen starken Juckreiz auslöst. Menschen, die auf Mückenstiche allergisch reagieren, sollten ein Antiallergikum (Antihistamin) dabei haben. Niemand kann genau vorhersagen, wann die Sandfliegen wo auftauchen, denn ihr Lebenszyklus und ihre Lebensweise sind noch nicht erforscht. Ob es an einem Strand Sandfliegen gibt, erkennen Sie am besten an den Rücken von Gästen, die längere Zeit im Sand gelegen haben! Dummerweise bemerkt man den Stich erst, wenn es zu spät ist, denn der Juckreiz setzt etwa 15 Minuten nach dem Stich ein. Da diese kleinen Tiere von ihrem ›Wohnort‹ im Sand nur etwa 20 cm weit fliegen können, genügt bei Windstille ein großes Badetuch als Unterlage, um vor ihnen sicher zu sein.

Seegras

Gelegentlich können insbesondere nach Nordwesten und Südosten ausgerichtete Strände durch angeschwemmtes Seegras unansehnlich werden. Wenn Sie ganz sicher gehen wollen, halten Sie sich an folgende Regel: An den Nordweststränden kann von Mai bis Oktober *kein* Seegras angeschwemmt werden, da zu dieser Jahreszeit dort auflandiger Wind klimatisch nicht möglich ist. Das gleiche gilt für die Südoststrände von Oktober bis März. Was an Stränden passiert, die in andere Himmelsrichtungen ausgerichtet sind (z. B. Südwest, Nordost usw.) ist nicht vorhersehbar. Anschwemmungen sind selten und werden an Badestränden in der Regel innerhalb einiger Stunden durch das Tourismusministerium entfernt. Am Wochenende allerdings arbeitet ein anständiger staatlich angestellter Seychellois nicht, so daß in der Regel erst montags geräumt wird.

Sicherheit

Das Unternehmen ›Pilgrims Security‹ (Serret Road, St Louis, Victoria, ✆ 26 63 19) kann Wachleute zur Verfügung stellen. An Stränden wachen gelegentlich Polizisten, wenn von Diebstählen berichtet wird. Lassen Sie Wertsachen im Hotelsafe, ihre Kamera im abgesperrten Wagen oder behalten Sie sie in Ihrer Strandtasche neben sich.

Spielkasinos

Spielkasinos gibt es in den Hotels ›Beau Vallon Bay‹ (Nord-Mahé), ›Plantation Club‹ (Süd-Mahé) und auf der Insel Praslin an der Anse Volbert.

Sport

Es gibt einen Golfplatz, verschiedene Hotels haben Tennisplätze, die den Gästen des Hotels gratis zur Verfügung stehen. Daneben werden alle Wassersportarten, wie Tauchen (s. S. 287 ff.), Wasserskifahren, Paragliding, Schnorcheln, Windsurfen und Hochseefischen geboten. Einige Hotels haben auch Reitpferde und Tauchbasen.

Golf

Ein wenig attraktiver 9 Loch-Platz befindet sich an der Westküste Mahés beim Reef Hotel. Aufwendiger und professioneller ist die neue 18 Loch-Anlage beim Hotel Lemuria auf Praslin (Eröffnung Mitte 2000). Der in Südmahé geplante 18 Loch-Platz mit Golfhotel (Anse à la Mouche) wartet noch auf Investoren.

Hochseefischen

Ausrüstung zum Angeln erhalten Sie in Victoria bei: Royal Marine, Mont Fleuri, P. O. Box 469, Game Fishing Club, Pirate Arms Hotel, P. O. Box 7, Hook-N-Nook, Francis Rachel St., P. O. Box 244. Zum Hochseefischen melden Sie sich beim Game Fishing Club oder bei der Marine Charter Association, P. O. Box 469, ✆ 32 21 26, an. Sie können sich den Ausflug auch von Ihrem Hotel oder einem Reisebüro organisieren lassen.

Zum Hochseefischen ausgerüstete Boote: Brownie Marine Services, Victoria, ✆ 37 86 27; Game Fishing Enterprise, ✆ 34 42 66; I. Jumaye, ✆ 37 85 23; Yacht Tam-Tam, ✆ 34 42 66; Yacht My Way, ✆ 22 45 73, Wallaby Tours, ✆ 37 62 45 (alle in Victoria); Indian Ocean Fishing Club, ✆ 23 33 24 (Praslin); La Digue Island Cruising, Anse Réunion, ✆ 23 42 99 (La Digue).

Reiten

Wer reiten will, wende sich entweder an das ›Equator Residence Hotel‹ oder an das ›Le Meridien Barbarons Beach Hotel‹ auf Mahé.

Segeln

Die Gewässer der Seychellen sind wegen der vielen Untiefen ein nicht ungefährliches Segelrevier. Seit 1996 ist es gestattet, innerhalb der Inneren Seychellen (Mahé, Praslin, La Digue, Frégate, Aride, Silhouette, Cousin, Cousine, Cerf, Ste Anne, Round, Moyenne) ohne einheimischen lizenzierten Skipper zu segeln. Für die Amiranten und Aldabra ist weiterhin eine gesonderte Lizenz erforderlich.

Darüber, wie sich *Bare Boat Charter* in Zukunft entwickelt, und über die Möglichkeiten, die Inseln auf Segelschiffen mit Skipper zu erkunden, erfahren Sie Näheres bei Trauminsel Reisen, Summerstr. 8, 82211 Herrsching, ✆ 0 81 52/9 21 90.

Squash

Squash ist auf den Seychellen ein beliebter Sport, und es stehen mehrere Hallen bereit, z. B. beim Seychelles College in Mont Fleuri, am südlichen Ausgang von Victoria. Eine weitere Halle besitzt das ›Mahé Beach Hotel‹, und eine private Halle befindet sich an der Nordspitze Mahés im Ort Northpoint.

Tennis

Tennisplätze haben die Hotels ›Reef‹, ›Equator‹ und ›Beau Vallon Bay‹ auf Mahé. Gegen eine kleine Gebühr dürfen Sie dort auch spielen, wenn Sie in einem anderen Hotel wohnen.

Wasserski

Wird nur bei den Hotels ›Beau Vallon Bay‹ und ›Coral Strand‹ in der Beau Vallon Bay (Mahé) angeboten. An allen anderen Stränden der Seychellen ist motorisierter Wassersport seit kurzem verboten!

Windsurfen

Mahé

Beau Vallon: In den Monaten von April bis Oktober herrscht in der Regel nur geringer ablandiger Wind (Ausnahmen bestätigen die Regel!), so daß der Anfänger mit Muße lernen kann, das Gleichgewicht zu halten. Im übrigen Jahr bläst gelegentlich eine steife Brise vom Meer zum Strand, und Könner haben neben dem Wind auch starke Wellen als Partner. Surfbretter bekommen Sie bei den Hotels ›Coral Strand‹ und ›Beau Vallon Bay‹.

Anse aux Pins und Anse Royal: Hier sind die Verhältnisse umgekehrt. Es weht ein gleichmäßiger, guter Wind von Juni bis September landeinwärts, ein relativ schwacher ablandiger im übrigen Jahr. Surfbretter hält das ›Reef Hotel‹ bereit.

Anse à la Mouche: Hier entsprechen die Windverhältnisse etwa denen in Beau Vallon: von April bis Oktober normalerweise schwacher ablandiger, ansonsten gelegentlich kräftiger Wind zum Festland hin. Surfbretter gibt es bei den ›Blue Lagoon Chalets‹.

Praslin

Surfbretter bekommen Sie beim ›Maison des Palmes‹ an der Grand' Anse, auf der anderen Seite der Insel (Anse Volbert) im ›Paradise Sun Hotel‹ und im ›Praslin Beach Hotel‹.

Die Windverhältnisse: guter Wind von Juni bis September in der Grand' Anse, von November bis März in der Anse Volbert.

La Digue

Das Hotel ›La Digue Island Lodge‹ hält Surfbretter bereit. Guter Wind herrscht am Hotelstrand normalerweise von November bis März. Vorsicht: Bei Ebbe liegen die Korallenbänke nur knapp unter der Wasseroberfläche (Verletzungsgefahr!). Von Juni bis September findet man in der Grand' Anse gute Windverhältnisse vor.

Sprachführer

Umgangssprache auf den Seychellen ist Kreolisch, ein ›Dialekt‹ des Französischen (s. S. 58 f.). Offizielle Landessprachen sind Kreolisch, Englisch und Französisch. Mit jeder dieser Sprachen können Sie sich problemlos verständigen. In den meisten Hotels und bei den Reiseveranstaltern gibt es auch Angestellte, die Deutsch beherrschen. Eine besondere Freude machen Sie den Einheimischen, wenn Sie wenigstens hin und wieder einen Brocken Kreolisch verwenden. Der folgende Sprachführer erlaubt es Ihnen, schon vor der Reise zu üben. Dabei wurde die seit kurzem gültige Schreibweise des ›neuen‹ Kreolisch angewendet. Das hat für jemanden, der Französisch spricht, den Nachteil, daß er die französische Wurzel des jeweiligen kreolischen Wortes schwer erkennen kann. Wenn Sie aber Ihre Kenntnisse der französischen Schreibweise vergessen, haben Sie es sehr leicht! Lesen Sie die Worte buchstabengetreu, als ob sie deutsche Worte seien, und hören Sie sich selbst zu! Fast immer sprechen Sie dann die Worte richtig kreolisch aus!

Unterschiede in der Aussprache

– Das ›z‹ wird wie ein stimmhaftes deutsches ›s‹ ausgesprochen.
– Es gibt auch im Kreolischen die Nasallaute des Französischen: Wenn nach einem a, e oder o ein ›n‹ geschrieben wird, spricht man den vorangehenden Vokal ›nasal‹ aus und läßt das ›n‹ weg.
– Das deutsche ›u‹ wird ›ou‹ geschrieben.

Kontakt aufnehmen

Guten Morgen	Bonzour
Guten Abend	Bonswar
Wie geht es?	Ki i dir?
Danke gut. Und Ihnen?	Byen mersi, Oumenm?
Ich heiße …	Mon apel …
Wie heißen Sie?	Koman ou apele?
Sind Sie Seychellois(e)?	Seselwa?
Ja	Wi
Nein	Non
Entschuldigung	Eskiz mwan
Ich verstehe nicht	Mon pa konpran
Auf Wiedersehen	Orevwar
Ich bin in den Ferien hier	Mon an vakans isi
Darf ich Ihnen etwas zu Trinken anbieten?	Oule en bwar?
Zum Wohl!	Cheers!
Guten Appetit!	Bon apetit!
Können Sie mir das zeigen?	Ou kapa montre mwan?

Danken und Bewerten

Danke!	Mersi!
Herzlichen Dank!	Mersi bokou!
Gern geschehen!	Padekwa!
Es freut mich	Mon byen kontan
Es ist sehr gut	I byen bon
Es ist nicht so gut	Pa tro bon
Es ist sehr schlecht	Pa bon ditou
Ich bin dafür	Mon dakor
Die Seychellen sind sehr schön	Sesel i byen zoli
Das ist sehr schön	Sa i zoli

Suchen und Fragen

Wo ist ... bitte?	Oli ... silvouple?
Wo sind Sie?	Oli ou?
Hier bin ich	La mon la
Wo wohnen Sie?	Kote ou reste?
Wo bekomme ich Ansichtskarten?	Kote mon kapa aste postcard?
Kann ich bitte Feuer haben?	Eskiz mwan, ou annan dife silvouple?
Wie spät ist es bitte?	Kele i ete silvouple?
Welches Datum haben wir heute?	Ki dat ozordi?
Darf ich bitte telefonieren?	Mon kapa servi telefonn silvouple?
Möchten Sie tanzen?	Oule danse?
Können Sie Sega tanzen?	Ou kapa danse sega?
Ja, und Sie?	Wi mon kapa. Be ou?
Tanzen wir diese Sega!	Annou danse sa sega!
Kann ich bitte ein Bier haben?	Mon kapa ganny en labyer silvouple?
Kann ich hier Geld wechseln?	Mon kapa sanz larzan isi, silvouple?
Den Zimmerschlüssel, bitte?	Lakle lasanm, silvouple?
Haare schneiden, bitte	Koup mon seve, silvouple
Haben Sie ein Zimmer frei?	Ou annan en lasanm, silvouple?
Haben Sie eine Landkarte?	Ou annan en map?
Wo bekomme ich Briefmarken?	Kote kon kapa aste tenm?
Wo bekomme ich Lebensmittel?	Kote mon kapa aste konmisyon?
Ich suche etwas	Mon pe rod
Ist es weit?	I lwen?
Wann geht das Schiff?	Keler bato i ale?
Ist das unser Boot?	Nou bato sa?
Fahren wir nach Victoria?	Nou pe al Victoria?
Fliegen Sie nach ...?	Ou pe al ...?
Nein, wir fliegen nicht nach ...	Non, nou pa pe al ...
Ich bin müde	Mon fatige
Ich gehe schlafen	Mon pe al dormi
Ich habe zuviel gegessen	On tro manze
Wie heißt dieser Strand?	Komanyer sa lans i apele?
Wie heißt dieser Fisch?	Komanyer sa pwason i apele?

Kaufen und Bestellen

Wieviel kostet das?	Konbyen sa?
Was kostet diese ... Muschel?	Konbyen sa ... (kokoy)?
Was schulde ich Ihnen?	Kombyen mon dwa ou?
Eines davon, bitte	En sa, silvouple
Bitte einen Kaffee mit Milch	En kafe ek dile, silvouple
Bitte ein Bier	En labyer, silvouple
Die Speisekarte, bitte	Meni, silvouple
Die Rechnung, bitte	Bil, silvouple
Das ist für Sie (Trinkgeld)	Sa pou ou

Zeitangaben

Morgens	Bomaten
Abends	Aswar
Montag	Lendi
Dienstag	Mardi
Mittwoch	Merkedi
Donnerstag	Zedi
Freitag	Wandredi
Samstag	Samdi
Sonntag	Dimans
Heute morgen	Osordi, bomaten
Morgen	Demen
Übermorgen	Apredmen
Gestern	Yer

Farben

Rot	Rouz
Blau	Ble

Grün	Ver
Gelb	Zonn
Weiß	Blan
Schwarz	Nwar

Zahlen

Null	Zero
ein Viertel	Enkar
ein Halb	En demi
Eins	En
Zwei	De
Drei	Trwa
Vier	Kat
Fünf	Senk
Sechs	Sis
Sieben	Set
Acht	Uit
Neun	Nef
Zehn	Dis

Straßenverhältnisse und Verkehrsregeln

Auf Mahé sind die meisten Straßen geteert und – wenn auch schmal – in für afrikanische Verhältnisse ausgezeichnetem Zustand. Baustellen werden in der Nacht in der Regel mit Warnlichtern gesichert und Schotterstraßen so instand gehalten, daß man sie bei Trockenheit zügig befahren kann. Bei Regen allerdings weichen sie auf und sind dann nur langsam zu passieren. Seien Sie dennoch vorsichtig, denn neben den Asphaltstraßen befindet sich meist ein tiefer Abwasserkanal, in dem man bei unvorsichtigem Wenden oder bei zu knapper Fahrt am Straßenrand landen kann!

Auch auf Praslin ist ein Großteil der Straßen geteert. Auf La Digue gibt es nur ein kleines Stück geteerte Straße und wenige Autos.

Achtung, es herrscht Linksverkehr! Die zu beachtende Höchstgeschwindigkeit beträgt 65 km/h, in Ortschaften 45 km/h.

Tageslicht

Die Sonne geht gegen 6 Uhr auf und gegen 18 Uhr wieder unter. Die Dämmerung ist mit etwa einer halben Stunde sehr kurz. Wenn Sie abends spazierengehen, sollten Sie immer eine Taschenlampe dabei haben!

Tauchen und Schnorcheln

Auf den Seychellen sind die Korallenstöcke durch strenge Gesetze und durch strikte Kontrollen von Bombenfischerei, Harpunenfischern und rücksichtslosen Tauchgruppen bis 1998 von Zerstörung weitgehend verschont geblieben.

Wie überall im Indischen Ozean, im Pazifik und der Karibik hat allerdings die starke Erwärmung der oberen Wasserschichten bis in etwa 15 Meter Tiefe im April, Mai und Juni 1998 (El Nino) große Schäden angerichtet. Einzelne Bereiche beginnen sich inzwischen wieder zu erholen, es wird aber voraussichtlich Jahre dauern, bis alles wieder so ist wie vorher - vorausgesetzt das Meer erwärmt sich nicht nochmals so sehr!

Allgemeine Vorsichtsmaßregeln

Zunächst einmal ist zu betonen, daß von den großen Fischen, die dem Menschen gefährlich werden können, nur sehr wenige in den Gewässern um die granitenen Inseln leben. Früher gab es dort große Haie, doch sie bleiben dieser

Gegend heute lieber fern, da sie sehr scheu sind. Um Bird, Denis und die weiter entfernt liegenden Inseln finden Sie sie häufig. Die kleinen Haie von bis zu 1 Meter Länge haben vor Ihnen mehr Angst, als Sie haben müssen, und greifen niemals einen Menschen an. Auch die von ihrem Äußeren her furchterregend anmutenden Barracudas sehen nicht den geringsten Anlaß, einen Menschen zu attackieren, denn der Mensch gehört nicht zu ihren Beutetieren.

Sie sollten beim Tauchen möglichst Arm- oder Halsbänder abnehmen, die den Sonnenschein reflektieren könnten. Es ist möglich, daß ein Barracuda durch einen Sonnenreflex irritiert wird und angreift.

Muränen sehen zwar furchterregend aus, wenn sie in ihrer ganzen Länge (bis zu 2 Meter) aus ihren Höhlen hervorschießen. Doch wenn Sie sie in Ruhe lassen, sind auch diese Tiere völlig ungefährlich. Die mit einem langen, scharfen Schwanz ausgerüsteten Stachelrochen, die am Grund des Meeres leben, haben an Ihnen ebenfalls kein Interesse.

Achtgeben sollten Sie hingegen auf die Steinfische und Tigerfische, wenn Sie in niedrigem Korallengelände spazieren gehen. Der Steinfisch ist ein außergewöhnlich häßlicher, eckiger Fisch, der für ein ungeübtes Auge tatsächlich wie ein Stein aussieht und reglos zwischen den Korallen liegt. Er hat auf seinem Rücken Stacheln, deren Gift erhebliche Schmerzen verursacht, wenn Sie mit bloßen Füßen darauftreten. Wenn Sie Gummiflossen oder wenigstens Badeschuhe tragen, können die Stacheln nicht bis zu Ihrer Haut vordringen. Sollten Sie doch gestochen worden sein, begeben Sie sich zu einem Arzt!

Die häufigsten Verletzungen beim Tauchen in Korallenriffen stammen von Seeigeln. Deren Stacheln sind schwer aus der Haut zu entfernen, und bei dem Versuch, dies zu tun, verwundet man sich meist zusätzlich. Es ist daher empfehlenswert, die Stacheln in der Haut zu belassen. Sie werden nach einigen Tagen von selbst abgestoßen. Durch Korallen hervorgerufene Wunden sollten Sie mit frischem Wasser auswaschen und dann in der Sonne trocknen lassen. Der Gefahr einer Verletzung in Korallenriffen entgehen Sie am besten, wenn Sie sich angewöhnen, beim Tauchen möglichst sparsame Bewegungen zu machen. Schwimmen Sie ruhig und langsam!

Noch größere Sicherheit haben Sie, wenn Sie sich angewöhnen, unter Wasser nichts anzufassen, auch nicht, wenn Sie (glauben zu) wissen, daß es sich um eine harmlose Art handelt! Wozu auch anfassen? Machen Sie es sich auch zur Regel, über den Korallen zu schwimmen, doch niemals darauf zu stehen. Erstens laufen Sie dann nicht Gefahr, auf einen Seeigel, eine scharfe Muschel oder eine scharfe oder gar giftige Koralle zu treten und zweitens bewahren Sie die Unterwassernatur vor Schäden.

Sollten Quallen im Meer auftauchen, verlassen Sie das Wasser am besten! Quallen kommen in diesen warmen Gewässern zwar sehr selten vor, einige Arten können aber Vergiftungen auf der Haut hervorrufen. Insbesondere Menschen, die zu allergischen Reaktionen neigen, sollten sich vorsehen. Wenn Sie mit einer Qualle in Berührung gekommen sind, reiben Sie die betroffene Hautstelle mit trockenem Sand ab! Sollten Sie Essig zur Verfügung haben, so wäre Einreiben damit ebenfalls hilfreich.

Gehen Sie nie ohne T-Shirt zum Schnorcheln oder zum Tauchen! Wenn Sie knapp unter der Wasseroberfläche dahinschwimmen, holen Sie sich nämlich noch schneller einen Sonnenbrand als am Strand.

Wenn Sie Fische fangen, so sollten Sie diese nicht verspeisen, ohne sich vorher bei Einheimischen erkundigt zu haben, ob die betreffende Art auch genießbar ist!

Baden Sie nirgends, ohne sich vorher erkundigt zu haben, ob eventuelle Gefahren dort lauern! Die Einheimischen wissen genau Bescheid und können Ihnen sagen, ob das Wasser ungefährlich ist.

Gehen Sie generell nie alleine zum Tauchen oder zum Schnorcheln; versuchen Sie unbedingt, immer in Sichtweite Ihres Kameraden zu bleiben!

Sollten Sie in eine vom Land weggerichtete Strömung geraten, so versuchen Sie nicht, dagegen anzuschwimmen; das wird in der Regel ohnehin nicht gelingen! Es empfiehlt sich vielmehr, in einem Winkel von etwa 45° auf das Land zuzuschwimmen. Auf diese Weise werden Sie nicht allzuweit ins offene Meer hinausgetrieben, und gleichzeitig haben Sie die Chance, dem Strömungskanal seitwärts zu entkommen, möglicherweise sogar, eine einwärts gerichtete Strömung zu erreichen, um dann wieder leichter zurückkehren zu können.

Haie

Auf den Seychellen ist bisher kein einziger Fall eines Haiangriffs auf einen Taucher oder Schwimmer bekannt geworden. Die Gefahren, die von Haien ausgehen, sind in Filmen und Büchern übertrieben dargestellt worden. Trotzdem verspürt wohl jeder Taucher zunächst einmal Angst, wenn er einen Hai sieht. Die Angst verschwindet jedoch rasch, wenn man ihn beobachtet und sieht, daß er selbst zwischen Angst, Scheu und Neugier hin und her gerissen wird. Wenn Sie als Taucher ganz ruhig bleiben und warten, so wird er häufig verschwinden, da er Sie nicht bemerkt. Sollte er Sie orten, so kann es leicht sein, daß er seine Scheu überwindet und aus reiner Neugier näherkommt. Dies ist der beste Moment, ihn zu fotografieren. Durch eine plötzliche Bewegung können Sie ihn erschrecken, und er wird dann normalerweise fliehen.

Ausnahmen von dieser Regel kommen dann vor, wenn sterbende Fische in Ihrer Nähe den Haifisch anlocken. Diese Gefahr ist auf den Seychellen gering, denn es wird – anders als in anderen Tauchgebieten – nicht harpuniert. Trotzdem wird ein vernünftiger Taucher einen kontrollierten, ruhigen und langsamen Rückzug antreten, wenn sich Haie nähern.

Seit einiger Zeit bevölkern harmlose, aber um so eindrucksvollere Walhaie von einer Länge bis zu 12 Meter die Gewässer zwischen Nord-Mahé und Silhouette.

Schnorchelkurs für Anfänger

Bringen Sie sich eine Tauchermaske aus Europa mit, die wirklich paßt! Ob dies der Fall ist, können Sie feststellen, indem Sie die Maske an ihr Gesicht halten, ohne den Gummi um den Kopf zu legen. Saugen Sie durch die Nase nun leicht Luft ein und lassen die Maske los! Wenn sie auf dem Gesicht haften bleibt und sich nicht von selber wieder löst, paßt sie.

Eine neue Tauchermaske sollten Sie zunächst immer innen mit Seife auswaschen. Dann beschlägt das Glas nicht so leicht.

Bevor Sie die Maske zum Tauchen aufsetzen, spucken Sie in die Innenseite und verreiben Sie den Speichel auf dem Glas; anschließend waschen Sie die Maske im Salzwasser wieder aus! Auch dies hilft, das Beschlagen des Glases unter Wasser zu verhindern.

Achten Sie darauf, daß Ihre Haare nicht unter den Gummi der Maske rutschen; dadurch wird sie undicht.

Nehmen Sie das Mundstück des Schnorchels zwischen die Lippen und beißen Sie auf die Gumminoppen, die zwischen die Zähne reichen! Üben Sie schon auf dem Trockenen, durch den Mund und den Schnorchel langsam und gleichmäßig zu atmen! Halten Sie den Schnorchel mit Ihren Lippen fest! Wenn Wasser in Ihren Schnorchel geraten ist, blasen sie es mit einem harten, schnellen Luftstoß heraus!

Während Sie an der Oberfläche schwimmen und der Schnorchel aus dem Wasser herausschaut, neigen Sie den Kopf so, daß Sie nach unten und leicht nach vorne schauen! In dieser Kopfhaltung ragt der Schnorchel senkrecht aus dem Wasser. Wenn Sie senkrecht nach unten schauen, kippt er nach vorne und kommt der Wasseroberfläche näher.

Wenn Sie hinuntertauchen zum Riff, wird sich der Schnorchel mit Wasser füllen, aber das Wasser nicht in Ihren Mund eindringen. Atmen Sie daher, bevor Sie ins Wasser eintauchen, tief ein und halten Sie bei gefüllter Lunge die Luft an. Wenn Sie wieder auftauchen und mit der Maske über Wasser sehen, stoßen Sie mit dieser Luft das Wasser aus dem Schnorchel heraus. Am einfachsten geht das, wenn Sie den Kopf ein gutes Stück über die Wasseroberfläche halten und den Schnorchel waagerecht. Dann ist der erforderliche Luftdruck, um das Wasser herauszublasen, nicht so groß.

Tauchkleidung und -ausrüstung

Grundausrüstung für das Schnorcheln sind Maske und Schnorchel. Sehr zu empfehlen sind selbstverständlich Flossen, da sie Ihnen eine leichtere, ruhigere Art der Fortbewegung ermöglichen und den Fuß vor Verletzungen an scharfen Korallen schützen. Beim Schnorcheln sollten Sie unbedingt ein T-Shirt anziehen!

In den Gewässern der Seychellen brauchen Sie in der Regel keinen oder nur einen sehr leichten Neoprenanzug. Das Wasser hat eine Temperatur um 26 °C, so daß Sie gegen Kälte nicht geschützt sein brauchen. Im Juni, Juli und August kann die Wassertemperatur gelegentlich etwas absinken, so daß bei längeren Tauchgängen ein Anzug sinnvoll sein kann.

Die Tauchausrüstung sollte in der Regel mitgebracht werden, Sie können sie aber auch in Läden in Victoria kaufen, wo sie nicht einmal wesentlich teurer ist als in Europa. Die Auswahl allerdings ist sehr begrenzt. Gute Tauchausrüstung finden Sie in den Tauchbasen.

Tauchkurse

Sie können Tauchkurse belegen und sowohl in der Theorie als auch in der Praxis mit einem erfahrenen Tauchlehrer die ersten Schritte in das Abenteuer des Gerätetauchens machen. Zwar sind die Preise hierfür nicht gerade niedrig, dafür haben Sie aber – anders als etwa in den Tauchgebieten der Karibik oder der Malediven – den Vorteil, nicht in großen Herden unter Wasser geführt zu werden. Meist teilen sich kleine Gruppen von zwei oder drei Schülern einen Tauchlehrer. Ich selbst habe das Tauchen auf den Seychellen gelernt und war in den ersten vier Stunden der einzige Schüler!

Verschiedene Tauchbasen, die den Hotels angegliedert sind, führen Tauchkurse durch und organisieren Tauchgänge. Die Preise unterscheiden sich geringfügig. Meist sind die Preise für Gäste des jeweiligen Hotels etwas niedriger als für Taucher, die von anderen Hotels zur Tauchbasis kommen. Für einen Tauchkursus mit theoretischem Unterricht, praktischer Einführung im Schwimmbecken und einem Tauchgang müssen Sie mit etwa 250 DM pro Person rechnen. Das Füllen der Flaschen und das Ausleihen einer Tauchausrüstung kostet etwa 70 DM. Momentan finden Sie bei folgenden Hotels Tauchbasen:
... auf Mahé: Coral Strand Hotel, Plantation Club, Beau Vallon Bay Hotel, Northolme Hotel
... auf Praslin: Praslin Beach Hotel, Paradise Sun Hotel
... auf La Digue: La Digue Island Lodge, La Morena (Choppy's Bungalows)
... auf Desroches: Desroches Island Lodge
... auf Denis: Denis Island Lodge

Tauchzeiten

Generell kann gesagt werden, daß die Tauchgebiete, die sich jeweils an der dem Wind abgewandten Seite einer Insel befinden, klares Wasser und bessere Sicht bieten, während die jeweils dem Monsun zugewandten Seiten ungünstig sind. An ruhigen Tagen spielt die Lage selbstverständlich keine Rolle. Im Ste Anne Marine National Park können Sie das ganze Jahr über Schnorcheln und Tauchen, denn dieses Gebiet ist durch die Bucht von Mahé und die vier vorgelagerten Inseln Ste Anne, Cerf, Moyenne und Round recht gut abgeschirmt.

November bis Februar (während des Nordwestmonsuns): Anse aux Pins, Anse Royale, Police Bay (alle auf Mahé), Thérèse, Ste Anne Marine National Park, Silhouette, Südost-Curieuse, Aride, Albatross-Felsen, Frégate.

März bis Mai, September bis November (während der Übergangszeiten der Monsunwinde): ›Ennerdale‹-Wrack, Récifs, Anse Petite Cour (Praslin), La Digue, Ave-Maria-Felsen, Bird Island.

Juni bis September (während des Südostpassats): Beau Vallon Bay, Police Bay, Police Point, Barbarons Beach (alle auf Mahé), Thérèse, Ste Anne Marine National Park, Silhouette, Anse Petite Cour, Chevalier Point (beide Praslin), St Pierre, Aride, La Digue, Les Sœurs, Albatross-Felsen.

Natürlich gibt es von den beschriebenen Regeln auch Ausnahmen. Es kann in der Trockenzeit (Mai bis September) stark regnen und in der eigentlich wenig windigen Übergangszeit stürmische Tage geben. Dafür kann das Meer selbst auf der dem Wind zugewandten Seite ruhig und klar sein.

Alle aufgeführten Tauchgebiete sind mit den örtlichen Tauchschulen erreichbar, zum Teil können Sie aber auch mit dem öffentlichen Omnibus, mit regelmäßig verkehrenden Ausflugsbooten oder gar zu Fuß dorthin gelangen. Zu den abgelegeneren Gebieten gibt es speziell organisierte Fahrten, die Sie bei den Reisebüros buchen können. Wenn Sie mit einer Gruppe unterwegs sind, wenden Sie sich an die ›Marine Charter Association‹ (P. O. Box 469, Victoria, ✆ 32 21 26), um dort ein Boot zu mieten.

Telefon

Die Telefonverbindungen auf die Seychellen sind sehr gut. Die Übertragung nach Europa erfolgt über Satelliten, Sie können ohne Vermittlung durchwählen. Ein Gespräch auf die Seychellen ist oft einfacher als ein Inlandsgespräch in der Bundesrepublik Deutschland, da die Leitungen fast immer frei sind (Vorwahl von Deutschland aus: 0 02 48).

Umgekehrt funktionieren die Verbindungen genauso gut. Die Vorwahl von den Seychellen nach Deutschland lautet 00 49, nach Österreich 00 43, in die Schweiz 00 41. Preis pro Minute etwa 10 DM.
Allgemeine Notrufnummer auf den Seychellen: 9 99

Trinkgelder

Sie sind nicht obligatorisch, werden aber gerne genommen. Sie sollten nicht hoch sein und nur gegeben werden, wenn wirklich guter Service geboten wurde.

Unterkunft

Auf den Seychellen besteht die Alternative, in **Hotels** oder **Guesthouses** zu übernachten. Letztere bieten in der Regel zwar weniger Komfort, sind dafür aber billiger und zeichnen sich meist durch eine familiäre Atmosphäre aus. Da sich die Preise und Leistungen der einzelnen Hotels sehr stark unterscheiden, sei zur Orientierung auf die detaillierten Beschreibungen in der Rubrik ›Tips und Adressen von Insel zu Insel‹ verwiesen (s. S. 242 ff.). Falls Sie selber Ihre Unterkunft auf den Seychellen buchen wollen, finden Sie dort auch die Telefonnummern. Beachten Sie aber, daß eine Buchung nicht immer problemlos möglich ist, da viele Hotels selbst eine schriftliche Terminbestätigung nicht unbedingt als verbindlich ansehen und Zimmer unter Umständen auch an andere Gäste vergeben. Daher ist eine Buchung über die genannten Reiseveranstalter in jedem Fall der sicherere Weg – zudem oft auch der billigere.

Vorsicht: Einige Hotels sind dazu übergegangen, in der Nebensaison leerstehende Zimmer über Reiseveranstalter zu Sonderpreisen anzubieten. Auf diese Weise verlorengehende Einnahmen werden durch hohe Preise an der Bar und im Restaurant wieder hereingeholt. Seien Sie daher mit ›Knüllern‹ vorsichtig. Die Kommentare vieler Gäste lassen auch den Schluß zu, daß große Hotels auf den Seychellen nicht so gut geführt werden und einen weniger freundlichen Service bieten können als kleine und mittlere Hotels. Jedenfalls ist die Zahl der unzufriedenen Gäste in großen Hotels prozentual höher als in kleinen Anlagen.

Die Regierung der Seychellen unterstützt die Gründung von kleinen **Selbstverpflegerbungalows,** d. h. Hotels ohne Service, dafür aber mit großen Zimmern und Kochmöglichkeiten. Daher sind in den vergangenen Jahren mehrere Anlagen dieses Typs entstanden (›Blue Lagoon Chalets‹ u. a.). Die meisten Betreiber haben jedoch erkannt, daß die Gäste größtenteils nicht selbst kochen, sondern die kreolische Küche gerne serviert bekommen möchten. Sie bieten daher beide Möglichkeiten. Hierzu gehören auf Mahé die ›Beau Vallon Bungalows‹, auf Praslin das ›Islander Guesthouse‹ und auf La Digue die ›Paradise Flycatcher's Bungalows‹.

Hotelfrühstück

Wenn man sich auf den Seychellen mit Gästen unterhält, hört man immer wieder das Lob für das ausgezeichnete Essen. Die kreolische Küche hat die jeweils besten Rezepte aus den Heimatländern der vielen Auswanderer vereinigt und alles mit den auf den Inseln angebauten Gewürzen verfeinert. Italiener verzichten auf Reisen jedoch ungern auf ihre Spaghetti, Engländer nur schwer auf ihren Bacon und Deutsche kaum auf ihr ›kaiserliches‹ Frühstück. Daher hört man Italiener über die fehlenden Pasta klagen, Engländer leiden unter ›Baconentzug‹, und Deutsche sind empört über das ›schlechte‹ Frühstück, obwohl sie doch so teuer dafür bezahlt haben.

Ein Seychellois wird normalerweise morgens aufstehen, sich waschen, anziehen und sofort zur Arbeit gehen. Nur selten macht er sich vorher einen Kaffee, einen Tee oder gar ein richtiges Frühstück. Traditionell gibt es ein *Mansé once heures* (11-Uhr-Essen) und dann am Abend ein großes Abendessen. Von den Engländern wurde die gute Tradition des *5 o'clock tea* übernommen. Verständnis für das Verlangen nach einem großzügigen Frühstück mit Brot, Butter, Marmelade und Eiern, möglicherweise sogar Müsli und möglichst viel Kaffee fehlt daher vollkommen. Nur einzelne Hotels haben sich auf deutsche Gäste eingerichtet, indem sie großzügige Frühstücksbuffets aufbauen, von denen sich der Gast nehmen kann, was er möchte. Eine Vorreiterrolle diesbezüglich spielte die ›La Digue Island Lodge‹, deren Managerin in Deutschland eine Hotelfachschule besucht hat. Um ein großzügiges Buffet arrangieren zu können, hat sie einen erfahrenen Restaurantmanager aus Mauritius eingestellt, der nicht nur weiß, wie man ein solches Buffet anrichtet, sondern auch die Lieferantenliste von seinem letzten Hotel in Mauritius mitbrachte, um all die Zutaten direkt aus Südafrika importieren zu können. In den Geschäften und Supermärkten der Seychellen sind sie nicht zu finden. Andere Hotels sind diesem Beispiel inzwischen gefolgt. Dazu gehören das ›Coral Strand Hotel‹ (deutsches Management), ›La Réserve‹, ›L' Archipel‹ und einige andere. In der Mehrzahl, insbesondere der kleinen Hotels, jedoch muß der Gast nach wie vor mit einem einfachen *Continental Breakfast* vorliebnehmen und sich seinen Appetit für das Mittag- und Abendessen aufheben!

Unterwegs auf den Seychellen

... mit organisierten Touren

Es gibt in Victoria vier Reiseveranstalter, die über Reisebusse, Boote und ausgebildete Reiseführer(innen) verfügen. National Travel Agency (NTA), Kingsgate House, ✆ 22 49 00; Masons Travel, Michael Building, Revolution Ave., ✆ 32 26 42; Travel Services Seychelles (TSS), Victoria House, State House Ave., ✆ 32 24 14; Premier Holidays, Francis Rachel St., ✆ 22 58 58, Victoria, haben alle in etwa das gleiche Angebot.

Sie bieten beispielsweise für ca. 100 DM eine Busrundfahrt durch Mahé mit Besuch des Marktes und des Botanischen Gartens sowie einem Fisch-Buffet an. Jeden Freitag werden Wandertouren organisiert. Ganztägige Rundfahrten in einem Glasbodenboot, von dem aus Sie die Korallen im Ste Anne Marine National Park ansehen können und wo Ihnen auch Gelegenheit zum Schnorcheln um das Boot geboten wird, kosten zwischen 70 DM und 80 DM. Schnorchelausrüstung wird gestellt; außerdem ist in dem Preis ein hervorragendes Mittagessen auf einer der Mahé vorgelagerten Inseln Moyenne, Round oder Cerf eingeschlossen. Zwischen 150 DM und 250 DM müssen Sie für ganztägige Ausflüge nach Praslin und La Digue anlegen, wobei ebenfalls das Mittagessen im Preis eingeschlossen ist. Die genannten Büros bieten Ganztagsexkursionen nach Bird Island, Praslin und La Digue, nach Aride sowie nach Moyenne im Ste Anne Marine National Park an. Ca. 250 DM kostet ein halber Tag Hochseefischen. Es gibt hierfür erstklassig ausgerüstete Schiffe. Die Chancen, einen großen Marlin an die Angel zu bekommen, sind nicht schlecht. Insbesondere um Bird Island und Silhouette wurden schon verschiedene Weltrekorde im Hochseefischen erzielt.

Weitere Reisebüros in Victoria: Orchid Travel, ✆ 22 49 53; Bunson Travel, ✆ 32 26 82; Air Bookings, ✆ 32 25 36

... mit dem Taxi

Die Taxis sind mit einem Taxameter ausgestattet. Achten Sie darauf, daß es eingeschaltet wird. Außerdem sollten alle Fahrpreise vom Flughafen zu den wichtigsten Hotels im Taxi aushängen. Im Gegensatz zu vielen anderen Urlaubsländern braucht man daher kaum zu fürchten ›ausgenommen‹ zu werden. Haben Sie allerdings den Eindruck, daß etwas nicht stimmt, lassen Sie sich eine Quittung geben, auf der Fahrpreis, Fahrstrecke und Uhrzeit angegeben sind. Der Preis wird dann recht schnell auf das richtige Maß sinken, denn der Fahrer muß eine Anzeige wegen überhöhter Forderungen fürchten. In etwa können Sie den Fahrpreis im voraus wie folgt berechnen: 3 DM Grundgebühr + ca. 1,50 DM pro Kilometer. Die Preise sind hoch, denn die Autos kosten etwa das dreifache wie bei uns, das Benzin etwa das doppelte; Trinkgelder sind nicht üblich.

... mit dem Mietwagen

Die Tarife für Mietwagen variieren relativ stark, es lohnt sich also, ein wenig herumzutelefonieren, bevor man ein Angebot annimmt. Beim Anmieten des Wagens müssen Sie einen gültigen Reisepaß und einen gültigen nationalen oder internationalen Führerschein vorweisen. Beliebtestes Leihauto ist der kleine offene ›Mini Moke‹, eine Sonderanfertigung auf dem Chassis des Austin Mini. Leihwagenfirmen haben in den großen Hotels meist einen Repräsentanten, sonst kann Ihnen das Hotel ein Auto vermitteln. Die Telefonnummern der Mietwagenfirmen entnehmen Sie am besten dem aktuellen Telefonbuch vor Ort (vgl. ›Adressen und Tips von Insel zu Insel‹, S. 242 ff.).

... mit dem Fahrrad

Fahrräder können Sie in der Anse Volbert (Cote d'Or Bicycle Hire, ✆ 232071), der Grand' Anse (Sunbike Rent-a-Bike, ✆ 23 30 33) und an der Jetty von La Digue (Tarosa Bicycle Rent, ✆ 23 42 50) sowie im ›Le Meridien Barbarons Beach Hotel‹ in Süd-Mahé für etwa 20 DM pro Tag mieten. Die Qualität der Räder läßt zu wünschen übrig, da die aggressive Meeresluft (feucht und salzhaltig) neue Fahrräder sehr schnell zugrunde richtet.

... mit dem Omnibus

Der Omnibus ist auf Mahé ein zuverlässiges und bequemes Transportmittel, mit dem sie jeden Ort leicht erreichen können, sofern Sie nicht gerade im Berufsverkehr fahren. Die Busse haben feste Abfahrtszeiten vom zentralen Busbahnhof in Victoria. Auf den vielbefahrenen Strecken, insbesondere zwischen Victoria und Beau Vallon Bay, fährt alle Viertelstunde ein Bus, zu den weiter entfernt gelegenen Orten im Süden und Norden alle halbe Stunde oder alle Stunde. Nach 19 Uhr werden die meisten Verbindungen ganz eingestellt, die wichtigsten Busse in Nordmahé fahren nur noch selten. Einen Busfahrplan erhalten Sie an der Haupthaltestelle in Victoria. Wenn Sie nicht wissen, zu welcher Uhrzeit der Bus fährt, sind Sie am besten beraten, wenn Sie zu einer vollen Stunde am Busbahnhof sind. Die Busse halten nur an festgelegten und markierten Haltestellen. Wenn an kleineren Stopps niemand wartet, um einzusteigen und auch niemand durch den Ruf *Aret devan* oder *Tschambo devan* (vorne halten) zu erkennen gibt, daß er aussteigen will, fährt der Bus durch.

Seit 1995 gibt es einen speziellen Busservice für Touristen! Erkundigen Sie sich beim Tourismusbüro nach dem Fahrplan und den Preisen!

Achtung! Zu den Hauptverkehrszeiten, zwischen 7 und 9 Uhr sowie zwischen 15 und 19 Uhr ist es schwer, einen Platz in den Omnibussen zu ergattern, da die Angestellten zu ihrem Arbeitsplatz oder wieder nach Hause fahren wollen. Preise: Einheitspreis von 3 SR für eine Fahrt in einem Bus, egal wie weit die Entfernung ist. Wenn umgestiegen werden muß, um das Fahrziel zu erreichen, müssen nochmals 3 SR bezahlt werden.

... mit Inlandflügen

Verbindungen ab Mahé bieten an: Air Seychelles (nach Praslin, Denis und Bird), Helicopter Seychelles (nach La Digue und Silhouette; Charterflüge) und Island Development Company (nach Desroches, Assomption, Alphonse, Coëtivy und D'Arros). Die Flugpläne ändern sich häufig.

Reservierungen für Flüge Mahé–Praslin–Mahé über ✆ 37 31 01. Tickets werden am Inter Island Terminal, bei Air Seychelles oder einem Reisebüro ausgestellt und bezahlt.

Bei Air Seychelles können auch Flugzeuge stundenweise zum Selberfliegen gechartert werden (✆ 22 52 20). Auf den ›Inselflügen‹ beträgt das Freigepäck 10 kg pro Person. Wer mehr hat, kann gebeten werden, etwa 1 DM pro kg Übergepäck zu bezahlen. In der Regel

Hubschrauber von Helicopter Seychelles – einzige Verbindung zu einigen Inseln der Inneren Seychellen

wird hiervon jedoch kein Gebrauch gemacht, insbesondere nicht bei Touristen, die mit ihren 20 kg Gepäck vom internationalen Flug kommen. Sperrige Gepäckstücke (z. B. große Hartschalenkoffer) müssen manchmal zurückbleiben, wenn der Gepäckraum überlastet ist. Sie werden mit dem nächsten Flug nachgeliefert und zum Hotel gebracht.

... mit dem Hubschrauber

Helicopter Seychelles (✆ 37 54 00) unterhält Linienflugverbindungen nach Silhouette und La Digue, die Sie bei Ihrem Reiseveranstalter im voraus oder bei einem der Reisebüros in Victoria buchen können. Die Transferzeit nach Silhouette hat sich damit, von bisher ca. 3 Std. mit dem Boot, auf 20 Min. verkürzt. Der Hubschrauberflug nach La Digue erspart den Umweg über Praslin. Nach La Digue sollte man hin oder zurück mit dem Hubschrauber fliegen und die andere Strecke mit Boot, Bus und dem Flugzeug (Mahé–Praslin) zurücklegen. Alle anderen bewohnten Inseln der Inneren Seychellen fliegt der Hubschrauber ebenfalls an, jedoch müssen Sie ihn dann chartern (lohnend für Gruppen ab drei Personen). Jedenfalls ist ein Hubschrauberflug über die Inseln ein einmaliges Erlebnis, und es ist sinnvoller und preiswerter, ihn in eine ›Island-Hopping‹-Reise einzubauen, als einen separaten Rundflug zu buchen.

... mit dem Schiff

Es verkehren Fähren zwischen Mahé und Praslin, Mahé und La Digue sowie Praslin und La Digue. Auf allen ist eine telefonische Reservierung ratsam.
Mahé-Praslin-Mahé: Cat Cocos Schnellboot, Buchung ✆ 23 48 43, Frachtsegler Cousin und La Bellone buchen bei Inter Island Ferry Service ✆ 23 32 29
Mahé-La Digue-Mahé: La Belle Edma und Assumption buchen bei Inter Island Ferry Service (s. o.)
Praslin-La Digue-Praslin: Fähren Silhouette und Lady Mary buchen bei Inter Island Ferry Service (s. o.)
Bootsvermietungen: Game Fishing, ✆ 34 42 66; Jumaye, ✆ 37 85 23; Marine Charter, ✆ 32 21 26; Marine Services, ✆ 32 28 29; Marzocchi, ✆ 37 34 39.

Versicherungen

Reiserücktrittskostenversicherung
Wer sich Ärger schon vor der Reise ersparen will, schließt eine Reiserück-

trittskostenversicherung ab. Sollten Sie oder ein naher Verwandter wegen Krankheit, Unfall, einem Trauerfall oder anderen Gründen Ihre Reise nicht antreten können, verlangt der Reiseveranstalter eine Reiserücktrittsgebühr. Gegen Einsendung der Rücktrittskostenrechnung erhalten Sie diese Kosten von der Versicherung – in der Regel unter Abzug einer Selbstbeteiligung – erstattet. Lesen Sie sich die kleingedruckten Bedingungen der Versicherung durch, achten Sie vor allem darauf, welche Rücktrittsgründe versichert sind. Eintritt einer Schwangerschaft gilt nicht als ›Krankheit‹ und ist daher häufig nicht mitversichert. Dem Kleingedruckten können Sie auch entnehmen, ob die Kosten für den Rücktritt von der Rückreise (nachdem die Reise bereits angetreten wurde) abgedeckt werden. In diesem Fall können zusätzliche Hotelkosten entstehen, der Flugpreis kann sich wegen Überschreitung von Tarifgrenzen oder wegen Einforderung von Umbuchungsgebühren erhöhen, Sie müssen eventuell sogar ein Normaltarif-Flugticket zusätzlich kaufen.

Einige Reiseveranstalter schließen die Reiserücktrittskostenversicherung zusammen mit der seit 1994 obligatorischen Konkursausfallversicherung automatisch für jeden ihrer Kunden ab.

Reisegepäckversicherung
Trotz weitgehender Perfektion der großen internationalen Flughäfen kommt es immer wieder vor, daß Fluggepäck verschwindet. Auch mit Diebstählen ist auf einer Reise zu rechnen – auch wenn sie ins Paradies führt. Daher empfiehlt sich eine Reisegepäckversicherung. Auch hier müssen Sie beim Durchlesen des Kleingedruckten darauf achten, welche Wertsachen – etwa teure Kameras – vom Versicherungsschutz ausgenommen sind. Diese müssen Sie dann im Handgepäck mit ins Flugzeug nehmen bzw. durch eine entsprechende Zusatzversicherung schützen!

Reiseunfall- und Reisekrankenversicherung
Eine Reiseunfall- oder Reisekrankenversicherung erübrigt sich bei den meisten privatversicherten Reisenden, denn die großen privaten Kranken- und Unfallversicherungen schließen auch die Kosten für Behandlungen im Ausland voll ein. Anders ist dies bei den Pflichtversicherungen und Ersatzkassen. Wer dort versichert ist, sollte eine zusätzliche private Reisekrankenversicherung und Unfallversicherung abschließen, die normalerweise sehr billig ist (Auskunft u. a. bei Automobilclubs).

Wandern

Die Seychellen lernen Sie erst wirklich kennen, wenn Sie zu Fuß über die Inseln wandern. Lassen Sie sich nicht von den Essensangeboten, von den Drinks an der Bar und den Unterhaltungsangeboten im Hotel verführen, den ganzen Tag dort zu verbringen! Die Seychellen sind etwas in der Welt Einmaliges, wenn man zu den einsamen Buchten wandert, die Berge besteigt und die herrlichen Ausblicke genießt. Nutzen Sie die Gelegenheit, und machen Sie Ihren Urlaub zu etwas Besonderem. Nirgendwo sonst ist es so einfach und so ungefährlich, an tropischen Küsten dem Hotelghetto zu entfliehen und das Land in seiner ganzen Schönheit kennenzulernen. Bitte beachten Sie dabei aber folgende Hinweise:

Maßstab bei der Auswahl einer Wanderung oder Bergtour sollte immer der Schwächste der Gruppe sein.

Nehmen Sie immer einen Regenschirm mit, denn der Wetterwechsel kann plötzlich und unvorhergesehen kommen. Selbst Einheimische sind nicht in der Lage zu prophezeien, ob es regnerisch oder sonnig wird.

Wanderungen am Küstenstreifen oder über die Hügel im Norden und Süden Mahés, Praslins und La Digues sind das ganze Jahr über möglich. Die höheren Gipfel im Zentrum Mahés jedoch sollte man nur besteigen, wenn die Wege trocken sind und auch mit einiger Sicherheit nicht mit Regengüssen zu rechnen ist. Am häufigsten ist dies in den Zwischenmonsunzeiten und im Südwinter der Fall. Im Südsommer sollte man sich erkundigen, wie lange es nicht mehr geregnet hat. Zwei bis drei Tage genügen, um die Wege trocken und sicher zu machen.

Hinterlassen Sie in Ihrer Unterkunft, wenn Sie auf eine längere Tagestour gehen, wohin Sie gehen und wie lange Sie ausbleiben wollen. Bei langen Touren ist es wichtig, früh aufzubrechen, möglichst kurz nach Sonnenaufgang, damit Sie am Abend nicht von der sehr schnell hereinbrechenden Dunkelheit überrascht werden.

Gehen Sie nie alleine. Bei einfachen Touren gehen Sie mit Freunden, bei schweren versuchen Sie, einen einheimischen Führer zu bekommen. Dazu wenden Sie sich an die **Survey Division,** die ihre Büros im Independence House neben dem Fußballstadion in Victoria hat, oder bei den örtlichen Reisebüros. Dort können Ihnen ortskundige Führer genannt werden, die nebenbei auch die Pflanzen- und Tierwelt kennen. Einer von ihnen ist Basil Beaudouin (Mahé, ✆ 24 17 90), auf La Digue wurde Remy Martin wärmstens empfohlen. Ein Tag inkl. Picknick ca. 100 DM.

Legen Sie etwa alle zwei Stunden eine Rast ein und essen Sie wenig, aber regelmäßig. Bedenken Sie, daß der Abstieg nahezu ebenso anstrengend ist wie der Aufstieg. Gehen Sie also nie bis zur Erschöpfung bergauf, kehren Sie lieber um, bevor der Gipfel erreicht ist.

Trinken Sie viel klares Wasser! Selbst wenn Ihnen nicht die Schweißperlen auf der Stirn stehen sollten, schwitzen Sie wesentlich mehr als auf einer Bergtour in Europa. Schwächegefühle rühren häufig von zu wenig Flüssigkeit im Körper her! Sie brauchen sich nicht zu scheuen, bei am Weg liegenden Häusern um ein Glas Wasser zu bitten. Es ist eine Selbstverständlichkeit, daß man einem Wanderer etwas zu trinken gibt.

Planen Sie Ihre Zeit so ein, daß Sie auch bei Umwegen oder der Suche nach dem richtigen Weg nicht in die Abenddämmerung geraten.

Das Fremdenverkehrsamt der Seychellen hat eine Serie von Wanderführern unter dem Titel ›Nature Trails‹ herausgebracht, die Wege durch die ursprüngliche Natur von Mahé, Praslin und La Digue beschreiben. Sie lenken die Aufmerksamkeit auf Besonderheiten der einheimischen Flora und Fauna am Wegesrand. Zeichnungen illustrieren die Blumen und Bäume, die Vögel, Schnecken sowie die Obstplantagen, denen Sie unterwegs begegnen werden (Broschüren im Büro des Fremdenverkehrsamtes im Independence House).

Weckdienst

Unter ✆ 191 können Sie den Auftrag hinterlassen, daß Sie telefonisch geweckt werden. Weckzeiten zwischen 23 Uhr und 7 Uhr, Gebühr 5 SR. Größere Hotels bieten diesen Service auch hausintern an.

Wetter

Eine Wettervorhersage kann unter ✆ 37 33 77 abgefragt werden. Den Inhalt können Sie auch selbst formulieren, denn er wird fast immer wie folgt lauten: »Überwiegend sonnig, mit Tageshöchsttemperaturen zwischen 28 und 32°C. Einzelne Regenschauer insbesondere an den Berghängen möglich.«

Zeitungen

Einzige Tageszeitung der Seychellen ist die ›Nation‹. Jede Ausgabe hat Artikel in englischer, französischer und kreolischer Sprache. Von der Katholischen Kirche wird etwa alle 14 Tage das Blatt ›L' Echo des Îles‹ herausgegeben. Die Regierungspartei veröffentlicht wöchentlich ›The People‹. Die Oppositionsparteien publizieren die Wochenzeitschriften ›Regar‹, ›Seychelles Review‹ und ›Seychelles Independent‹. Darüber hinaus gibt es noch ein sehr aufwendig und interessant gemachtes Magazin der Air Seychelles mit dem Namen ›Silhouette‹, Publikationen des Tourismusministeriums und eine Broschüre mit dem Titel ›Seychelles Today‹, die über das Leben auf den Inseln berichtet, auf Veranstaltungen hinweist und ein beliebtes Werbeforum für Restaurants, Hotels und Galerien darstellt.

In den Buchläden erhalten Sie darüber hinaus amerikanische, englische und französische Wochenzeitschriften. Deutsche Zeitungen und Zeitschriften findet man selten.

Zeitunterschied

Die Seychellen sind Mitteleuropa in der Uhrzeit um 3 Stunden voraus, d. h., wenn es bei uns 9 Uhr ist, ist es auf den Seychellen bereits 12 Uhr. Zur mitteleuropäischen Sommerzeit beträgt der Zeitunterschied lediglich 2 Stunden.

Abbildungsnachweis

Kai Christiansen, Lengerich   S. 53, 54, 179
Wolfgang Därr, Herrsching bei München   S. 36, 115, 117, 156, 168, 183, 195, 208
Michael Fiala, Breitbrunn bei München   Titelbild, Umschlaginnenklappe, Umschlagrückseite; S. 8, 9, 11, 14, 17, 18, 21, 23, 26, 27, 28, 31, 35, 40, 42, 43, 45, 46, 48, 49, 51, 52, 57, 58, 60, 63, 68, 77, 82, 94, 100/101, 103, 104/105, 107, 111, 120, 121, 122, 123, 126, 128/129, 130, 132/133, 134, 135, 138, 141, 142, 144, 149, 151, 152, 153, 154/155, 157, 160/161, 163, 164/165, 167, 170/171, 172, 173, 176/177, 180/181, 188/189, 190/191, 193, 194, 196, 198/199, 200, 202, 204, 205, 210, 212, 213, 215, 216/217, 218, 225, 227, 238, 296
Norbert Frick, Sindelfingen   S. 222/223, 228/229, 231, 234/235, 236
Paul Turcotte, Praslin (Seychellen)   S. 118
Alle anderen Abbildungen wurden dem Archiv des Autors entnommen.
Karten und Pläne: Berndtson & Berndtson, Fürstenfeldbruck,
© DuMont Buchverlag, Köln

Register

(Kursive Seitenzahlen beziehen sich auf Abbildungen)

Personen- und Sachregister

Adams, Michael 116, 167, **168 f.**
Amin al Huseini; Großmufti von Jerusalem 91
Arabische Seefahrer 14, 69, 96
Avanchers, Léon de 88

Banyan-Baum 47
Barré, Brayer du 38, 75, 76
Baumwolle 81, 87
Black Parrot 47 f.
Bois de Fer (Eisenholz) 26, 46 f.
Bois Jasmin 37
Bois Noir 47
Bolée, Annegret 60
Bougainvillea 41 f.
Bowers, Tom 117
Bunjoro, John; König in Uganda 90

Cadbury, Christopher 203
Cashew-Baum 45
Chang Seng, Denis 116
Churchill, Winston 91
Clark, Sir Selwyn 94, 97, 140
Coste, Berthelot de la 77
Cruise-Wilkins, Reginald 148

Dangreville 78
Darwin, Charles 18 f., 234
Devoud 116
d'Offay, Danielle 60
Doktorfisch *227*
Dugong s. Seekuh
Dumb Cane 36 f.

East India Company 71, 96, 184
Edward VII.; König von England 90
Engländer 14, 71, 80 ff., **83 ff.**, 97

Farquhar, S. Y. Robert Townsend 70
Feenseeschwalbe 49, *202*
Fischerei 13, 100, **102 f.**, 105, 107, 111
Flamboyant 42
Fleur Poison 37
Fraisnais, Marion du 75

Franzosen 14, 15, 59, 71, **74 ff.**, 97
Fregattvogel 49 f., *204*

Gama, Vasco da 70, 96
George III.; König von England 83
Gewürzhandel 14, 38, 39, 71, 98, 108
Gewürznelken 41, 81, 87, 89
Geyt, P. S. Le 93
Gillot, Antoine 38, 76
Gondwanaland 16, 17, 24, 25
Gordon, Charles George 33

Hangard 76
Harrison, George 138
Harter, Christine 116, **118 f.**, 197
Hibiskus 41 f.
Hodoul, Jacques 73
Hodoul, Jean François **72 f.**, 80, 84
Hodoul, Paul 73
Holländische Taube 49

Jorre de St Jorre, Corrantine 72
Jourdain, John 71

Kabarega; König in Uganda 90
Kaffee 87, 89
Kakao 89
Karettschildkröte 202
Kashoggi, Adnan 138
Keat; Gouverneur 88
Klutius, Augerius 34
Koko Dmer 15, 25, **30 ff.**, 107, 194, 200
Kokospalme **26 ff.**, 81, 87, 89, 100, 212
Kokosturteltaube 224
Kopra 14, **30,** 87, 94, 100, 108, 184, 212, 230, 237
Korsaren s. Piraten
Kreol 15, **58 ff.**, 113 f.
Kreolen 15, 61 ff.
Kuhreiher 48
Kypreanos; zypriotischer Bischof 92 f.

Labourdonnais, Mahé de 74 f.
La Buse 71, 74, **148**
La Perouse, Jean François de Galaup, Graf von 76
Latanier-Palme 35 f.
Le Vasseur s. La Buse
Lionnet, Guy 60
Lischoten, van; holländischer Seefahrer 34

Louis XVI.; König von Frankreich 78 f.
Louis XVII. s. Poiret
Louis XVIII.; König von Frankreich 83

Madagascar Fody (Webervogel) 48 f., 224
Magellan, Ferdinand (Magalhães, Fernão de) 30 f.
Mahmud Ali; Sultan von Somalia 91
Makarios III.; Erzbischof von Zypern 91, 92 ff.
Mancham, James 95 f., 97, 98, 99, 100, 138
Mangroven 26
Marie Antoinette; Königin von Frankreich 79
Maso Banane 47
Meereskokosnuß s. Koko Dmer
Meeresschildkröten **56 f.,** 175, 206
Morphais, Nicolas 75, 97, 139

Napoleon Bonaparte 80, 81
National Youth Service (NYS) 114, 116, 151, 175
Nourice, Golbert 116, *117*
Nova, João de 70, 96

Ostindische Kompanie (Ostindiengesellschaft) 84

Papageienfisch 55
Papastavros; zypriotischer Priester 92 f.
Paradiesfliegenschnäpper s. Veuve
Paye-en-Queue (Tropikvogel) *205,* 224
Picault, Lazare 74 f., 96
Pie Chanteuse 48
Piraten **71 ff.,** 80, 96, 148, 178, 204 f., 220
Pitcher Plant 26, **36,** 172, 183
Poiret 39, **78 f.**
Poivre, Pierre 38, 40, 76
Polanski, Roman 119
Polykarpos Joannides 92 f.
Portugiesen 14, 34, **69 f.,** 230
Prayer, James 82
Preetham 87
Prempe; König der Ashanti 89 f.

Queau de Quincy, Jean Baptiste 39, 72, 78, 79, 80, **81 f.,** 83, 97, 139, 140

Radegonde 116
Raffia-Palme 36
Ramkalawan, Wawel 97
Reglisse 37
René, France-Albert 73, 95 f., 97, 98, 99, 100, 138

Riesenschildkröten 15, 25, **50 f.,** 170, 220, 232, 233, **236**
Romainville, de; Leutnant 38 f., 77, 97, 139
Rotfeuerfisch *54*
Rudolf II. von Habsburg 34
Rußseeschwalbe 49, 224

Saad Saghlul Pascha, Premierminister von Ägypten 91
Sachs, Gunter 138
Schlammspringer 55
Schwarzer Nachtschatten 36
Schwarze Seeschwalbe 224
Séchelles, Jean Moreau de 75
Seekuh (Dugong) 55 f., 224
Serin 47
Seychellennuß s. Koko Dmer
Seychellen-Sittich 47
Seychellen-Webervogel 48 f.
Seychelles Democratic Party (SDP) 14, 95, 97, 98, 99
Seychelles Peoples United Party (SPUP) 14, 95, 97, 98
Silhouette, Etienne de 183
Sklaven 14, 15, 59, 81, 83 ff., 89
Sklavenhandel 83, **84 f.,** 86 f., 97
Stern von Bethlehem 37
Strychninbaum 37
Sullivan, Barthelemy 83
Sumpfschildkröte 51
Surcouf, Robert 80
Süßlippe *179*

Tabak 87
Tanhuin 37
Tee 100, 171, *172*
Thorpe; Gouverneur 140
Tourismus 14, 97, 100, 105, 107, 108, 110, 158
Trobriand, Denis de 226
Turcotte, Paul **118 f.,** 197

Unvanga; König von Buganda 90

Vacoa 37
Vanille 37, 40, 89, 212
Veuve 48, 211

Wale 56
Wimmer, Gottlieb August 10, 14
Wimpelfisch *53*

Zimt 25 f., 40 f., 100, 104, 110
Zitronelle 41
Zucker 85, 86, 87, 108

Ortsregister

(**Abkürzungen:** L.D. = La Digue; M = Mahé; Pr. = Praslin)

African Banks 16, 230
Albatross-Felsen 218 f.
Aldabra 14, 16, 17, 19, 24, 50, 69, 106, 107, **232 ff.**, 236
Alphonse 16, 231, **242**
Amiranten 16, 17, 70, **230 f.**
Anse à la Mouche (M.) 167
Anse aux Cèdres (L. D.) 212
Anse aux Pins (M.) 162
Anse aux Poules Bleues (M.) 167
Anse Bambou (Frégate) 223
Anse Boileau (M.) 74, 167
Anse Bonnet Carré (L. D.) 212
Anse Boudin (Pr.) 188
Anse Bougainville (M.) 164, 165
Anse Caiman (L. D.) 214
Anse Capucins (M.) 164
Anse Cocos (L. D.) 166, 214, *216*
Anse Étoile (M.) 154
Anse Forbans (M.) 164
Anse Fourmis (L. D.) 214
Anse Gouvernement (Pr.) 197
Anse Intendance (M.) *57*, 164, 166
Anse Kerlan (Pr.) 192 f.
Anse La Blague (Pr.) 195
Anse La Réunion (L. D.) 211
Anse Lascars (Silhouette) 69
Anse Lazio (Pr.) *118*, 119, 188, **189**, *190*, 192, *193*
Anse Major (M.) 150, 151, 153
Anse Marie-Louise (M.) 164
Anse Mondon (Silhouette) 184
Anse Parc (Frégate) 221
Anse Patates (L. D.) 215
Anse Petite Boileau (M.) 164
Anse Petite Cour (Pr.) 198
Anse Pierrot (L. D.) 212
Anse Royale (M.) 38, 76, **162**
Anse Sévère (L. D.) 119, 214
Anse Soleil (M.) 167
Anse Source à Jean (L. D.) *17*, 119, 212, *213*, *238*
Anse Takamaka (M.) 165, 166
Anse Victorin (Frégate) 223
Anse Volbert (Pr.) 197
Aride 106, **203 ff.**
Assomption 235
Astove 74, 235
›Auberge Louis XVII.‹ (M.) 79
Ave-Maria-Felsen 219

Baie Lazare (M.) 74, 166, *167*
Baie Ste Anne (Pr.) 196
Baie Ternay (M.) 151
Barbarons Beach (M.) 169
Beacon Island (Pinnacles) 178
Beau Vallon (M.) 144, 145
Beau Vallon Bay (M.) 12, 145, 149, 150, **151, 153,** 155
›Beau Vallon Bay Hotel‹ (M.) 118 f.
Bel Air 67, 171
›Bel Air Guesthouse‹ (M.) 124
Bel Ombre (M.) 74, 148
Bird Island 13, 16, *18*, 19, 20, 56, **224 ff., 242**
›Bird Island Lodge‹ 105
Brissare Rocks 179

Cap Barbi (L. D.) 214
Cascade (M.) 158
Cerf Island 20, 174, **175 f.,** 243
›Château de Feuilles‹ (Pr.) 105
Chauve Souris 13
Chimney Rocks (Frégate) 223
Coco Island *218,* 219
Cosmolédo 16, 235
Cousin 16, 106, **201 f.**
Cousine 16, 202
Curieuse 16, **200**
Curieuse Marine National Park 106

Danzil (M.) 145, 150, 153
D'Arros 230, **231**
Denis Island 13, 16, 19, 20, **226 f.,** 243
Desroches 13, 20, **230 f.,** 243

›**E**nnerdale‹, Schiffswrack 179

Farquhar-Gruppe 16, 70, **232**
Félicité 218, 243
Frégate 13, 16, 71, 74, **220 ff., 244**

Glacis (M.) 153, 154
Grand' Anse (Frégate) 222
Grand' Anse (L. D.) 214
Grand' Anse (M.) 166, 169
Grand' Anse (Pr.) 185, 188
Grand Barbe (Silhouette) 183, 184
Grand Rocher (Ste Anne Marine N. P.) 178
Grande L'Anse (L. D.) 212
Grande Terre 236
Gros la Tête (Aride) 203

Île aux Vaches 170
Île aux Vaches Marines 56
Île Cachée 178
Île Coëtivy 16, **237**

Île du Nord 232
Île Plate 237
Île Souris *161*
Institut Kreol (Maison St Joseph, M.) *58,* 60, 67, 162

Jardin du Roi (M.) **38 f.,** 76, 77, 79, 162

›**L**a Bagatelle‹ (M.) 123, **173**
La Digue 10, 13, 16, 17, 19, 20, 185, **207 ff., 244 ff.**
›La Digue Lodge‹ 104
La Gogue Reservoir (M.) 152
›La Marine‹ (M.) 77, 117, 162
La Passe (L. D.) 210
La Passe (Silhouette) 183
›L'Archipel‹ (Pr.) 105
›La Reserve‹ (Pr.) 105
Le Niol (M.) 24
Les Sœurs 218
Les Trois Frères (M.) 156
L'Îlot 154
L'Islette 170
Long Island 20, 174

Madagaskar 16, 40, 71
Mahé 10, 12, 16, 17, 25, 39, 74, 75, 77, **129 ff., 246 ff.**
Malediven 17, 108, 109
Mamelles 179
Mare Anglais (M.) 151
›Marie-Antoinette‹ (M.) 124, *144*
Marie Louise 230
Mauritius 17, 74, 77, 80, 83, 87, 108, 109, 139
Mont Copolia (M.) 172
Morne Blanc (M.) 171
Morne Seychellois (M.) 24, 171 f.
Morne Seychellois National Park 106
Moyenne Island 20, 174, **176 ff., 254**

Nid d'Aigles (L. D.) 215
North Island 16, 17, **184**
›Northolme Hotel‹ (M.) 123

Pamplemousses (Mauritius) 33, 38
›Paradise‹ (Pr.) 105

Petite Anse (M.) 166
Petite Police (M.) 165
Plate 16
Pointe Canon (L. D.) 212
Pointe Capucins (M.) 164
Pointe Jacques (L. D.) 212
Poivre 16, 230, 231
Police Point (M.) 164
›Pomme Cannelle‹ (M.) 123, 162
Port Glaud (M.) 169
Port Launay Marine National Park (M.) *111,* 169
Port Louis (Mauritius) 103
Praslin 10, 13, 16, 17, 20, 75, **185 ff., 255 ff.**
Providence Banks 16, 232

Quatre Bornes (M.) 164

Recifs 179
Rémire 230
›Residence Bougainville‹ (M.) 121
Réunion 17, 40, 71, 74
Round Island 20, 174, **178, 259**

Ste Anne 20, 38, 76, 97, 174, **175**
Ste Anne Marine National Park 20, 54, 106, *129,* **174 ff.**
St Joseph 16, 230
St Pierre 198, 232
Sans Souci (M.) 91, 93, 121, 171
Sans Souci Road (M.) 170 f.
Sauzier-Wasserfall (M.) 169
Signal Hill 155 f.
Silhouette 13, 16, 17, **182 ff., 259**
Silhouette Marine National Park 106

Thérèse Island 17, 170
Trompeuse Rocks 179

Val d'Endor (M.) 165
Val Riche (M.) 20
Vallée de Mai National Park (Pr.) 24, 107, **194, 196**
Victoria (M.) 12 f., *80, 82,* 97, 106, 120, *121, 129,* **132 ff., 246 f.**
›Vilaz Artizanal‹ (M.) 27, 162

Titelbild: In der Anse Patates auf La Digue
Umschlaginnenklappe: Strand auf Mahé

Über den Autor: Wolfgang Därr, geboren 1948, hauptberuflich als Rechtsanwalt tätig, ist schon seit seiner Schulzeit passionierter Weltreisender und kennt die Seychellen von zahlreichen monatelangen Aufenthalten wie seine Westentasche. Zusammen mit seiner Frau Maisie, einer Seychelloise, betreibt er in Herrsching bei München ein auf die Seychellen spezialisiertes Reisebüro. Im DuMont Buchverlag erschienen von Wolfgang Därr ›Richtig Reisen: Mauritius‹ und ›Richtig Reisen: Madagaskar – Komoren‹.

© DuMont Buchverlag
3., aktualisierte Auflage 2000
Alle Rechte vorbehalten
Satz und Druck: Rasch, Bramsche
Buchbinderische Verarbeitung: Bramscher Buchbinder Betriebe

Printed in Germany   ISBN 3-7701-3687-X